国家出版基金项目
NATIONAL PUBLICATION FOUNDATION

中国参政党丛书

台湾民主自治同盟史

台湾民主自治同盟中央委员会 著

華文出版社
SINO-CULTURE PRESS

图书在版编目（CIP）数据

台湾民主自治同盟史 / 台湾民主自治同盟中央委员会著. -- 北京 ：华文出版社，2024. 10

（中国参政党丛书）

ISBN 978-7-5075-5796-1

Ⅰ. ①台… Ⅱ. ①台… Ⅲ. ①台湾民主自治同盟—党史 Ⅳ. ①D665. 8

中国国家版本馆 CIP 数据核字（2024）第 070288 号

中国参政党丛书：台湾民主自治同盟史

标准书号： ISBN 978-7-5075-5796-1
丛书编者： “中国参政党丛书”编辑委员会
本册著者： 台湾民主自治同盟中央委员会
责任编辑： 雷　平
责任印制： 刘力新
封面设计： 李琳琳
出版发行： 华文出版社
地　　址： 北京市西城区广外大街 305 号 8 区 2 号楼
邮政编码： 100055
电　　话： 总 编 室 010-58336239　发行部 010-58336270
责任编辑 010-58336254
经　　销： 新华书店
印　　刷： 北京新华印刷有限公司
开　　本： 710mm×1000mm　1/16
印　　张： 26
字　　数： 372 千字
版　　次： 2024 年 10 月第 1 版
印　　次： 2024 年 10 月第 1 次印刷
定　　价： 698. 00 元（全 8 册）

“中国参政党丛书”
编辑委员会

总　序

2018年3月，习近平总书记在看望参加全国政协十三届一次会议的民盟、致公党、无党派人士和侨联界委员时明确指出：中国共产党领导的多党合作和政治协商制度作为我国一项基本政治制度，是中国共产党、中国人民和各民主党派、无党派人士的伟大政治创造，是从中国土壤中生长出来的新型政党制度。习近平总书记的重大理论判断，为我们理解中国的政党和政党制度提供了根本遵循。

一个国家实行什么样的政党制度，是由其特定的历史传承、文化传统、政治经济状况和现实国情等因素决定的。中国共产党领导的多党合作和政治协商制度植根于中华优秀传统文化，孕育于近代以来中国民主革命的历史进程，形成于协商建立新中国的伟大实践，发展于社会主义革命、建设、改革的伟大事业，完善于中国特色社会主义新时代，它是中国近现代社会发展的必然结果，是马克思主义政党理论与中国实际紧密结合的产物，是中国共产党、各民主党派和中国人民的共同政治选择，符合中国的基本国情，体现了中国人民的政治智慧。中国新型政党制度以合作、参与、协商为基本精神，以团结、民主、和谐为本质属性，具有政治参与、利益表达、社会整合、民主监督和维护稳定的重要功能，实现了执政与参政、领导与合作、协商与监督的有机统一，是人民当家作主的重要实现形式和社会主义协商民主的重要制度载体。它能够实现利益代表的广泛性，体现奋斗目标的一致性，促进决策施策的科学性，保障国家治理的有效性，在发展全过程人民民主中发挥了重要作用。

中国新型政党制度中包括中国共产党和八个民主党派，以及无党派人士。八个民主党派是中国国民党革命委员会（简称民革）、中国民主同盟（简称民盟）、中国民主建国会（简称民建）、中国民主促进会（简称民进）、中国农工民主党（简称农工党）、中国致公党（简称致公党）、九三学社、台湾民主自治同盟（简称台盟）。

长期以来，中国共产党同各民主党派长期共存、互相监督、肝胆相照、荣辱与共，形成了通力合作、团结和谐的新型政党关系，奠定了“共产党领导、多党派合作，共产党执政、多党派参政”的政治格局。中国共产党处于领导地位和执政地位。中国共产党是中国特色社会主义事业的坚强领导核心，各民主党派、无党派人士自觉接受中国共产党的领导，拥护中国共产党的领导地位和执政地位。中国共产党对各民主党派、无党派人士的领导，主要是政治领导，即政治原则、政治方向和重大方针政策的领导，中国共产党支持各民主党派、无党派人士独立自主地开展工作，充分履行职能、积极发挥作用。民主党派不是在野党、反对党，也不是旁观者、局外人，而是中国特色社会主义参政党，在中国共产党领导下参与国家治理。民主党派的基本职能是参政议政、民主监督、参加中国共产党领导的政治协商。民主党派参政的基本点是，参加国家政权，参与重要方针政策、重要领导人选的协商，参与国家事务的管理，参与国家方针政策、法律法规的制定和执行。民主党派的参政地位和参政权利受宪法保护，这是人民民主的重要体现。民主党派围绕国家经济社会发展中的重大问题献计出力，是中国特色社会主义事业的亲历者、实践者、维护者、捍卫者。

各民主党派是在中国人民反帝爱国、争取民主和反对独裁专制的斗争中产生和发展起来的，其社会基础主要是民族资产阶级、城市小资产阶级以及同这些阶级相联系的知识分子和其他爱国人士。除致公党1925年成立于美国旧金山、农工党成立于1930年外，民主党派大都成立于抗日战争和解放战争时期。在中国共产党统一战线政策的影响和团结下，各民主党派不断加深对中国共产党的了解，特别是1948年中国共产党发布“五一口号”后，民主党派积极响应，纷纷表示“愿在中共领导下，献其绵薄，贯彻始终，以冀中国人民民主革命之迅速成功，独立、自由、和平、幸福的新中国之早日实现”，积极参加新中国的筹备工作。在血与火的斗争洗礼和比较选择中，民主党派在政治上实现了从同情和倾向中国共产党到公开表示自觉接受中国共产党领导、走新民主主义道路的根本转变。1949年新政协的召开，标志着中国共产党领导的多党合作和政治协商制度这一新型政党制度的正式确立，为各民主党派同中国共产党在更大范围和更深程度上的团结合作提供了制度保障。

在社会主义革命和建设时期，各民主党派积极参加国家政权和国家事务的管理，调动成员和所联系的群众参加各项民主改革和新中国的建设，参加社会主义改造，作出了重要贡献，其自身阶级属性发生深刻变化，逐渐成为一部分劳动者的政党。

进入改革开放和社会主义现代化建设新的历史时期，各民主党派努力加强自身建设，充分发挥各自特点和优势，在深化改革、扩大开放、建设社会主义事业、维护安定团结的政治局面、促进国家统一方面不断作出新贡献。随着中国特色社会主义事业的不断推进，各民主党派进一步发展成为各自所联系的一部分社会主义劳动者、社会主义事业建设者和拥护社会主义的爱国者的政治联盟，成为接受中国共产党领导、同中国共产党通力合作的亲密友党，成为进步性与广泛性相统一、致力于中国特色社会主义事业的参政党。民主党派的性质发生了根本变化，由阶级联盟转变为政治联盟。共产党领导、多党派合作，共产党执政、多党派参政的良好政治格局更加巩固，民主团结、生动活泼的和谐政党关系更加融洽。

中国特色社会主义进入新时代，以习近平同志为核心的中共中央统筹中华民族伟大复兴战略全局和世界百年未有之大变局，形成了习近平总书记关于做好新时代党的统一战线工作的重要思想，强调必须坚持好发展好完善好中国新型政党制度；提出各民主党派是中国特色社会主义参政党，基本职能是参政议政、民主监督、参加中国共产党领导的政治协商；提出要推动多党合作展现新气象，思想共识取得新提高，履职尽责展现新作为，各民主党派要做中国共产党的好参谋、好帮手、好同事。这些新理念新思想新论断，系统回答了在新时代“坚持和发展什么样的多党合作制度、怎样坚持和发展多党合作制度”“建设什么样的参政党、怎样建设参政党”等重大问题。各民主党派认真学习习近平新时代中国特色社会主义思想，不断加强自身建设，提高建言资政水平，为推进国家各项事业发展作出了重要贡献。

知所从来，思所将往。习近平总书记指出：“一切向前走，都不能忘记走过的路；走得再远、走到再光辉的未来，也不能忘记走过的过去，不能忘记为什么出发。”回首中国新型政党制度和各民主党派的形成和发展，同样有着值得铭记的历史和不能忘却的初心。民主党派几经变迁和考验，始终秉持进步理念、认真履行职能、保持自身特色，形成了许多优良传统和宝贵经验，给人以深刻启示。

自觉接受中国共产党领导，是民主党派不断发展的根本保证。中国共产党的领导是中国特色社会主义最本质的特征，是中国特色社会主义制度的最大优势。历史和实践充分表明，中国共产党的领导是民主党派加强自身建设、不断发展进步的根本保证。民主党派的发展史，就是对中国共产党在认识上不断深化、政治上不断认同、行动上不断靠拢的历史。中国共产党的领导核心地位越突出，民主党派自身建设就越有力，多党合作的政治格局就越稳固。迈进新的征程，各民主党派要坚持自觉接受中国共产党领导的政治立场不变、与中国共产党亲密合作和同心同德的政治态度不变，始终做到肝胆相照、荣辱与共。

致力于国家富强、民族复兴和人民幸福，是民主党派不断发展的价值追求。正确的价值取向和目标追求，反映着政党的进步性，决定着政党的生命力。我国民主党派之所以能够经历大浪淘沙、不断发展，就是因为从一开始就以国家和民族大义为团结奋斗的价值追求。围绕这一价值目标，民主党派在民主革命时期同帝国主义和国民党反动派进行不屈的斗争，最后同中国共产党走到了一起。围绕这一价值目标，在新中国建设 70 多年历程中，各民主党派发挥优势作用，凝聚奋进力量，作出重要贡献。迈进新的征程，民主党派只有始终高扬爱国主义旗帜，积极践行致力于国家富强、民族振兴和人民幸福的价值追求，才能更加有所作为、有所进步。

推进社会主义民主政治建设，是民主党派不断发展的重要基础。人民民主是社会主义的生命，也是我国多党合作制度的基石。中国共产党自诞生之日起，就以发展人民民主为己任，开启了中国民主政治发展新征程。中国新型政党制度，就是中国共产党与各民主党派共同推动中国民主政治发展的重大成果，同时又是在新的历史条件下进一步推进全过程人民民主、最广泛地动员和组织人民依法管理国家和社会事务的重要途径。在这一制度下，民主党派作为参政党的作用和优势得到充分发挥。迈进新的征程，各民主党派要始终坚持走中国特色社会主义政治发展道路，进一步把中国新型政党制度坚持好、发展好、完善好，使我国社会主义政治制度的特点和优势得到更充分体现。

坚持进步性与广泛性的统一，是民主党派不断发展的内在要求。民主党派的进步性，集中体现在同中国共产党通力合作，共同建立新中国，共同致力于推进中国特色社会主义事业。民主党派的广泛性，主要表现在其成员来自不同的社会阶层和群体，负有更多地反映和代表各自所联系群众的具体利益和要求的责任。没有进步性，民主党派与中国共产党的合作就没有存在的基础；没有广泛性，民主党派就失去了存在的意义。迈进新的征程，民主党派要紧跟时代步伐、适应形势发展，不断增强进步性、保持广泛性，认真学习借鉴执政党建设的创新理念、经验做法，转化为符合自身实际、体现各自特色的思路举措，始终沿着正确的方向健康发展，不断前进。

为了更好地继承和弘扬民主党派的优良传统，在中央统战部的大力支持下，各民主党派中央持续开展历史传统记录工程，在此基础上撰写了“中国参政党丛书”。这套丛书共八册，主要目的是回望过去，把握现在，展望未来。回望过去，就是系统梳理各民主党派产生、发展、演变的历史脉络，深入总结历史经验，帮助民主党派广大成员深入理解统一战线和多党合作因党而生、伴党而行的光荣历史，充分认识中国共产党对民主党派发展的指引和帮助，感悟民主党派老一辈领导人对中国共产党的深厚感情，传承他们的爱国情怀，弘扬优良传统，搞好政治交接；把握现在，就是立足中国特色社会主义进入新时代的历史方位，从中西对比中深刻认识中国新型政党制度的进步性和优越性，深刻理解多党合作所蕴含的制度价值、政治价值、思想价值和文明价值，坚定制度自信；展望未来，就是顺应中国特色社会主义进入新时代、世界面临百年未有大变局的大趋势，从完善我国基本政治制度、发展全过程人民民主的高度，贯彻落实中共中央关于加强参政党建设的部署和要求，从中国共产党百年奋斗的伟大成就和历史经验中汲取智慧和力量，始终做同中国共产党通力合作的亲密友党和好参谋、好帮手、好同事，在全面建设社会主义现代化国家新征程中再立新功。

我们相信，在以习近平同志为核心的中共中央坚强领导下，我国各民主党派一定能够紧跟时代步伐，保持正确政治方向，谱写蓬勃发展、凝心聚力的崭新篇章！中国新型政党制度这一具有中国特色、中国气派、中国底蕴的好制度，将会展现更加超凡的制度优势，迈出更加坚实的发展步伐！

“中国参政党丛书”编辑委员会

2022 年 8 月

序　言

台盟中央主席　苏辉

岁月流淌，初心不改。翻开台盟自成立走过的74年厚重历史，揭示的是一个具有鲜明特色的中国特色社会主义参政党在多党合作事业中成长进步的历史真谛，彰显的是中国政治发展道路、国家治理体系、新型政党制度的独特实践与显著优势。

（一）台盟74年的历史是一部坚持中国共产党领导，同心携手前进的历史

台盟在台湾人民反抗国民党独裁统治的爱国民主运动二二八起义中孕育萌芽，在中国共产党领导新民主主义革命走向胜利的伟大斗争中诞生，积极反对内战，投入新民主主义革命，为台湾同胞争取民主权益。“设立民主联合政府，建立独立、和平、民主、富强与康乐的新中国”，“赶快起来响应和拥护中共中央的号召”，从1947年11月12日成立之时通过的《台湾民主自治同盟纲领草案》，到1948年5月7日第一时间响应中共中央“五一口号”发表的《告台湾同胞书》，台盟创建发展之初就有着鲜明的政治选择，公开自觉接受中国共产党的领导，坚决拥护新政协的召开。

在此后中华民族迎来从站起来、富起来到强起来的伟大实践历程中，台盟对中国共产党的政治认同、思想认同、理论认同、情感认同日益坚定。特别是中共十八大以来，以习近平同志为核心的中共中央，引领国家各项事业取得历史性成就，更加凸显中国特色社会主义的优越性，进一步坚定了台盟坚持中国共产党领导的政治信念。

同道相成，坚定立场凝聚共识；同声相应，建言国是共创伟业；同心

相求，关切民生爱国爱乡。不忘合作初心，坚定接受中国共产党领导，这是台盟最可宝贵的历史经验。

（二）台盟74年的历史是一部坚持走中国特色社会主义政治发展道路，砥砺自身建设的历史

从几位台湾革命先辈在香港筲箕湾道一间30多平方米的斗室里创建台盟，到中华人民共和国成立前后总部机关、华北华东总支部等先后成立，组织建设初具规模。从改革开放之初仅有地方组织7个，到今天在全国19个省、自治区、直辖市建立台盟组织，近五分之一的盟员担任了各级人大代表、政协委员。台盟成立74年来，坚持中国共产党领导的多党合作和政治协商制度，组织发展不断完善，参政党建设实现了大踏步前进、显著性跃升。

在多党合作的制度框架下，台盟参政履职的作用也日益凸显。在许多国家重大战略，如修订宪法法律、全面深化各领域改革、落实大陆台胞政策、实现海峡两岸直接“三通”、制定《反分裂国家法》等政策法律法规出台的过程中，台盟认真履行参政议政、民主监督、参加中国共产党领导的政治协商基本职能，发挥了参政党的重要作用。

特别是中共十八大以来，社会主义协商民主、中国新型政党制度、中共中央关于加强中国特色社会主义参政党建设等相关文件，体现了以习近平同志为核心的中共中央以一系列新理念新思想引领多党合作事业笃定前行。做中国共产党的好参谋、好帮手、好同事，是历史赋予台盟的政治责任。

（三）台盟74年的历史是一部坚持台湾人民爱国主义光荣传统，矢志祖国统一的历史

“明天的台湾是台湾人民自己的台湾，也是新中国富强康乐的一省”（1947年谢雪红）、“台湾人民的爱国之心，是深深埋在心里的”（1979年蔡啸）、“台盟长期以来的奋斗目标就是实现台湾回归祖国、完成祖国统一大业”（1985年苏子蘅）、“推动直接‘三通’”、“反对文化‘台独’”、

“团结两岸青年携手开创美好未来”……

这些来自历史深处的回声，承载着两岸关系的时代变迁，承载着一代代台盟盟员的家国情怀，其中有对新中国的热烈祈盼，有对岛内骨肉兄弟的深情呼唤，有对“一国两制”的衷心拥护。它们是历史的剪影，是时代的声音，更是台湾同胞光荣的爱国精神和祖国意识的生动写照。

立足新时代，中华民族伟大复兴积累了势不可当的磅礴力量。习近平总书记指出：“祖国必须统一，也必然统一。”在国家强大、民族复兴的历史大势中，为祖国统一而不懈奋斗，是台盟始终不渝的立盟之本和一以贯之的历史责任。

知来路，不忘初心；明前路，同心前行。当历史开启新的征程，台盟将始终坚持中国共产党的领导，坚定不移走中国特色社会主义政治发展道路，紧密团结在以习近平同志为核心的中共中央周围，增强“四个意识”、坚定“四个自信”、做到“两个维护”，为多党合作伟业的发展，为实现祖国统一和中华民族伟大复兴的中国梦再出发，谱新篇！

2021 年 5 月 1 日

目录

第一章

台盟的成立

一、台湾光复，重新回到祖国怀抱

（一）台湾人民50年反侵略反殖民统治的斗争

台湾自古属于中国。长期以来，大陆人民不断移居台湾，与当地少数民族一起，辛勤劳动，披荆斩棘，把台湾开辟成为一个丰饶富庶的宝岛，为共同缔造伟大祖国的悠久历史和灿烂文化，作出了重要的贡献。

1894年，中日甲午战争爆发，清政府惨败。1895年，清政府被迫签订《马关条约》，割让台湾并赔偿白银2亿两，这是中国近代史上令人难以容忍的丧权辱国条约。

签订《马关条约》的消息传到北京，全国震惊，举国上下群情激愤。台湾民众闻讯后，发出“愿人人战死而失台，决不愿拱手而让台”① 的誓言，坚决反对割台。在北京的台湾举人和台籍官员得悉割台噩耗，立即到都察院联名上书，要求坚持抗敌，表示“与其生为降虏，不如死为义民”②，强调“台地军民必能舍死忘生，为国家效命”③，台湾绅民致电清政府，表示“桑梓之地，义与存亡”④，要与日本侵略者展开坚决的斗争，台湾同胞爱国爱乡的热血赤诚，让人感动。

日本侵台之初，即遭到台湾同胞的顽强抵抗。台湾同胞为保台护台不

① 连横著：《台湾民主记》，戚其章主编：《中国近代史资料丛刊续编：中日战争》第12册，中华书局1996年版，第137页。

② 佚名编《清光绪朝中日交涉史料选辑》之《光绪二十一年上》。

③ 《可歌可泣的历史见证：五人上书反对割台》，《台湾同胞抗日人物集》编写组编：《台湾同胞抗日丛书·人物集（第三集）》，台海出版社2015年版。

④ 徐博东、黄志平著：《丘逢甲传》，时事出版社1987年版，第68页。

怕流血牺牲，同仇敌忾。1895 年，在中日已经签约，割让台湾已成定局，清政府驻台官员纷纷内渡之时，台湾同胞为自主保台，在台湾士绅丘逢甲、中国驻法大使馆参赞陈季同等的策划组织下，成立台湾民主国，力图“固守以待转机”，眷恋祖国之情，溢于言表。从 1895 年 6 月到 10 月，在极为艰难的条件下，留在台湾的清军官兵和台湾义军不畏强暴，英勇抗敌，历经大小百余仗，前后持续五个多月，打死打伤包括近卫师团长北白川宫能久亲王以及第二旅团长山根信成在内的日军 3.2 万余人，比甲午战争期间日军伤亡人数多出将近一倍，在中国近代史上写下了光辉的一页。

在初期的抗日武装斗争被基本镇压后不久，台湾人民不堪忍受日本殖民者的剥削和凌辱，又奋而掀起了长达 20 年的抗日武装斗争，用鲜血和生命表明了台湾同胞强烈的祖国意识，谱写了一首首抵抗日本侵略的悲壮诗篇。

1919 年，祖国大陆爆发了五四运动，台湾岛内也深受影响，在五四运动的影响下，台湾革命运动蓬勃开展，台湾文化协会、台湾民众党、台湾农民组合、台湾共产党等纷纷成立，推动了台湾抗日运动的深入发展。这其中，后来的台盟首任主席谢雪红、秘书长杨克煌、台盟总部常务理事苏新及那一代台籍革命者为反抗日本殖民统治做了大量工作。

谢雪红，原名谢氏阿女，1901 年 10 月 17 日（农历辛丑年九月初六）出生于台湾彰化一个手工工人家庭。1925 年 6 月加入中国共产主义青年团。1925 年 8 月，在中共党员黄中美的介绍下加入中国共产党。1925 年 9 月，上海党组织安排谢雪红进入上海大学社会学系学习，同年 12 月，在党组织的安排下赴苏联莫斯科东方劳动者共产主义大学（简称东方大学）学习。1928 年 4 月，在中共的指导和协助下，台籍进步人士齐聚上海，成立了台湾共产党，选举林木顺为书记，林日高、庄春火、洪朝宗等为中央委员，翁泽生、谢雪红为候补中央委员，并安排人员由祖国大陆和日本返回台湾从事革命工作。谢雪红回台湾后，以台湾农民组合和台湾文化协会作为开展台湾共产党工作的重点，并派人到矿山、铁路、工厂从事组织工作，同时在台北开办“国际书局”作为台共的秘密联络点，专售进步书刊，传播革命思想，联络革命同志，发展革命力量。1931年，谢雪红被日警逮捕，1939年因病重获保释出狱。出狱后，她与杨克煌等经营“三美堂”百货店、大华酒家，继续从事秘密抗日活动，对台湾抗日运动产生了积极的影响。

杨克煌1925年参与组织秘密抗日团体“兴华协会”，1929年加入台共，担任台共领导机构的联络工作。抗战期间，他积极参加抗日活动，探讨抗战局势及台湾社会的发展，为台湾光复后开展社会运动积蓄了力量。

苏新，1924年赴日本留学，入东京外国语学校学习。在日期间，积极从事民族民主革命活动，曾主编《台湾大众时报》，参与组织东京台湾社会科学研究会，参加东京台湾青年会工作，还参与组建“马克思主义小组”，1928年参加日共。同年参与台湾共产党的筹建工作。苏新积极参加台湾文化协会组织的抗日演讲活动，还组织太平山木材工会、矿山工会等，积极开展反日斗争。1931年任台湾共产党中央宣传部部长。同年被日本殖民当局逮捕入狱，被关押12年之久。

1931年九一八事变之后，台湾同胞的抗日斗争汇入中国人民抗日战争的滔滔巨流之中。这其中，有五万多台湾同胞历经艰险，从台湾辗转回到祖国大陆，追寻延安灯塔走向抗日战场，其中台南人士蔡啸于1937年参加了中共闽西红军第二游击支队，之后在苏北参加了新四军，多次立功受奖，先后荣获二级独立自由勋章和三级解放勋章。岛内的台湾同胞也以各种形式与日本殖民者开展坚决的斗争，为抗战胜利、台湾光复作出了重要贡献。为打败日本侵略者，台湾同胞与祖国大陆人民一道，经过艰苦卓绝的抗争，付出了极为惨重的代价，有60余万人牺牲，最后终于迎来抗战胜利和台湾光复，充分反映了台湾同胞强烈的祖国意识和爱国爱乡的光荣传统。

50年的反日斗争，台湾同胞抗日意志极为坚决，民族意识极为强烈。这一点，就连日本殖民者也不得不承认：台湾人的民族意识之根本起源乃系于他们原是属于汉民族的系统，“民族意识牢不可拔……故其以支那为祖国的情感难于拂拭，乃是不争之事实"[1]。台湾抗日运动代表人物林献堂说："应知台胞在过去五十年中，不断向日本帝国主义斗争，壮烈牺牲，前赴后继，所为何来？简言之，为民族主义也，明乎此一切可不辨自明矣。"[2]

1941年12月太平洋战争爆发后，12月9日，中国政府发出《国民政府对日本宣战布告》，明确昭告中外："所有一切条约、协定、合同，有涉及中日之间关系者，一律废止。"1943年12月1日，中、美、英三国联合签署的《开罗宣言》明确规定："日本所窃取于中国之领土，例如满洲、台湾、澎湖列岛等，归还中国。"1945年7月26日，中、美、英签署，后来苏联加入的《波茨坦公告》中重申"开罗宣言之条件必将实施，而日本之主权必将限于本州、北海道、九州、四国及吾人所决定其他小岛之内"。[3] 1945年8月15日，日本宣布接受《波茨坦公告》，无条件投降。经过14年艰苦卓绝的斗争，中国人民的抗日战争终于取得了最后的伟大胜利，台湾重新回到祖国怀抱。

（二）台湾光复与接收

1944年3月，隶属于国民政府中央设计局的台湾调查委员会在重庆成立，作为研究收复台湾工作的职能机构，任命陈仪为主任委员。台湾调查委员会就收复台湾进行了大量的准备工作。其主要工作是，调查台湾实际情况，编辑有关台湾的资料刊物，研究有关台湾问题的意见及方案；训练台湾行政、警察、银行、教育等干部和专业人员；规划未来台湾行政体制及各种机构接收办法。

日本宣布无条件投降后，中国收复台湾正式进入实施阶段。1945年8月27日，国民政府任命陈仪为台湾省行政长官。9月4日，国民政府

① 《台湾总督府警察沿革志》第二编《领台以后的治安状况》中卷《台湾社会运动史》第一册《文化运动》，创造出版社（台北）1989年版，第2—3页。

② 叶荣钟著：《林献堂先生年谱》，收入《叶荣钟全集》第二集《台湾人物群像》，晨星出版有限公司（台湾）2000年版，第160页。

③ 《国际条约集（1945—1947）》，世界知识出版社1959年版，第77—78页。

颁布《台湾省行政公署组织大纲》。9 月 20 日，国民政府正式公布《台湾行政长官公署组织条例》，明令“台湾省暂设行政长官公署，隶属于行政院，置行政长官一人，依据法令综理台湾全省政务”，实际上沿袭了战时日本台湾总督府的模式，为后来的台湾人民二二八起义埋下伏笔。

1945 年 10 月 25 日，同盟国中国战区台湾省受降仪式在台北举行，陈仪代表中国政府宣告：“自即日起，台湾及澎湖列岛已正式重入中国版图，所有一切土地、人民、政事皆已置于中国主权之下。”至此，台湾、澎湖重归于中国主权管辖之下。台湾同胞欢天喜地，庆祝回归祖国。台北举行受降仪式时，万人空巷，数十万人倾城而出前往欢迎，全省人民连续几天敲锣打鼓，欣喜若狂地庆祝台湾光复。台湾人民 50 年的期盼终于成为现实，台湾同胞爱国爱乡的热血赤诚可告天地，令人感动。

（三）国民党当局的专制独裁统治

国民党接收台湾后，不顾台湾人民要求民主自治的愿望和诉求，实行政治建制的特殊化和政治军事的绝对独裁统治，不设省政府而设行政长官公署，行政长官独揽行政、立法、司法三权，并兼任省警备司令，与日本统治时期的治台总督权力相差无几。虽然长官公署的集权体制有利于接收，但问题在于，大陆籍官僚垄断了台湾省的主要权力，限制了台籍精英参政的可能性，严重挫伤了他们建设家乡的积极性，视长官公署为“新总督府”，给人以“没有日本人的日本制度”的观感。国民党政府还强化日本统治台湾时期的保甲制度，改为里邻制度，进一步加强了对台湾人民的统治。国民党政府还把臭名昭著的特务系统搬到了台湾，作为监视台湾人民的重要手段，在台北设立了“劳动训练营”，在台东设立了“游民习艺所”，用来关禁批评政府、谈论时政和抨击贪官污吏的人。1945 年 11 月又颁布《人民团体组织临时办法》，强行解散台湾的人民团体，禁止台湾人民的政治活动，迫害台湾进步人士。

经济上，国民党政府实行经济统制和与内地隔离的政策，一个个国民党大员利用“接收”的名义，抢占了台湾90%的企业和70%的耕地，迅速建立起官僚垄断经济；对日用品实行专卖制度；设贸易局，控制台湾的全部进出口贸易，压低出口物资的收购价格，与民争利。由于当时国民党政府正准备发动反人民的内战，为达到“三个月之内灭亡共产党”的目的，国民党政府积极推行内战政策，使得台湾同大陆一样，通货膨胀，物价飞涨，企业倒闭，人民生活困苦不堪。据统计，从1945年10月到1946年12月，台湾物价平均上涨了100倍，其中米价上涨420倍，煤上涨430倍，糖上涨790倍，盐上涨1600倍，火柴上涨1000倍。国民党政府还把在大陆剥削压迫农民的手段搬到台湾，实行征兵、征粮、征实。有些农民为生活所迫，只能弃家渡海谋生。广大的工人也由于工厂企业倒闭而失业。1946年11月，在台湾的失业劳动者竟达80万人之多，占台湾总人口的10%以上。台湾人民承受的苛捐杂税也非常多，1946年比日本殖民统治时期增加了80倍之多。当时，台湾流传着一首《天地歌》：“轰炸惊天动地，光复欢天喜地，接收花天酒地，政治黑天暗地，人民呼天唤地。”

为反抗国民党当局专制独裁统治，谢雪红、杨克煌等组织了“人民协会”和“农民协会”，发行报纸，组织发动群众运动。李伟光等在上海组织了“台湾人民自治联盟”，后又成立“台湾旅沪同乡会”等组织。洪炎秋等在北平成立“台湾省旅平同乡会”，参加争取和平民主的运动，并组织台湾人员回台湾等。台湾民主运动空前高涨。

二、台湾人民二二八起义爆发

1946年6月，国民党在美国的支持下，对中国共产党领导的解放区发动了全面进攻。国民党为了把台湾作为内战的后方基地，在台湾征集青年7000人，秘密押赴内战前线。这些青年觉悟后，因为不愿参加内战，有的在隧洞内跳火车而死，有的上船后跳海被开枪打死。

1947 年 1 月 9 日，台北大专院校和各中学学生上万人，响应大陆学生反美抗暴运动，举行了台湾学生运动史上空前的大规模集会和游行，抗议美军奸污北京大学女学生的暴行，强烈要求美军滚出台湾，要求国民党停止反人民的内战，要求和平和民主。台湾人民的爱国运动与祖国大陆人民国统区同时期开展的反美反蒋反内战运动完全融合在一起。

同年 2 月，由于内战的影响，国统区通货膨胀，上海金价飞涨，很快波及台湾，台湾的金价及其他物价一路飙升，台湾经济陷入空前的危机，号称米仓的台湾竟发生米荒和抢米风潮，广大人民挣扎在饥饿线上。台北市民千余人举行游行请愿，抗议国民党当局的专制独裁统治。

由于国民党政府接收台湾以来的种种恶政，致使台湾民怨沸腾，台湾上空乌云密布，一场风暴即将来临。

（一）二二八起义爆发

1947 年 2 月 27 日，台湾省专卖局业务委员会的武装缉私人员在台北市圆环天马茶房附近查缉私烟，打伤了女烟贩林江迈，接着又开枪打死一名围观市民。这一流血事件成了导火线。2 月 28 日，台北市民众以缉私血案未得到妥善解决，沿街打锣通告，鼓动市民罢工罢市，反抗国民党当局的暴政、抗议军警枪杀市民，得到全市商行的积极响应。台湾民众民心愤慨，群情激昂，遂至行政长官公署请愿，遭到枪击，死伤各一。民众更加愤懑，他们控制台湾广播电台，广播的主要内容是批判贪污、米粮外溢、民不聊生等，号召民众驱逐各地的官吏。由此，台北市的群众抗争迅速扩大为全台性的群众运动。

3 月 2 日，台北市各界人士成立“二二八事件处理委员会”，并随后在各地成立分会，代表民众就事件处理和台湾的政治改革与国民党当局交涉，提出多项要求，但未能得到国民党当局妥善处理，民众的公愤愈演愈烈，各地民众闻风而动，群起响应，事件迅速由台北市蔓延至全省，台湾人民纷纷揭竿而起，与国民党当局展开斗争。这场因台北烟草专卖局缉私

★ 1947 年 2 月 28 日，台北市民焚烧烟草专卖局场景。

警察殴打贩卖私烟的女烟贩激起民众愤慨，从而引发全岛民众掀起反对国民党当局专制统治、要求民主自治的反抗运动，史称二二八起义或二二八事件。原台盟总部副主席李纯青（时任《大公报》记者，台籍中共党员）在当年的《台湾民变真相钩沉》一文中回忆，台湾《新生报》1947 年 3 月 3 日（号外）及 4 日如此报道："2 月 27 日晚 7 点半钟，太平町发生缉烟事件以后，民众在愤恨之余，拥到宪兵队和台北市警察局请愿严办凶手，一面打锣当众宣布事件的始末。28 日上午 9 点余钟，民众以案件未得解决，又沿街打锣通告罢市，全市商行，立即响应，相率关门闭户，民心愤慨，群情激昂，全市骚动，风声鹤唳。"随后，国民党当局从大陆调来大批军警、特务进行镇压。3 月中旬起义失败。

当时，由于国民党当局发动反人民的内战，实行更加严酷的专制独裁统治，导致全国范围内的罢工浪潮和学生运动此起彼伏，福建、浙江、广东等十多个省市相继发生人民反抗运动，台湾同胞发起的二二八起义，与祖国大陆人民开展的反饥饿、反迫害、反内战运动相互呼应，汇聚成了全国同胞爱国民主运动的巨大洪流。作为全国人民民主运动的组成部分，它有力地显示了台湾人民的革命精神，鼓舞了全国人民。

3 月 8 日，中共中央通过延安新华广播电台发表声援台湾人民二二八起义的文告《台湾自治运动》，强调："你们的斗争就是我们的斗争"，"中国共产党人热烈赞扬台胞的英勇奋斗"，对台湾人民的二二八起义给予高度赞扬，并表示积极支持台湾人民的革命斗争。3 月 20 日，《解放日报》刊发《台湾自治运动》社论，指出："台湾的自治运动，是完全合理的、合法的、和平的"，台湾人民的武装自卫"乃是被迫的、是必要的、是正义的、是正确的"，强调"你们的斗争就是我们的斗争，你们的胜利就是我们的胜利，解放区军民必定以自己的奋斗来声援你们，帮助你们"。[①] 与此同时，祖国大陆知名民主人士郭沫若、沈钧儒、李济深等也通过各种方式声援台湾人民的爱国民主运动，给艰苦斗争中的台湾人民极大的鼓舞。

（二）台盟前辈积极参与其中

二二八起义期间，台盟的许多前辈参加并领导了反对国民党专制独裁统治的斗争，他们及其他亲历者的回忆以及大量的史料都证明，反对国民党当局专制独裁统治、要求民主自治是当时台湾民意的主流，"处委会"所提诉求中也没有一处提到"台湾独立"。台湾《人民导报》社长宋斐如撰写社论称："在这剧烈变动当中，如果当局回忆初来台时，台湾同胞箪食壶浆的欢迎盛况，与今日一相对照，当可恍然自省。"宋斐如曾任台湾行政长官公署教育处副处长，在二二八事件中，他因抨击国民党当局的种种劣迹惨遭杀害。

二二八期间，谢雪红与杨克煌等在台中领导"二七部队"与国民党当局进行武装抗争，并强调"不要杀害外省人"。她后来为杨克煌的《回忆"二二八"起义》一书作序指出，"台湾自古以来就是中国神圣不可分

① 《解放日报》1947 年 3 月 20 日第 1 至 2 版。

割的一部分”，台湾人民掀起的“英雄的‘二二八’武装斗争，给蒋介石的黑暗统治一个沉重的打击”。“台湾人民现在已经有强大的祖国——中华人民共和国了”，台湾人民“自由幸福的光明日子一定要到来”。谢雪红在北京写下了这段肺腑之言，她反复强调台湾是中国的一部分，对祖国统一满怀期待。中共台湾省工委武装部长张志忠在嘉义组织嘉南纵队，开展了坚决的武装斗争。与此同时，在祖国大陆的台湾同胞纷纷通过撰文、接受采访、告全国同学书等各种形式表达反对国民党当局专制腐败统治，对祖国的挚爱毫不动摇之情，表达了全体台湾同胞的共同愿望，充分反映了台湾同胞爱国爱乡的光荣传统。

三、台盟的成立及政治主张

（一）成立新台湾出版社，发行《新台湾丛刊》

台湾人民二二八起义失败后，从事爱国民主运动的台湾省人士谢雪红、杨克煌、苏新等来到香港，积极联络在港爱国民主人士，开展革命工作。谢雪红到香港后，积极联系在港的爱国民主人士陈汝棠、庄希泉，并经两人介绍，拜访了李济深、何香凝、陈其瑗、蔡廷锴、彭泽民、章乃器、邓初民等，并得到他们的热情支持。1947 年 7 月，《巾帼英雄谢雪红》在香港《华商报》刊载，新加坡《南侨日报》等南洋进步的报纸进行了转载，产生了积极的影响。

1947 年 8 月，谢雪红、庄希泉、杨克煌、林田烈、刘雪渔等与在港的爱国民主人士共同组建台湾问题研究会，积极开展对台湾人民的宣传工作。[①] 为更好地向台湾爱国民主人士传递中共的政治主张，阐述二二八起义的详细过程，弘扬台湾同胞爱国爱乡的光荣传统，为实现台湾民主自治

① 周明著：《在跟随谢雪红的日子里》，北京档案资料，第 56 页。

而努力，在庄希泉的建议下，由杨克煌起草，以谢雪红的名义在新加坡爱国华侨陈嘉庚主办的《南侨日报》发表《台湾事变女英雄谢雪红告台湾同胞书》，号召台湾人民为反对国民党当局独裁统治、实现台湾民主自治的目标继续奋斗。文中表示：“台湾这次的起义，完全是和世界与全中国的反独裁争民主自治的路线相符合的。”“台湾各阶层人民为了新台湾的建设，需要一齐觉悟起来，团结起来，不断地奋斗。”“到上海以后，我拜访过许多民主人士，目睹祖国人民在抬头着，到处发现争民主、反独裁、反内战、反饥饿的拼命的斗争，这使我更加确信人民的胜利，已经迫在最近的目前了。”呼吁台湾同胞“和全国人民联合组织全民族的统一战线”，为建立“独立、和平、民主的新中国”共同奋斗。同时，杨克煌又将此文寄给北平的杨克培油印刊发后，寄给台湾和祖国大陆各地的台胞。此文后转载于香港《华商报》和《新台湾丛刊》第二辑《胜利割台湾》，产生了一定的影响。

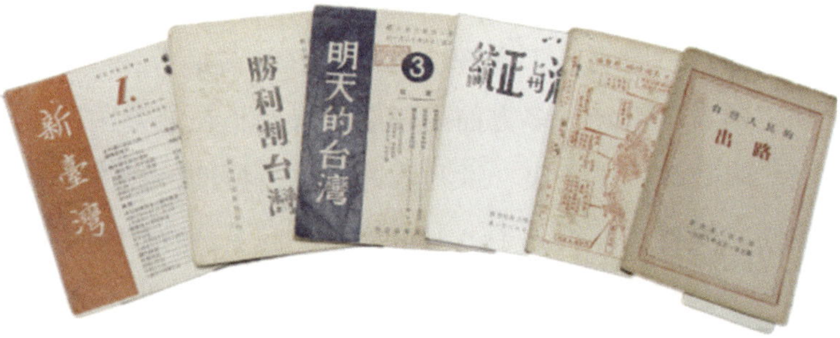

★ 六辑《新台湾丛刊》。

1947年9月，在香港爱国民主人士的热情支持和赞助下，台湾问题研究会成立新台湾出版社，发行《新台湾丛刊》。《新台湾丛刊》一共出版六辑，包括1947年9月25日出版的第一辑《新台湾》，1947年11月1日出版的第二辑《胜利割台湾》，1947年12月1日出版的第三辑《明天的台湾》，1948年1月1日出版的第四辑《自治与正统》，1948年2月28日出版的第五辑《台湾二月革命》，1948年5月1日出版的第六辑《台湾人民的出路》。杨克煌、苏新任编辑和主笔，丛刊得到中国共产党和爱国民主人士如陈嘉庚等的支持和帮助。

《新台湾丛刊》出版后，通过各种渠道秘密传递到台湾、广州和北平，这些革命刊物在台湾青年中反响很大，一些台湾青年就是阅读这些刊物后走上了革命的道路。

（二）创建台湾民主自治同盟

1947 年 7 月，谢雪红等到香港之后，在中国共产党的指导下，积极开展反对国民党专制独裁统治、谋求台湾民主自治的革命活动，联合在香港的爱国民主人士开展进步活动，并与在大陆的台籍人士李伟光、李纯青，在日本的杨春松等联系，加强对台湾人民的宣传工作，产生了一定的影响。1947 年 9 月间，成立了时事学习会，读《华商报》等文章，讨论时局问题，杨克煌、苏新、周明、丁光辉、刘雪渔、林田烈、林容等参加。

1947 年 10 月，台湾民主自治同盟筹备委员会正式成立，骨干有谢雪红、杨克煌、苏新、周明、丁光辉、林田烈、刘雪渔等，[①] 负责草拟政纲等各种文件。谢雪红等经过多方面的联系，得到了在港爱国民主人士李济深、何香凝、廖梦醒、庄希泉、章乃器等的热情帮助，征得了台湾岛内革命团体的赞同和支持，并得到了上海台湾旅沪同乡会会长李伟光的大力支持，还得到《大公报》记者李纯青、北平的曾明如、北平台湾同乡会会长梁永禄、日本东京的台籍政治活动家杨春松的支持和协助。

1947 年 11 月 12 日，孙中山先生诞辰纪念日，在中国共产党的热情帮助、支持和指导下，台湾民主自治同盟正式创立，并公布了《台湾民主自治同盟纲领（草案）》和《台湾民主自治同盟规程（草案）》（以下简称《规程（草案）》），发布《台湾民主自治同盟筹备会时局口号》及《台湾民主自治同盟筹备会第一次会员代表会文告》（以下简称《筹备会文告》）等相关文件。1947 年 11 月 18 日，香港《华商报》对外公布了台

① 谢雪红、杨克煌著：《台盟组织的成立及经过概况》，北京档案资料，第 3 页。

盟成立的消息："台北12日航讯：台湾民主自治同盟筹备会，于国父诞辰日在本省北部某地，召开该筹备会第一次会员代表会，议决该同盟之纲领、规程草案，并发表时局口号、文告等。据悉，该同盟团结本省全体人民，为争取台湾省自治及响应全中国人民之建立民主联合政府之斗争为宗旨，该同盟盟员表示坚决愿为台湾民主自治而奋斗，为人民服务而努力。闻该同盟将在省内外各地展开广泛的活动，并促进其及早正式成立。"①

台盟对外公开了组织成立的消息，但为了斗争的需要，暂未公布台盟在香港的活动踪迹，因此当时公布的《规程（草案）》称，"本同盟总部设置于台湾省台北市"，《筹备会文告》第一条则强调，"本同盟筹备会办事处地址及会员名单暂不公表"。直至1948年7月12日，台盟才公布了总部负责人名单。台盟总部的负责人是谢雪红、杨克煌、苏新。

这些曾与日本殖民统治者顽强斗争、又坚决反对国民党恶政的台籍爱国民主人士，组成了台盟这一进步的政治团体，积极开展革命活动，投身到新民主主义革命和建立新中国的洪流之中。

（三）台盟的政治主张

台盟在政治上反对独裁专制，要求实行人民民主制度，设立民主联合政府，实行台湾民主自治，并坚决反对"台独"主张，反映了在中共领导下，以谢雪红为代表的台湾爱国民主人士的政治观点和政治诉求。谢雪红曾指出，台湾人民在二二八斗争中提出的"民主自治"口号，就是台湾民主自治同盟定名的依据。谢雪红对台盟提出的民主自治含义作如下阐释："自治是台湾人民要求自己起来管理台湾的政治"，"这种政治思想是符合人民民主思想的，它的内容是革命的"，"因此，反映着当时台湾人民的政治思想是肯定台湾为中国的一个行省的，而没有包含着企图实行从中国分离出去，实行'台湾独立'的意思"。

台盟成立后，《新台湾丛刊》第三辑《明天的台湾》刊登了台盟成立

① 香港《华商报》1947年11月18日第1版。

的纲领等文件，谢雪红以“一斐”的笔名发表文章《明天的台湾》，进一步表达台盟的政治主张。文章写道：“必须建立包括共产党、民主同盟等各民主党派及爱国民主人士的，代表全（国）人民利益的，真正民主的联合政府……明天的政治必然是人民自身的，民主的，而且是人民愿意与必须参加的政治……明天的台湾是台湾人民自己的台湾，而（也）是新中国的富强康乐的一省。”

关于台盟组织的缘起，台盟创始人之一、后任台盟总部秘书长的杨克煌表示：“和廖文毅‘托管派’的斗争愈来愈剧烈的时候（同年 10 月间），我们感觉有成立一个团体的必要……这个团体的名称问题，讨论的结果初步定为‘台湾民主自治同盟’，民主这两个字是当时蒋管区群众斗争的主要口号之一，而自治这两个字是台湾人民同国民党反动派作斗争以及二二八起义期间最普遍的斗争口号。中共中央于同年 3 月 20 日以延安《解放日报》社论的方式给台湾人民的起义作了极重要的指示，该社论题为《台湾人民的自治运动》。因此我们认为作为号召台湾人民继续同国民党反动派作斗争的团体，使用‘民主自治’四个字为名字是适当的。”台盟创始人之一、后任台盟总部常务理事的苏新在其自传中也谈到，当时我们在香港的工作任务包括：第一，向消息闭塞的台湾宣传国内外形势，特别是国内革命形势；第二，揭露台湾当局压迫和剥削台湾人民的情况；第三，公开反对托管运动和美国侵略台湾的阴谋；第四，沟通台湾同胞和大陆及海外同胞的联系。我们认为，最好以一个政治团体的名义开展这些工作，于是组建了台盟。

台盟最初的办公地点在香港筲箕湾道东端一座临街的二层楼上，面积仅 30 多平方米，白天当办公室，晚上是宿舍。办公室的墙上贴着一张中国地图。每当解放军解放了一个城市，台盟的同志就用红纸剪成小红旗贴到地图上。

（四）台盟成立初期的主要活动

台盟成立之初，谢雪红等台盟领导人结合当时的主要任务，大力开展对台宣传工作，积极参加在香港的中国各民主党派活动并扩大影响，发展台盟组织，介绍台籍青年到解放区参加革命，并与廖文毅为首的主张“联合国托管”台湾的分裂行径展开坚决的斗争。1948 年 2 月 28 日，台盟在香港举行纪念二二八起义一周年座谈会。同一天，香港《华商报》特别刊发《台湾二月革命周年特辑》，郭沫若、沈钧儒、邓初民、方方、马叙伦、章伯钧等撰文支持台湾人民的斗争。1949 年，二二八事件两周年之际，香港《华商报》再辟专栏纪念二二八事件，并载台籍爱国人士的文章，如杨克煌的《提防台奸》、庄嘉农（苏新）的《追念王添灯先生》等。其中，李纯青的《石狮嘴里的石球——台湾》一文明确指出，“若把石狮比作中国，它嘴里衔着那个石球可比台湾”，“石球在石狮嘴里可以转动，但它属于石狮的一部分，是拿不出来的，偷不走的”。“台湾是属于中国的，不能单独存在，也偷不走的。”充分体现了台盟反对国民党独裁专制、争取台湾民主自治的长期一贯的政治立场。

台盟的成立使岛内外台胞有了一个公开的、进步的政治团体，这对团结广大台湾同胞共同反对当时的美蒋统治，为解放台湾、完成祖国统一大业起到了应有的作用。

四、台盟坚决反对台湾分离运动

（一）台盟成立之初即坚决反对外来干涉和台湾分离运动

台盟在成立之初就坚决反对各种形式的台湾分离运动。1948 年 1 月 7 日，台盟发言人就二二八之后的时局发表声明，指出：“中国人民决不容许美帝国主义的侵略，反对任何对中国的干涉。”台盟呼吁“为建立一个独立富强的新中国，设若美帝以任何借口要控制中国国土的任何一个地方——尤其是台湾，中国人民必须不惜任何牺牲向它作战到底”。在为响应中共“五一口号”而于 1948 年 5 月 7 日发表的《告台湾同胞书》中，台盟明确指出“美帝国主义者又为了准备反动政府垮台后侵占台湾之计，拉拢少数亲美份子，阴谋‘台湾分离运动’，以‘反蒋不反美’为目标，来分裂中国民族统一战线……我们不但要反蒋，更加要反对美帝的侵略”，号召“同胞们！赶快起来……反对台湾分离运动”。台盟已经清醒地看到当时美国企图通过扶植所谓的“台湾分离运动”来分裂中国的险恶目的，并对之保持高度的警惕和坚决反对的立场，为维护国家主权和领土完整而不懈努力。

（二）台盟领导人多次发言表明台盟严正立场

1949 年 6 月 13 日，谢雪红发表谈话，痛斥美帝国主义对台野心，表示中国领土完整不容侵犯，台湾获得解放的日子已经为时不远。谢雪红说：“自日本投降以来，美帝国主义者除了经过国民党卖国政府之手，取得在台湾的军事和经济的侵略特权以外，并曾不断地唆使几个台湾省籍的民族败类，发出台湾‘独立’的叫喊，妄想把台湾变成它的殖民地。最近美帝国主义又勾结英国策动建立一条以台湾为关键据点的所谓‘亚洲反共隔断线’，美帝国主义者侵略台湾的狰狞面目，是更加暴露无遗了。”谢雪红指出：“有史以来，台湾就是中国领土的一部分，台湾人民也是中华民族的一部分，收复台湾曾经是中国人民多年来反对日本帝国主义斗争的重要目的之一，中国人民有权收回被侵占的领土。台湾重归祖国版图是理所当然的……所谓在对日和约未签订以前，台湾的地位尚未确定，不过是侵略者卑鄙的谎言而已。”①

1949 年 9 月 3 日，谢雪红发表《反对美帝侵我台湾阴谋》声明，明确表示反对美帝国主义侵略台湾。指出：“美帝国主义对台湾的侵略，已有近百年的历史了……（日本投降后）美国积极策动台湾一小撮败类如廖文毅之流进行所谓‘台湾独立运动’的阴谋活动，以便进一步将台湾变为美国的殖民地……美帝国主义侵占台湾的阴谋一定要失败的。”②

---

① 《谢雪红谈话 痛斥美帝对台野心》，香港《华商报》1949 年 6 月 14 日第 1 版。

② 《台湾民主自治同盟主席谢雪红声明 反对美帝侵我台湾阴谋》，《人民日报》1949 年 9 月 4 日第 1 版。

同日，田富达也发表谈话，表示台湾高山族人民坚决斗争，抗击美帝侵台阴谋。台盟自成立伊始，始终高度警惕所谓的“台湾分离运动”，坚决反对美国侵略台湾，自觉维护国家主权独立和领土完整，充分体现了台湾同胞爱国爱乡的光荣传统和维护国家统一的坚定信念。

第二章

参与筹建新政协和新中国

一、积极响应中共中央“五一口号”

（一）中共中央发布“五一口号”

1948年4月30日，中共中央书记处扩大会议在晋冀察军区所在地河北省阜平县城南庄召开（又称城南庄会议），会议讨论通过了经毛泽东修改后的《中共中央纪念“五一”劳动节口号》，号召“各民主党派、各人民团体及社会贤达，迅速召开政治协商会议，讨论并实现召集人民代表大会、成立民主联合政府”。当日，通过陕北的新华社正式对外发布，同一时间，新华广播电台也进行了广播。5月1日，《晋察冀日报》头版头条刊发了“五一口号”，《华商报》头版头条予以刊发。5月2日，《人民日报》头版头条全文发表。

“五一口号”的发布，切合人民的要求，符合人民的愿望，为其时内战正酣的中国指明了未来的发展与方向。“五一口号”发布之后，在全社会引起了强烈反响。包括台盟在内的各民主党派、各人民团体乃至海外的侨胞组织纷纷响应。

（二）台盟发表《告台湾同胞书》响应“五一口号”

1948年5月7日，台湾民主自治同盟发表《告台湾同胞书》，呼吁台湾同胞响应“五一口号”，指出：“全国人民都已厌弃反动政权，而期待其早日结束，筹建民主联合政府的时期，已经成熟了。在这时候，中共中央发表了这个号召，正切合全国人民目前的要求，也正切合台湾全体人民的愿望。无论任何政府的产生，必须建筑在全国人民的共同意志上……中共中央这次提出了‘召开政治协商会议，讨论并实现召集人民代表大会，成立民主联合政府’，这样的政府才是一个真正合法的政府，真正代表人民利益的政府。”①

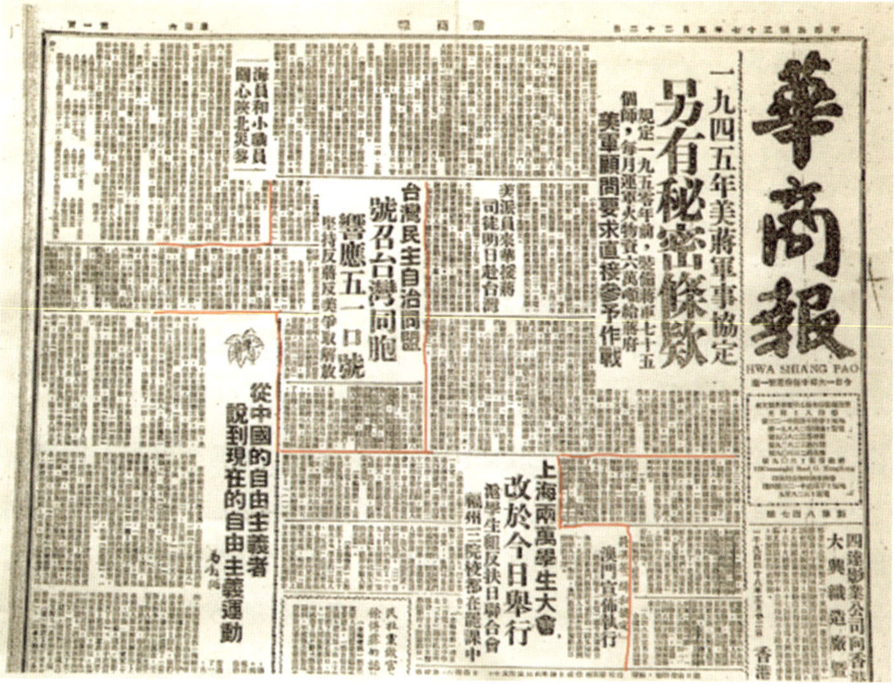
華商報
HWA SHANG PAO
一九四五年美蔣軍事協定
另有秘密條款
美軍顧問要求直接參予作戰
台灣民主自治同盟
號召台灣同胞
響應五一口號
堅持反蔣反美爭取解放
從中國的自由主義者
說到現在的自由主義運動
上海兩萬學生大會
改於今日舉行

★ 1948 年 5 月 22 日，香港《华商报》刊登台盟《告台湾同胞书》全文。

在这份《告台湾同胞书》中，台盟号召“同胞们！赶快起来响应和拥护中共中央的号召……准备参加‘政协会议’、‘人民代表大会’和‘民主联合政府’”。随后，台盟在其主办的刊物《新台湾丛刊》第六辑《台湾人民的出路》中以《纪念“五一”劳动节　中共中央重要宣言》为题，全文刊发了中共“五一口号”的内容，并发表《一个响亮的号召》和《响应伟大的号召》两篇文章，作为自己响应和支持中共“五一口号”的又一次实际行动。《一个响亮的号召》其中说：“这一响亮的战斗号召，

① 《台湾民主自治同盟号召台湾同胞响应“五一口号”，坚持反蒋反美争取解放》，香港《华商报》1948 年 5 月 22 日第 1 版。

对于中国人民的解放事业，无疑将起着巨大的推动作用。”[①]《响应伟大的号召》表示：“全中国人民无一不在希求一个独立、自由、民主、统一与富强的新中国赶快实现。所以听到这个伟大的口号，我们觉得每个中国人民都必须立即更加团结起来，为着争取全国的胜利而共同奋斗。”[②] 从此，台盟自觉地、主动地接受中国共产党的领导，积极参加新政治协商会议，参与民主联合政府的筹备和建立，为中华人民共和国的成立和发展作出了自己的贡献。

1948 年 6 月，中共中央上海局组织召开“香港会议”，并邀请有关同志分别参加，中共中央上海局书记刘晓主持会议。内容主要是六个方面，一是关于台湾党的组织的发展问题；二是解决台湾党的组织内部的团结问题；三是对托管派的认识问题；四是关于台盟参加政协的问题；五是关于台共的处理问题；六是关于二二八事件的结论问题。[③] 谢雪红、杨克煌、李伟光参加了部分会议。会议强调台盟的任务是配合台湾地下党的工作，做公开宣传号召工作：一是向国内外宣传台湾的情况；二是向台湾人民介绍当前革命的情况；三是联系旅外台胞，扩大政治影响；四是对分离运动阴谋进行揭露打击等。[④] 会议决定发展台盟的组织，并“决定谢雪红参加即将召开的人民政协”[⑤]。1948 年 7 月 4 日，台盟邀请在港各界民主人士、社会贤达就响应中共“五一口号”问题举行座谈会，一致提出：拥护中共“五一口号”，加紧宣传召开新政协的重大意义，提高人民的觉悟，发动群众积极参加实际斗争，促进新政协的召开和民主联合政府的早日成立，促进新中国的建立。7 月 12 日，台盟召开座谈会，宣布台盟总部正式成立，公布谢雪红（理事）、杨克煌、苏新为总部负责人，香港部分台胞参加了会议。

台盟怀着对中国共产党领导的社会主义新中国美好憧憬和热切期待，

① 邱平田著：《台湾人民的出路》，新民主出版社（香港）1948 年版，第 4 页。
② 同①，第 5 页。
③ 谢雪红著：《谢雪红自传》，北京档案资料，第 42—43 页。
④ 谢雪红、杨克煌著：《〈台湾民主自治同盟〉的报告摘要》，北京档案资料，第 2 页。
⑤ 谢雪红、杨克煌著：《台盟组织的成立及经过概况》，北京档案资料，第 4 页。

积极投入筹备参加新政协和建设新中国的浪潮中，在中国共产党的领导下，为建立一个民主自由、繁荣昌盛的新中国作出了积极的努力。

二、参加新政协筹备工作

（一）台盟积极“展开新政协运动”

“五一口号”号召“召开政治协商会议，成立民主联合政府”，台盟积极响应，推动召开新政治协商会议。据1948年7月16日香港《华商报》报道：“台北航讯：自从中共中央‘五一口号’提出‘新政协’的号召之后，台湾民主自治同盟就立即发表‘告台湾同胞书’，号召台湾同胞起来响应。尔后，‘台盟’总部派出许多干部，到各地访问各人民团体及各界民主人士，说明目前国际形势，中国人民革命战争发展情形，及新政协与台湾的将来等，极力推动‘新政协运动’，已获得各人民团体及各界开明士绅的赞成和拥护。”①

1948年8月1日，中共中央主席毛泽东电复5月5日聚集在香港的各民主党派、各人民团体及无党派民主人士响应中共“五一口号”主张的通电，电文说：“五月五日电示，因交通阻隔，今始奉悉。诸先生赞同敝党五月一日关于召开新的政治协商会议，讨论并实现召集人民代表大会，建立民主联合政府的一向主张，并热心促其实现，极为钦佩。现在革命形势日益开展，一切民主力量亟宜加强团结，共同奋斗，以促早日消灭中国反动势力，制止美帝国主义的干涉，建立独立、自由、富强和统一的中华人民民主共和国。为此目的，实有召集各民主党派、各人民团体及无党派民主人士的代表们共同协商的必要。关于召集此项会议的时机、地点、何人召集、参加会议者的范围以及会议应讨论的问题等项，希望诸先生及全

① 《台湾民主自治同盟展开新政协运动》，香港《华商报》1948年7月16日第1版。

国各界民主人士共同研讨，并以卓见见示，曷胜感荷。”[①] 毛泽东的复电，充分表示了中国共产党与各民主党派协商召开新政治协商会议，成立民主联合政府的诚意和愿望。

在周恩来的领导下，中共中央香港分局将在南方国统区及在港的各民主党派领导人和民主人士的代表接到解放区，开展新政协的筹备工作。根据香港分局的安排，杨克煌 1949 年 1 月 23 日离开香港，经烟台、潍坊、济南、德州、石家庄，于 1949 年 2 月中旬到达当时中共中央统战部所在地河北省平山县李家庄。谢雪红于 1949 年 2 月 26 日离开香港，经朝鲜、安东、沈阳，于 3 月中旬到达北平。[②] 1949 年 3 月 27 日，杨克煌随中央统战部机关来到北平。4 月初，苏新、丁光辉、林良材等也来到北平。

1949 年 2 月 26 日，香港《华商报》以《台盟向新政协提出处理台湾问题意见，台盟代表谢雪红安抵解放区》为题进行了详细报道：“台湾民主自治同盟总部廿四日公布，本同盟理事会这次特派本同盟理事谢雪红同志赴华北解放区，向新政协会议陈述台湾人民斗争近况，于一月 × × 日已抵达目的地。谢同志代表六百五十万省民，向新政协会议提出关于处理台湾问题的意见。谢同志于出发时坚决表示，为反对美帝的侵略，推翻蒋政权在台湾的统治，争取省民的民主自治奋斗到底。本盟希望本省全体同胞一致拥护谢同志为国家民族奋斗，促进本省及早解放，以达成本省人民的要求。”[③] 谢雪红到达北平后，参加了一系列政治活动，担任了全国妇联中央执行委员、中华全国民主青年联合总会副主席。杨克煌担任中国新民主主义青年团中央委员。

1949 年 3 月，台盟总部也由香港迁到了北平。留在香港的其他盟员也陆续离开了香港来到解放区。至此，台盟结束了在香港的活动。

---

① 《为新政协召开问题，毛泽东氏电复香港民主人士》，香港《华商报》1948 年 8 月 5 日第 1 版。

② 谢雪红著：《谢雪红自传》，北京档案资料，第 45 页。

③ 《台盟向新政协提出处理台湾问题意见，台盟代表谢雪红安抵解放区》，香港《华商报》1949 年 2 月 26 日第 1 版。

（二）谢雪红等参加新政协筹备会

1949 年 6 月 15 日，新政协筹备会第一次全体会议在北平开幕。台盟总部负责人谢雪红以中华全国民主青年联合总会副主席的身份参加新政协筹备会，并担任第四小组（组长董必武，负责起草中华人民民主共和国政府方案）组员。在新政协筹备会上，谢雪红代表台盟发表《处理台湾问题意见书》，重申台湾革命是中国革命的一部分，必须实行反帝、反封建、反官僚资本主义的新民主主义革命。①

会议选出以毛泽东为首的常务委员会，领导成立新中国的准备工作。6 月 19 日，李维汉在新政协筹备会第一次全体会议上作《〈关于参加新政治协商会议的单位及其代表名额的规定（草案）〉的说明》，提出："党派单位方面增加了三个：九三学社、台湾民主自治同盟、新民主主义青年团，这三个单位应该增加。"同日，会议通过《关于参加新政协会议的单位及其代表名额的规定》，决定台盟作为一个民主党派参加新政协，代表名额五人，候补代表一人。

9 月 7 日，周恩来在中国人民政治协商会议第一届全体会议召开前向政协代表作了《关于人民政协的几个问题》的报告，肯定了台盟成立以来的政治活动，他说："凡是在去年'五一'前就建立了组织或已开始建立组织，并且很快地响应了'五一'号召的，就可以作为参加单位。现在参加筹备会的十四个党派单位都是按照这个标准决定的。……台盟是一个革命的组织，'五一'前就从事台湾人民的解放运动。"② 台盟地位的确立和周恩来代表中共中央对台盟的肯定，使台盟由一个地方性政治团体成为全国性民主党派之一，对台盟以后工作的开展具有重要的意义。

---

① 《台湾民主自治同盟参加新政协提出处理台湾问题的意见》，《光明日报》1949 年 3 月 1 日第 1 版。

② 台湾民主自治同盟编：《光荣的历程：台湾民主自治同盟成立 45 周年》，1992 年版，第 75 页。

三、出席政协第一届全体会议和开国大典

（一）台盟电贺新政协开幕

在中国共产党、各民主党派、各人民团体、各族各界代表人士的支持和共同努力下，1949 年 9 月 21 日，中国人民政治协商会议在北平召开。台盟谢雪红、杨克煌、李伟光、王天强、田富达、林铿生（候补代表）作为政协第一届全体会议代表光荣参加了会议。[①]

★ 参加政协一次会议的台盟代表。左起：田富达、杨克煌、谢雪红、李伟光、王天强、林铿生（候补）。

9 月 23 日，台盟总部电贺中国人民政治协商会议开幕。贺电说："当中国人民新世纪的开始时，本盟代表六百七十万台湾人民，以极端兴奋的心情，庆祝中国人民政治协商会议第一届全体会议的开幕，并向全体代表致最崇高的敬礼。台湾人民由于半世纪间的沦陷和四年来国民党反动派的

① 《中国人民政治协商会议第一届全体会议代表名单》，《人民日报》1949 年 9 月 22 日第 3 版。

血腥统治所得来的教训，认识了必须反对帝国主义、封建主义和官僚资本主义，必须粉碎美帝国主义侵略台湾的一切阴谋和彻底消灭国民党反动派的残余力量，完成新民主主义革命，才能得到真正的解放。台湾人民和全国人民一道完全拥护人民政治协商会议，并坚决表示愿为本会议所通过一切决议的实现而努力奋斗到底。谨祝大会胜利成功，中国人民革命大团结万岁！”①

（二）台盟代表在政协大会发言

9月23日，台盟首席代表谢雪红在中国人民政治协商会议第一届全体会议上发言。谢雪红在发言中表示，台盟完全拥护人民政协，并为共同纲领的实现而奋斗。谢雪红指出：“中国人民革命的伟大胜利，已经结束了封建买办的国民党反动统治，而中国人民已经建立起自己的政府、国家的时候，全国人民所关心着的台湾，目前还被国民党反动派的残余势力所统治着。……在这个时候，被蒋美反动派所压迫剥削着的台湾人民是在有史以来没有过的水深火热当中过着极端恐怖、凄惨的生活，可是台湾人民已经认识了和觉悟了必须消灭反动派的统治，完成新民主主义革命，台湾人民才能够得到真正的解放。”② 谢雪红强调，“这次召开的新政治协商会议，而由这个会议将要组织起来的中央人民政府，和宣告中华人民共和国的成立，是完全根据全中国人民的意志和利益而产生出来的。六百七十万台湾人民，三百多年来反对荷兰、西班牙、日本等国的侵略压迫，和反对国民党反动派的封建买办统治，不断作流血牺牲的斗争也就是为了这个目的。全台湾省人民完全拥护这个全国人民民主统一战线组织的中国人民政治协商会议，完全支持行将产生的由工人阶级领导的、以工农联盟为基础，人民民主专政的中华人民共和国中央人民政府，并完全同意这个中国

① 《国内民主党派纷纷电贺政协开幕》，《人民日报》1949年9月29日第3版。

② 《台湾民主自治同盟首席代表谢雪红发言》，《人民日报》1949年9月24日第3版。

人民政治协商会议的共同纲领”。[①] 谢雪红表示，“这个共同纲领中的每一条都是代表着我们的利益，所以我们不但应该要遵守，而且我们为着这个纲领的全部实现，必须努力奋斗到底”。[②]

9 月 24 日，谢雪红接受《光明日报》专访，她说：“只有在中共领导下才能将革命进行到底，并有了这个强大的人民解放军，台湾的解放就毫无问题了，而且时间也很快了。我们台湾人民完全拥护中共的领导，并正在热烈期待着解放军打到台湾，消灭蒋美反动派，并解放我们台湾人民。”

会议期间，谢雪红还接受了《人民日报》记者的采访。她在接受记者采访时说：“今天所以能够召开这样历史上空前伟大的首次人民政协会议，这完全是由于中国共产党——毛主席英明伟大的领导与中国人民解放军艰苦战斗的结果。对于这次政协会议的共同纲领，我们不但要遵守，而且要努力坚决实现。”[③]

9 月 27 日，台盟代表王天强接受《光明日报》专访，表示“中国人民政治协商会议第一届全体会议的召开是中华人民共和国开国的盛典，工农联盟为基础的中华人民共和国将给予过去被压迫的工农以主人的地位，我们台湾农民就在中国共产党和毛主席的英明领导下，为新民主主义的中国，不怕困难不惜牺牲，将付出一切力量，团结斗争到底”。

9 月 27 日，台盟代表田富达在中国人民政治协商会议第一届全体会议上发言。田富达表示，自己作为人口仅 30 万左右的台湾高山族人民代表参加政协，感到非常兴奋和光荣；希望即将成立的中央人民政府尽快解放台湾，并在解放后积极帮助台湾高山族人民发展政治、经济、文化、教育、卫生等建设事业。田富达强调：“这次人民政协所要通过的三大文件，尤其是共同纲领中关于民族政策的四个条文，不但是我们所完全同

① 《台湾民主自治同盟首席代表谢雪红发言》，《人民日报》1949 年 9 月 24 日第 3 版。
② 《台湾民主自治同盟首席代表谢雪红发言》，《人民日报》1949 年 9 月 24 日第 3 版。
③ 《台湾民主自治同盟领袖——谢雪红》，《人民日报》1949 年 9 月 30 日第 6 版。

意，而且是比我们在长期斗争中所要求的目标，更加理想，更加完善。因此，我们就不只是一般地拥护支持，而是为了这个纲领的完全实现，愿不怕任何牺牲，都要斗争到底。”①

9月30日，中国人民政治协商会议第一届全体会议选出由毛泽东任主席的中国人民政治协商会议第一届全国委员会。台盟谢雪红等当选为委员。中央人民政府还任命谢雪红为政务院政法委员会委员、田富达为民族事务委员会委员。后来台盟还参加了华东大区政府的组织工作，谢雪红等被任命为华东军政委员会委员。

（三）向毛泽东主席献旗

9月30日，在中国人民政治协商会议第一届全体会议闭幕会上，林东海（台盟盟员）、林云（即王正南）等代表华北军政大学台湾队学员向毛泽东主席献旗，表达台湾同胞誓为解放台湾、解放全中国而奋斗的决心。林云宣读了致敬信。

★ 1949年9月，在中国人民政治协商会议第一届全体会议上，林云（左二）、林东海（右二）等代表华北军政大学台湾队学员向毛主席献旗。

① 《台湾民主自治同盟高山族代表田富达发言》，《人民日报》1949年9月28日第3版。

★ 1949年10月1日，中华人民共和国开国大典在北京举行，毛泽东主席宣告中华人民共和国中央人民政府成立。台盟首任主席谢雪红（左一）等一同见证了这一伟大的时刻。

10月1日，北京天安门广场30万人集会，隆重举行中华人民共和国开国大典。参加政协第一届全体会议的台盟代表谢雪红、杨克煌、李伟光、王天强、田富达、林铿生（候补代表）和其他代表一起登上天安门城楼，见证了新中国的诞生。

10月，台盟遵照民主党派与中共的协议，以《中国人民政治协商会议共同纲领》作为台盟纲领。同月，台盟总部决定以参加中国人民政治协商会议第一届全体会议的代表为总部理事成立理事会，谢雪红为主席，理事有谢雪红、杨克煌、李伟光、王天强、田富达、林铿生，杨克煌任秘书长。

四、中华人民共和国成立前后台盟组织的建立和发展

1949 年 3 月，台盟总部迁到北平。由此时到中华人民共和国成立前后，台盟积极建立和发展组织，台盟工作有了进一步的发展。

台盟总部迁到北平后开始筹建华北总支部的工作。1949 年 7 月 3 日，台盟华北总支部成立大会在北平召开，郭炤烈报告台盟的性质及政治主张，同时提出目前的任务是：参加新政协，打击美帝国主义殖民化阴谋，加紧学习、工作，准备参加解放台湾。谢雪红在会上作了《关于盟纲领及盟章》的报告。会议审议了台盟华北总支部章程草案，成立台盟华北总支部委员会，选举林铿生为主委。当时北平刚刚和平解放，大家热情都很高，积极参加学习并纷纷表示愿为解放台湾做工作。

上海解放后不久，根据台盟总部指示，并征得中共中央华东局的同意，李伟光开始筹建台盟华东总支部。7 月 31 日，台盟华东总支部成立大会在上海召开，总部谢雪红、杨克煌、苏新、林良材等参加。会议确定台盟华东总支部任务是解放台湾，建设新中国，积极支援人民解放军等。8 月 7 日举行第一次总支委会，选举李伟光为主委，谢雪堂、王万得、李乔松等为委员。华东总支部以台湾同乡会为办公地点，组织盟员学习，积极开展盟务活动。

9 月 1 日，台盟总部驻北平办事处正式办公。

9 月 18 日，台盟天津市分支部成立，杨克煌参加了成立会。选举张秋海为分支部主委，吴一民为副主委。该分支部隶属华北总支部。后来由于张秋海、吴一民先后离开天津，支部工作暂时停顿，1953 年台盟天津市分支部改为天津小组继续开展活动。

鉴于到台湾省隶属于当时的华东军政委员会管辖，为便于开展对台工作，1949 年 11 月，台盟总部决定在上海正式成立总部机关并开始办公。

1950 年 1 月 2 日，台盟华南总支部筹委会成立，陈文澜为主委。

1950 年 4 月 2 日，台盟旅大特别支部成立，简仁南为主委，苏子蘅、沈扶为副主委。

至此，台盟的组织建设初具规模，为台盟以后的活动和发展打下了坚实的基础。

第三章

积极参加社会主义革命和建设

一、为恢复国民经济、巩固人民民主专政而奋斗

中华人民共和国成立后，民主党派的地位有了根本变化，民主党派成员在思想上也需要有个根本转变，需要进行政治学习和思想改造，以改变旧观念，跟上新形势，为新中国发展更好地服务。1950 年 3 月，中共中央召开第一次全国统战工作会议，决定推动和帮助各民主党派进行学习改造。台盟十分重视这一学习改造运动，要求各地盟组织，广泛开展思想改造和学习活动。全盟组织结合当时的政治运动、抗美援朝等，多次召开会议，座谈学习《中国人民政治协商会议共同纲领》、毛泽东思想和时事政治。广大盟员逐步提高了政治思想觉悟和参加国家建设的积极性。

中华人民共和国成立后，台盟积极参加社会主义革命和建设。在这一时期，台盟除推动盟员参加各项政治运动外，还积极鼓励大家做好本职工作，为恢复国民经济出力。广大盟员把本职工作同整个革命事业联系起来，努力工作，在各行业中作出了自己应有的贡献。

（一）参与解放台湾的准备工作

1950 年，全国大部分地区已经解放。中共中央决定“一定要解放台湾”，并责成华东党政军做好解放台湾的准备工作。为配合这项工作，台盟加强对台湾进行宣传号召，组织稿件，通过华东人民广播电台对台湾广播，扩大影响；组织在祖国大陆的台胞参加学习，提高认识，争取为解放台湾作贡献；积极介绍台湾青年到中国人民解放军华北军政大学台湾队和第三野战军九兵团台湾干部训练团参军学习，为解放台湾准备干部。

★ 1950 年 1 月，谢雪红（前排左五）在上海参加华东军政委员会第一次全体委员会时的合影（部分）。

1 月 27 日，华东军政委员会成立大会在上海举行。出席大会的华东军政委员会委员谢雪红说："台湾是一定要解放的，台湾人民是一定要大翻身的。台湾是我们中华人民共和国的领土，决不允许中外反动派继续在那里有立足的余地。"她号召台湾人民加紧动员起来，坚决展开反对美蒋反动派的各方面的斗争，为争取台湾人民的解放而奋斗到底。

2 月 14 日，为了使全国各地盟组织步调一致，配合当时的形势，台盟总部专门印发《台盟二二八革命办法》（以下简称《办法》），要求各地方根据当地情况召开纪念台湾人民二二八起义三周年纪念活动。《办法》开篇即阐明纪念活动的要旨："华东区今年的首要任务是集中一切力量迅速解放台湾，解放台湾的事业今天已经从一般的口号进入了实际行动的阶段，而且愈来愈紧迫地要求我们抓紧一切机会动员人力物力财力来完成这一项准备工作。在这样的情况下举行这个纪念是具有与以往不同的重要意义的。"

在台湾人民二二八起义三周年时，台盟总部分别在北京、上海等地隆重举行了纪念大会。2 月 28 日，在北京的首都各界纪念大会上，朱德总司令发表讲话，他发出了“我们一定要解放台湾”的号召，各民主党派领导人李济深、沈钧儒、黄炎培、许德珩和郭沫若也在会上讲话，各界人士600多人出席大会。当天，台盟总部发表《告台湾同胞书》，指出：“我们台湾人民有着数十年反对日本帝国主义的革命传统，尤其我们在‘二二八’反对国民党反动统治的斗争中，所表现出来的伟大的英雄气概，是值得我们骄傲的。所以今天我们必须再发挥这种光荣的革命传统和‘二二八’英勇斗争的经验，来粉碎蒋匪帮和美帝国主义的阴谋。在解放台湾的战争中，有力地配合人民解放军。台湾的解放是必定要实现的。”

台训团也举办了二二八起义三周年纪念大会。谢雪红、李乔松等出席会议。大会在庄严的国歌声中开始，在向革命领袖致敬，向二二八的死难同胞默哀后，首先由台训团团长蔡啸讲话。蔡啸在报告大会意义后，号召：“台湾同胞，为了要光明、要活命、要解放而掀起的正义斗争是光荣的，我们要永远记着台湾同胞用鲜血写出的‘二二八’这个日子。全体同志要加紧学习，准备随时迎接解放台湾，建设新台湾的光荣伟大任务。”随后，谢雪红讲话：“今天在解放后的大上海与解放军的台籍指战员一道纪念‘二二八’，我在这里勉励大家，好好汲取‘二二八’的教训，再接再厉，替台湾同胞复仇。”九兵团政治部负责人也在会上讲话。

2月28日下午6时，在国立上海商学院大礼堂，台盟与台湾旅沪同乡会共同举行了隆重的二二八起义三周年纪念活动。出席的各机关及各党派代表、各界来宾、台湾同乡、台训团指战员等共1000余人。刘晓、宋时轮（九兵团司令员）、蔡啸、郭化若（九兵团政委）等华东党政军有关负责人出席纪念大会并讲话。谢雪红、李伟光和李纯青到会讲话。会上，驻沪部队三野九兵团的军乐团列队在主席台右侧，演奏了《义勇军进行曲》《中国人民解放军进行曲》等乐曲。雄壮的军乐声，震撼了整个会场。全体与会者首先起立为在人民解放战争和人民革命中牺牲的人民英雄暨二二八死难同胞默哀三分钟。会议谴责美国扶持蒋介石势力，强调解放台湾是当务之急，台湾同胞要发扬二二八精神，与全国人民一起为完成解放台湾这一伟大任务而努力。会场气氛热烈，大家情绪激昂。谢雪红发表讲话指出："目前在大陆各地的台湾同胞，已脱离蒋匪帮的直接压迫，必须团结起来，在各个岗位上积极参加生产建设，努力学习提高政治觉悟……我们每时每刻都要为解放台湾的光荣任务而奋斗。"台湾旅沪同乡会会长李伟光呼吁岛内同胞团结起来，准备配合英勇作战的人民解放军跨海东征。蔡啸代表解放军发言，表达了解放台湾的坚定决心。台湾同乡激动地当场认购了人民胜利折实公债10360分，表示用实际行动支持人民解放军解放台湾。台湾旅沪小学生向台籍战斗英雄代表献花。

6月，谢雪红在全国政协一届二次会议提出建议案，"拟请中央人民政府明令宣布保障台湾人民生命财产"。建议案强调，台湾人民在日本统治时期，参加日本国家之军事、政治、经济等机构工作，除少数违反国际公法依远东军事法庭惩治的战犯条例构成战争罪犯罪状者等，一律不予追究，其财产应受法律保障，不得作为敌产业论处。此时，明令宣布保障台湾人的生命财产，借以粉碎反动派谣言，廓清台湾人民之疑虑，以利于解放事业之进行，实有重大意义。

（二）参加抗美援朝运动

1950年6月25日，朝鲜内战爆发。美国政府从其全球战略和冷战思维出发，作出武装干涉朝鲜内战的决定，并派遣第七舰队侵入台湾海峡。美国还操纵联合国安全理事会通过决议，组成以美国军队为主，英、法等15个国家有少量部队参加的"联合国军"，扩大侵朝战争。美军无视中国政府的一再警告，悍然越过南北分界的北纬38度线（通称三八线），直逼中朝边境的鸭绿江和图们江，直接威胁新中国的国家安全。在战况陡转危急的情势下，朝鲜劳动党和政府两次请求中国出兵支援。

在新中国面临美帝国主义侵略威胁的严重时刻，6月29日，谢雪红通过新华社发表谈话，她说：全国人民，特别是台湾同胞应该一齐奋起，起来响应周总理的号召，以我们人民的力量来制止"美国帝国主义在东方的新侵略"。9月18日，《新华日报》发表谢雪红署名文章——《台湾是中国的领土，决不容美国侵略者染指》，文章指出：台湾民主自治同盟代表我台湾省全体人民的意志与愿望，坚决支持中华人民共和国中央人民政府外交部周恩来部长历次所作的关于美国政府侵略台湾的声明和抗议。台湾省人民以无比愤慨的情绪，誓必加紧团结起来，为反对美国侵略，为消灭蒋匪帮的反动统治和争取台湾的早日解放而奋斗到底。

9 月 30 日，周恩来代表中国政府发出强烈抗议，并庄严表示："中国人民决不能容忍外国的侵略，也不能听任帝国主义者对自己的邻人肆意侵略而置之不理。"在是否出兵抗美援朝的问题上，中国共产党和中国政府采取了非常慎重的态度。中共中央曾多次在党内讨论，在做出组成中国人民志愿军赴朝参战这一重大战略决策过程中，又及时同包括台盟在内的各民主党派、无党派民主人士进行认真的协商，征求意见。经过协商，各民主党派很快达成了出兵援朝的共识。同时，根据民主党派人士的建议，将出兵援朝的队伍命名为"中国人民志愿军"。10 月 26 日，全国人民抗美援朝的统一领导机构——中国人民保卫世界和平反对美国侵略委员会（简称"中国人民抗美援朝总会"）成立。11 月 4 日，台盟等各民主党派及中国新民主主义青年团与中国共产党联名发表了抗美援朝、保家卫国的《各民主党派联合宣言》（以下简称《联合宣言》）。《联合宣言》指出："朝鲜的存亡与中国的安危是密切关联的。唇亡则齿寒，户破则堂危。"《联合宣言》严正宣布："中国各民主党派誓以全力拥护全国人民的正义要求，拥护全国人民在志愿基础上为着抗美援朝保家卫国的神圣任务而奋斗。"随后，台盟总部多次举行座谈会、讨论会，拥护中国政府的严正立场，并发表《告台湾同胞书》，号召广大台湾同胞团结起来，反对美国侵略朝鲜和中国台湾，消灭国民党残余势力。

1951 年 2 月 28 日，台盟总部在上海召开台湾人民二二八起义四周年纪念大会。上海市副市长潘汉年，民主党派代表盛丕华、张纪元及曾出席世界第二届和平大会的代表金仲华、刘良模等应邀出席纪念会。在全体与会者向二二八起义中牺牲的烈士、同胞静默致哀后，由台盟总部理事郭炤烈报告了二二八起义的经过。谢雪红出席并讲话，她指出："有了五十年反抗日本帝国主义野蛮统治和五年多反抗美蒋统治的光荣传统的台湾人民，绝不能容忍美帝国主义图谋重新武装日本。台湾人民将加强自己的斗争，协助人民解放军，解放我们神圣的领土台湾，并与全国人民一起，联合苏联、朝鲜，并联合全亚洲人民包括日本人民在内，彻底粉碎美帝国主义重新武装日本的罪行。”潘汉年在讲话中表示，上海人民一向关心台湾人民在美蒋统治下的痛苦和他们的英勇斗争。他号召旅沪台胞积极参加抗美援朝保家卫国运动，并和全上海人民团结一致，加紧生产，坚决镇压反革命。台盟华东总支部主委李伟光等也在会上发言。大会最后通过了致毛主席电、致朝鲜人民军电、致中国人民志愿军电。

6 月 1 日，中国人民抗美援朝总会发出了《关于推行爱国公约，捐献飞机大炮和优待烈军属的号召》。5 日，台盟总部发表谈话，号召旅居大陆各地台湾同胞大力开展捐献武器运动。北京、上海、广州等地台胞积极响应。李伟光拍卖了一部汽车，将所得款全部捐献。在抗美援朝运动中，一些盟员参加了中国人民志愿军，一些盟员参加了赴朝运输队与抗美援朝医疗队。盟员、解放军医学科学院研究员谢知母参加了美帝细菌战罪行调查团的工作，在反细菌战中为中朝人民贡献了力量，并荣获朝鲜二级国旗勋章。盟员丁光辉、蔡管仲、魏正明荣立中国人民志愿军三等功，林东海、王宏荣立四等功。大连主委简仁南带领医护人员为救治从前线下来的伤病员做了大量工作。广大盟员和所联系的台胞在抗美援朝运动中表现了高度的爱国热情和政治觉悟。

朝鲜战争爆发后，因为国际国内形势的变化，台训团也随之解散。在台训团的组建中台盟发挥了重要作用。中共中央根据形势作出成立台训团的决定后，便联系了当时迁移到上海的台盟总部和上海台湾同乡会，请其协助推荐台籍优秀青年加入。台训团的第一批战士，很多都是经过台盟总部的联系和介绍，了解到台训团成立的信息，报名参加考试才最终光荣加入台训团。随着形势的发展，台训团需要不断壮大力量。当时，台盟华北总支部于 1949 年七八月间在北京、天津招募了一批高中生，准备到台湾去从事文艺宣传工作，大约七八十人，成立了青训班进行培训学习。后来台盟青训班整个改编，编入台训团二队，极大地充实了台训团力量。台盟总部谢雪红，台盟华东总支部李伟光、李乔松等数次到台训团看望慰问团员。

（三）投入土地制度改革和其他民主改革

土地改革运动是一场反封建的革命群众运动，也是我国新民主主义革命的一项基本任务。1950年6月14日至23日，中国人民政治协商会议第一届全国委员会举行第二次会议。会议的中心议题是讨论改革封建土地制度问题。会议讨论和同意了刘少奇的报告和中共中央建议的土地改革法草案。6月28日，中央人民政府委员会第八次会议讨论并通过了《中华人民共和国土地改革法》，于30日公布施行。此后，土改运动在有2.9亿人口的新解放区分期分批地有计划有步骤地开展。台盟拥护这一运动，组织学习和宣传土改政策，发动干部和盟员直接参加或实地参观土改运动，使盟员受到了深刻的教育。

国民党败逃台湾时，遗留在大陆的一批反革命分子以及土匪、黑社会势力，在朝鲜战争爆发后猖狂进行各种破坏活动。中共中央于1950年10月10日发出《关于镇压反革命活动的指示》，大张旗鼓地开展了一场镇压反革命运动。这场运动是巩固新政权的伟大斗争。台盟积极响应，动员盟员投身镇反运动。通过镇反运动，广大盟员提高了政治觉悟，台盟也纯洁了组织。

1951年11月，中共中央决定在党政机关工作人员中开展一场反贪污、反浪费、反官僚主义的“三反”运动。台盟积极响应，要求全体盟员通过学习，进行一次彻底的思想和工作检查。1952年1月，在私营工商业者中开展一场反对行贿、反对偷税漏税、反对偷工减料、反对盗窃国家财产和反对盗窃国家经济情报的“五反”运动。广大盟员通过斗争实践，受到了深刻教育。

为适应形势的需要，1951年，台盟总部决定进行必要的组织调整。12月，台盟总部任命林云为台盟驻京办事处主任兼华北总支部主委。1952年8月，总部决定对总部机关和华北、华南总支部领导班子进行调整，免去杨克煌的总部秘书长职务，任命徐萌山为总部代理秘书长，后为秘书长，任命陈炳基为华北总支部主委、白凤洋为副主委，任命林东海为华南总支部筹委会副主委。

根据各项民主改革运动完成后的新形势和机关组织机构过于庞大的情况，1954年1月20日，台盟总部做出《关于今后工作方针与紧缩机关的决定》，决定台盟今后继续进行政治号召工作，暂停组织发展，紧缩各级组织机构，加强学习，提高盟员政治觉悟，在各自岗位上做好业务工作。

1954年6月，台盟总部理事会增选李纯青为台盟总部副主席，参加各项政治活动。1955年2月，由于各大行政区撤销，台盟总部由上海迁回北京，并与北京市支部（原华北总支部）合署办公。台盟总部到北京后，撤销下属各处，成立了一个办公室，由陈炳基兼任办公室主任。

（四）为恢复国民经济、实现过渡时期的稳步发展出力

中华人民共和国成立后经过三年的努力，中国共产党领导全国人民完成了民主革命遗留的各项任务，迅速恢复了遭受战争破坏的国民经济，取得了抗美援朝战争的胜利。在新的历史条件下，逐步消灭资本主义所有制，逐步改造个体农业和手工业，有步骤地实现由新民主主义到社会主义的转变，是国家的一项根本任务。1953年9月，中共中央正式向全国公布过渡时期总路线。过渡时期总路线是经济与政治、社会主义工业化与社会主义改造同时并举的路线。同时，过渡时期总路线赋予了中国共产党领导的多党合作以新的历史使命——中共与各民主党派要共同来进行社会主义革命和社会主义建设。总路线公布后，各地台盟组织及时组织盟员和机关干部进行学习，并在工作中贯彻执行。

（五）参加全国人大和政协的工作

1952年12月24日，中国人民政治协商会议全国委员会常务委员会举行第四十三次会议。会议就中国共产党提议由中国人民政治协商会议向中

央人民政府委员会提出定期召开全国人民代表大会和地方各级人民代表大会的建议进行协商。1953 年 1 月 13 日，中央人民政府委员会第二十次会议通过了《关于召开全国人民代表大会及地方各级人民代表大会的决议》，决定于 1953 年召开由人民用普选的方法产生的乡、县、省（市）各级人民代表大会，并在此基础上召开全国人民代表大会。会议决定，全国人民代表大会将制定宪法、批准国家五年计划纲要和选举新的中央人民政府。1954 年 1 月，宪法起草委员会下属的宪法起草小组开始工作。

★ 1954 年一届全国人大第一次全体会议福建省代表组合影。后排左六为谢雪红，后排左四为田富达。

1954 年 9 月 15 日，第一届全国人民代表大会第一次会议在北京隆重举行。经过选举，台盟谢雪红、李纯青、田富达当选为全国人大代表。参加会议的 1226 名代表，代表着 6 亿人民的意志开始行使国家权力。这是我国历史上一次具有里程碑意义的大会。

会上，刘少奇作关于宪法草案的报告。他指出，100 多年来，中国革命同反革命的斗争从来没有停止过。这种激烈的斗争反映在国家制度问题上，就表现三种势力所要求的三种不同的宪法。第一，就是从清朝、北洋军阀，一直到蒋介石国民党所制造的伪宪法。第二，就是中国民族资产阶级在以往多年所盼望的资产阶级民主共和国宪法。第三，就是工人阶级领导的、以工农联盟为基础的人民共和国的宪法。[①]

★ 1954 年 9 月 15 日，第一届全国人民代表大会第一次会议在北京隆重举行，谢雪红在大会上发言。

1954 年的《中华人民共和国宪法》，是中华人民共和国的第一部宪法。这部宪法初稿虽然是由中国共产党提出，但是经过了与包括台盟在内的各民主党派、各人民团体等的充分协商讨论才提交全国人民讨论。谢雪红代表在人大会上发言，表示拥护宪法，并指出这个宪法所反映的我国人民革命的成果，也包括台湾人民长期英勇斗争的部分，宪法反映的中国人民的共同愿望也就是台湾人民的愿望。她强调：中华人民共和国是台湾人民亲爱的祖国，台湾人都是中国人。

① 刘延东主编：《当代中国的民主党派》，当代中国出版社 1999 年版，第 148 页。

这次会议上，谢雪红与许德珩、雷洁琼、钱昌照、邵力子、薛暮桥等一起当选为第一届全国人民代表大会法律委员会委员。

第一届全国人民代表大会第一次会议集中全国人民的根本意志和共同愿望，制定了中华人民共和国成立后的第一部根本大法《中华人民共和国宪法》，以法律形式，确认了我国从新民主主义过渡到社会主义的历史道路，规定了国家对农业、手工业和资本主义工商业实行社会主义改造的根本方针和具体步骤；大会确定了新的国家领导机构，选举毛泽东、刘少奇、朱德、周恩来等为第一届国家和政府的领导人。这是新中国人民民主政权建立后国家政权建设上的又一次重要会议。

全国人民代表大会结束了由中国人民政治协商会议代行全国人民代表大会职权、由《中国人民政治协商会议共同纲领》作为国家根本大法的过渡状态，人民政协的性质、地位随之发生了变化。

1954 年 12 月，人民政协召开了第二届全国委员会第一次全体会议，讨论并制定了全国人民代表大会制度确定之后体现人民政协性质、地位、任务和作用的《中国人民政治协商会议章程》（以下简称《章程》）。《章程》依据《中华人民共和国宪法》关于“我国的人民民主统一战线将继续发挥它的作用”的规定，明确指出：人民政协作为团结全国各民族、各民主阶级、各民主党派、各人民团体、海外华侨和其他爱国人士的人民民主统一战线的组织，仍然需要存在。台盟王天强、田富达、李纯青、杨春松、简仁南、谢雪堂等当选为第二届全国政协委员并出席了会议。李纯青当选为政协常委。

一届全国人大和全国政协二届一次会议的胜利召开，标志我国人民民主制度和国家领导体制逐渐完备，我国的人民民主统一战线更加巩固和发展。1955 年 9 月，中共八大召开，谢雪红、李纯青与其他民主党派代表应邀列席大会。毛泽东高度评价了民主党派的贡献，说道：“他们是和我们一道工作的亲密朋友，他们给了我们很多帮助，我们对他们表示热烈的欢迎。”

（六）坚决拥护中共和平解放台湾的方针

由于抗美援朝战争而被迫暂停的解放台湾的准备工作，在 1953 年 7 月《朝鲜停战协定》签订后，再次被提上日程。1954 年 7 月《越南停战协定》签订。同年 4 月至 7 月中美苏英法五国和有关国家就恢复印度支那和平问题在日内瓦召开国际会议，并达成协议。7 月 27 日，上海市各界人士 2000 多人集会，庆祝日内瓦会议达成协议。台盟代表李伟光在会上强调：中国人民一定要解放台湾。

1954 年 8 月 20 日，政协第一届全国委员会第五十八次扩大会议在北京召开，周恩来在报告中重申，解放台湾是中国人民光荣的历史任务。周恩来指出，只有完成这个光荣的历史任务，才能实现我们伟大祖国的完全统一，才能获得伟大的中国人民解放事业的完全胜利，才能进一步地保障远东及世界的和平和安全。会议一致通过《中华人民共和国各民主党派各人民团体为解放台湾联合宣言》（以下简称《宣言》)。《宣言》庄严地向世界宣告：为了保障祖国安全和领土完整，为了保障亚洲及世界的和平，中国人民一定要解放台湾。台湾是中国领土不可分割的一部分，解放台湾是行使中国主权，是中国人民的内政，决不容许任何外国干涉。号召全国人民更加坚定地团结起来，从各方面加强工作，为解放台湾、反对美国干涉、保障祖国安全、保卫世界和平而奋斗。李纯青代表台盟在宣言上签字。

1954 年 12 月 2 日，美国政府和蒋介石集团在华盛顿签订所谓《共同防御条约》。12 月 8 日，周恩来发表声明，表示强烈谴责，指出《共同防御条约》完全是非法和无效的，是美国强占中国领土，企图用武力阻止中国人民解放自己领土台湾的侵略性条约。12 月 21 日，全国政协二届一次会议召开，对于美国政府的这种严重的挑衅行为表示愤慨。会议通过《宣言》重申，中国人民不解放台湾，决不罢休。《宣言》表示，我们热烈要求和平，但是决不会牺牲国家的领土完整和独立去乞求和平。我们坚决反对战争，但决不会被战争所吓倒。《宣言》要求，美国政府必须从台湾、澎湖和台湾海峡撤走他的一切武装力量，停止侵犯中国的领土。

李纯青发表文章批驳“台湾独立”“联合国托管”“两个中国”等谬论。他说，有些外国先生们说，台湾可以“中立”，可以“独立”，最好给“联合国托管”，不然就搞“两个中国”吧。李纯青指出，不论这些主张的动机如何，实际结果都是拿中国的领土去送礼或者做交易。他还说，这些外国先生还用这样的理由来迷惑舆论：台湾是台湾人的台湾，“台湾问题”要问问台湾人的意见。李纯青强调，说到这里，我应该把台湾人的意见告诉这些外国先生，台湾属于中国，就像地球属于太阳系一样，不可改变。台湾人民包括高山族同胞都是中国人，台湾人的思想感情就是中国人的思想感情，不可改变。我们要求回到自己的祖国——中华人民共和国的怀抱里来。这就是台湾人的意见。

1955 年 4 月，在万隆召开的亚非会议期间，周恩来提出：中国政府愿同美国政府坐下来谈判，讨论和缓台湾地区的紧张局势问题。同年 8 月中美两国开始大使级会谈。在亚非会议后，中国共产党向国民党当局提出关于国共举行谈判以和平方式解放台湾问题的倡议。周恩来在 1955 年 5 月召开的全国人大常务委员会会议上提出：中国人民愿意在可能的条件下，争取用和平的方式解放台湾。

7 月，一届全国人大二次会议召开，李纯青在会上发言，他说：台湾是中国的领土。美国侵占台湾不但破坏了中国的主权和领土完整，威胁着我国的安全和和平建设，而且已经造成远东的紧张局势，中国人民是爱好和平的，中华人民共和国政府不止一次地表示愿意坐下来同美国谈判和缓远东局势的问题，特别是和缓台湾地区紧张局势问题。李纯青的发言，与中共中央提出“和平解放台湾”的战略决策相吻合。与此同时，台盟配合中央人民广播电台，组织盟员和台籍人士写稿，向台湾广播，强调和平解放台湾的方针符合当时海峡两岸现实，合情合理，符合台湾人民的利益。

1955 年 10 月，台盟总部召开在京盟员座谈会，纪念台湾光复十周年。会议由谢雪红主持。李纯青在会上作了报告。大家一致表示：要努力工作，积极参加祖国的社会主义建设。相信台湾一定会解放，台湾一定会回到祖国的大家庭中来。

二、积极参加社会主义建设

（一）支持台湾人民的反美斗争

反对美帝国主义霸占台湾，反对蒋介石集团在台湾的反动统治，争取台湾回归祖国，实现祖国的统一大业，是台湾民主自治同盟成立以来的中心任务。

1950 年 6 月 27 日，美国政府发表声明，不顾《开罗宣言》和《波茨坦公告》，派第七舰队进入台湾海峡并在台湾驻军，插手台湾问题，干涉中国内政。

20 世纪 50 年代初期，入台美军仅 300 多人，不消几年就激增到 3000 多人。到 20 世纪 50 年代中期，美国在台湾建立海、空军事基地，加上美国在台军事顾问团人员，计 1 万余人。

美国人在台湾以救世主自居，特别是在台湾的美军，以在台湾享受“治外法权”特权为由，趾高气扬，不可一世，而国民党当局则熟视无睹，使美国士兵越发肆无忌惮。美国士兵在台湾借酒装疯砸饭馆，驾驶摩托车在大街上横冲直撞，对中国妇女公开施暴，任意打骂侮辱中国人，严重侵犯了中国人民的尊严和人权。面对美军在台湾的种种暴行，台湾人民反对外来侵略、争取解放的斗争持续不断，台湾人民的正义斗争始终为大陆同胞所深切同情和坚决支持。

1956 年 2 月 29 日，台盟总部致电旅日华侨纪念二二八起义九周年大会。斥责廖文毅在美国支持下成立所谓“台湾共和国临时政府”的卖国行为，揭露美国策动“两个中国”、制造台湾“独立”的阴谋，表达了中国人民一定要解放台湾的决心。

1957年2月27日，在上海的台盟盟员和部分台湾同胞举行座谈会，纪念台湾人民二二八起义十周年。台盟上海市支部委员林田烈讲话，呼吁在上海的台胞和全国人民一道反对美国侵略势力，谋求台湾解放。

1957年，台湾人民反美爱国斗争像火山般爆发了。3月20日晚，台湾同胞刘自然路过草山美军住宅时，被美国驻台湾“军事援助顾问团”上士雷诺开枪打死。美国驻台湾“大使馆”一再宣称美军官兵在台湾享有“外交豁免权”，国民党当局对罪犯无权过问，致使杀人凶手逍遥法外。在遭到台湾舆论纷纷抨击后，美国军方才宣布这一案件由侵台美军军事法庭调查处理。然而到了5月23日，美军军事法庭竟然宣布罪犯雷诺“无罪”。24日清晨，愤怒的人群包围了美国驻台湾“大使馆”，用石块投掷“大使馆”的窗户，并冲进“大使馆”。同时，美国新闻处、美国“军事援助顾问团”也被示威群众捣毁或包围。斗争延续到25日凌晨1时。接着，在台湾中部、南部，人民群众也连续举行多种反美爱国集会，响应台北市人民反美爱国大示威，要求美国侵略者从台湾滚出去。

五二四反美爱国大示威，打击了美国侵略者和蒋介石集团。虽然遭到了美蒋集团的血腥镇压，但台湾人民反对美蒋集团的斗争仍然此起彼伏。他们斗争的范围越来越扩大，斗争的方式越来越多样，参加斗争的阶层也越来越广泛。

当台湾人民五二四反美爱国大示威的消息传到大陆，1957年5月27日晚，台盟总部主席谢雪红在中央人民广播电台发表谈话，声援台湾同胞的反美斗争。她代表在大陆的台湾人民向岛内表示同情和支持，对被害者的家属表示慰问。她说，美国军人杀害刘自然的事件不过是美国侵略者在台湾横行霸道、无恶不作的千万罪行中的一件，台湾人民为了自己的生存，完全有理由起来进行反抗，这是正义的、爱国的，全国人民对台湾人民的英勇斗争表示敬佩。谢雪红指出，近年来，美国侵略者武装占领中国的领土台湾，阻碍中国人民解放台湾，压迫欺辱台湾人民。最近美国政府为进一步侵略中国、永远霸占台湾，宣布在中国领土台湾驻扎装备导弹的空军部队。我们决不容忍帝国主义的侵略，决心同台湾同胞一起，为赶走美国侵略者而共同奋斗到底。

5月27日、28日，台盟各地方组织相继举行集会，声援台湾人民的爱国反美斗争。在北京市政协召集的座谈会上，台盟北京市支部主任委员陈炳基说，台湾人民的爱国反美斗争说明中国人民不可辱，中国人民不可欺！在福州的台盟中央委员、二二八起义的亲历者王天强发表谈话时指出：台湾同胞的反美爱国大示威，表明台湾同胞对美国霸占台湾已经忍无可忍。对台湾同胞在这样困难条件下举起反抗的旗帜表示钦佩。希望台湾人民更紧密地团结起来，不屈不挠，斗争到底。台盟广州市支部主任委员林东海说，台湾同胞的爱国反美斗争，充分说明800多万台湾同胞血管流着的是爱国主义热血，台湾人民所继承的是光荣的革命传统。在27日台盟上海市支部举行的集会上，台盟上海市支部主任委员谢雪堂说，在上海的台盟盟员和台湾人民，同全国人民一起，全力支持台湾同胞的正义斗争。28日，台盟天津支部和台湾籍同胞举行座谈会，曾参加二二八起义的陈浴沂在会上说，美帝国主义不仅在台湾横行霸道，还把台湾作为它侵略亚洲的导弹基地之一，这些罪行使我们感到愤怒。座谈会通过一项决议，要求美国当局交出凶手，要求蒋介石集团立即释放因参加反美斗争而被捕的爱国者。

5月30日，台盟总部和北京市支部在中山公园举行座谈会，声援台湾人民反美爱国斗争。谢雪红在会上发言说，台湾同胞这次反美斗争和二二八起义不同，这次斗争在国际上具有很大的意义。今天的祖国也比二二八斗争时的祖国强大了。我们警告美帝国主义，台湾人民是不会屈服的，不把侵略者赶出去决不甘休。陈炳基说，这次台湾同胞的反美爱国斗争，又一次表明台湾人民不甘心受美国侵略者的奴役，台湾人民一定要早日回到祖国的怀抱。台盟总部理事、全国人大代表、台湾高山族同胞田富达说，蒋介石集团不仅不为被侵略者杀死的同胞报仇，反而向侵略者赔偿损失，这是可耻的，违背了中国人民的利益。

5月31日，台盟总部副主席李纯青发表题为《支持台湾人民的反美斗争》的文章。文章指出："5月24日告诉我们，美国第七舰队可以开进台湾海峡，但它不能开进台湾的人心；美国导弹部队可以射击一个军事目标，但它永远不能射倒中国人民的尊严。”文章说，在反美示威的队伍中，除了台湾同胞以外，还有华侨学生，还有刘自然的妻子。除了台北群众示威以外，各地学生纷纷集会，甚至国民党“立法院”和“监察院”的一部分委员也能仗义执言。他们都团结起来了，团结在爱国主义的旗帜之下。文章说，“告诉美国侵略者：在中华民族受到损害的时候，中国人和中国人是会团结的，在台湾的中国人也将同在大陆的中国人团结起来。你们休想把一部分中国人同另一部分中国人永远分开，休想制造‘两个中国’！”号召台湾同胞要杜绝发生第二个第三个乃至无穷尽的刘自然案件，团结起来，把美国侵略势力赶出台湾去，争取和平解放台湾，争取台湾回归祖国！呼吁台湾同胞的斗争不是孤立的，祖国支持你们，正义在我们一边，世界人民的同情在我们一边，最后胜利必将属于我们。

1960 年 2 月 12 日，美国国务院发表声明说，美国同蒋介石集团已经达成“协议”，准备把国民党政府带往台湾的大批珍贵文物运往美国。2 月 27 日，台盟总部和北京市支部联合举行集会，怒斥美国武力霸占台湾和企图劫夺我国在台湾文物的罪行。表示一定要把美国侵略者从台湾赶出去，一定要把美国强盗准备从台湾劫走的文物追回来。4 月 9 日，《光明日报》发表台盟盟员田富达、谢雪堂、丘琳、陈文、苏子蘅、陈文彬、徐萌山等在二届全国人大二次会议和全国政协三届二次全体会议上作的题为《台湾一定要回到祖国怀抱》的联合发言，揭露美国侵略者在台湾海峡进行军事演习，武装挑衅及制造“两个中国”的阴谋。联合发言强调：台湾的军民同胞一定会在爱国反帝的旗帜下团结起来，一致对外争取早日回到祖国的怀抱里来。5 月 23 日，台盟总部和北京市支部及各地支部举行集会，纪念台湾人民五二四反美爱国大示威三周年。集会谴责美帝国主义近来到处制造国际紧张局势，利用台湾的军事基地对我国大陆和亚洲其他地区进行威胁，控诉了美帝国主义以“美国生活方式”和腐朽的资产阶级“文化”毒害台湾青少年的罪行。6 月 18 日，台盟与其他民主党派负责人和无党派民主人士集会，谴责美国总统艾森豪威尔的台湾之行。

1961 年 5 月 23 日，台盟总部举行纪念会，纪念台湾人民五二四反美爱国大示威四周年和民族英雄郑成功收复台湾 300 周年。台盟总部秘书长徐萌山在讲话中说，肯尼迪上台后，在侵略台湾的做法上比过去更阴险。它正在加紧策划所谓“两个中国”的阴谋，妄想把台湾从中国领土上割裂出去，长期霸占台湾，奴役中国人民，伺机进攻中国大陆。徐萌山指出，台湾是中国不可分割的领土，台湾人民和祖国人民千百年来就是一家人，有谁能够把台湾人民从祖国的大家庭中分离出去呢？纪念会上，台籍全国人大代表谢南光，全国政协委员杨春松、苏子蘅、陈文彬，台盟北京市支部主任委员陈炳基等发言，批驳了肯尼迪有关制造“两个中国”的谬论，坚信帝国主义侵略台湾的政策一定会彻底失败，台湾一定会回到伟大祖国的怀抱。①

1962 年 2 月 27 日，台盟总部和北京市支部联合举行座谈会，纪念台湾人民二二八起义 15 周年。同一天，台盟上海、广州、旅大等市支部和旅居福州的台胞分别集会，举行了纪念活动。谴责了肯尼迪政府为继续霸占台湾而制造的种种谬论，对仍处在美国侵略者和蒋介石黑暗统治下的台湾同胞表示深切的关怀。他们希望，台湾一切有爱国心的同胞团结起来，和全国人民一道，在解放台湾的庄严事业中贡献出自己的力量。

（二）发动盟员和所联系的台胞投身社会主义建设

在我国社会主义革命取得胜利，开始进入社会主义社会这场伟大的变革中，各民主党派积极参加，并为推动这场改造的顺利进行发挥了应有作用。在中国共产党的领导下，台盟作为人民民主统一战线中的一员，积极参加国家政治生活，参与国家大事的政治协商，维护和代表台胞的利益，表现了高度的责任心和使命感。

1956 年 9 月，在社会主义改造即将取得决定性胜利的大好形势下，中国共产党召开了第八次全国代表大会，各民主党派负责人列席了大会。

---

① 《人民日报》1961 年 5 月 24 日第 4 版。

9 月 17 日，台盟同其他民主党派和无党派人士向中国共产党第八次全国代表大会致贺词。贺词说，我们相信大会的胜利完成，不仅可以保证中国人民的物质和文化水平逐步提高，并对于世界和平民主力量的加强，人类幸福生活的增进，都将有巨大的贡献。放之四海而皆准的马克思列宁主义，毫无疑问，也必将获得丰富多彩的内容，更加充实与发展。人民民主统一战线的形成与巩固、运用与发展，是中国革命中的一个十分宝贵的经验。我们将要加倍重视这个经验，不断地加以发扬。各民主党派愿意长远在中国共产党的正确领导下，和全国人民一道不断地加强团结，相互督促，各尽所能，为建成伟大的社会主义国家和维护世界和平而共同努力。致辞结束后，谢雪红与各民主党派和无党派人士代表李济深、沈钧儒、黄炎培、郭沫若、马叙伦、章伯钧、陈其尤、许德珩等，向大会敬献了一座雕刻有工农红军抢渡大渡河的工艺品。它象征各民主党派在中国共产党领导下，同舟共济，胜利地过渡到繁荣幸福的社会主义社会。

11 月 19 日至 12 月 14 日，谢雪红与部分全国人大代表和政协特邀人士视察福建省福州和龙溪地区的农村工作后建议，要关心群众生活疾苦，并且建立工作制度，解决群众提出的要求。谢雪红建议，要教育各级干部关心群众疾苦，倾听群众呼声，制定必要的工作制度，保证农民群众提出来的要求都能有所回应，有些比较重大的问题，需要及时派干部或工作组帮助解决，不要拖延。在视察中，谢雪红还提出加强农村民主生活，进一步贯彻《中华人民共和国婚姻法》等多项建议。这些建议，对于推动福建省农村工作起到积极作用。

1957 年 3 月，台盟总部召开各地台盟负责人工作会议，北京市陈炳基、上海市谢雪堂、福建省王天强、广州市林东海、旅大市沈扶、武汉市曾重郎等出席会议。谢雪红参加会议，李纯青主持会议，会议研究了台盟当前工作，于 5 月形成了《台盟总部对今后工作的一些决定》（以下简称《决定》）。《决定》指出："应该肯定过去方针是正确的，整理内部是有成绩的，根据新的政治情况，今后应该采取积极方针，开展工作，适当地发展组织。目前台盟的任务是：加强对散居在大陆上的台湾省籍中上层人士进行工作，在解放台湾斗争中积极进行宣传工作。”

1957 年 6 月 26 日至 7 月 15 日，在北京召开的一届全国人大四次会议上，谢雪红同福建省的人大代表联合作了题为《决不能放松警惕》的发言。他们认为，福建地处国防前线，面临金门、台湾敌占岛屿，情况十分复杂，蒋介石集团溃居台湾前潜伏下的特务和特务武装散布极广，妄图以福建作为其反攻大陆的基地，不断地进行各种反革命破坏活动。因此，党中央肃清暗藏反革命分子的决策是正确的、必要的。发言列举了敌人的大量反革命活动表现，并指出：福建是国防前线，面对敌人的各种侵扰，我们应随时保持高度的革命警惕性，继续进行肃反工作，以进一步巩固人民民主专政，为国家大规模的经济建设创造良好的环境。

1957 年 7 月，台盟总部成立“对台宣传写稿小组”，邀请台籍著名人士谢南光、苏子蘅、陈文彬、苏新等人参加，组织台胞向台湾介绍大陆台胞的工作和生活情况，在春节和中秋节时组织联欢会实况录音向台湾广播，对台湾人民表示关怀，声援台湾人民反帝爱国民主斗争，发挥了台盟的特殊作用。

台盟负责人多次出席毛泽东和刘少奇召集的最高国务会议，与中共中央和国务院领导人一起共商国是，积极提出意见和建议。担任人大代表、政协委员的台盟成员，除出席每年的例会外，还积极参加人大和政协组织的各种学习、参观、视察、调研及“双周座谈”等活动，认真提出意见建议，供政府及有关方面参考。1956 年春节，毛泽东等党和国家领导人在中南海怀仁堂接见并宴请各民主党派的负责人。在接见台盟的负责人时，周恩来询及在大陆高山族同胞的情况，并指示要使他们有学习的机会。据此，田富达致信中共中央，建议有关部门选送一批高山族干部到中央民族学院进修。5 月间由邓小平批示，交由中央统战部协办，于 1957 年 9 月在中央民族学院中南分院政治系内专设“高山族研究班”，培养了首批 36 位高山族的大专毕业生。

1959 年 4 月 17 日至 29 日，全国政协三届一次会议在北京召开，参加政协的台盟盟员有王天强、田富达、丘琳、苏子蘅、陈文彬、陈文、杨春松、徐萌山。18日至28日，二届全国人大一次会议在北京召开，参加人大的台盟盟员有田富达、谢雪堂。5月3日至5日，台盟总部召开全盟工作会议，总部理事、各地盟组织负责人和在京全国政协委员中的盟员参加了会议。会议由徐萌山主持。会议根据中共中央的方针，提出：台盟今后的任务是“在中国共产党领导下，引导和帮助成员及所联系的群众充分调动其积极性，做好岗位工作，积极为社会主义服务，同时要进行思想改造，把服务与改造结合起来”，为社会主义建设作出贡献。

1960年，中共中央为了调整关系，推动各民主党派召开“神仙会”，发扬民主，以和风细雨的方式创造宽松的气氛，鼓励民主党派成员“自己提出问题、自己分析问题、自己解决问题”（即“三自”），“不抓辫子、不扣帽子、不打棍子”（即“三不”），对自己成员和所联系的人士做了大量思想工作，帮助他们认清形势，增强信心，提高为社会主义服务的积极性。台盟各地组织也召开了“神仙会”，敞开思想，畅所欲言，在自由辩论中互相启发，互相学习，通过小组讨论会、谈心会、游园活动、经验交流会、报告会以及大会发言等形式，认清了形势，明确了任务。

根据中共中央为知识分子“脱帽加冕”和全国政协常委会作出的在民主党派中央委员中进行爱国主义、国际主义和社会主义（简称“三个主义”）教育的决定，1963年1月，台盟召开了全盟工作会议，决定推动成员加强学习，努力提高“三个主义”的思想觉悟，积极参加全民增产节约运动，在反帝反修，解放台湾的斗争中贡献自己的力量。因“三个主义”教育采取了“神仙会”形式进行，对广大成员敞开思想，正确认识形势，调动积极性，鼓舞斗志是有帮助的。广大台盟盟员与中共同心同德，共渡难关，使党的“调整、巩固、充实、提高”的八字方针得到很好的贯彻。

三年困难时期，政府决定精简职工下放农村时，台盟提出在大陆台籍职工不宜下放农村的建议，得到采纳。1959年3月，台盟发言人就西藏叛乱事件发表谈话，坚决拥护国务院为平息西藏叛乱所采取的一切措施。同年9月台盟总部发表声明，坚决拥护我国政府处理中印边界问题的严正立场和方式。1960年4月9日，出席全国人大和全国政协会议的台盟成员作了《台湾一定要回到祖国的怀抱》的联合发言，在北京各大报纸刊载。在1961年6月30日庆祝中国共产党成立40周年大会上，台盟和其他民主党派、工商联和无党派民主人士联合向毛泽东主席递交了“庆祝中国共产党成立40周年”的献词。

在“服务与改造”相结合的方针引导下，台盟广大盟员坚持自我教育，提高觉悟，努力做好各自岗位的工作，为国家多作贡献。各级盟组织涌现出许多先进人物。台籍著名的抗生素专家、中国工程院院士许文思（后为台盟盟员），1951年从日本回国后，在朱德的关怀下，参加了中国抗生素制造的创建工作，在多种抗细菌、抗霉素、抗肿瘤等抗生素和农业抗生素的研究中取得显著的成绩，获得了国家的表彰和奖励，获得“全国劳动模范”称号，被公认为中国抗生素权威，参加了全国群英会。台盟盟员、大连医学院眼科教授李辰，是中国最早从事眼角膜移植研究工作并卓有成就的专家之一，他先后在国内外发表学术论文40多篇，出版了两部专著，为中国眼科专业培养了大批人才。北京盟员还积极参加向中华人民共和国成立十周年献礼的北京十大工程及十三陵水库建设。

这一时期，台盟向第二、三、四届全国民主青年代表大会先后推荐了台湾青年徐萌山、吴克泰、邱正义、吕从周、李丙盛、翁肇祺、李玲虹、郑鸿溪出席大会，吕从周、郑鸿溪当选为全国执行委员；向第二届全国妇女代表大会推荐了黎舒林（沈扶夫人）出席大会，黎舒林当选为妇联执行委员。

（三）拥护中共的对台方针政策

1955年5月13日，周恩来代表中国政府宣布：“解放台湾有两种可能的方针，即战争的方式和和平的方式，中国人民愿意在可能的条件下，争取用和平的方式解放台湾。”7月30日，周恩来又说：“如果可能的话，中国政府愿意同台湾地方的负责当局协商和平解放台湾的具体步骤。”1956年6月28日，周恩来在一届人大三次会议上的报告中又指出，现在我代表政府正式表示：我们愿意同台湾当局协商和平解放台湾的具体步骤和条件，并且希望台湾当局在他们认为适当的时机，派遣代表到北京或者其他适当的地点，同我们开始这种商谈。7 月 16 日，周恩来在同原国民党中央通讯社记者曹聚仁谈话时，提出实行第三次国共合作的设想。1958 年，台湾海峡局势出现紧张，中国政府接连发表四篇对台文告，指出：我们都是中国人，三十六计，和为上计。建议举行谈判，实行和平解决台湾问题。上述情况表明，由过去用武力解决到和平解放台湾，这是党和政府在政策上的一个很大的调整。

对于这一政策的调整，台盟积极拥护。1955 年 10 月 25 日，台盟总部副主席李纯青指出，党和政府关于和平解决台湾问题的政策，“中国人民包括台湾人民，完全拥护周恩来总理所表示的态度”。1957 年 5 月 31 日，李纯青又在《支持台湾人民的反美斗争》一文中提出：“一切爱国力量团结起来！把美国侵略势力赶出台湾去！争取和平解决台湾！争取台湾回归祖国！”李纯青强调，“高山族同胞，是中国各民族大家庭中的一员，他们千百年来都在为保卫自己的家乡、保卫祖国的台湾而战斗。另一部分中国人，包括蒋军官兵和公教人员，是在日本投降以后从中国各省迁移过去的，他们在大陆都有自己的家乡和亲人，在民族大义面前，我们相信他们能够做出爱国的勇敢的行动，选择自己的光明的前途”。他号召：所有在台湾的中国人，都要不断地提高爱国觉悟，为反对美国侵略、反对蒋介石的卖国和压迫而奋斗。1959 年 9 月 27 日，他又指出，我们相信，台湾军民同胞一定会在爱国主义的旗帜下团结起来，一致对外，反对美国侵略和制造“两个中国”的阴谋，争取早日回到祖国的怀抱。

1958 年，蒋介石因“中东事件”做出企图趁火打劫、窜返大陆的计划和行动引起海峡两岸局势的紧张。为了给美蒋反动派以惩罚性打击，中国人民解放军于八九月间大规模炮击金门，击沉国民党多艘运输舰艇，击伤多架运输飞机，毙伤国民党官兵千人以上。考虑“把解放金门和解放台湾统一来解决的长远利益比较起来，则不如把金门暂缓解放仍由蒋军占领似乎较为有利”，毛泽东作出“打而不登，封而不死”的决策。10 月 6 日，发布《告台湾同胞书》，建议就台湾问题举行和平谈判。台盟发言人就《告台湾同胞书》发表谈话。表示台湾民主自治同盟完全拥护《告台湾同胞书》，坚决反对美帝国主义制造“两个中国”的阴谋，坚决反对美国侵占台、澎与台湾海峡，干涉我国内政。告诫蒋介石集团应该认识到跟着美帝国主义只有死路一条。只有接受《告台湾同胞书》中的建议，举行谈判，实行和平解决，才是唯一的活路。[①] 10 月 9 日，在京的台盟盟员举行集会，表示热烈拥护《告台湾同胞书》。与会者一致认为《告台湾同胞书》充分体现了祖国人民对台湾同胞的无限关怀，希望台湾同胞迅速团结起来，为实现祖国领土完整而贡献自己的力量。

10 月 26 日，台盟就彭德怀发表的《再告台湾同胞书》发表书面谈话，拥护《再告台湾同胞书》。谈话指出，《再告台湾同胞书》彻底揭露了美帝国主义者的阴谋诡计，透彻地阐明了民族大义，并再一次诚恳地给台、澎、金、马的军民指出了光明大道。谈话还揭露了最近“蒋杜会谈”的实质。谈话认为，杜勒斯与蒋介石的会谈公报和杜勒斯向艾森豪威尔的报告公开声称它们的“使命是使大陆上的人民重新获得自由”，美国的目的是要颠覆我中华人民共和国。美国强盗还赤裸裸地招兵，坚持包括台湾在内的从日本到新西兰的一条“西太平洋的整个阵地”，以便对西太平洋地区的国家进行威胁和扩大侵略。美国侵略者的凶恶阴谋再清楚不过了。[②]

（四）台盟内部的整风和反右派斗争

1956 年 4 月 25 日，毛泽东在中共中央政治局扩大会议上作了《论十大关系》的讲话，提出了共产党和其他民主党派“长期共存、互相监督”的方针，明确宣布在进入社会主义的新的历史条件下不搞苏联那样的一党制，确认中国共产党领导的统一战线和多党合作继续存在、发挥作用。5 月 2 日，毛泽东向最高国务会议作了《论十大关系》的报告。台盟和其

① 《人民日报》1958 年 10 月 7 日第 1 版。
② 《人民日报》1958 年 10 月 27 日第 4 版。

他民主党派负责人参加了这次会议。

1956 年 9 月，中共召开第八次全国代表大会，确定了以《论十大关系》为中心的一系列方针政策。1957 年 4 月，中共中央发出《关于整风运动的指示》，决定在全党进行一次以正确处理人民内部矛盾为主题，以反对官僚主义、宗派主义和主观主义为内容的整风运动。但在整风过程中，出现了反右派斗争的扩大化，一大批知识分子、爱国民主人士被错划为“右派分子”。

在大形势的驱动下，台盟也开展了整风运动和反右派斗争。1957 年 8 月 10 日，台盟总部发布《在盟内进行整风的决定》，成立整风领导小组，在台盟全面开展了反右派斗争。

在这次整风运动中，谢雪红 1957 年被错划为“右派”，1958 年 1 月被撤销台盟主席职务，保留总部理事职务。虽然如此，在 1960 年中国共产党建党 39 周年之际，谢雪红仍然赋诗《七一书感》，抒发对中国共产党的深厚感情。

庆祝中国共产党成立三十九周年，
建设社会主义大跃进，人民恐后争光。
共产党是东升的太阳，
照遍全国，光芒万丈。
照到那（哪）里，那（哪）里有诗篇，
照到那（哪）里，那（哪）里有歌唱。
歌唱毛泽东，
歌唱共产党。

1970 年 11 月，谢雪红在北京病逝，临终前，她仍然表明自己拥护中国共产党、拥护社会主义的心境。最后留下三句话：“一、我不是‘右派’，是共产党员；二、我拥护共产党，拥护社会主义；三、我犯过错误。”

1958 年 7 月，第十次全国统战工作会议在北京召开。研究了对资产阶级分子和民主党派的改造问题。这次会议标志着反右派斗争和整风运动的基本结束，并确定了团结和推动民主党派、知识分子、工商界投身于为社会主义服务的实践。

1958 年 11 月至 1959 年 1 月，各民主党派先后举行全国代表大会和中央全会，宣布在民主党派中反右派斗争和整风运动结束，明确今后一个时期的工作任务。台盟因总部理事会不健全，召开全盟代表大会的条件不成熟，于 1959 年 5 月 3 日至 5 日，召开全盟工作会议。会议决定：台盟今后的任务是“在中国共产党领导下，引导和帮助成员及所联系的群众充分调动其积极性，做好岗位工作，积极为社会主义服务，同时要进行思想改造，把服务与改造结合起来”，为社会主义建设作出贡献。此次会议的召开，标志着台盟反右派斗争和整风运动的结束。

台盟在整风运动和反右派斗争中虽然遭到了冲击，各项工作受到了挫折，但广大盟员依然坚决相信中国共产党，相信社会主义道路，按照党所指出的方向前进。

三、在“文化大革命”中矢志不渝，积极作为

1966 年至 1976 年的“文化大革命”，是一场由领导者错误发动，被反革命集团利用，给中国共产党、国家和人民造成严重灾难的内乱，也影响了中国共产党领导的多党合作事业发展。尤其是“文化大革命”前期，各民主党派停止活动，民主党派的许多领导人及成员遭到诬陷和迫害。但绝大多数台盟盟员和在祖国大陆的台湾同胞经受住了严峻的政治考验，一方面身陷困厄却自强不息，尽职尽责，继续为国家建设竭尽绵薄；另一方面矢志于实现祖国统一而不渝。九一三事件发生后，在周恩来的积极推动下，多党合作事业迎来转机，民主党派开始恢复某些活动。台盟盟员和在祖国大陆的台湾同胞，倍加珍惜可以在对台工作方面有所作为的机遇，积极投身于促进祖国统一的大业中。

（一）召开纪念台湾人民五二四反美爱国大示威十周年座谈会

“当1967年5月台湾人民‘五·二四’反美爱国大示威十周年到来的时候，能否举行纪念会成了一个大问题。因为当时各民主党派都停止了活动，因此有许多人认为台盟不可能开纪念会了。”① 台盟总部领导人上报了申请举办相关纪念活动的报告，周恩来亲笔阅批同意。

1967年5月24日，台盟总部和北京市支部联合召开座谈会，纪念台湾人民五二四反美爱国大示威十周年。苏子蘅、陈文彬、徐萌山、陈炳基等在京盟员和台胞代表先后发言，谴责美国霸占祖国领土和自己家乡的行径，支持台湾人民的反美爱国正义斗争，号召在祖国大陆的台湾同胞为解放台湾、统一祖国作出新贡献。座谈会得以顺利举行并见诸于《人民日报》，有力地激励着台盟盟员和在祖国大陆的台湾同胞继续坚定信念、永葆忠诚。

（二）参与人民大会堂台湾厅的筹建工作

人民大会堂于1959年9月落成时并未设有台湾厅，因为当时规定由各省、自治区、直辖市的人民政府各自承包和布置代表本地的“地方厅”，显然当时台湾厅尚未具备这个条件，因此筹建台湾厅的工作也就一直搁置下来。

1972年8月，周恩来审阅人民大会堂管理局呈报的筹建台湾厅的方案，指示要请台盟领导人和台湾同胞提意见并参与筹备工作。

当时，苏子蘅、田富达、李纯青、陈文彬的日常工作是参加以全国政协名义组织的政治学习，徐萌山则远在湖北“五七干校”学习劳动。全国政协根据周恩来的指示，决定由他们五人代表台盟，北京积水潭医院内科副主任陈木森代表祖国大陆的台湾同胞，一同参加人民大会堂台湾厅的筹建工作。他们先后接到通知，对此倍加珍惜，以尽职尽责的态度全身心

① 徐萌山著：《中国共产党与台盟和台湾人民——中国共产党建立七十周年感言》，《民主》1991年第8期，第11页。

投入，畅抒己见，言无不尽，贡献和支持了不少金点子和好创意，如有机融汇闽南地方建筑特色与现代建筑艺术风格，以充分展现闽台一家的历史渊源关系的总基调得以最终确定，就离不开他们的附议和坚持。

★ 1973 年 6 月，周恩来总理亲切会见回到祖国大陆的台籍著名人士，陈逸松夫妇（左二、左四），苏子蘅（左一）、林丽韫（右一）陪同会见。

国庆节前台湾厅初步建成，周恩来视察后感到面积偏小，而且地处二楼也不方便，遂决定将台湾厅改建在一楼较大的浙江厅。台湾厅正式落成开放后，周恩来有意识地在台湾厅安排尽可能多的涉外会见、会议或活动，以期自然地切入宝岛台湾尚待回归祖国的话题，艺术地争取各国或地区政要贵宾理解和支持中国政府在台湾问题上的严正立场和大政方针，巧妙地发挥台湾厅睹物思人、借景抒情的作用。另外，周恩来还根据海外台胞的意见建议，几次指示人民大会堂管理局不断改善台湾厅的布局陈设，甚至病重住院接受手术，身体很虚弱时，也要坚持过目台湾厅的完善方案。

1976 年 1 月 8 日周恩来因患癌症在北京逝世。1 月 14 日傍晚吊唁仪式结束后，邓颖超尊重周恩来的生前遗愿，亲手将骨灰盒安放在人民大会堂台湾厅，让周恩来在这里度过最后一夜，告慰周恩来最后还要和台湾人民在一起的殷切情怀和实现祖国完全统一的未竟心愿。台盟领导人和在京盟员、台胞，闻之深感悲痛亦备受鼓舞，进一步坚定了为早日完成祖国统一大业、不负周总理生前嘱托而奋斗终生的决心和意志！

（三）恢复举办二二八起义纪念活动

台湾人民二二八起义之于台盟，具有特殊的意义。台盟自成立后，从总部到各地方组织，年年都以集会、座谈或著文等形式纪念这场台湾人民的爱国民主运动，慰藉起义中英勇牺牲的烈士英灵，悼念事件中不幸罹难的台湾同胞，呼吁台湾岛内的父老乡亲弘扬爱国爱乡的二二八起义精神，携手祖国大陆同胞共同致力于祖国统一大业。

1973 年，经过认真讨论，台盟总部决定正式向中共中央提议，由台盟总部于 1973 年 2 月 28 日在人民大会堂台湾厅恢复举办台湾人民二二八起义纪念活动。提议得到了周恩来的支持，并指示提高规格，改由全国政协出面主持召集。

1973 年 2 月 28 日，全国政协在人民大会堂新落成的台湾厅举行座谈会，各界人士和在京盟员、台胞代表共 100 多人汇聚一堂，纪念台湾人民二二八起义 26 周年。廖承志发表主题讲话，特别寄语国民党军政人员："我们党和政府的一贯政策，是爱国一家，爱国不分先后。对于一切爱国的人们，不管他们过去有多大过错，只要现在拥护社会主义祖国，为祖国的统一而尽力，我们都以礼相待，既往不咎，并鼓励他们继续前进，欢迎他们为解放台湾贡献自己的力量。"苏子蘅、田富达和参加过二二八起义的盟员吴克泰、叶纪东及在京台胞代表陈木森等，先后在会上发言。

翌日，《人民日报》以头版第三条消息的高规格、3000 余字的大篇幅予以报道，并专题介绍台湾人民二二八起义由来，全文刊登廖承志讲话。借此不仅重申了党和政府在台湾问题上的一贯原则立场和大政方针，而且还特意公布台湾民主自治同盟的全称和与会的全体 30 余名在京盟员和台胞的详细名单。

此后，全国政协连续三年在人民大会堂台湾厅召开纪念台湾人民二二八起义座谈会，中共中央、全国人大常委会、国务院、全国政协、中央军委的负责同志出席，廖承志发表主题讲话，台盟盟员和台胞担纲主要的发言角色，《人民日报》继续予以权威报道，照例公布与会的全体盟员和台胞的详细名单。1975 年、1976 年连续两年，在祖国大陆的台湾同胞比较集中的许多省市，也开始由当地人民政协出面主持集会进行纪念，党政军负责人出席。各地的座谈会均由当地盟员和台胞担纲主要的发言角色，配以《人民日报》专发提及台盟和发言者姓名的消息报道，提高了台盟地方组织及其盟员和台胞在本地的知名度，直接推动了台盟地方组织相对顺畅地恢复活动。

（四）台湾省的代表第一次参加党的全国代表大会

1973 年 8 月 24 日至 28 日，中国共产党第十次全国代表大会在北京召开。

让在祖国大陆的台湾同胞欣喜的是，台湾省籍中共党员代表蔡啸、林丽韫是第一次参加中国共产党的全国代表大会，并且当选中共十届中央委员。大会发表的新闻公报特意强调“有待解放的祖国神圣领土——台湾省在全国各地的党员所选出的代表，也第一次参加党的全国代表大会”。

中共十大的筹备工作，始自 1973 年 5 月召开的中央工作会议，会议确定了修改党章的原则和基调，以及党代表产生的方法。1973 年 6 月，台盟总部协助中共中央组织部主持成立的筹备组在北京召开中国共产党全国台湾省籍党员代表会议，以协商选举的方式，酝酿产生了台湾省出席中共十大的两名代表——解放军总政治部群工部副部长蔡啸和中共中央对外联络部亚洲二局局长林丽韫。会议期间，叶剑英接见全体与会代表，并在讲话中指出：“文化大革命”中用海外关系来整台湾人是不对的，首先台湾不是国外，是国内，所以用海外关系的名词就不通。有关系才能去做工作。你们有台湾关系，而我的关系就不够，所以你们的用处就大了，今后你们要发挥更大的作用。① 会后各地传达了叶剑英的讲话精神，对安定台

① 孙晓华主编：《中国民主党派史》，辽宁人民出版社 1999 年版，第 755 页。

盟盟员和在祖国大陆的台湾同胞的人心、推动当地政府落实台胞政策起到了一定的促进作用。

1973 年 9 月 3 日出版的《人民日报》第 2 版，全文刊登了刚刚当选中共十届中央委员的蔡啸抒发出席党代会的感想心得的署名文章《台湾一定要解放，祖国一定要统一》。蔡啸在文中写道：“我作为台湾省在全国各地的党员所选出的代表，出席这次隆重的大会，感到非常光荣。这是毛主席、党中央对全体台湾省同胞的最大关怀，最大鼓舞。……党的‘十大’对台湾省同胞热爱祖国、渴望解放的愿望，表示无限的关怀，指出了明确的方向。台湾省是我国不可分割的神圣领土，台湾省同胞是祖国人民的骨肉兄弟。……台湾一定要解放，祖国一定要统一，这是包括台湾省同胞在内的全国各族人民的志愿和神圣义务。”

其后，有关方面利用台湾旅日、旅美、旅西德同胞组成的乒乓球代表团应邀回国参加亚非拉乒乓球友好邀请赛的机会，在台盟总部的协助下，先后组织了两场活动，旨在宣传贯彻中共十大有关精神。

9 月 4 日，中共中央统战部邀请 26 名在京盟员和台胞，在人民大会堂台湾厅与台湾旅日、旅美、旅西德同胞乒乓球代表团全体成员座谈交流。蔡啸、林丽韫、苏子蘅、田富达、李纯青先后在会上发言，以亲身经历和切身感受表达了对家乡父老乡亲的思念和早日实现祖国统一的心愿。台湾旅日、旅美同胞乒乓球代表团团长黄文钦在发言中表示：我们高兴地看到两名台湾同胞当选中共十届中央委员，这是毛主席和党中央对台湾人民极大的关怀，我们为此受到很大的鼓舞，更加感受到祖国大陆人民和台湾同胞是骨肉不能分离的兄弟。

五天后，北京市体育运动委员会组织 140 多名在京台胞参加在北京民族文化宫举行的欢送会，偕同北京市的体育工作者、运动员，欢送台湾旅日、旅美、旅西德同胞乒乓球代表团。蔡啸代表在京台胞致辞，强调大家回到祖国参加在北京举行的亚非拉乒乓球友好邀请赛期间，中国共产党召开了第十次全国代表大会，“台湾省的代表第一次参加了党的代表大会”。我们应该永志不忘毛主席和党中央对台湾人民的关怀和爱护。黄文钦代表台湾旅日、旅美同胞乒乓球代表团致答词，表示台湾同胞与祖国人民骨肉相连，休戚与共，只有齐心协力实现祖国统一后，才会真正拥有光明的前途和美好的未来。9月5日和10日出版的《人民日报》对这两场活动予以报道，其中9月5日的报道又一次公布了与会的26名在京台盟盟员和台胞的详细名单。

中共十大首次安排台湾省籍党代表参加，其后的中国共产党历次全国代表大会的代表选举方法中，都单独规定台湾省籍党代表的名额。从中共十七大起，连续三次全国代表大会的台湾省籍党代表都是十人，而召开中国共产党全国台湾省籍党员代表会议，以协商选举的方式酝酿产生台湾省出席党代会的代表的做法，也沿为惯例。

（五）台湾省籍同胞首次组成代表团出席全国人大会议

中共中央委托叶剑英、邓颖超于1973年10月邀集各民主党派和无党派民主人士，协商四届全国人大的代表候选人名单，以此为契机，恢复了中国共产党与党外人士民主协商的优良传统。叶剑英在讲话中强调要继续发挥统一战线的重要作用，指出“今后需要大家协助建设国家，经常提些意见，把各方面的事情办好”。[①] 叶剑英的推心置腹、邓颖超的坦诚相见，令与会的民主党派和无党派民主人士敞开了心扉，会议气氛和发言热度明显改善。

1974年，中共中央正式决定首次设立由12人组成的台湾省代表团。1974年9月，台盟总部协助有关方面在京召开台湾省出席第四届全国人民代表大会代表协商选举会议，来自祖国大陆各地的100多名台胞协商代表，以协商选举的方式，酝酿产生了全国人民代表大会台湾省代表团。

1975年1月13日至17日，中华人民共和国第四届全国人民代表大会第一次会议在北京召开。周恩来抱病作政府工作报告，令人记忆犹新的是，在特别号召台湾同胞要和全国人民团结起来，为解放台湾、统一祖国

① 刘延东主编：《当代中国的民主党派》，当代中国出版社1999年版，第360页。

的崇高目标共同奋斗后，强调“我们要……进一步发展工人阶级领导的以工农联盟为基础的包括爱国民主党派、爱国人士、爱国侨胞和港澳同胞的革命统一战线。……团结一切可以团结的力量，为建设伟大的社会主义祖国而共同奋斗”。

会后公布的新闻公报中特别提到“参加大会的还有十二名台湾省籍同胞的代表”。本届全国人大首次设立的台湾省代表团，由田富达、李丽、李辰、蔡子民四位盟员和林丽韫、陈逸松、王碧云、冯炎火、张桂珠、陈木森、林德时、钟维旺八位在祖国大陆的台湾同胞组成。其中，林丽韫、陈逸松、田富达、李丽入选大会主席团，林丽韫、陈逸松当选第四届全国人民代表大会常务委员会委员。在京台胞陈丁茂（1979 年加入台盟）作为四届全国人大北京市代表团代表出席大会。会前，台盟总部特意举办联谊会，欢迎从祖国大陆各地汇聚首都北京出席大会的台湾省代表团代表，预祝大会圆满成功。

第五届全国人大决定，在实现祖国完全统一之前，台湾省暂时选举 13 名全国人大代表，其余按人口比例应选代表的名额予以保留。从此，台湾省全国人大代表按照全国人大常委会制定的选举方案，通过召开协商选举会议民主选举产生，每届全国人大都有台盟盟员当选全国人大代表。

（六）“那一年，全运赛场上迎来台湾团”

1975 年，在毛泽东、周恩来的支持下，全面主持中共中央和国务院日常工作的邓小平决定举办已延期整整五年的第三届全国运动会。

经国务院批准，第三届全运会首次设立中华人民共和国成立以来的第一支台湾省体育代表团。为此，1975 年 2 月 15 日第三届全运会筹备委员会甫一成立，即设立蔡啸担任负责人的台湾省体育代表团筹备处，随后向海内外的台湾省籍体育工作者、运动员广发“英雄帖”，邀约欢聚北京联袂出征全运会。专司对台广播宣传工作的海峡之声广播电台通力配合，邀请在祖国大陆的台湾同胞发文或发声，情真意切地吁请台湾岛内的体育健儿积极响应，应邀来京共襄盛会，畅叙骨肉亲情。如 7 月 17 日的《闽南话》节目中，播出了曾任台盟第六、七届中央委员会秘书长、时在四川工作的张华军的署名文章《欢迎你，我们的骨肉同胞》。

在当时国民经济还很困难的条件下，下定尽揽海内外台胞体育英才的决心是相当不容易的，充分彰显了党和国家对台湾岛内外的广大台湾同胞心向祖国、志在统一的热切期盼。曾任台盟第六、七届中央委员会副主席、时为北京矿山冶金研究院技术员的李敏宽对此感叹不已："那个年代，两岸关系微妙，即使文化、体育交流上都显得谨小慎微，不见有大动作。在这种情势下，成立台湾省体育代表团，从海内外召集各路台湾同胞参与我国最盛大的体育运动会，为祖国统一的共同目标团结奋斗是意义重大、影响深远的大手笔。"①

组建台湾省体育代表团的工作异常庞杂、琐碎。台盟总部通过动员台盟各地盟员全力协助，从境内外组织来了190名台胞体育英才，入选台湾省体育代表团。

台盟总部领导干部、工作人员，全力投入到为代表团服务的工作之中。代表团中的盟员更是热心关心和帮助海外而来的乡亲，体现了台湾乡亲一家亲的真挚情感。半年后，台湾省体育代表团终告成立，由336名定居祖国大陆和旅居海外的台湾省籍体育工作者、运动员组成，蔡啸出任团长，其中运动员223人，将参加棒球、篮球、排球、田径、游泳、射击、体操等16项赛事。因台湾当局无理拒绝两岸包括非政治的、民间的一切交流交往，导致台湾岛内体育健儿的缺席。8月23日，第三届全运会筹备委员会在北京饭店举行台湾省体育代表团成立大会，蔡啸在致辞中除对远道而来的台籍运动员表示诚挚欢迎外，也特意就此表达了台湾省体育代表团全体成员的失望和不满。

台湾省体育代表团正式成立后，较之其他30个代表团，在各方面都得到了党和政府的特殊关照。8月29日，第三届全运会筹备委员会特地在人民大会堂宴会厅举行宴会，欢迎台湾省体育代表团，华国锋出席。

① 昌校宇著：《纪念台湾省体育代表团参加第三届全国运动会40周年座谈会在京举行——两岸一家亲共圆中国梦》，《台声》2016年第1期，第72页。

9 月 6 日,邓小平在人民大会堂专门接见台湾省体育代表团，并与大家合影留念，欢迎大家远涉重洋和从祖国大陆各地来到北京参加第三届全运会，预祝大家在比赛中取得好成绩，也希望旅居海外的台湾同胞回到侨居地后，多向当地台胞介绍祖国大陆的形势和成就，促进海峡两岸人民情感上的交融。

台湾省体育代表团被安排入住当时北京最好的饭店之一——友谊宾馆；紧张的训练比赛之余，经常有文艺团体前来慰问演出；提供的运动装备、训练条件和委派的指导教练都是一流的。以每每忆及那段激情燃烧的岁月都情难自禁的射击队队员詹志芳举例，她当年集训参赛的配枪是一杆全新的小口径步枪，是国家射击队精心挑选的。

★ 1975 年 9 月 12 日，中华人民共和国第三届运动会在北京隆重开幕，台湾省体育代表团入场。

9 月 12 日，中华人民共和国第三届运动会在北京隆重开幕。“包括台湾省在内的各省、市、自治区和解放军三十一个体育代表团参加运动会”，是翌日出版的《人民日报》头版头条专题报道中着重强调的一句话。“我们团全体成员迈着整齐的正步，精神饱满地通过主席台时，尽管团领导一再嘱咐这时一定要目视前方，我还是忍不住偷偷看向了主席台，只见领导们全都站了起来，伴随着全场观众雷鸣般的欢呼声一齐为我们鼓掌加油，一股前所未有的力量油然而生，我的步子迈得更坚定有力了！”①北京市政协副主席、台盟北京市委会主委陈军回忆起开幕式上全团正步走过主席台接受党中央和全国人民检阅的情景，依然激动万分，犹如重回她年仅15岁就参加第三届全运会田径比赛的终生难忘的时日。

台湾省体育代表团虽然主要由海内外的业余选手组成，但每位运动员都十分珍惜代表家乡人民首次出征全运会的殊荣，场下刻苦训练，场上奋力拼搏，展现了台湾同胞顽强进取、不甘人后的精神风貌，而且“虽然基本上是业余运动员参赛，但台湾团还是取得了不少优秀成绩。由张克辉、李敏宽带领的棒球队就一路奏凯杀进了最终的决赛，为全国观众奉献了一场场高水平的比赛，成为全团的骄傲、全国的焦点”。②

意义更为重大和深远的是，“台湾省体育代表团首次参加第三届全运会，在当时犹如一盏希望之灯，点亮了在那个特殊年代定居在大陆的广大台湾同胞心中的梦”。③

---

① 王亮著：《那一年，全运赛场上迎来台湾团》，《两岸关系》2016年第2期，总第224期，第47页。

② 同①，第48页。

③ 昌校宇著：《纪念台湾省体育代表团参加第三届全国运动会40周年座谈会在京举行——两岸一家亲共圆中国梦》，《台声》2016年第1期，第72页。

第四章

伟大历史转折和台盟工作进入新的时期

一、伟大历史转折中的台盟

（一）在欢庆“十月的胜利”中焕发新活力

1976 年 10 月，“四人帮”被粉碎的消息公布后，台盟盟员和在祖国大陆的台湾同胞欢欣鼓舞，纷纷以集会、参加群众游行等形式欢庆人民的胜利，焕发出积极投身于国家建设事业和祖国统一大业的新活力。

1977 年 2 月 18 日，农历丁巳年正月初一，全国政协时隔 11 年后再次举办春节联欢会。中共中央副主席叶剑英、中央政治局委员李先念、全国人大常委会副委员长邓颖超等出席，与首都各界人士欢度粉碎“四人帮”后迎来的第一个中华民族的传统新春佳节。在京台胞代表、文艺工作者林丽芳用诗朗诵表达了在祖国大陆的台湾儿女对党中央的衷情。

中共中央委员蔡啸、林丽韫，全国政协常委苏子蘅，全国人大代表田富达、蔡子民、陈木森、陈丁茂，全国政协委员李纯青、陈文彬、徐萌山等在京台胞出席在北京饭店举办的联欢会。

1977 年 2 月 28 日，全国政协在人民大会堂举行纪念会，叶剑英、徐向前、乌兰夫、邓颖超等党和国家领导人与首都各界人士和在京盟员、台胞 300 多人共聚一堂，隆重纪念台湾人民二二八起义 30 周年。中共中央委员廖承志发表主题讲话，强调解放台湾、统一祖国，是包括台湾省人民在内的全国各族人民的共同愿望和神圣义务，是中国人民的内政，决不容许外人干涉。蔡啸、田富达、李纯青、陈文彬和参加过二二八起义的蔡子民等盟员和台胞代表先后在会上发言或作书面发言，决心传承二二八起义的革命斗争精神，继续为早日实现祖国统一而奋斗。

同日，在祖国大陆的台湾同胞比较集中的广东、福建、四川、湖北、江苏、浙江、江西、上海、天津、旅大等省市的人民政协也分别集会进行纪念。在此前后，旅居美国、日本等国的台湾同胞和其他省籍侨胞也分别举行了各种形式的纪念活动。

在第二天出版的《人民日报》头版头条刊登消息《党和国家领导人同首都各界人士和在京的台湾省同胞一起隆重纪念台湾省人民二二八起义三十周年》予以报道，并全文刊登廖承志讲话。中国人民邮政于纪念会举行当日发行有史以来的第一套编号为 J–14 的两枚台湾题材邮票《台湾省人民“二·二八”起义三十周年》，翌日晚首都又举行纪念台湾人民二二八起义 30 周年专场文艺晚会，纪念活动的规格、规模和形式均创历年之最，将祖国大陆迄今为止举办多年的台湾人民二二八起义纪念活动推向历史新高潮。这一方面充分彰显了党和政府对海内外台湾同胞的亲切关怀和殷切寄望，另一方面也充分激发了台盟盟员和在祖国大陆的台湾同胞愿为祖国建设和统一大业竭尽所能的豪情和干劲。

（二）台盟的各项工作在恢复中前进

1977 年 7 月 23 日，中共十届三中全会公报公布的当天下午，台盟总部协助组织在京盟员和台胞，与回国比赛交流和参观访问的旅居美国、加拿大的台湾同胞男子篮球队全体成员在全国政协礼堂集会，拥护全会通过的各项决议，尤其是《关于恢复邓小平同志职务的决议》，一致认为这是大势所趋，民心所向。

1977 年 10 月，台盟总部临时领导小组于 10 月底成立，由李纯青、田富达、徐萌山组成，李纯青任组长。1978 年 2 月，蔡啸调入台盟总部临时领导小组并担任组长。

台盟总部临时领导小组一经成立，便首先着手恢复台盟总部机关的日常工作，进而一方面在初步了解盟员变化情况的基础上，协助中共中央统战部酝酿、遴选出席各种重要会议的盟员候选人；另一方面推动各地方组织恢复重建或组建临时领导班子、协助有关方面落实台胞政策。

1977年12月，台盟总部协助有关方面在京召开台湾省出席第五届全国人民代表大会代表协商选举会议，酝酿产生了五届全国人大台湾省代表团。

12月27日至29日，中国人民政治协商会议第四届全国委员会常务委员会第七次扩大会议在北京召开，标志着由于“文化大革命”而被迫陷入停顿的人民政协组织和统一战线工作全面恢复。华国锋、邓小平、李先念等党和国家领导人出席会议，叶剑英发表重要讲话。会议通过决议，拥护中共中央的提议，定于1978年春在北京召开全国政协五届一次会议，并列席同时召开的五届全国人大一次会议。

1978年2月24日至3月8日，中国人民政治协商会议第五届全国委员会第一次会议在北京召开，通过《中国人民政治协商会议章程》和大会决议。由蔡啸、苏子蘅、李纯青、田富达、李乔松、吴克泰、张克辉、陈文、陈文彬、林盛中、徐萌山、曾子平12位盟员组成的政协第五届全国委员会台盟组出席大会。其中，蔡啸、苏子蘅、李纯青当选政协第五届全国委员会常务委员会委员，蔡啸还兼任政协第五届全国委员会副秘书长。另外，吴英辅作为中华全国青年联合会界别委员、沈扶作为文学艺术界别委员，黄启章、钱福星作为特别邀请人士出席大会，苏新在1980年8月25日召开的政协第五届全国委员会常务委员会第十一次会议上被增补为第五届全国政协委员。

2月26日至3月5日，第五届全国人民代表大会第一次会议在北京召开，通过修订的《中华人民共和国宪法》，选举叶剑英为第五届全国人民代表大会常务委员会委员长。由田富达、江水生、李辰、陈木森、林良材、蔡子民六位盟员和林丽韫、陈逸松、冯炎火、吴国祯、林敏敏、林德时、钟炳松七位在祖国大陆的台湾同胞组成的五届全国人大台湾省代表团出席大会。其中，林丽韫、陈逸松、田富达入选大会主席团，林丽韫、陈逸松当选第五届全国人民代表大会常务委员会委员。另外，陈丁茂、廖灿辉、谢玉林分别作为五届全国人大北京市、天津市和吉林省的代表团代表出席大会。

3月18日至31日，中共中央、国务院在北京召开全国科学大会。这是中国科学史上空前的盛会，标志着中国科技工作经过十年内乱后终于迎来了“科学的春天”。台盟总部协助有关方面组建了由13人组成的全国科学大会台湾省代表团，其中包括苏子蘅、李辰、钱福星、许文思、蔡启运、陈水、方舵。

12月22日至28日，全国侨务会议、第二次全国归侨代表大会在北京举行，修改通过了中华全国归国华侨联合会章程，选举产生了全国侨联第二届委员会。其中，台盟推荐的盟员廖灿辉当选全国侨联第二届委员会委员、常务委员和副主席。

自1977年10月起，全国各省、自治区、直辖市的人民政协相继筹备召开新的一届政治协商会议。台盟总部临时领导小组以此为契机，推动台盟各省级组织先行通过召开当地盟员大会正式重建或组建临时领导班子和工作机构，参加当地新一届政治协商会议。如，1978年11月27日，台盟上海市第四次盟员大会在沪召开，选举产生了台盟上海市第四届支部委员会，许文思当选主任委员，林田烈、李乔松、郭炤烈当选副主任委员。又如，1979年3月22日，经中共福建省委同意，台盟总部批准，台盟福建省支部委员会在福州市举行会议并宣布成立，张克辉为主任委员，黄文浮、林木为副主任委员。

（三）台盟在伟大的历史转折中重获新生

1978年12月召开的中共十一届三中全会，作出了把党和国家的工作重心转移到社会主义现代化建设上来，实行改革开放的历史性决策，实现了中华人民共和国成立以来党的历史上具有深远意义的伟大转折，开启了改革开放和社会主义现代化建设新时期。在全会精神的指引下，全国人大常委会发表《告台湾同胞书》，掀开了推进祖国和平统一进程的历史新篇章。台盟迅速结束了各项工作在恢复中甚至是徘徊中前进的局面，顺利实现了以服务社会主义现代化建设为中心、以促进祖国和平统一为重点的工作重心的转移。

中共十一届三中全会公报一经发表，就在台盟盟员和在祖国大陆的台湾同胞中引起热烈反响。大家普遍认为，公报反映了包括台湾人民在内的全国各族人民的心愿，岛内的同胞看了肯定会与我们一样高兴；坚信这次全会必将以其作出的一系列正确而重大的决策，在中国共产党的历史上放射出灿烂夺目的光辉，指引全国人民奋勇前进，不断夺取新长征的伟大胜利。

蔡啸作为中共中央委员，全程出席中共十一届三中全会及之前的中共中央工作会议，又于12月27日出席了全国政协常委会召开的认真学习贯彻中共十一届三中全会精神座谈会，并在发言中重点就全会公报中首次以“台湾回到祖国怀抱，实现统一大业”取代“解放台湾”的一贯提法，表达了台盟盟员和在祖国大陆的台湾同胞的心声和信心：“常言说，每逢喜事想亲人。在这欢乐的时刻，我更加想念台湾的父老乡亲们。……全会欢迎台湾同胞本着爱国一家的精神，共同为祖国统一和祖国建设继续作出积极贡献，这是祖国和人民对广大台湾同胞的殷切期望。我坚信，广大台湾同胞一定不会辜负祖国的这一殷切期望，祖国统一、大陆同胞和台湾同胞携手前进的日子，一定会到来。”①

《告台湾同胞书》的全称是《中华人民共和国全国人民代表大会常务委员会告台湾同胞书》，经1978年12月26日召开的第五届全国人民代表大会常务委员会第五次会议讨论通过。文告郑重宣示了在新的历史条件下解决台湾问题、实现两岸和平统一的大政方针，如首次提出在解决统一问题时，一定要考虑现实情况，尊重台湾现状和台湾各界人士的意见，采取合情合理的政策和办法，不使台湾人民蒙受损失；首次表示，寄希望于台湾人民，也寄希望于台湾当局；首次倡议，通过商谈结束台湾海峡军事对峙状态，实现“三通”，等等。在之前的征求意见阶段，蔡啸、李纯青代表台盟，林丽韫代表在祖国大陆的台湾同胞，应邀参加了讨论修改，因

① 《政协常务委员会举行座谈热烈响应三中全会号召，努力实现四化建设伟大祖国，坚信台湾一定会回到祖国怀抱，表示坚决捍卫祖国的统一，维护各民族的团结》，《人民日报》1978年12月28日第1版。

此，《告台湾同胞书》这篇历史性文献也凝聚了台盟盟员和在祖国大陆的台湾同胞的心血。

1979 年 1 月 1 日《告台湾同胞书》发表后，全国政协立即响应，当天下午就举行大型座谈会专题学习讨论。邓小平主持并发表重要讲话，强调《告台湾同胞书》体现了我们对台湾的回归和祖国统一的大政方针、基本立场、基本态度，指出：1979 年元旦，这是个不平凡的日子。有三个特点：第一，今天是我们全国工作的着重点转移到四个现代化建设上来；第二，今天中美关系实现了正常化；第三，今天把台湾归回祖国、完成祖国统一的大业提到具体的日程上来了。蔡啸出席座谈会，并代表台盟盟员和在祖国大陆的台湾同胞发言，动情地说："我们的祖先从闽、粤来到台湾，和高山族同胞一起开发这块祖国的土地，守卫祖国的土地。世代相传，祖孙相嘱，虽经沧海桑田，中华民族的赤子之心长存。台湾人民的爱国之心，是深深埋在心里的。我们和福建、广东的祖家血脉相连，骨肉相亲，一向往来不断。自从一九四九年以来，台湾与祖国大陆分隔。台湾海峡存在军事状态，使双方来往断绝，音讯不通，亲人离散，给我们民族和国家造成巨大损失，其中，台湾人民承受的负担、损失和痛苦最大最深。"①

1 月 2 日，台盟总部和北京市支部联合召开座谈会学习讨论《告台湾同胞书》，蔡啸主持。在京盟员和台胞代表在发言中纷纷表示，希望台湾岛内的骨肉同胞在爱国主义的旗帜下，与祖国大陆人民携手同心，为实现祖国完全统一而继续努力；也希望台湾当局深明民族大义，顺应时代潮流，为促成"台湾早日归回祖国，共同发展建国大业"作出彪炳千秋的贡献。隔日出版的《人民日报》以《母亲在召唤，祖国要统一》为题予以报道。

2 月 28 日，全国政协在人民大会堂台湾厅举行座谈会，纪念台湾人民二二八起义 32 周年，200 多位在京盟员和台胞参加。1980 年 2 月，连

① 《台湾归回祖国提上具体日程》，《人民日报》1979 年 1 月 2 日第 1 版。

续七年由全国政协主办的台湾人民二二八起义纪念活动暂停举办，但这一特殊历史时期创设的特殊历史平台，为重返国家政治生活的台盟盟员和在祖国大陆的台湾同胞所感怀铭记。

二、第二次全盟代表大会召开和台盟工作的全面发展

（一）召开第二次全盟代表大会

为贯彻落实中共十一届三中全会精神，确定台盟在新时期的工作方针和任务，1979 年 10 月 11 日至 22 日，台湾民主自治同盟第二次全盟代表大会在北京召开。这次大会是台盟在香港成立 32 年之后召开的一次空前的、承前启后的盛会，是一次为四个现代化建设服务的誓师大会，是一次为完成祖国统一大业的促进大会。30 多年来，台盟接受中国共产党的领导，响应“五一口号”，见证了新中国的诞生，走过了光荣伟大而艰难曲折的道路。在新形势下，为推进祖国现代化建设和统一大业而召开这次大会有着重大的意义。

出席大会的有来自总部和北京、上海、广州、旅大、福建、天津、武汉等 7 个地方组织的正式代表 57 人，特邀代表 7 人，此外，有 9 位台湾同胞列席了大会。当时盟员总数为 189 人。大会的主要任务是：认真学习、坚决贯彻中国共产党十一届三中全会、四中全会，五届人大、五届政协二次会议和叶剑英委员长在国庆 30 周年大会上的重要讲话精神，遵循“解放思想，开动机器，实事求是，团结一致向前看”的方针，讨论决定台盟今后的任务，修改盟的章程，选举总部领导机构，进一步动员盟员和所联系的台湾同胞，同心同德，群策群力，为把祖国建设成为现代化的社会主义强国，为台湾早日回归祖国、实现国家统一大业而作出更大的贡献。

会议讨论并通过了台盟总部临时领导小组负责人蔡啸作的题为《团结起来，为祖国统一和祖国建设的伟大事业贡献力量》的报告。报告把

台盟自中华人民共和国成立以来所做的工作归纳为：根据中国共产党同各民主党派“长期共存、互相监督”的方针，积极参加国家政治生活；组织盟员和所联系的台胞学习马列主义、毛泽东思想，推动他们参加一系列社会主义革命实践；贯彻“调动一切积极因素为社会主义服务”的方针，推动盟员和所联系的台胞做好各自岗位的工作，积极投入社会主义建设；积极向党和政府有关部门反映盟员和所联系的台胞的意见和要求，协助解决一些必须和可能解决的实际困难和问题；配合有关方面开展对台宣传工作，举行台湾人民二二八起义的纪念活动，组织台胞参加对台宣传，介绍大陆台胞的工作和生活情况，声援台湾人民反帝爱国民主斗争。总的来说，台盟在社会主义革命和社会主义建设中都发挥了应有的作用，贡献了力量。

报告指出，我们的国家进入了以实现四个现代化为中心任务的新的历史时期，我国统一战线也进入一个新的历史发展阶段。台盟要致力于促进台湾回归祖国，发展爱国统一战线，做协助政府联系各方面台湾同胞的一个桥梁。报告对今后工作提出：一是调动积极因素，为四个现代化服务。二是为促进台湾回归祖国、实现国家统一而努力。三是加强领导，抓紧组织建设和思想建设。

大会通过了这个报告，并制定了新的《台湾民主自治同盟章程》。台盟原有的章程是台盟成立时制定的，已经 32 年了，现在形势已发生了巨大变化，有必要制定与时代相适应的新的章程。

关于台盟的性质，新章程规定：“台湾民主自治同盟是由台湾同胞组成的社会主义劳动者和拥护社会主义爱国者的政治联盟，是为社会主义服务的政治力量，是我国革命的爱国的统一战线的组成部分。”“本盟接受中国共产党的领导，遵守中华人民共和国宪法，以中国人民政治协商会议章程的总纲为本盟的政治纲领。”

关于盟员，新章程规定：“有中华人民共和国公民权的台湾同胞（主要是中上层人士），承认盟的章程，愿意参加盟的活动，方可加入本盟。申请入盟的人，必须履行入盟手续。要有盟员二人介绍，填写入盟志愿书，经盟的地方组织批准，并报总部备案。总部可以在没有盟组织的地方，直接吸收盟员。”

关于盟的总部组织，新章程规定：“本盟的最高领导机关是全盟代表大会，大会闭幕后是它产生的总部理事会。全盟代表大会每五年举行一次，由总部理事会召集，必要时得提前或延期举行。总部理事会选举产生主席、副主席、秘书长和常务理事，组成总部常务理事会。在全盟代表大会和总部理事会闭会期间，由总部常务理事会主持盟务。”

关于盟的地方组织，新章程规定：“盟的地方组织为盟的省、市支部及其分支部；总部直属小组。支部盟员大会（或盟员代表大会）每二年召开一次，由支部委员会召集，必要时可以提前或延期召开。支部委员会委员任期二年。支部委员会设主任委员一人，副主任委员若干人，秘书长一人，由支部委员会选举产生。”

★ 1979 年 10 月 23 日，台盟第二届总部理事会第一次会议选举蔡啸（中）为总部理事会主席。李纯青（右二）、苏子蘅（左二）、田富达（右一）为副主席，徐萌山（左一）为秘书长。

大会选举产生了由 27 名理事和 5 名候补理事组成的新一届总部理事会；由叶仁寿、田富达、沈扶、李纯青、苏新、苏子蘅、林盛中、徐萌山、蔡啸、蔡子民 10 人组成的常务理事会。蔡啸当选为总部理事会主席，李纯青、苏子蘅、田富达当选为总部理事会副主席，徐萌山当选为秘书长。

这次大会的召开极大鼓舞了广大盟员和台湾同胞，他们祝贺代表大会的召开，表示要为四个现代化建设和台湾早日回归祖国积极贡献力量。会议期间，中共中央领导人叶剑英、邓小平、李先念在人民大会堂会见出席台盟和其他各民主党派、工商联代表大会的全体代表。

为了表达对故乡台湾和亲人的思念之情，大会闭幕式选在人民大会堂台湾厅举行，在京的台湾籍同胞列席了会议。蔡啸在闭幕会上指出："实现台湾回归祖国、完成祖国统一大业，是全中国人民包括台湾广大骨肉同胞在内的共同愿望。台湾同胞富有光荣的爱国传统，热切要求祖国统一起来，使台湾海峡两岸的中国人能够骨肉团聚，互叙手足之情。代表们说，我们瞭望在高山，等候在海岸已经有三十年了，一条海峡不应该继续成为双方来往的障碍，我们一定要共同努力，架起连接大陆和台湾的大桥。"

这次全盟代表大会对于台盟健全组织、检阅队伍、整顿思想，努力为"四化"建设和统一祖国服务，起到了重要的作用。以台盟第二次全盟代表大会为标志，台盟的工作进入了一个新的历史阶段。

（二）调动盟员和所联系台胞为"四化"建设作出贡献

推动盟员和所联系的台胞努力做好本职工作，积极为"四化"服务，是台盟总部盟务工作的重要内容之一。1979 年 10 月 29 日，台盟总部二届一次常务理事会提出："要有所作为，集中精力，广开门路，把我盟为祖国'四化'和祖国统一服务任务搞上去。"按照第二次全盟代表大会确定的工作方针，各级盟组织采取多种形式，推动和组织盟员为"四化"建设和祖国统一作贡献，涌现出了一批先进模范人物。他们当中有抗日战争和解放战争时期从台湾回到大陆的老台胞；有中华人民共和国成立后从海外辗转归来的科技、教育、医务工作者；也有在祖国大陆成长起来的年轻一代。他们都怀着一颗赤诚的爱国之心、不论是从事科学研究的，还是在服务行业平凡岗位上的，都为祖国的建设事业作出了贡献。

★ 1981 年 12 月，台盟为“四化”建设和统一祖国服务经验交流会在人民大会堂台湾厅隆重召开。

为了交流经验，表彰先进，台盟总部于 1981 年 12 月 19 日至 22 日在北京召开了台盟为“四化”建设和统一祖国服务经验交流会。这在台盟历史上是第一次，对于引导广大盟员和所联系的台胞高举爱国主义、社会主义的旗帜，继续坚持四项基本原则，为祖国“四化”建设、统一祖国大业作出新贡献，具有重要的意义。

出席这次会议的有台盟 11 个省市支部、筹备组推荐的 49 位台籍先进工作者，其中有盟员 39 人，台盟所联系的台胞 10 人。这些盟员和台胞代表在全国劳动模范、省市特等劳动模范、全国三八红旗手，省、市、县、厂矿劳模、先进工作者、模范教师、革新能手、技术标兵等各级各类评选中获得表彰。他们中从事各种科技工作的 26 人，医务界 13 人，文教界 5 人，商业 3 人，农业 2 人，包括大学副校长、教授、研究员、总工程师、教师、医院副院长、工厂厂长、公司经理、商店经理及工厂工人和农村卫生员。他们中有各级人大代表、政协委员，具有较广泛的代表性。

经验交流会于 12 月 19 日在人民大会堂台湾厅隆重开幕。开幕式由苏子蘅主持，田富达、徐萌山、沈扶和在京部分常务理事出席会议。蔡啸致开幕词。全体代表、各地支部负责人、总部干部、在京盟员和部分所联系的台胞等近200人参加开幕式。大会同时还邀请中共中央统战部、全国台联筹委会、中共北京市委统战部、北京市台联等单位出席。在京主要新闻媒体对大会做了报道。

蔡啸在讲话中指出："你们长期以来，在中国共产党的领导下，在所在单位组织和负责人、专业人员以及干部和群众的积极支持下，通过自己振奋精神、鼓足干劲、辛勤劳动、努力钻研，在'四化'建设中，在促进祖国统一的事业中，作出了显著的成绩，表现了高度的主人翁责任感和智慧。你们是党和国家建设宏伟事业中的骨干，是联系周围群众的桥梁，是实干苦干的带头人，是应当受到尊敬的。你们是我盟盟员和所联系的台胞的骄傲。"

受表彰代表李辰、周朗、叶庆耀、范新发、李锡光、吴秀凤等在会上作了典型发言。会议期间，出席代表按不同的行业分为三组进行了汇报交流，并在此基础上推选了康清泉、石朝辉、陈刚宪、郑开华、廖隆干、刘宗楠、徐双田、蔡大堂、谢秋涵、何子安、钱福星、王茂胜等12位代表继续作大会典型发言。

大家都很受教育，很受鼓舞，感到学有榜样、赶有目标，更加激发了为"四化"建设和统一祖国服务的积极性。各组在总结中指出，这次经验交流会代表们所汇报的许多感人的先进事迹、先进思想、先进经验，归纳起来最基本的有两条：一是具有高度的爱国主义、社会主义思想，不论在任何情况下，都相信党，热爱党，相信祖国，热爱祖国，决心为党的事业、为祖国的繁荣和富强而工作、学习、战斗。"一颗红心向着党，一颗红心永不变。"二是具有主人翁的实干、苦干加巧干的精神。对工作极端负责，勤勤恳恳，扎扎实实，精益求精，不为名，不为利，不怕一切艰难困苦，刻苦钻研，勇于创新，力求创造新成绩，作出新贡献。由于有着这种好思想、好作风，因而能更好地为"四化"建设和统一祖国出力，并产生积极的良好的效果。

闭幕会上全体代表一致通过了致台盟盟员和全国台胞的倡议书，提出要进一步学习五届人大四次会议和五届政协四次会议精神，继续发扬爱国主义光荣传统，发扬实干、苦干加巧干精神，竭尽所能为“四化”建设和实现祖国统一大业作出新贡献。

蔡啸在闭幕式上作了总结讲话。他肯定代表们在总结中所提到的先进思想和经验，强调“具有高度的爱国主义、社会主义思想”“主人翁的实干苦干加巧干精神”以及“发挥了促进祖国统一的特殊作用”，这三条是这次与会代表们的共同特点，是大家共同总结出来的宝贵经验。他希望大家把这些宝贵的经验继续发扬光大，把这次会议的成绩、倡议书的各种要求向全体盟员和所联系的台胞广为宣传，使之扩大影响，开花结果。他希望大家要在已经取得的成绩基础上，谦虚谨慎，戒骄戒躁，继续前进，为祖国“四化”建设和祖国统一大业作出新贡献。

会后，台盟总部把受表彰代表的先进事迹编辑成册，印发给全体盟员和有关部门，不仅激发盟员和所联系台胞的积极性，也得到了海外台胞的关注。对于在“四化”建设中作出贡献的先进人物，台盟的各级组织采取各种形式加以宣传和鼓励。如在节日里举行先进工作者座谈会，将先进人物的事迹印成简报或单行材料，在盟内传阅。其中突出事例在报刊上发表，并通过广播传播到港澳台及海外。全国劳模范新发的事迹在香港报纸刊登后，香港一些亲友和海外台籍人士写信回来表示祝贺，说：“看到消息，在海外的台胞脸上也觉得光彩。”

由于台盟总部和各支部的大力推动，广大盟员和所联系的台胞在“四化”建设中积极发挥了作用，取得了新的成就。据不完全统计，1977年至1983年，台盟盟员中荣获劳动模范、先进工作者、模范教师、革新能手、技术标兵和三八红旗手等光荣称号的人数，约占盟员总数的20%。为了提高台胞及其子女的知识水平和建设“四化”的专业能力，地方支部发挥自身优势积极举办各种类型的日语夜校或闽南语等学习班。1982年8月，台盟总部根据全国政协关于召开各民主党派、全国工商联、中华职业教育社办学经验交流会的计划，发出了《关于总结举办业余日语学习班、夜校经验的通知》，上海、广东、天津、北京支部对几年来的办学经验，进行了认真的总结，取得了良好的效果。

1983年6月25日至28日，台盟总部常务理事会扩大会议在北京召开。会议提出了开创台盟工作新局面的具体意见，决定充分利用盟员的特长和有利条件，继续办好业余日语学校、闽南语学校，进一步加强日语翻译等多项工作，为社会培养人才。会议要求各地台盟组织积极开展咨询服务和为实现“四化”献计献策。此外，盟员和所联系的台籍知识分子通过与国外亲友的联系往来，进行学术交流，为“四化”建设作出了积极贡献。

（三）协助党和政府落实大陆台胞政策

粉碎“四人帮”以后，中共中央重新肯定了各民主党派在民主革命中，在社会主义改造和社会主义建设中的重要作用，各项政策逐步落实。中共十一届三中全会以后，从中央到地方都按照实事求是、有错必纠的原则加快平反冤假错案的步伐，先后为“文化大革命”中的各种冤假错案平反。同时，也对“文化大革命”以前的重大案件进行清理和纠正。

台盟总部和各地盟组织自恢复工作以来，始终把落实台胞政策作为一项重要任务来抓。台盟总部1980年工作要点指出：“协助有关部门对盟员和台胞的落实政策工作，帮助解决一些实际问题，促进安定团结。认真处理来信；做好来访的接待工作；抓紧完成总部机关落实政策的遗留问题；向有关方面随时反映情况，并有重点地作几次专题报告。”

台盟第二次全盟代表大会后，台盟总部向有关部门反映了台籍归侨知识分子政策落实不力的情况，北京、天津、上海、湖北等支部也进行了调查，并提出了意见建议。有关部门高度重视，于1980年5月发出了关于台籍归侨知识分子落实政策文件。

1979年2月，中共中央组织部、中共中央统战部联合召开全国右派复查改正工作经验交流会，会后按照中央的统一部署和要求，各地区各部门对反右派斗争严重扩大化中划定的“右派分子”进行甄别改正。

1980年7月5日，台盟总部第六次常务理事会通过了《关于改正谢雪红、杨克煌右派问题的决定》。1986年9月15日，台盟总部在北京隆重举行谢雪红骨灰移放仪式，将谢雪红的骨灰由人民公墓移至八宝山革命公墓。邓颖超、习仲勋、彭冲、杨静仁及全国人大常委会、全国政协、中共中央组织部、中共中央统战部、台盟总部、各民主党派中央、全国台联、台湾同学会、全国妇联、全国青联、全国工商联等单位送了花圈。各民主党派中央、全国台联、台湾同学会等有关方面的负责人参加了仪式，缅怀这位为中国革命奉献一生的爱国主义战士。台盟总部主席苏子蘅主持了骨灰移放仪式，全国人大常委会秘书长王汉斌、全国政协秘书长周绍铮、中共中央统战部部长阎明复、各民主党派中央的负责人以及在京台胞一百多人出席了仪式。会上，中共中央统战部副部长武连元介绍了谢雪红的生平，充分肯定了谢雪红反抗外来侵略，争取实现国家统一的一生。指出："谢雪红同志是台湾有一定声望的领袖人物，尽管在她的一生中有过曲折和错误，但她为反对外来侵略，实现祖国统一而斗争的精神，以及为此而作出的努力，是不可磨灭的。今天我们为谢雪红同志举行骨灰移放仪式，正是表达对她的纪念，表达对过去和现在一切为祖国统一事业作出贡献的台湾同胞的崇敬。"

为进一步推动落实中共中央关于落实台胞政策的文件精神，1982 年 2 月至 3 月，台盟总部分别在广州、大连两地召开南北两片工作座谈会，把台胞落实政策问题列为会议的一项重要内容，听取各支部关于盟员和所联系台胞落实政策的情况，在落实中存在和遇到的问题，以及如何进一步配合协助落实的建议的汇报，为进一步深入做好这项工作掌握了具体情况。

1982 年 4 月，根据中共中央关于检查知识分子政策落实情况的要求，台盟总部发出了有关协助党和政府调查落实大陆台胞政策情况调查研究工作的通知和参考提纲。通知要求各支部进一步调查研究，深入了解盟员和所联系台胞中、上层人士落实政策的情况，向党的统战部门反映和提出建议，求得认真解决，使人尽其才，才尽其用，更好发挥大陆台胞在"四化"建设和统一大业中的积极作用。

通知发出后，台盟各地组织认真开展调查研究工作，采取座谈、谈心、个别访问等方式，或通过盟员组织生活进行调查了解；对以前经调查研究已提出的问题先进行调查，对未解决的及时了解其原因，向有关部门提出建议加以解决；对落实政策所存在的问题应进行核实，并了解未能解决的原因，提出实事求是的意见；对带有共同性质的问题也应当根据实际情况，宣传党的政策，进行思想政治工作。

1982 年 5 月，台盟总部和台盟北京市支部联合组成调查组，以台盟北京市支部盟员及所联系的台籍中上层人士即知识分子（包括中直机关、中央国家机关和北京市所属机关单位）为调查的主要对象，着重了解有关单位落实中共中央文件等党对台胞政策和知识分子政策的情况和存在问题，向有关部门反映和提出建议，使台胞在“四化”建设和统一祖国大业中发挥积极作用。调查结果表明，落实台籍知识分子政策问题，总的说来是好的，但有些单位对台籍知识分子未能充分发挥他们的才能，生活上关心照顾不够。对此，台盟总部分别向有关部门做了报告并提出意见建议，受到重视。1982 年上半年，田富达参加了由全国政协组织的三胞①调查组，这次调查对贯彻落实台胞政策起了推动作用。

到 1983 年，在各有关单位和台盟各级组织的努力下，台盟盟员中的冤假错案已基本上得到平反昭雪，被错划的“右派”也已全部改正。这期间，台盟总部和各支部还受理了大量要求落实政策、寻找亲人等的来信来访，都作了妥善处理。

（四）积极参加国家政治生活

召开民主协商会议，各民主党派和无党派民主人士在一起，对党和政府的重大方针政策问题进行民主协商，这是毛泽东、周恩来等同志开创的优良传统。进入新时期以来，中国共产党在拨乱反正的同时，随之恢复了这一光荣传统。②

---

① 三胞指的是台胞、港澳同胞、海外侨胞。

② 仝祥顺著：《中国民主党派史丛书·台湾民主自治同盟卷》，河北人民出版社 2001 年版，第 94 页。

★ 1981年1月1日，全国政协主席邓小平与台盟总部主席蔡啸在中共中央举办的新年茶话会上亲切交谈。

1979年6月，全国政协五届二次会议召开前夕，中共中央邀请各民主党派和无党派民主人士举行了粉碎“四人帮”后的第一次民主协商会，通报了政协的人事安排及会议主要内容。台盟总部临时领导小组组长蔡啸应邀出席并在会上发表了意见。1979年9月14日至21日，全国政协召开各民主党派和无党派民主人士座谈会，民主协商关系国计民生的三个问题。蔡啸、田富达、徐萌山出席座谈会，并对民主协商的三个问题发表了意见和建议。1980年9月10日，五届全国人大三次会议选举蔡啸、苏子蘅为宪法修改委员会委员。9月29日，苏子蘅作为最高人民法院特别法庭审判员，参加审判林彪、江青反革命集团案。1982年5月，台盟总部建议全国政协召开会议，讨论有关祖国统一问题。早在1977年，蔡啸、林丽韫就曾向邓小平建议注意招收台湾省籍青年入学，得到重视。因此，大学招生给予台籍考生政策优待。1982年，台盟再次建议优待大陆台籍青年升学，报中共中央统战部和教育部后被采纳。

1982年5月7日，台盟总部召开宪法修改草案讨论会议。蔡啸在讲话中指出：“人大常委会决定把宪法草案交付全民讨论，这是我国人民政治生活中的一件大事，具有深远的历史意义和现实意义。根据中国共产党十一届三中全会以来国家工作的发展，以《关于建国以来党的若干历史问题的决议》为指导修改的这个宪法草案，总结了我国30多年来社会主义革命和社会主义建设的经验。这是一部适合我国国情的比较完整的宪法草案。”他号召全体盟员迅速行动起来，以国家主人翁的姿态，积极参加讨论，深刻领会其重要性和必要性，弄清基本精神和主要内容，并提出修改意见，为制定一部完善的宪法作出自己的贡献。

苏子蘅表示，宪法修改委员会有两位台籍同胞参加，这充分表明了祖国人民对台胞的信任和关怀。宪法草案中规定全国人民代表大会可以行使决定特别行政区的设立及其制度的职权，这是过去的宪法中所没有的。这些规定，对促进祖国统一大业是有重大作用。

李纯青指出，宪法草案序言中明确规定，完成统一祖国的大业是包括台湾同胞在内的全国人民的神圣职责。这说明了统一祖国不仅是台湾同胞的愿望，而且是台湾同胞的神圣职责。田富达、徐萌山、陈炳基、魏正明、陈木森、王万得、吴克泰等分别在会上发言，表达对宪法草案的拥护。

1982 年 9 月 1 日至 11 日，中共十二大在北京召开。包括台盟在内的 70 多位各民主党派负责人、无党派民主人士和各界知名人士列席了大会。苏子蘅在小组会上发言指出，这次大会，还特别邀请各民主党派负责人和无党派民主人士、各界知名人士列席。这些都充分体现了共产党对我们的关怀和信任，使我们感到非常温暖、亲切。台湾民主自治同盟作为民主党派之一，决不辜负共产党对我们的殷切期望，要为建设现代化的社会主义祖国、为实现祖国统一大业作出更大的贡献。

1982 年 9 月 14 日，台盟总部常务理事扩大会议一致通过《关于拥护中共十二大各项重大决定，号召全体盟员学习、宣传、贯彻十二大文件的决议》(以下简称《决议》)。《决议》要求：以邓小平同志的开幕词为总的指导思想，着重学习两个文件，即胡耀邦同志的《全面开创社会主义现代化建设的新局面》的报告和新的中国共产党党章。总部要求全体盟员、总部机关和各地方支部要在各级党委的统一领导和具体部署下，采取各种形式，结合实际，认真学习，使全体盟员和所联系台胞对党的十二大提出的各项任务和主要精神，有全面的理解，用以指导自己的行动。

9 月 25 日，蔡啸在政协第五届全国委员会常务委员会第二十次会议上指出：“中国共产党十二大新制定的全面开创社会主义现代化建设新局面的宏伟蓝图和战略部署，完全符合中国国情，台盟全体盟员和所联系的中上层台胞都感到欢欣鼓舞，充满了民族自信心和自豪感。十二大进一步强调各民主党派组成统一战线，并号召台湾同胞、港澳同胞和海外侨胞，要督促国民党及早接受和谈，共同促进祖国统一大业的实现。这是对我们民主党派和台湾同胞的高度信任。台湾民主自治同盟坚决响应。”他要求台盟各地组织要把学习中共十二大文件当作一件大事来抓，特别是领导干部，要带头学好。要把中共十二大精神贯彻到今后台盟实际工作中去，进而开创台盟工作的新局面。

★ 1982 年 12 月，在全国政协五届五次会议上，政协台盟界委员在讨论《政府工作报告》。台盟总部理事会主席蔡啸出席并讲话，副主席李纯青、苏子蘅等出席。左起：吴克泰、蔡啸、苏子蘅、李纯青、徐萌山、林田烈、林盛中、许文思。

截至 1983 年年底，台盟盟员被选为全国人大代表的有 10 人，省、直辖市人大代表 30 人，省市人大常委会委员 8 人。台盟盟员担任全国政协委员的有 20 人，其中全国政协常委 4 人，省市政协副主席 4 人，省政协秘书长 1 人，省市政协常委 13 人。还有一些盟员担任了政府部门的领导职务。他们认真履行职责，积极献计献策。

（五）为促进祖国统一大力开展工作

实现祖国统一，始终是党的重大历史任务。中共十一届三中全会公报明确提出，欢迎台湾同胞、港澳同胞、海外侨胞本着爱国一家的精神，共同为祖国统一和祖国建设事业继续作出积极贡献。1979 年 1 月 1 日，全国人大常委会发表《告台湾同胞书》，号召台湾同胞和全国人民一起，为实现祖国和平统一而努力。1980 年 1 月，邓小平提出，把实现祖国统一同在国际上反对霸权主义、在国内加紧经济建设一起，作为 20 世纪 80 年代党带领人民要做的三件大事。①

实现台湾回归祖国，完成统一大业是全中国人民包括台湾同胞的共同愿望，也是台盟矢志不渝的光荣使命。在台湾回归祖国问题提到党和国家重要议事日程的形势下，台盟作为协助政府联系各方面台湾同胞的桥梁，充分发挥特色和优势，利用一切可能利用的途径和方法，加强和广大台胞的联系。首先，加强对台工作，积极宣传党对台湾问题的政策。其次，在重要节日、重大政治活动以及台湾发生重大事件时，向台湾乡亲表示慰问和怀念，介绍祖国大陆情况和政府对台方针政策。再次，配合有关方面进行接待海外台胞工作，宣传政策，了解情况，沟通感情，反映意见。最后，加强和广大台胞的联系，宣传党的对台方针政策。

1981 年 9 月 30 日，全国人大常委会委员长叶剑英就解决台湾问题的方针政策发表谈话，进一步阐明了我国政府关于台湾回归祖国、实现和平统一的方针和政策。10 月 1 日，台盟总部召开常务理事会扩大会议，一致通过了拥护叶委员长谈话的决议。决议指出，叶剑英委员长提出的关于台湾回归祖国、实现和平统一的方针和政策（简称“叶九条”），是代表

① 中共中央党史研究室著：《中国共产党的九十年》，中共党史出版社、党建读物出版社 2016 年版，第 679 页。

整个国家民族的根本利益的，完全符合1800万台湾同胞的利益。决议表示，台盟对九项政策坚决拥护，号召各地方组织及全体盟员要为贯彻执行叶委员长的谈话积极展开工作，并希望台湾同胞进一步发扬爱国主义精神，为促进国共谈判的实现，献计献策，贡献力量，为实现通邮、通商、通航、探亲、旅游等项事业而努力。欢迎台湾工商界人士回祖国大陆投资，兴办各种经济事业。决议表示，伟大的祖国必将统一，中华民族大家庭必将团圆。

1982年7月24日，廖承志写信给蒋经国，再次敦促蒋经国和台湾当局与我方举行和谈。7月26日，台盟总部在京理事、全国台联负责人和在京台胞座谈廖承志致蒋经国的信。大家一致认为，这封入情入理的信，对促进和谈，实现祖国统一，具有重大意义和深刻影响。蔡啸在座谈会上指出："廖承志致蒋经国先生的信是从私情、人情开始，讲到国情、政情，充分摆事实，讲道理，凡是有识之士，凡是中国人包括我们台湾人，凡是赞成统一的人，都会赞成这封信的。我们台湾民主自治同盟总部是完全拥护的，并将进一步为促进和平谈判、实现台湾早日回归而作出我们应有的贡献。当今国际风云变化莫测，台湾只有依靠祖国才有前途和希望。我们希望蒋经国先生接受廖承志在信中的劝告，早下决心，同中国共产党谈判，为国家统一，为民族的团结，为海峡两岸亲人早日团聚，作出抉择。"

1980年2月15日，在中华民族传统的喜庆节日春节即将到来之际，中国人民政治协商会议全国委员会发出了致台湾同胞春节慰问信。信中指出："去年元旦，全国人民代表大会常务委员会《告台湾同胞书》，提出了解决台湾问题的基本方针和政策，尊重台湾现实，对各方有利，引起广大台湾同胞和港澳同胞、国外侨胞的积极响应。希望台湾各界人士继续努力，敦促国民党当局接受中国共产党关于和平解放台湾问题的主张，首先实现通邮、通商、通航。希望港澳同胞、国外侨胞继续发挥积极作用。大家都做中国统一的促进派，我们也希望台湾当局认清形势，顺应民意，给台湾同胞以民主爱国的权利，共同走爱国统一道路。"

1980年2月16日，台盟总部在20世纪80年代的第一个春节，以台盟的名义给台湾乡亲写了一封慰问信，表达了对台湾同胞的思念之情。信中说：“在这家家围炉、户户团圆的过年时节，想起我们台湾同胞多少家人分隔在海峡两岸，天长音信断，亲人不相见，我们想念家乡的亲友。亲友们也在想念着我们。卅载分别，望眼欲穿，更何况在这新春佳节的日子里，更是于心难忍。我们都在盼望着台湾和大陆之间能够早日恢复正常的往来，进而实现统一，使骨肉团圆，同享天伦，亲友聚首，共叙衷情。”“乡亲们，回想过去台湾和大陆之间，一向来来往往，十分方便。这些年往来断绝的情况再也不能继续下去了。祖国政府提出的双方通邮、通航、通商的建议是切实可行的，也是我们台湾同胞的热切愿望。希望台湾当局赶快响应。我们欢迎乡亲们来信，欢迎你们到祖国大陆来参观、旅游以及寻访亲友，政府和祖国人民都会热情接待。亲爱的父老兄弟姐妹们，当前祖国大陆已经出现了一个政治上安定团结，经济上稳步发展的欣欣向荣的局面。国际国内形势的发展，对实现台湾回归祖国十分有利。春天到了，燕子就要回来。我们坚信，台湾一定会回到祖国怀抱。我们也将回到亲爱的故乡！”

1979 年 12 月 10 日发生的“高雄事件”（又称“美丽岛事件”）是台湾二二八起义后规模最大的一次流血冲突，是台湾社会民主化进程中的一次重大历史事件。台盟各地组织一直都在密切关注台湾“高雄事件”的发展。1980 年 4 月 20 日，台盟总部和在京台胞在全国政协礼堂隆重集会，反对台湾当局镇压“高雄事件”有关人士、迫害台湾同胞。蔡啸代表台盟和在祖国大陆的台湾同胞，深切慰问在“高雄事件”中受到迫害的台湾各界同胞及其家属，对他们所处的困难环境表示同情和关切。

1980 年 8 月 5 日，台盟总部、中国作协、中央人民广播电台联合举行纪念会，纪念台湾著名爱国作家钟理和先生逝世 20 周年。李纯青在会上讲话，在京台胞和有关方面近百人参加了会议。1982 年 2 月 1 日，为发扬台湾同胞爱国主义光荣传统，台盟总部在京召开纪念郑成功收复台湾 320 周年座谈会，蔡啸在座谈会上指出：“1662 年 2 月 1 日，我国历史上杰出的民族英雄郑成功和他所率领的大军，在台湾人民的积极配合下，赶走了侵占台湾达38年的荷兰侵略者，使台湾重新回到了祖国的怀抱，得到了新生，这是包括台湾同胞在内的中国人民热爱祖国、反抗外来侵略斗争史上一个光辉的事件。今天，在海峡两岸人民正为实现祖国和平统一、骨肉团圆而努力奋斗的时候，我们纪念郑成功为我国人民所立下的不朽功勋，具有特别重要意义。”“一切敬仰郑成功的人，都应当把促进台湾回归祖国作为自己神圣的职责。郑成功的胜利表明，人民的力量是无敌的，台湾同胞是心向祖国的。我们台湾同胞一定要发扬爱国主义的光荣传统，同祖国大陆人民一道，为完成统一祖国的光荣任务而奋斗到底。我们也希望国民党当局真正以民族利益为重，对实现祖国统一的事业作出应有的贡献。”

1983年2月2日，蔡啸在台盟南京市支部举行的迎春茶话会上发表了《给台湾同胞的春节贺词》，向台湾同胞热烈祝贺节日。蔡啸在贺词中说，每当春节来临，亲人们总要从四面八方赶回家，全家团聚。这是我们纯正的民族感情和民族传统。他说，中国是文明古国，灿烂的古代文化，源远流长。但是，台湾的青少年却从来未能一览敦煌之博、长城之伟、三峡之壮、桂林之美。离开了最广阔的沃土，失去了生长的根基，割断了我们祖先的历史，就不能吸取灿烂的华夏文化的精华，培养我们民族的感情和继承我们民族的优良传统。他指出，统一祖国，正是为了我们的子孙万代，为了整个国家和中华民族。台湾回归，祖国统一，是人心所向，历史必然，绝非某一政党或集团可以阻挡。他希望台湾的父老兄弟姊妹和大陆同胞携起手来，积极促进两地民间的互相交流，增进了解，消除人为的隔阂，为祖国早日和平统一而努力。

1980年10月11日，在五届全国人大三次会议、全国政协五届三次会议精神指引下，台盟总部邀请参加全国少数民族国家参观团和少数民族文艺会演的高山族同胞和在京高山族同胞会面并座谈，听取意见，共同为“四化”和祖国统一大业贡献力量。

1981年7月23日，台盟举行茶话会，欢迎旅美台湾青少年棒球队。蔡啸、李纯青、苏子蘅和在京部分台胞知名人士出席了茶话会。大家表示，欢迎旅美台湾同乡来大陆参观访问。希望今后加强往来，为祖国统一共同作出贡献。台湾青少年棒球队领队黄于燕表示，希望通过这次访问和比赛，进一步增进相互了解，为祖国统一起桥梁作用。

应旅日台胞恳亲会筹委会的邀请，1980 年 7 月 19 日，台盟总部筹组以苏新为团长、叶仁寿为副团长的大陆台胞参加旅日台胞恳谈会代表团，这是“文化大革命”后台盟总部恢复活动以来第一次组团出访。7 月 21 日晚，代表团参加了东京华侨总会和台湾省民会联合举行的欢迎宴会。当苏新致辞时讲到我们台胞 30 多年不能见面，思念家乡亲人，念到“岁月悠悠东流水，乡音乡俗在眼前”等词句时，会场气氛很沉静，在场的人流下了激动的热泪。恳谈会上还出现了认亲的动人场面，有的互留联络方式。这次参访介绍了大陆情况，宣传了党的政策，解除了部门台胞的疑虑，加深了旅日台胞的友谊，扩大了和平统一祖国号召的影响。

台盟二大以来，台盟各级组织按照党和政府的对台政策开展了多方面的对台宣传活动。鼓励和帮助盟员及所联系的台胞同台湾亲友联系。热情接待前来大陆探亲、访友、观光、学术交流的台胞，鼓励他们为祖国统一贡献力量。帮助在海外的台籍商人，与有关部门取得联系，洽谈贸易。台盟总部和各支部都加强了对台湾问题的了解和研究，曾多次举办报告会或讲座，向盟员和台胞介绍台湾情况。组织盟员积极参加对台宣传工作，向有关单位介绍台湾情况，提出意见和建议，为促进祖国统一发挥了积极作用。

（六）盟务工作展现新局面

中共十一届三中全会后，为了保证台盟各项工作任务顺利完成，更好地担负起为四个现代化和统一祖国服务的光荣任务，台盟总部着力加强思想建设和组织建设，不断开创台盟盟务工作新局面。

台盟二大报告提出：“台盟过去所以能够发挥一点作用，根本的一条就是接受了党的领导。反之，凡是背离党的领导，工作就出偏差，个人就要犯错误。接受中国共产党的领导，主要是按照党的路线、方针和政策办事。今后，要保证我盟工作任务的完成，必须认真贯彻执行党在新的历史时期的政治路线。学习、领会和贯彻党在新时期统一战线的方针政策，进行统战政策的再教育，认真学习并宣传贯彻党的对台方针政策。今后，党中央的有关决定、指示，要及时传达、学习。”这为当时台盟的思想政治工作指明了方向。

台盟总部高度重视加强盟员和所联系台胞的思想政治工作。首先，及时传达和组织学习党在新时期的各项方针、政策的文件，进行爱国主义和社会主义的宣传教育，提高政治思想水平。组织广大盟员深入开展关于真理标准问题、《关于建国以来党的若干历史问题的决议》的学习讨论，进行辩证唯物主义思想路线的教育，把盟员和机关干部的思想引导到中共十一届三中全会、中共十二大的精神上来，引导到实现四个现代化的政治路线上来。其次，适时举办时事报告会、情况介绍会、学习心得会等，并提供一些学习参考资料，适当组织参观访问，增强学习效果。再次，在全盟开展统一战线理论和政策的教育。要求台盟各级组织认真贯彻执行“长期共存、互相监督、肝胆相照、荣辱与共”的方针，使盟员和所联系的台胞更好地团结在中国共产党的周围，在社会主义事业中携手前进。

1981 年 4 月 27 日，蔡啸在台盟全盟工作会议闭幕会上指出：“台盟很多工作，其中最重要的工作就是要做盟员的思想政治工作。”“思想政治工作太重要了。台盟不是物质工厂而是做精神的加工厂。我们要起这个作用。帮助盟员和所联系的台胞树立正确的革命思想。这是同志们工作交流中间，许多事实证明了的。”另外，将革命的正确思想总结概括为热爱祖国的思想、热爱社会主义的思想、革命的爱国的统一战线的思想、艰苦朴素克服困难的思想。

思想建设是民主党派自身建设的核心，是台盟自身建设中带根本性的建设。台盟总部高度重视思想建设，不断引导广大盟员和所联系的台胞把思想和行动统一到中共中央的决策部署上来，为四个现代化和统一祖国大业凝心聚力，作出了积极贡献。

实现国家统一是 20 世纪 80 年代三件大事之一。台盟的工作更加繁重，同海外台湾同胞的来往更加频繁。为充分发挥台盟和大陆台胞的积极作用，适应工作需要，恢复和发展组织，建立健全全盟的各级机构成为台盟总部新一届领导班子的当务之急。

在总部机构设置方面，台盟总部机关原临时设有三处（组织处、宣传处、联络处）和二室（办公室、调研室），共五个部门。经一段时间实践，联络处与其他处室工作重复，决定撤销，保留两处两室以及两个委员会，即：组织处、宣传处、办公室、研究室，学习委员会、台胞联系委员会。

在总部机关工作制度和后勤保障工作方面，改进工作方法，加强机关人员的思想政治工作，进行职工干部的考核。加强财务管理，解决总部机关的办公用房。台盟总部自 1973 年逐步恢复工作以来，原有办公用房已难以适应新形势的发展。1980 年，台盟总部特向有关部门申请新建办公用房。1984 年在北京市东城区景山东街 20 号建成了一座具有民族特色的仿古建筑，成为台盟总部联系台湾同胞的一个重要活动场所。

1978 年 11 月以来，为充实机关干部队伍，适应新形势的发展，台盟总部在现有人员的基础上，通过各种途径调进干部。其中，苏新在 1978 年 11 月由中央人民广播电台调入台盟总部研究室工作。沈扶于 1978 年 12 月由辽宁调入台盟总部，任台盟总部副秘书长。

“文化大革命”时期由于台盟组织受到冲击，加上自然减员，台盟盟员总数大幅下降。改革开放以来，台盟更加注重加强盟的组织建设，积极发展新盟员。1980 年 2 月，台盟在大陆台湾籍同胞中发展了一批新盟员。这批新入盟的台湾同胞，大多数是有技术专长的知识分子。他们中有解放前回祖国大陆的，有中华人民共和国成立后从美国、日本回来参加社会主义建设的。新盟员都是为了争取台湾早日回归祖国、实现国家统一大业申请入盟的。同年 6 月，又有 110 名台湾籍同胞加入台盟，进一步加强了台盟的力量。1982 年 3 月，台盟又在全国范围内发展了一批新盟员。通过近两年来不断发展壮大盟的组织，盟员数量已超过了中华人民共和国成立以来的最高人数，这为台盟完成新时期的历史任务奠定了坚实的组织基础。

从1980年到1983年，在中共各级党组织的帮助和支持下，台盟各级组织逐步恢复、发展和健全起来。台盟在全国共有11个省市级组织，7个省辖市级地方组织，为台盟开展工作奠定了组织基础。1983年6月，盟员总数为684名，比1979年恢复工作时增加了2.6倍，经过拨乱反正，台盟的工作出现了生机勃勃的崭新局面。[①]

三、台盟三大和台盟事业的新局面

（一）召开第三次全盟代表大会

1982年9月，中国共产党第十二次全国代表大会胜利召开。会议提出了建设有中国特色社会主义的重大命题，明确了把我国建设成为高度文明、高度民主的社会主义国家的新时期总任务和到20世纪末人民生活水平达到“小康”的战略目标。会议提出继续坚持“长期共存、互相监督、肝胆相照、荣辱与共”的“多党合作十六字方针”。[②] 中共十二大的召开，标志着我国已经进入了全面开创社会主义现代化建设新局面的时期。中国共产党和各民主党派的合作进入了新的历史阶段，台盟在国家政治生活中的积极作用得到进一步的发挥。

在中共十二大和其后召开的中共十二届二中全会精神的指引下，为总结台盟二大以来的工作，确定开创工作新局面的方针政策，台盟于1983年11月24日至12月5日召开了第三次全盟代表大会。会议期间，中国共产党和国家领导人胡耀邦、邓小平、彭真、邓颖超等会见了与会代表。中共中央书记处书记胡启立，中共中央政治局候补委员、国务委员陈慕华，全国人大常委会副委员长黄华，全国政协副主席、中共中央统战部部

---

① 《统一战线人物志》编写组编：《统一战线人物志》第2卷，华文出版社2007年版，第832页。

② 中共中央统战部编著：《中国共产党统一战线史》，中共党史出版社、华文出版社2017年版，第377页。

长杨静仁出席了开幕式。来自全国11个省市地方组织和其他地区的119名代表和7名列席代表参加大会。

开幕式上，胡启立受中共中央委托宣读了致台盟三大的贺词，高度肯定了台盟成立30多年来的光荣历史。贺词说：“台湾民主自治同盟有光荣的爱国革命传统，自1947年成立以来，积极参加祖国的革命和建设事业，一贯反对任何外国侵略台湾，坚持为台湾回归祖国而努力。我们党的十一届三中全会以来，台盟积极参与国家大事的协商、讨论，协助党和政府落实有关在大陆上的台湾同胞的各项政策，反映台盟成员的意见和要求，并推动他们积极为‘四化’建设服务，取得了可喜的成绩，在台盟成员中已经涌现出一批劳动模范和先进工作者。1979年全国人大常委会发表《告台湾同胞书》以后，台盟的同志们和全国各族人民一道，为扩大同台湾各界人士的联系，发展爱国大团结，争取实现祖国的和平统一做了许多工作，产生了很好的影响。”贺词强调：“台湾民主自治同盟是我国爱国统一战线中的一个党派组织，三十六年来，与我党风雨同舟，一道前进，有着长期合作共事的基础。我们相信，在新的历史时期，台盟一定能够坚持四项基本原则，加强对盟员的思想政治工作，努力学习，健全组织，积极工作，做出自己应有的贡献。”

李纯青代表台盟第二届总部理事会向大会作了题为《振兴中华、统一祖国、开创台盟工作新局面》的工作报告。报告回顾了过去四年台盟在中国共产党的领导下，为“四化”建设、祖国统一及其他工作作贡献的情况。报告根据中共十二大“全面开创社会主义现代化建设的新局面”的伟大号召，提出了台盟其后一段时间的工作方针和任务，即“在中国共产党的领导下，坚持四项基本原则，遵循‘长期共存，互相监督’，‘肝胆相照，荣辱与共’的方针，发挥优点，充分调动全体盟员和所联系的台籍人士的积极因素，高举爱国旗帜，团结一切可以团结的力量，和全国人民一道，为发展和加强中华民族的大团结大统一，为社会主义现代化建设，为实现祖国的统一，为反对霸权主义，维护世界和平，作出新的更大的贡献”。

报告按照上述方针任务，提出了其后台盟工作六个方面的建议：一是加强思想政治工作，努力做好盟的思想建设；二是进一步调动盟员和所联系台籍人士的积极性，为社会主义物质文明和精神文明建设贡献力量；三是为台湾回归祖国，实现统一大业多做工作；四是继续参加政治协商，积极献计献策，发挥民主监督作用；五是协助党和政府落实宣传贯彻政策、调整关系；六是加强组织建设。这六条建议明确了其后台盟工作的方向。

★ 1983 年 12 月 6 日，台盟总部三届一次理事会选举苏子蘅为主席（右三），李纯青（左三）、田富达（右二）、钱福星（左二）、林盛中（右一）为副主席，徐萌山（左一）为秘书长。

大会选举产生第三届总部理事会理事 41 人，候补理事 11 人。其后召开的台盟三届总部理事会第一次全体会议选举产生 15 名常务理事和主席、副主席、秘书长。苏子蘅当选主席，李纯青、田富达、钱福星、林盛中当选副主席，徐萌山当选秘书长。

大会审议并通过了工作报告。大会还审议通过了新的《台湾民主自治同盟章程》。新章程由总纲和三章十五条内容构成。对比二大通过的章程，新章程对总纲部分进行了充实和完善。其中将台盟的性质表述为

“台湾民主自治同盟是中国爱国统一战线中的一个民主党派，是由台湾同胞组成的社会主义劳动者和拥护社会主义的爱国者的政治联盟，是为社会主义服务的政党”，突出强调了台盟的政党属性和地位。此外，总纲还将四项基本原则的具体内容列入，作为盟的指导思想；增写了台盟简史，旨在弘扬坚持台盟爱国爱乡的优良传统；提出了加强自身建设的要求。在条文部分，对盟的地方组织的名称作了修改，将原来的“支部”改为“分部”。

（二）切实在国家政治生活中发挥作用

邓小平在中共十二大开幕词中指出“我国各民主党派在民主革命时期同我们党共同奋斗，在社会主义时期同我们党一道前进，一道经受考验。在今后的建设中，我们党还要同所有的爱国民主党派和爱国民主人士长期合作”。在中共中央和中央领导同志的亲切关怀下，民主党派在国家政治生活中的地位越来越突出，工作也越来越活跃。台盟紧紧围绕中共中央确定的 20 世纪 80 年代的三大任务①，在民主监督、参政议政等各个方面发挥重要作用，各项事业也越发展现出新的工作局面。

1. 参与政治协商

据统计，仅从 1979 年到 1986 年年底，民主党派领导人出席中共中央召集的各种协商会议就有 33 次之多。三届总部理事会工作期间，台盟负责同志积极参加各次协商活动，充分发挥民主监督作用。

1984 年 10 月，中共中央邀请各民主党派、全国工商联负责人及无党派民主人士举行座谈会，征求对中共十二届三中全会将要讨论的经济体制改革决定草案的意见。苏子蘅代表台盟发言，李纯青、田富达、钱福星、林盛中参加会议。

1987 年 9 月，中共中央邀请各民主党派、全国工商联及有关团体负

① 邓小平在中共十二大开幕词中提出“加紧社会主义现代化建设，争取实现包括台湾在内的祖国统一，反对霸权主义、维护世界和平”是我国人民在 20 世纪 80 年代的三大任务。

责人和部分无党派民主人士、党外知识分子、民族宗教界人士举行为期一周的座谈会，征求大家对中共十二届中央委员会将向中共十三大作的工作报告稿的意见，苏子蘅参加。

此外，台盟总部负责同志还参加了1984年12月中共中央就整党工作召开的座谈会、1985年9月就“七五”计划和中央领导机构新老交替的人事安排问题召开的座谈会，以及1986年3月就六届全国人大四次会议、全国政协六届四次会议有关事宜召开的座谈会等，发表了意见建议。

中共中央统战部多次召开民主党派民主协商会，就民主党派领导班子建设问题、全国政协委员补选等问题进行协商。台盟总部负责同志参加，认真负责地讨论，提出意见和建议。台盟地方组织的负责同志也积极参与中共地方党委和有关部门召开的民主协商会，就人事安排、经济社会发展、祖国统一工作等问题提出意见建议。

2. 积极建言献策

1987年11月台盟四大召开时，全盟共有372名盟员担任各级人大代表和政协委员（其中全国人大代表、全国政协委员40人），人数超过盟员总数的1/3。有些地方组织占比更高，比如1986年6月台盟广州市第二次盟员大会召开时，有19位盟员担任各级人大代表和政协委员，占到当地盟员总数的一半。

通过各级人大和政协的平台发出声音，是盟员议政建言的重要途径。盟员中的各级人大代表和政协委员高度珍视中国共产党和政府给予的信任，非常注重调查研究，以主人翁的态度积极参政议政，为国家经济社会发展和祖国统一事业建言献策。据统计，台盟三届总部理事会工作的四年间，担任各级人大代表、政协委员的盟员提出建议、提案600余件，内容涉及对台政策、经济改革、教育体制改革、环境保护、医疗保健、城市规划等诸多方面。

1987年，台湾人民二二八起义40周年之际，为了体现“更寄希望于台湾人民”的方针政策，台盟总部建议各主要城市的台胞举行纪念集会，以配合岛内的纪念活动。这一建议得到有关部门和各地的大力支持，活动开展后在岛内产生了很好的反响。

台盟还注重反映海外台胞的意见和建议，如总部反映的台湾工商界人士来大陆定居后开展对台贸易、在大陆投资设厂的问题，台籍知识分子的安置问题等，都受到有关部门的重视。各地组织和盟员也提出了不少建议，如云南分部有位盟员三年间提出有关市场整顿、培养少数民族人才、发展教育等方面内容的提案16项，已被采纳的就有10项。[①]

（三）努力为“四化”建设贡献力量

1985年10月2日至6日，各民主党派、工商联为“四化”服务先进集体和先进个人代表表彰大会在北京隆重召开。这是中华人民共和国成立以来第一次由各民主党派和工商联联合召开的全国性表彰大会。各民主党派、工商联负责人和受到表彰的404名教育、科技、文化、卫生、工交、财贸界优秀代表出席会议。台盟有1个先进集体和27个先进个人受到表彰，分别是台盟吉林省分部“智力支边”培训组和蔡启运、陈水、黄清琴、施初美（女）、陈仲颐、翁肇祺、吕月贞（女）、黄文哲、徐自悟、徐振文、陈亨、张华昌、范新发、林亮、刘黛莉（女）、林春水、叶庆耀、吕从周、蔡大堂、王菊财、彭贵君、黄明、陈景云、丘晨波、蔡裕三、涂雕梁、陈荣驾。40名获奖代表在大会上发言，其中台盟代表叶庆耀、陈水、蔡启运分别作了题为《这条路，我走对了！》《为振兴中华而奋斗终生》《把全部心血倾注到“四化”建设和统一祖国的大业中来》的发言。这些获奖的集体和个人是台盟在那个时期为“四化”建设贡献力量的优秀榜样。几年间，有200多位盟员获各级先进工作者称号，有几十位盟员获各级创造发明奖、科技成果奖，20多位盟员著书立说，还有一些盟员应邀参加国际学术会议或出国讲学。这些先进集体和个人以及他们在“四化”建设中取得的优异成绩，映射出台盟各级组织和广大盟员坚决响应中共中央号召，为振兴中华而艰苦奋斗、忘我工作的可贵精神，是

① 林盛中代表三届总部理事会在台湾民主自治同盟第四次全盟代表大会上所作工作报告，1987年11月。

这个时期全盟上下团结一心、奋发进取，开创工作新局面的动人缩影。

★ 1985 年 10 月，各民主党派为“四化”服务先进集体、先进个人表彰大会在北京召开。图为范新发（右二）代表台盟上台领奖。

这一时期，各民主党派和工商联围绕“四化”建设这个中心，努力开辟为“四化”服务的新路子，组织和推动了一系列诸如兴教办学、科技咨询、智力支边等为“四化”建设服务的工作，为贯彻国家对外开放、对内搞活的方针，推进经济体制、科技体制和教育体制的改革，作出了积极贡献。台盟也立足自身实际，开展了相关工作，取得了很好成效，受到社会各界的好评。

1. 发挥优势，开办日语培训学校

“文化大革命”后国家百废待兴，社会人才储备出现断层。为了缓解社会主义现代化建设所需的大量人才缺口，中共中央发出“广开学路、多方办学”的号召，动员社会力量举办各类学校。各民主党派发挥自身智力密集的优势，开始积极兴教办学。

台盟成员多是台胞中的中高层知识分子，许多人有长期在日本生活经历，有较好的日语教学基础，台盟开展日语培训具有优势。台盟的日语培训起步很早，恢复组织活动后不久，上海、广州等分部就开始尝试办学。1982 年 8 月，台盟总部发出《关于总结业余日语学习班、夜校的通知》，

号召各级组织兴办日语教育，为社会服务。此后，天津、广东、福建、云南、上海等分部都开始兴办日语学校或学习班，不少分部负责同志如台盟云南分部主委陈荣驾、广东分部副主委兼秘书长林东海还亲自授课讲学。

这些培训学校或学习班层次有高有低，既有大专以上水平的班次，也有不少初高中层次的班次；培养对象覆盖面很广，既有青年教师、科技及医务工作者，也有翻译和出国留学人员；办学形式灵活，既有统一课堂授课，也有台胞以个人身份进行的教授讲学；培训效果较好，有的学员通过考试拿到大专日语单科毕业文凭，有的学员被有关单位录用为翻译。台盟的培训学校和班次不但受到学员们欢迎，被认为“讲授水平高，讲课质量好”，也被社会各界和有关方面充分认可，给予很高评价。

这其中，不少分部主办的培训班很有特色，也很有成绩。台盟天津市分部1982年开办“玉山日语业余学校”，开设初、中、高级“普通日语学习班”和“会话班”“科技班”“翻译班”等班次。《天津日报》曾以《台盟日语学习班越办越好》为题予以专门报道。[①] 1986年台盟天津分部拓展思路，又成立台盟电大班和台盟天津市业余文化学院，招收学员近1500人。[②] 台盟天津分部的培训办学工作成为那个时期台盟地方组织办学的一个标杆。

不少分部也因地制宜开展了日语培训教育。比如，上海分部与上海中国日语教学研究会合办的现代日语讲座，适应社会需要，很受社会欢迎。云南分部与中华职教社云南分社联合开办的云南省日本语翻译与教学研修中心，在进行日语教育培训的同时，也开展学术研究和学术交流工作等。

经过几年的发展，台盟的日语培训取得了丰硕成果。截至1987年年底台盟四大召开时，各级组织举办的日语培训学校已经培养了各级各类学员4000余名。

2. 服务社会，开展医疗科技咨询和智力支边

台盟盟员中有不少医学、科技方面的专家，也有较多的各级干部，因

① 《台盟盟讯》1984年第3期，第22—24页。

② 《台盟盟讯》1986年第8期，第9页。

此台盟各级组织开展的咨询服务，大多是围绕医学、科技以及政策解读等方面开展。尤其是医学咨询，各地举办较多，效果也较好。台盟三届总部理事会工作期间，各分部组织医疗队，开展巡回医疗和专题咨询活动，帮助地方医务人员提高医疗水平，义务为群众治疗 8000 余人次。①

1984 年 10 月和 12 月，天津分部主委廖灿辉带领几名具有丰富理论知识和多年临床经验的医务人员组成医疗服务队，前往市郊讲学。服务队先后讲课 22 次，内容涉及外科、妇产科、口腔科、内科和血液科等多个方面，听课人员累计达 1200 多人次。

台盟大连分部主委、大连市铁路医院院长黄启章率领十几名医务人员，到市郊进行医疗服务，义务诊治 300 多人次。1985 年 5 月，大连市政协组织的六一儿童节医疗咨询活动中，大连分部的李锡光、陈素梅两位盟员两天时间内就为 360 多名儿童检查了身体，进行了卫生知识的宣传，受到学校和家长的好评。

随着各级组织开展的咨询活动越来越多，专项咨询发展为专场咨询。1986 年 6 月 22 日，台盟北京市分部在北海公园举行了面向社会的台盟专场咨询服务活动。这次咨询服务活动分三组进行。一组是医疗卫生咨询服务组，陈木森、翁肇祺、梁月心等五位医学专家盟员为患病群众提供医疗卫生方面的咨询；一组是日语会话咨询服务组，傅力力、赵敏如、陈夏子等五位教育界女盟员为日语学习者进行了发音、语法等方面的辅导；还有一组是台胞台属咨询服务组，李玲虹、杨思泽、蔡宁等盟员为前来咨询的在京台胞和去台人员亲属讲解党的对台政策、统战政策，为寻找去台亲属的人士提供帮助。北京市分部这次咨询服务，十几位盟员三个小时就接待了 370 多人次的各界群众。

当时，中共中央、国务院为了解决国家区域经济发展不平衡的问题，号召全国共同努力，帮助贫困地区尽快改变落后贫穷面貌。各民主党派、

① 林盛中代表台盟三届总部理事会在台湾民主自治同盟第四次全盟代表大会上所作工作报告，1987 年 11 月。

工商联把智力支边当作光荣任务，努力作为，取得可圈可点的成绩。台盟在这一方面涌现出不少先进典型，台盟吉林省分部“智力支边”培训组是其中的杰出代表。

培训组由柳光春、孙钦明、陈联禧三位平均年龄超过60岁的老盟员组成。1984年七八月间，培训组不辞劳苦，深入长白山区培训当地中学日语教师和科技人员达一个月之久。他们准备工作充分，多次开会研究教学重点和方法；工作严谨细致，根据实际及时调整教学计划；培训内容科学，直接面向当地日语教学的需要；教学方法多样，适当增加日语基础知识；注意因材施教，课堂教学之外也“加小灶”。在培训组的努力下，当地初中毕业生参加全省日语统考的平均成绩大幅提升。当地负责同志称赞这一变化与台盟培训组的努力密不可分。台盟吉林分部其后还向当地赠送了一批日语教材，为当地教学持续提供支持。[①]

因表现优秀、成效显著，台盟吉林省分部“智力支边”培训组先后被评为各民主党派、工商联为“四化”服务先进集体及吉林省民族团结先进集体。

3.“穿针引线”，为推动两岸“三通”和对外开放服务

台盟各级组织和盟员与岛内和海外亲友有广泛联系，在国家“对内搞活、对外开放”的时代大背景下，台盟各级组织和广大盟员开始通过亲友牵线搭桥，大力开展对外联络工作，帮助国家和地方引进资金、技术和人才，特别是为促进两岸间、境内外之间的经贸活动做了不少有益的探索和尝试。

推动两岸“三通”方面，当时时常有台湾的渔船到大陆的东南沿海地区避风、补给，渔民会随船捎带部分日用品进行贸易，大陆的沿海地区也设置了一些台湾渔民接待站进行对接。两岸形成了一定规模的渔民贸易。考虑到“要做好对台工作，有关部门必须直接参与对台经济工作。

① 台盟三届二次总部理事会材料之十《面向社会，为发展边疆少数民族地区文教事业尽力》，1984年12月。

对台政治宣传和对台经济贸易工作必须紧密结合起来"[1]，台盟组织在认真了解渔民贸易发展情况基础上，以促进"三通"为目的而设立或参与设立了不少经济实体，如上海台湾商行、上海海峡投资贸易公司、广东友和开发服务公司等。[2] 这些经济实体聘请退休干部、盟员为负责人，采取代购代销、联营联销的方式，经营台湾商品和大陆日用品，取得了效益。创办这些经济实体并开展经济活动，有利于"广交朋友、沟通感情，增进了解和促进三通，以经济沟通来达到政治目标"，同时还能"活跃……市场，扩大第三产业范围，又可解决……台胞待业青年的就业问题"，[3] 在当时条件下具有积极意义。

推动"三引进"[4] 工作方面，各级组织都非常重视，天津、吉林、大连、厦门、上海等分部设立了专门的工作机构，北京、广东、云南等没有设置专门机构的分部也尽力推动和支持有条件的盟员和所联系的台胞开展相关工作。[5] 各级组织和盟员通过日本、美国、英国等国家和中国香港地区的亲友，协助引进了诸如程控电讯设备、节能锅炉、现代化医疗设备等为数不少的合作项目。

据不完全统计，仅 1984 年至 1985 年两年间，台盟地方组织和盟员牵线搭桥引进的项目就有 100 多项，成交创汇额达到 5000 万美元以上，[6] 为推动国家和地方经济建设作出了贡献。

（四）积极为祖国统一大业服务

台盟从建盟开始，就一直致力于祖国统一大业。台盟三大通过的章程

---

① 台盟三届二次总部理事会材料之七《关于福建对台贸易的考察及在上海开展对台贸易设想的汇报》，1984 年 12 月。

② 台盟三届二次总部理事会材料之四《近年来台盟各地方组织为对外开放服务的一些情况》，1984 年 12 月。

③ 台盟上海市分部台湾商行筹备组《关于建立〈台湾商行〉的申请报告》，1984 年 10 月。

④ 即"引进资金、技术设备和人才"。

⑤ 苏子蘅代表台盟三届总部常务理事会在台盟三届三次总部理事会上所作工作报告，1986 年 4 月。

⑥ 同⑤。

规定："本盟要继承台湾人民爱国主义的传统，关心台湾人民的利益，研究台湾的情况，就和平统一祖国问题，向中国共产党和政府献计献策，为促进台湾早日回归祖国贡献力量。"三届总部理事会工作期间，各级组织坚决贯彻中央对台大政方针，努力推动与岛内和海外台胞的交流交往，全面深入开展对台宣传，着力加强台情研究，为祖国和平统一大业做了不少有益的工作。

1. 推动交流交往

随着中央对台工作的深入开展，特别是全国人大常委会委员长叶剑英1981年9月30日发表《关于台湾回归祖国实现和平统一的方针政策》的谈话后，两岸同胞之间尤其是亲人间杳无音信的隔绝状况有了迅速改变。台盟各级组织开始把帮助盟员及台胞寻亲会亲作为一项重要工作。不少盟员和台胞在各级盟组织的帮助下通过各种渠道陆续与台湾岛内或海外的亲人取得了联系。

这项工作被形象地称作寻人、通信、会亲"三部曲"。[①] 在这个过程中，一些盟员通过海外亲友与岛内亲人辗转取得联系，或利用出国参观考察、学术交流等机会实现了境外会亲，还有一些盟员专程出境或请亲人入境会亲。通过各种联系和会亲，两岸亲友一解阔别几十年的苦衷，共话期待早日结束隔绝的迫切心情。据当时的统计，与台湾亲人取得联系的台胞在多数省（自治区、直辖市）已占当地台胞总数的三分之一以上，广东、福建等省达到三分之二以上。[②] 1984年4月，台盟广东分部副主委兼秘书长林东海在中共中央统战部茶话会上汇报，当时广州分部已有90%的盟员、海南分部和海南黎族苗族自治州分部已有60%的盟员与岛内亲人有了书信来往。很多盟员与亲友通过各种方式实现了会面，广州分部已经有20%的盟员到境外会亲。[③]

---

① 台盟二届总部理事、湖北省台联会长曾重郎在台盟湖北省分部第三次盟员大会上的讲话，1984年4月。

② 仝祥顺著：《中国民主党派史丛书·台湾民主自治同盟卷》，河北人民出版社2001年版，第111页。

③ 林东海在中央统战部茶话会上的发言，1986年4月。

与岛内外亲友实现通信和会面，这给盟员和他们的家庭莫大鼓舞和慰藉。盟员和台胞也都积极向亲人继而通过亲人向岛内民众宣传中央的大政方针，介绍大陆的大好河山和人文风光。这种来自亲人的引导非常具有说服力，对澄清国民党当局的反共宣传，帮助岛内亲人增进对中国共产党和祖国大陆的了解，消除他们对祖国统一的疑虑，起到了积极作用。

此后，到大陆访问、旅游的台胞日益增多，台盟“请进来”的力度不断加大。据不完全统计，三届总部理事会工作的四年间，台盟各级组织接待海外和港澳的台胞约有1000多批4000多人次，与过去相比人数有大幅度的增加。海南黎族苗族自治州分部委员杨成友经常协助有关部门在家中成批接待台湾渔民，他的家因而被亲切地称为“台湾渔民之家”。[①]

“请进来”的同时也开始适时“走出去”，到海外发出“台盟的声音”。1986年台盟首次派出两批代表团到美国访问。第一批由参加过二二八起义的三名老盟员组成，前往参加纽约、芝加哥、洛杉矶的二二八纪念会。当地华侨报纸连续以大量篇幅加以报道。第二批由两名盟员学者组成，前往纽约参加亚美文化讨论会，与台籍学者交换意见。五位同志在美期间，还与当地台胞进行了有益的接触。[②]

交流交往的宽度和广度逐步拓展，台盟接待岛内各界人士，进行了有益接触。此外，1985年5月5日，台盟总部主席苏子蘅，副主席李纯青、田富达，秘书长徐萌山，副秘书长蔡铭熹、蔡鸿振还一起出席了首都台胞与高山族台胞参观团的联欢活动。来自全国各地的200多名老一代高山族台胞与在京台胞欢聚一堂，大家载歌载舞，畅叙友情，取得了很好的社会反响。

2. 加强对台宣传

当时，台盟各级组织通过各种渠道、各种形式，对海外和岛内台胞开

---

① 林盛中代表台盟三届总部理事会在台湾民主自治同盟第四次全盟代表大会上所作工作报告，1987年11月。

② 苏子蘅代表台盟三届总部常务理事会在台盟三届四次总部理事会上所作工作报告，1986年12月。

展宣传，努力提升海外和岛内台胞对祖国大陆的认同感、向心力，激发他们的爱国热情，为推动祖国统一事业尽力。

每逢重大节日和重大事件发生，台盟都举行活动或发表声明，表达观点与态度。1983 年 12 月 5 日，台盟三大通过了《关于反对美国国会干涉中国内政，制造“两个中国”的决议》，对美国参议院外交委员会通过所谓“台湾前途决议案”坚决反对，坚决拥护国家向美国政府提出强烈抗议，要求美国政府采取有效措施，制止“两个中国”的阴谋，强调如何解决台湾问题、实现祖国统一纯属中国内政，任何外国无权干涉。

★ 1987 年 2 月，部分亲历二二八起义的台盟盟员在北京台盟总部机关合影。

1984 年 9 月《中英关于香港问题的联合声明》草签和 1987 年《中葡关于澳门问题的联合声明》签署后，台盟总部即以多种形式表示热烈拥护并表明以“一国两制”的原则解决台湾问题的立场。

1985 年 10 月，台盟参与筹办首都各界纪念台湾光复 40 周年大会。会议高度评价台湾人民和大陆人民团结奋斗，英勇斗争，光复台湾的伟大业绩，希望大陆人民、台湾人民和海外侨胞共同努力，完成统一大业。台盟总部副主席李纯青发言指出，祖国正在飞腾，“一国两制”的大统一大团结局面终将实现。

1987年2月27日，台盟总部、全国台联和台湾同学会在人民大会堂共同主办纪念台湾人民二二八起义40周年座谈会。台盟总部主席苏子蘅主持会议，常务理事蔡子民代表台盟总部和在大陆的二二八起义亲历者发言。会议高度评价了二二八起义这一爱国群众运动，指出起义中台湾人民提出的要求都是合情合理的、正义的、爱国爱乡的，台湾前途在于祖国统一。广东、福建、上海、天津、吉林、南京、大连等地盟组织也分别举行了纪念二二八起义40周年的相关活动。

台盟总部和地方组织主办和参与主办了部分台湾文化界名人的纪念活动。1984年4月13日，台盟总部和全国台联、中国作协、中国社科院联合举行了纪念台湾著名作家赖和诞辰90周年座谈会，号召学习赖和先生的反帝爱国精神，为中华民族的大团结、大统一而努力；1985年12月17日，台盟北京市分部与中国作家协会北京市分会、北京市台联联合举办台湾省籍作家张我军先生逝世30周年纪念会。苏子蘅、张我军先生的长子张光正（何标）在会上发言。

各级组织鼓励盟员与岛内和海外亲友沟通联络时见缝插针地开展宣传。主要是宣传中共中央的对台方针政策，尤其是和平统一方针和“一国两制”构想等，宣传中共十一届三中全会以后祖国大陆的大好形势和经济社会发展伟大成就，宣传居住在祖国大陆的台胞的情况等。当时不少人认为回大陆的台胞政治上“受歧视”“受迫害”，生活上很窘迫，实际上广大盟员政治上受重视、生活上很宽裕，他们都用自身的例子驳斥了谣传。

这一时期的对台宣传工作，渠道更宽，力度更大。仅1986年台盟就撰写对台宣传稿件200份以上，受到各方欢迎。[①] 宣传更注重人情味，更有针对性。1986年台湾发生大地震，总部及时向灾区同胞致电慰问。在

① 苏子蘅代表台盟三届总部常务理事会在台盟三届四次总部理事会上所作工作报告，1986年12月。

连震东先生等知名人士逝世时，给遗属发唁电表示哀悼。1987 年在台湾当局宣布放宽台胞来大陆探亲的限制后，总部用负责人名义两次发表声明表示欢迎，同时提出“大陆台胞也要回台湾探亲”，争取大陆同胞的探亲权利。

3. 加强台情研究

三届总部理事会工作期间，台盟工作的一个突出特点是加强了对台湾政治、经济、社会的研究。

总部高度重视。执行局①把台情学习作为例行工作内容，每次开会都先介绍台湾情况。执行局的做法对全盟的台情研究起到了带动作用，学习研究成果也为总部领导同志提供了参考。

建立了体制机制。1985 年 12 月，台盟总部就加强台情研究、做好献计献策问题召开了会议。会议提出成立一个由盟员和台籍人士参加的制度性的台湾研究座谈会，专门进行台情研究。通过这样的形式，集中大家的智慧，深入研究台湾情况，系统地向有关部门提供有价值、有可行性的意见。1986 年 1 月，第一次台湾研究座谈会召开，座谈会以“从去年底的台湾地方选举看‘党外势力’”为题进行了研讨。其后，台湾研究座谈会定期召开。

在总部的带动下，地方组织也开展了形式多样的台情研究工作。从 1986 年 7 月开始，北京市分部开始举办台情交流讲座。在第一期讲座中，针对岛内外台胞思想状况，安排了“最近一个时期台湾岛内的政治情势”“从乡土文学窥视台湾意识”“台湾党外势力与民主运动”等专题讲座。主讲人有蔡子民、江浓、周青等。

台情刊物定期出刊。台盟总部的机关刊物《台盟盟讯》增辟《台湾动态》《台湾人物介绍》专栏。总部从 1986 年开始出版《台讯》和《台湾动态》，刊载介绍台湾情况的文章，着力提高办刊质量，供盟内及有关方面参考。

① 1986 年 4 月，台盟总部成立执行局，执行局在主席会议领导下主持日常工作。

在当时的台情研究中，台盟已经很重视对岛内“台独”势力的研究。1985 年 4 月，蔡铭熹在发言中指出，在台情研究中要“进一步加强对台湾反蒋地方势力和海外‘台独’的研究”。

（五）全面加强自身建设

台盟三大通过的章程明确了台盟要“加强思想建设和组织建设”的要求，三届总部理事会工作期间，全盟上下齐心协力，思想建设和组织建设有了显著进步，自身建设得以全面加强。

1. 思想建设不断深入

台盟自成立以来，始终自觉接受中国共产党的领导，始终保持爱国爱乡的优良传统，始终高度重视思想建设。

1985 年 9 月中共全国代表会议胜利闭幕后，台盟总部于 9 月 26 日召开第九次常务理事会扩大会议学习会议精神。会议一致认为中国共产党全国代表会议和十二届四中、五中全会的胜利召开，有着划时代的意义，将对国内外产生重大影响。会议认为大会通过的《中共中央关于制定国民经济和社会发展第七个五年计划的建议》，是建设有中国特色社会主义蓝图的具体化。会议认为即将制定的“七五”计划，将推动我国经济持续、稳定、协调地发展，从而为完成在 20 世纪末国民经济翻两番的宏伟目标奠定牢固的基础。会议认为，中国共产党全国代表会议圆满举行的消息，对台湾同胞是极大鼓舞。中共中央关于“七五”计划的建议希望全国各族人民包括台湾同胞等都来为统一祖国、振兴中华的伟大事业作出坚持不懈的努力，我们相信一切爱国的台湾同胞一定坚决响应这个号召。会议号召全体盟员及所联系的台胞认真学习会议文件，响应“团结奋斗、再展宏图”的庄严号召，以实际行动为“四化”建设和祖国的和平统一事业“同心同德，谱写新篇”。

1986 年 9 月 28 日，中共十二届六中全会通过了《中共中央关于社会主义精神文明建设指导方针的决议》。次日，台盟就召开三届十二次总部常务理事会。会议认为中共中央的决议指出了建设具有中国特色的社会主义精神文明的明确方向、任务和内容。作为中国共产党的诤友，台盟热烈拥护决议，号召全体盟员及所联系的台胞认真学习决议内容，努力领会决议的精神，积极投入精神文明建设，为统一祖国、振兴中华作出贡献。

当时，各级组织都开展了学习先进典型的活动。不少地方组织都召开了为“四化”建设和祖国统一服务经验交流会。广东、海南、吉林、江苏南京等分部陆续开展了“台胞文明和睦家庭”“文明和睦个人”等活动，这些活动对于加强全盟的思想建设起了很好的作用。

在总部统一部署的学习贯彻活动之外，各级组织也注重结合时势、结合各地实际开展思想教育活动。1986 年 6 月，台盟广东省分部、台盟广州市分部组织盟员和台胞举行“七五”计划学习座谈会。广东省政协副主席、台盟广东分部主委李辰报告了参加六届全国人大四次会议的体会。他传达了中央制定“七五”计划的背景和计划的主要内容，希望在粤盟员和台胞认真学习中央有关文件，积极投身国家建设和改革，为圆满完成中央制定的“七五”计划各项目标贡献力量。60 多位担任各级人大代表、政协委员的盟员及台胞参加。

2. 组织建设长足进步

1985 年 4 月，出席六届全国人大三次会议、全国政协六届三次会议的台盟盟员和在京常务理事、顾问，地方分部负责人等共 50 多人，在京举行了台盟工作座谈会。座谈会就台盟三届二次理事会以来的工作情况和经验进行了交流，针对当时履职参政的一些重要问题进行了研讨，为其后一段时期各项工作尤其是对台工作和咨询工作规划了方向。蔡铭熹、蔡鸿振分别作题为《为和平统一祖国，扎扎实实地做些工作》和《关于开展咨询服务，为改革开放服务工作情况的汇报》的发言。与会同志表示一定要在中国共产党的领导下，在中共中央对台方针政策的指引下，扎扎实实地为解决台湾问题、促进和平统一而多作贡献，为搞好国家体制改革和对外开放工作继续努力。

1985 年 6 月，台盟总部在北京举办了专职干部培训班，14 个地方分部的 15 名干部参加。培训班安排了统战理论、党派工作、台湾现代简史、台盟盟史等课程，研讨了加强组织建设和为“四化”建设服务等内容。苏子蘅、李纯青、田富达等总部领导同志几次与学员座谈，勉励他们学习理论知识，更好地做好本职工作。这是台盟第一次针对专职干部进行培训。其后，不少地方分部也组织举办了各种形式的培训班次。天津、大连、上海等分部还创新方式，组织盟员到北京开展学习，拜访总部，与北京盟员交流等。

这些会议、培训班从一个侧面反映了20世纪80年代台盟加强自身建设、提升盟员队伍素质的努力。纵观台盟三届总部理事会工作的四年，全盟的组织建设有了重要发展变化，全盟的组织结构、盟员结构和盟员的精神风貌有了新的变化。

总部加强了集体领导。总部1986年4月成立了执行局，成员有田富达、林盛中、徐萌山、蔡子民、吴克泰、蔡铭熹、蔡鸿振，后增补了潘渊静。执行局在主席会议领导下主持日常工作，每周定期开会，“本着集体领导原则，坚持每周汇报讨论盟总部的日常工作，并在会前研讨一周来台湾政局动态，因而加强了工作的计划性；同时，在总部全体同志的协作和努力下，工作效率也有所提高。执行局成员还分别到各分部作调查研究，交流工作情况和意见”。[①] 执行局的成立和运行对于及时贯彻中央的方针政策、及时掌握台湾情况、提出相应建议、推动全盟工作起了明显的作用。

总部机关调整了机构设置。1985年9月，台盟三届八次总部常务理事会决定设立总部组织部、宣传部和办公厅，并任命常务理事吴克泰兼组织部部长，常务理事蔡子民兼宣传部部长，副秘书长蔡铭熹兼宣传部副部长，副秘书长蔡鸿振兼办公厅主任。1986年9月，台盟三届十二次总部常务理事会又决定设立联络部，决定由潘渊静负责联络部工作。总部在原有基础上新成立部门，任命了负责同志，配备了干部，机关建设取得重大进步。

① 苏子蘅代表三届总部常务理事会在台盟三届四次总部理事会上所作工作报告，1986年12月。

组织发展长足进步。台盟各级组织坚持采取边发展、边巩固的方针推进组织建设。到1987年11月台盟四大召开前，台盟已在台胞比较集中的11个省和直辖市设有19个分部。台盟三届总部理事会工作期间，各分部都进行了换届改选工作，实现了新老交替，领导班子进一步年轻化。各级组织都开始注重领导班子的建设，努力发现和培养新人。机关干部队伍建设也得到了加强，绝大多数分部都配备了专职干部，为进一步开展工作创造了条件。

盟员教育和培养创新了形式。总部和各分部积极举办各类学习和培训，提高盟员为两个文明建设和统一大业勤奋工作的自觉性。总部和分部加强了沟通和协作，各分部抽调人员集中到北京进行学习，总部对地方分部来京办学给予指导和帮助，探索了不少加强队伍建设的创新做法。

四、台盟四大和认真学习贯彻《中共中央关于坚持和完善中国共产党领导的多党合作和政治协商制度的意见》精神

（一）召开第四次全盟代表大会

台湾民主自治同盟第四次全盟代表大会是在中国共产党第十三次全国代表大会之后的新形势下召开的。

1987年10月召开的中共十三大指出，我国的社会主义还处于初级阶段。在社会主义初级阶段，建设有中国特色社会主义的基本路线，是以经济建设为中心，坚持四项基本原则，坚持改革开放。经济体制改革的开展和深入，对政治体制改革提出更加迫切的要求，重申中国共产党和民主党派关系的方针，即“长期共存、互相监督、肝胆相照、荣辱与共”，并提出“完善共产党领导下的多党合作和政治协商制度，进一步发挥民主党派和无党派爱国人士在国家政治生活中的作用”。台盟和其他民主党派领导人在大会前，应邀参加了中共中央主持的座谈会，讨论了中共十三大文

件草案和有关事项，提出了意见建议。台盟总部主席苏子蘅列席了中共十三大开幕式。10 月 23 日，台盟总部致电中共中央，祝贺中共十三大召开，并表示台盟将同全国人民一道，为振兴中华、统一祖国贡献自己的一切力量。

在新形势下，1987 年 11 月 23 日至 30 日召开了第四次全盟代表大会暨台盟成立 40 周年大会。出席这次大会的代表共 144 人。中共中央政治局委员、书记处书记习仲勋，全国人大常委会副委员长叶飞，国务委员陈慕华，全国政协副主席杨静仁，中共中央书记处书记、中央统战部部长阎明复，各民主党派、工商联和全国台联等有关单位的负责同志，在京盟员和部分台籍人士应邀出席开幕式和庆祝大会。

李纯青代表台盟总部致开幕词。他在回顾台盟成立 40 年来所走过的爱国革命道路之后指出，台盟一直得到中国共产党的热情支持和帮助，台盟存在 40 年的历史，雄辩地说明了中国共产党对台湾同胞的极大重视。他强调：台盟一贯反对台湾独立，反对“两个中国”，反对“一中一台”，反对外国侵略中国的领土台湾，要以“一国两制”的原则争取和平统一祖国并为其彻底实现而奋斗，为维护台湾人民的切身利益竭尽我们的力量。

习仲勋代表中共中央向大会致贺词。贺词高度评价了台盟的历史和作用，阐明了当前的形势和中共对台湾的方针政策，提出了对台盟工作的殷切希望。贺词说，40 年来，台盟在中国的革命和建设中，在促进实现祖国统一大业中，作出了贡献，取得了显著的成绩，并将随着历史的发展，进一步在我国政治生活中发挥重要作用。贺词希望台盟继续团结广大成员和所联系的台胞，为祖国大陆的社会主义现代化建设贡献力量；广泛联系台湾各界人士，反映他们对国是的意见、建议；沟通海峡两岸之间的交流往来，增进大陆同胞与台湾同胞的相互了解；高举爱国主义的伟大旗帜，为实现祖国统一而奋斗。贾亦斌代表各民主党派中央和全国工商联、林丽韫代表全国台联、谢莹莹代表台湾同学会致贺词。

开幕式和纪念台盟成立 40 周年庆祝大会后，与会代表学习和讨论了中共十三大的报告以及中共中央致台盟四大的贺词。代表们在讨论中一致表示拥护中共十三大报告，拥护报告阐述的关于社会主义初级阶段的理论和据此制定的基本路线及各项方针政策，认为这是把我国建设成为具有中国特色的富强、民主、文明的社会主义现代化国家的必由之路，是今后全国一切工作的指针。台盟将带领全体盟员和所联系的台湾同胞，认真学习，深刻体会，坚决贯彻执行。

林盛中代表台盟第三届总部理事会作了工作报告。《报告》回顾过去四年来的工作，提出台盟今后的工作任务：在中国共产党的领导下，团结一切可以团结的力量，贯彻执行社会主义初级阶段的基本路线，遵循与中国共产党“长期共存、互相监督、肝胆相照、荣辱与共”的方针，参与政治协商、民主监督，调动盟员和所联系的台湾省人士的积极因素，和全国人民一起，促进以“一国两制”原则实现台湾和大陆的统一，促进社会主义物质文明和精神文明建设，促进社会主义民主政治和法制建设，为统一祖国、振兴中华，为建设有中国特色的社会主义而奋斗。

蔡子民作了台盟章程修改草案的说明。说明的重点有：

第一，总纲新增加或修改的内容包括：

台盟的宗旨：为把我国建设成为富强、民主、文明的社会主义现代化国家，广泛团结拥护祖国统一的爱国者，为实现祖国统一、为台湾人民的利益而奋斗。

台盟对台湾的基本立场是：台湾是中华人民共和国神圣领土的一部分，台湾人民同大陆人民是骨肉同胞，完成祖国统一大业是包括台湾人民在内的全国各族人民的神圣职责；反对任何形式的台湾独立，反对任何外国侵犯台湾；支持台湾人民争取民主权利，反对国民党当局对台湾人民的压迫；致力于按“一国两制”原则争取用和平方式实现台湾和大陆的统一，使台湾作为特别行政区，享有高度的自治权。

第二，原章程规定“台盟由居住在中国大陆的台湾省籍人士组成”，改为“台盟由台湾省人士组成”。

第三，原台盟总部理事会改为台盟中央委员会，原省市分部改为省市委员会。省市盟员大会由过去的每三年举行一次，改为五年一次。

第四，为加强集体领导，将原总部主席、副主席、秘书长制改为主席团制，主席团主席任期为一年，连选连任。

第五，增设中央评议委员会。

代表们认真讨论了工作报告、台盟章程修改草案，对台盟各级组织在第三次全盟代表大会以来所开展的工作高度认同。代表们认为，台盟章程修改草案突出了台盟特点，将有利于广泛团结拥护祖国统一的台湾岛内外各界人士，共同实现统一祖国、振兴中华的大业。

大会选举产生了台盟第四届中央委员 49 名，候补中央委员 15 名，中央评议委员 25 名。

闭幕会上，代表们一致通过了第四次全盟代表大会决议。决议对中共十三大的报告和关于社会主义初级阶段的理论、基本路线及各项方针政策表示坚决拥护，并号召全体盟员认真学习，贯彻执行，为建设富强、民主、文明的社会主义现代化国家，为统一祖国、振兴中华而努力奋斗。决议重申支持台湾人民爱国民主运动，反对台湾当局对台湾人民的迫害镇压；拥护以“一国两制”原则争取和平解决台湾问题，反对“台湾独立”“两个中国”“一中一台”，反对使台湾与大陆长期分离的任何阴谋、任何形式。决议表示，台盟愿在统一祖国、振兴中华的爱国主义旗帜下，同台湾岛内外的各方面政治力量和各界人士真诚交换意见，团结合作，共同探讨祖国统一的各种途径和步骤，促进台湾问题的和平解决；对抱有不同认识的人士，可以交换看法，寻求共识。会上还通过了同意第三届总部理事会工作报告的决议。

林盛中在闭幕词中说，我们怀念久别的故乡，怀念久别的亲人。我们十分高兴地看到，最近有大批台湾同胞回大陆探亲旅游。台湾民主自治同盟中央及在各省的地方机构，将热情接待你们，欢迎你们的到来。我们在大陆的台湾同胞都有返回故乡探亲、扫墓和旅游的权利，台盟将努力推动大陆台胞回台湾探亲。

★ 1987 年 12 月 1 日，台盟中央召开四届一中全会选举林盛中（左二）为主席团第一任主席，蔡子民（左一）、吴克泰（左三）、陈仲颐（右二）、吴国祯（右一）当选为主席团委员。

12 月 1 日，台盟中央召开四届一中全会，实行新的领导体制，选举产生了台盟中央常务委员会、主席团委员和主席团主席，并任命了中央委员会秘书长。主席团委员为林盛中、蔡子民、吴克泰、陈仲颐、吴国祯；主席团首任主席为林盛中；中央委员会秘书长为潘渊静。全会推举苏子蘅为台盟中央名誉主席。这次新当选的主席团五位委员平均年龄为 55.6 岁，都是大学及以上文化程度，其中两名博士、一名硕士。主席林盛中 45 岁。同一天，台盟第四届中央评议委员会召开第一次全体会议，选举李纯青为中央评议委员会主席，选举李辰、曾明如、许文思、曾重郎为副主席，秘书长为周青。

台盟第四届中央委员会是台盟历史上唯一一届实行主席团制的，按照台盟四大修改的章程，台盟中央主席团主席每年进行选举，第一年的主席团主席为林盛中，以后四年，蔡子民连选连任主席团主席。主席团既是领导班子，又是工作班子，担负着此前主席、副主席和执行局的双重任务，每周开一次主席团会议处理日常工作，并通过《台盟中央通讯》或盟刊《台盟》向地方省市委和中委、候补中委、中央评议委员会通报主席团会议情况和台盟中央机关的工作，以提升透明度来接受地方和广大盟员的监督批评。每位主席团成员分管一部分工作[①]。以 1988 年为例，林盛中负责

① 1988 年 12 月《台盟四届二中全会工作报告》，台盟中央档案室。

总体以及《台盟信息》，蔡子民负责宣传、主编《台盟盟讯》和《台讯》，吴克泰负责联络和经济咨询，陈仲颐负责组织工作和台盟中央机关的整顿，吴国祯负责《台盟中央通讯》和《台湾信息》的编辑工作①。主席团坚持集体领导和民主集中制原则，待办事项都拿到会议上讨论决定，议而有决，决而有行，遇有困难问题都能发挥集体智慧，团结一致，加以克服。

按照台盟章程，1987 年 11 月增设台盟中央评议委员会，委员人选经过充分协商由全盟代表大会选举产生，任期与中央委员会相同。第一届中央评议委员会主席为李纯青（1990 年 12 月由副主席李辰接任主席）。评议委员会是台盟中央的顾问机构，任务是研究国家大事和台湾问题，提出意见和建议；对台盟重大方针的制定和执行提出意见和建议；承担中央委员会委托的其他任务。评议委员会的日常领导工作由主席、副主席、秘书长主持，日常事务工作由台盟中央办公厅承办，指定专人负责，活动由主席或主席委托的副主席和秘书长负责安排。评议委员会在主席召集下于每年中央全会期间举行一次评委会全体会议。评议委员会委员可以列席中央全会，秘书长、由主席指定的委员可以列席中常会，主席、副主席可以列席中央主席团会议，由台盟中央主席团和中常委来邀请②。评议委员会为提高台盟中央的参政议政水平，为推进祖国统一进程提出了有益的意见，发挥了咨询作用。

（二）为建设有中国特色社会主义贡献力量

台盟中央领导同志积极参与国家大政方针、有关重大问题的协商，从 1989 年 6 月中共十三届四中全会以来的三年多时间里，台盟中央领导同志参加中共中央和国务院举行的协商会、谈心会、座谈会和情况通报会 50 多次。在会上，就中共和国家的大政方针、领导人选等一系列重大问题积极参与协商，特别针对台湾岛内政治、经济局势的演变和因应对策提

① 1988 年 4 月 9 日《台盟中央工作报告》，台盟中央档案室。
② 1989 年《台湾民主自治同盟中央评议委员会工作规则》，台盟中央档案室。

出意见和建议。各地盟组织负责人也经常应邀参加当地中共组织和政府机构的民主协商活动，就振兴地区经济、发展海峡两岸经贸关系、搞好精神文明建设等方面情况提出意见和建议。以1991年为例，台盟中央领导同志在“国民经济和社会发展十年规划和第八个五年计划纲要”的制定、七届全国人大四次会议上的政府工作报告和《中共中央关于进一步加强农业和农村工作的决定》等重要文件的起草过程中，都积极参与了协商，提出了意见和建议。各级台盟组织也根据当地情况开展调研，在地方人大、政协会议上就对台经贸、多党合作、廉政建设等问题，提出意见和建议，受到有关部门重视，发挥了参政党应有的作用。

1992年4月15日，中共中央决定邀请民主党派中央负责人参加重要国事和外事活动，这是中共中央完善多党合作所作出的重要决策安排，这一举措为多党合作增添了新的内容，体现了民主党派在国家政治社会生活中的地位，也为各民主党派在国事外事活动中发挥积极作用创造了条件，进一步密切了中国共产党与民主党派的关系，在国际上产生了良好的政治影响。1992年10月6日，李鹏会见巴基斯坦总理谢里夫，蔡子民参加。

台盟根据自身特点，把祖国统一问题列为参政议政重点，密切关注台湾岛内政治经济局势的演变以及社会多元化后产生的新情况、新问题，经常向有关部门提出意见和建议。在1990年至1992年的三次全国政协会议上，以台盟名义作大会发言，提出了加强对台工作的意见，还在其他场合就对台工作问题参加协商。台盟还注重发挥自身特色优势，将参政议政与引进台资有效结合，精准发力，成为台盟的工作亮点。

1989年1月5日至25日，台盟中央派吴克泰、蔡鸿振到福建进行有关引进台资问题的调查。他们在台盟福建省委会、泉州市委会、漳州市委会和厦门市委会的参与配合下，考察了24个工厂和工地、5处码头，访问了16家台资企业，进行座谈，走访了福建省18位省、市、县三级统战对台、外贸和经贸、港务等部门的负责人，并请台盟广东省委会和广州市委会的代表到厦门一起访问、调查，进行总结。会议认为，福建省闽南地区特别是厦门市具有引进台资的得天独厚的条件，1988 年以来前来设厂的台资企业急剧增加，急需改善投资环境，以利于台资引进，减少台资转移到东南亚等地。有关情况和建议形成书面材料报送中共中央、国务院有关部门，引起高度重视。①

1990 年年初，台盟中央把引进台资问题列为重点调研题目，由台盟福建省委会和厦门市委会就地进行调查，并以台盟名义在全国政协大会上，以《改善投资环境，扩大引进台资》为题发言，着重谈了引进台资过程中存在的问题和建议，其中包括既要重视大型投资，也应重视中小企业面临的问题，毕竟目前在大陆投资的主要是中小资本；完善引进台资的法律体系，并使之稳定化，当前亟需制定出一套有关台资投资的明确法规及其实施细则；认真进行经济特区管理体制改革；立即着手扩大厦门经济特区的港口运输能力；提高管理工作人员素质等。大会发言受到中共中央和政府有关部门的重视。

1990 年 10 月至 11 月，台盟吉林省委会在省计经委、省经贸委的大力支持下，对省内台商投资企业的情况进行了较为全面的调查研究。调查结果说明，省内大多数台商投资企业双方管理人员合作关系融洽，企业发展前景也比较乐观，但不同程度地存在一些问题，直接影响了企业的发展。针对调查中发现的问题，台盟吉林省委会向中共吉林省委、省政府提出《关于台商投资企业的调查报告》，提出八点书面建议，其中包括从实际出发，制定特殊优惠政策，积极引导台资的投向，吸引台商在一些优势产业方面进行合资、合作和独资；尽快设置一个综合性的、具有权威的、包括台资企业在内的“三资”企业咨询服务管理机构，提供投资和合作的便利条件，加强对企业的管理；等等。该报告受到中共吉林省委、省政府的高度重视，并批转有关部门采纳落实。②

在台盟中央推动下，台盟各级组织积极开展智力支边扶贫活动。台盟云南省委会选定了被国务院列为国家重点扶持的贫困县——武定县作

① 蔡子民：《在台盟第四届中央委员会第七次常委会议上的工作报告》，台盟中央档案室。
② 《团结报》1991 年 1 月 12 日。

为扶贫点，重点开展了两个项目。一是出资委托昆明冶金研究所选矿室技术人员帮助武定县猫街铜选厂进行铜浮选后尾矿回收铁可行性研究。1992年试车生产，不到半年产值即达25万元。二是出资在插甸、石蜡它两个山村帮助建立了六座卫星电视地面接发站，为当地群众收看电视创造了条件，深受欢迎。台盟广州市委会积极介绍台胞到贫困地区投资建厂，先后引进资金440万美元。为支援贫困山区希望工程，1992年5月又引进台胞李圭穆先生捐款400余万元，在从化县建立了“石联村希望小学”。台盟福建省委会主委叶庆耀看到闽北山区经济较为落后，就介绍了九批台商与南平、武夷山、建瓯签订了十个项目，总投资达两亿多元人民币。①

在这一届里，台盟盟员中有424人担任各级人大代表、政协委员，占盟员总数1/3。他们提出的各项建议、议案、提案，参与的各项调查研究，内容涵盖多党合作、改革开放、廉政建设、对台工作、经济建设、精神文明建设等各个领域，得到有关部门的重视并逐步解决。1991年上海盟员、全国政协委员范新发的提案《建议积极创造条件，争取与台湾合作勘探开发东海汽油田》和广东盟员、全国政协委员郑晶莹的提案《关于加强对广告的立法和管理工作》被选为优秀提案，获得了全国政协表彰。1989年2月25日至3月11日，北京盟员、全国政协委员陈仲颐参加全国政协祖国统一委员会赴闽视察团到厦门、漳州、泉州、莆田和福州等地，调查了解福建省开展海峡两岸民间经济文化交流合作的情况、经验和存在的问题，并同福建省领导以及上述各地的对台工作部门就发挥政协优势，在对台工作中起促进、协调作用等问题交换了意见。为使议案、提案更具针对性、科学性，台盟各级组织广泛听取盟员的建议，并就所选择的课题进行深入的调查研究，从而使议案、提案质量有较大提高。

台盟各级组织向政府有关部门推荐盟员担任特邀监察员、特约检察

① 刘延东主编:《当代中国的民主党派》，当代中国出版社1999年版，第627页。

★ 1992年3月，参加全国政协七届五次会议的台盟界委员，左起：潘渊静、陈木森、汪慕恒、曾仁宗、徐萌山、戴见能、吴克泰、苏子蘅、陈荣驾、林盛中、林东海、蔡铭熹、叶庆耀、范新发、黄启章、郑励志。

员、审计员、政府参事等职务。他们直接参加行政监察、司法检察等工作，发挥了民主监督作用。1988年11月底至1989年3月初，国务院组织了检查税收、财务、物价的工作组，台盟中央派徐萌山参加检查组。同年，台盟中央派蔡铭熹参加国务院反贪污检查团赴各地检查。

台盟中央为了提高参政议政水平，于1990年12月成立了政策研究委员会。在蔡子民、吴克泰的主持下，江浓、叶纪东、陈弘、何标、黄幸、纪朝钦等委员每月举行研讨会，围绕台湾岛内局势及两岸交往发展中的问题积极开展研讨活动，提出意见和建议。这些建议，有的被台盟中央采纳，作为在全国人大、政协会议上发言的参考，有的报中共中央和国务院有关部门。

台盟中央于1988年成立妇女委员会，主任为郑晶莹。妇委会配合台盟中心工作，动员和团结女盟员，接待来大陆的台胞，促进乡亲情谊，举办庆祝三八妇女节和母亲节活动，与其他民主党派联名向国务院发出“为严惩拐卖妇女罪犯的紧急呼吁书”，在所参与的各项政治、社会活动中发挥了积极作用。为了向社会介绍女盟员在社会主义建设和祖国统一大业中作出的贡献，妇委会于1992年7月编写出版了《台盟巾帼赞》一书。

在我国改革开放和社会主义现代化建设的关键时刻，1992年1月至2月，邓小平先后到武汉、深圳、珠海和上海等地视察期间，发表了重要谈话。以邓小平视察南方谈话为标志，我国改革开放和社会主义现代化建设进入了新的阶段。1992年，台盟中央召开常委会学习南方谈话，提出《台盟工作上新台阶的意见》（以下简称《意见》）。《意见》指出，邓小平南方谈话使台商对大陆改革开放的信心大增，出现了新一轮的台胞“大陆投资热”，海峡两岸经贸合作取得可喜的进展，我们要抓住当前机遇，深刻领会和全面落实邓小平南方谈话精神，真抓实干，使台盟工作迈上新的台阶，更好地发挥参政党作用。《意见》对落实邓小平南方谈话精神开展参政议政、促进两岸经贸合作、加强自身建设分别提出了具体要求。各地台盟组织积极组织学习，为加快改革开放、促进两岸经贸合作献计献策，加强了经济咨询工作。台盟围绕经济建设这个中心，开展参政议政、民主监督的各项工作，进入了一个新的发展时期。

（三）经受1989年政治风波的考验

20世纪80年代末，苏联和东欧社会主义国家政局动荡不断加剧，从国内环境来看，在拨乱反正过程中出现了一股资产阶级自由化思潮，盲目崇拜西方资本主义国家的“民主”“自由”，否定共产党的领导，否定社会主义制度，最终导致1989年政治风波。为了防止事态进一步恶化，中共中央采取坚决果断的措施，平息了这场政治风波。①

此后，中共中央召开了十三届四中全会，分析国内发生政治风波的性质及原因，初步总结经验教训，明确了当前和今后一个时期党的方针和任务，对中央领导机构成员进行了调整。全会强调要继续坚决执行党的十一届三中全会以来的路线方针政策，继续坚决执行党的十三大确定的“一

① 中共中央党史研究室著：《中国共产党的九十年》，中共党史出版社、党建读物出版社2016年版，第766—768页。

个中心、两个基本点”的基本路线。[①]

台盟中央于1989年6月15日和27日两次召开主席团扩大会议，传达、学习邓小平的重要讲话和中共十三届四中全会有关文件。6月28日台盟中央主席团主席蔡子民在中共中央举行的党外人士座谈会上发言说，台盟认为四中全会开得非常及时，对于稳定全国局势，建设有中国特色的社会主义，将起重大作用。我们坚决拥护四中全会决定的以江泽民总书记为核心的新的领导集体。台盟将一如既往，与中国共产党同心同德，坚持立国之本，走好强国之路，使我国屹立于世界民族之林。7月8日召开的台盟四届九次中常会扩大会议上，与会人员一致表示拥护四中全会决定和邓小平讲话。10月10日召开台盟四届十次中常会和全盟工作会议，学习江泽民在庆祝中华人民共和国成立40周年大会上的讲话，以讲话统一思想。中共十三届五中全会后，11月10日，台盟中央立即召开主席团扩大会议，学习五中全会精神，全体盟员进一步提高了坚持四项基本原则的觉悟，更坚定地走社会主义道路[②]。

（四）认真学习贯彻《中共中央关于坚持和完善中国共产党领导的多党合作和政治协商制度的意见》

随着中共十三大提出政治体制改革的任务，明确提出“完善共产党领导下的多党合作和政治协商制度，进一步发挥民主党派和无党派爱国人士在国家政治生活中的作用”后，研究和讨论活动活跃起来。在研讨过程中，1989年年初，邓小平在一位民主党派成员关于共产党领导的多党合作问题的建议上专门作了批示。批示要求：“可组织一个专门小组（成员要有民主党派的），专门拟定民主党派成员参政和履行监督职责的方案，并在一年内完成，明年开始实行。”[③] 据此，中共中央同各民主党派

① 中共中央党史研究室著：《中国共产党的九十年》，中共党史出版社、党建读物出版社2016年版，第770—771页。

② 蔡子民：《台盟1989年工作报告和1990年工作设想》，台盟中央档案室。

③ 中共中央统一战线工作部、中共中央文献研究室编：《邓小平论统一战线》，中央文献出版社1991年版，第294页。

及有关部门组成了领导小组和工作班子着手研究，在文件酝酿协商过程中，各民主党派、无党派民主人士和其他有关方面积极参与，台盟从一开始就参加了协商研究工作，充分发表意见。台盟中央参加上述领导小组和工作班子的是蔡子民和吴克泰，与此相适应，台盟中央也正式成立了研讨共产党领导的多党合作制的工作小组，由吴克泰任组长。中共中央尊重和吸收民主党派和无党派民主人士的意见，经过近一年深入研讨、反复修改，在与民主党派协商基础上，中共中央制定了《中共中央关于坚持和完善中国共产党领导的多党合作和政治协商制度的意见》。

《中共中央关于坚持和完善中国共产党领导的多党合作和政治协商制度的意见》文件于1989年12月30日正式发布实施，这是我国政治生活中的一件大事。1990年2月11日，蔡子民在《人民日报》上发表题为《发挥有中国特色的政党制度作用》的文章，代表台盟中央表示热烈拥护和坚决响应文件的决心，台盟要加强自身建设，遵循这一制度，发挥参政党职能，为维护安定团结、深化改革、建设社会主义、促进海峡两岸交流、促进“和平统一，一国两制”作出新贡献。文章认为，文件的颁布，把我国在长期实践中行之有效的政党制度加以规范化、制度化，作为我们共同遵守的原则；它体现了中国共产党的领导原则和民主党派的政治协商、民主监督作用，对于我国的政治生活、社会主义建设，具有现实的和深远的意义；它的颁布将使各民主党派的参政议政、民主监督有明确的途径和广阔的天地。

3月30日至4月1日，台盟召开四届十二次中常会扩大会议，研究如何贯彻文件精神，重点讨论了如何更好地发挥参政党作用和加强台盟自身建设问题。6月，中共中央召开全国统战工作会议之后，台盟于6月21日至23日召开四届十三次中常会扩大会议，传达学习江泽民在全国统战工作会议上的讲话和会议精神，又一次研究了发挥台盟参政党作用和自身建设等问题。

为了使文件精神在台盟各级组织具体落实，台盟中央分别于7月4日至9日在厦门、7月16日至21日在天津召开了南、北片工作会议。台盟中央主席团于7月25日、26日、30日，举行扩大会议，听取南、北片工作会议的情况汇报，对台盟当前工作作了深入讨论，通过了《台盟中央关于当前台盟工作的几点意见》。

《台盟中央关于当前台盟工作的几点意见》（以下简称《意见》）就发挥参政党职能，加强对台工作、加强思想政治工作、加强各级领导班子建设、组织发展以巩固为主、提高盟员政治素质并加强机关建设等五个方面提出了具体意见。《意见》指出，台盟作为参政党，负有巩固和发展安定团结的政治局面、推进社会主义现代化建设和改革开放、健全社会主义民主和法制、促进“和平统一，一国两制”的重大任务。为此，台盟急需加强自身建设，发挥参政党作用。《意见》还指出，台盟自成立起，就接受中国共产党的领导，与中共团结合作，在祖国社会主义现代化建设和促进祖国统一事业方面，发挥了积极作用，经受了考验。《意见》在分析盟员的思想状况后指出，必须“引导盟员认清形势，树立正确的民主观，发扬社会主义民主，反对西方资产阶级民主，坚信中国共产党的领导，坚信社会主义的优越性，抵制所谓‘台湾经验’影响”。“为了贯彻落实《中共中央关于坚持和完善中国共产党领导的多党合作和政治协商制度的意见》，发挥台盟的参政党作用，必须加强各级领导班子建设。”“大胆选拔一些拥护四项基本原则，拥护改革开放，拥护‘一国两制’和平统一祖国方针，坚决接受共产党领导，有代表性，有一定群众基础和组织能力的中青年同志充实领导班子。”“发展组织一定要注意政治质量。”10月30日至11月2日，台盟召开四届十四次中常会扩大会议，交流和检查了《意见》的贯彻落实情况，推动了《中共中央关于坚持和完善中国共产党领导的多党合作和政治协商制度的意见》的顺利实施。

台盟各级组织积极贯彻中央部署，及时举办学习会和座谈会，深刻领会《中共中央关于坚持和完善中国共产党领导的多党合作和政治协商制度的意见》文件精神，号召盟员加强学习，把文件作为指导盟务的行动准则。通过学习贯彻文件，台盟各级组织对于坚持和完善中国共产党领导的多党合作和政治协商制度的认识，对于台盟作为参政党的地位、作用和责任的认识，对于加强台盟自身建设的重要性、必要性和迫切性的认识，都有了很大提高。

（五）发挥优势，促进祖国和平统一

台盟第四次全盟代表大会召开以后，两岸形势也在不断发生变化。台湾当局开放单向探亲，大量台胞拥向大陆；蒋经国去世，李登辉上台，台湾政权本土化在加速；台湾政治、经济进入转型时期，社会内部动荡活跃，统独之争在岛内公开化。而大陆的改革、建设则进入关键阶段，海峡两岸的民间交往蓬勃发展，经贸、学术、文化、体育交流日益频繁，政治团体间的沟通往来也逐渐展开。1990 年 6 月 11 日，江泽民在全国统战工作会议上就解决台湾问题发表重要讲话，提出，“我们主张由中国共产党和中国国民党两党对等商谈。同时，我们也一贯重视两岸其他党派、团体和各界人士在实现祖国统一大业中的作用。在两党商谈之前，同各个党派、团体切磋议案，共商国是；在商谈之中，及时通报情况，交换意见；甚至在参加会谈的代表中，也可以吸收其他党派、团体有代表性的人士”。他同时指出，“在正式谈判前，应尽快实现两岸‘三通’，扩大双向交流。有关两岸交流中的一些具体问题，可分别通过适当途径协商解决”。台盟四届十三次中常会扩大会议认真学习和讨论了这个讲话，一致认为江泽民提出中国共产党和中国国民党两党对等商谈，同时重视两岸其他党派、团体和各界人士在实现祖国统一大业中的作用，既避开了台湾方面感到不方便的问题，也照顾到各方面的利益，是合情合理，很诚恳的。对此台盟中央坚决拥护，并号召全盟要根据江泽民讲话精神，加强同岛内各党派、团体和各界人士及广大民众的接触与联系，为促进两党对等商谈的实现，为尽快实现两岸“三通”，为促进祖国和平统一竭尽全力①。台盟发挥盟员及所联系的台胞与台湾岛内外的台胞特别是中上层人士有广泛密切联系的优势，为促进两岸双向交流，推动“一国两制”、和平统一祖

---

① 1990 年 12 月 17 日《台盟中央常务委员会工作报告》，台盟中央档案室。

国做了很大努力。

台盟中央领导同志密切关注祖国和平统一进程，及时就对台工作提出建议，多次发表谈话和文章，支持岛内一切爱国统一的言行，坚决反对导向“台湾独立”“两个中国”“一中一台”的各种企图，表明支持台湾人民争取民主和坚决反对“台湾独立”的立场。1991年10月13日，民进党把“台独”条款纳入它的党纲，对此台盟强烈反对，并于15日以台盟中央主席团主席蔡子民名义发表谈话，表明了台盟对这一问题的看法和态度。在此前后，蔡子民两次接受台湾新闻记者的采访，谈了对“台独”问题的看法，其讲话以显著位置刊登在台湾报纸上，在岛内产生了一定影响。同年10月23日，台盟中央和全国台联联合召开了在京部分台胞的座谈会，批判了民进党的“台独”行径，台盟北京、上海、天津、大连、吉林、福建、广东、云南等地方组织也相继召开了座谈会。台盟各级领导和不少盟员在广播、报纸、杂志上发表讲话、文章，对“台独”势力进行了批判。

1992年二二八起义45周年时，台湾当局在岛内外同胞的强大压力下，不得不对受难者表示了道歉。岛内对台盟举办二二八起义纪念活动也很重视，1989年2月23日台湾《民众日报》就以头版头条的显著位置报道了台盟即将举办纪念二二八起义42周年学术座谈会的消息。

这一时期，台盟中央和各地盟组织每年利用各种机会邀请和接待的岛内外台胞达数千人。他们当中不仅有许多政界的代表人物，还有学术界、文化界、体育界、企业界人士，其中有台湾“中国统一联盟”、劳动党、夏潮联谊会、政治受难者互助会等老朋友，有参加过中共地下党的原“政治犯”、工党等岛内政党的核心人物或骨干、岛内统一派著名学者、旅美台胞中的统一派著名人士、爱国旅日台胞等①方方面面人士，以及不少盟员的亲戚朋友。以何文德为团长的台湾“外省人回乡探亲促进会探

① 1988年4月9日《台盟中央工作报告》，台盟中央档案室。

亲团”来访时，台盟中央与全国台联、台湾同学会一起组织在京台胞与岛内乡亲茶叙，会上气氛热烈，屡次出现热泪盈眶的感人场面。

在交往过程中，台盟积极宣传“和平统一、一国两制”的方针政策，与台胞就祖国统一问题交换看法，增进相互了解。台盟盟员与来访的岛内台胞有深厚的乡土感情，台胞易于接受盟员的意见。台湾当局设置种种障碍，使大陆台胞不能返回台湾，盟员常以生动事例向台胞指出台湾当局的无理限制，主张变单向交流为双向交流。对此，台胞大多表示同情和支持，有的回台后通过各种途径要求台湾当局取消不合理限制。通过台盟的热情接待和耐心做工作，许多台胞对大陆有了比较完整的认识，认为大陆情况比他们原来所想象的要好，因而不同程度地消除了对统一的恐惧。针对经商投资的台商遇到一些困难从而影响了经商投资的积极性，台盟利用参政建言的优势积极反映情况、解决问题。几年间，由台湾来大陆（主要是北京、广东和福建等地）求学的台生日益增多，台盟中央、台盟广东省委会、福建省委会和北京市委会都组织联欢会或举办茶话会表示欢迎和关怀，并帮助他们解决困难。

除了接待来访台胞，为争取大陆台胞返台省亲，台盟中央对来访的岛内政治人物或新闻界人士介绍在大陆台胞情况和其返乡探亲的强烈愿望；台盟、台联相互配合成立了“大陆台籍老兵返乡协进会”，并由台盟负责组成了五名老台胞返乡探亲团；① 拟回台的大陆台胞散居各地，台盟各省市组织为此做了很多工作，热心帮助他们解决实际困难，使他们感到温暖，鼓励他们在沟通两岸关系方面有所贡献。此外台盟还组团出访美国、日本等国家和地区，联系和接触了当地的台胞。1988 年 2 月，林盛中、陈荣驾应邀参加了旅日台胞的春节恳亲会，并访问日本各地，同许多知名台胞政治活动人士进行接触，交换意见。1989 年 2 月 13 日至 23 日，台盟中央派蔡子民、林东海、庄德润到香港考察访问，调查当地台胞情况，与老朋友重温旧谊，结识新朋友，并将有关访问情况形成书面材料上报中共

---

① 《台盟四届二中全会工作报告》，台盟中央档案室。

中央统战部，这是台盟第一次派员访问香港，取得了较好效果。

台盟各级组织积极开展对台胞、台属的服务工作，对台商的经济咨询服务工作，协助台湾中小企业来大陆投资和贸易。1988 年 12 月 3 日，经国务院批准，劳动部、财政部等六个单位联合下发《关于台胞、台属因私事赴台的规定》，这个文件事先没有征求台盟、台联的意见，其中一些规定还需进一步斟酌补充，为此，1989 年 1 月 6 日，蔡子民会同全国台联会长林丽韫等访问了国务院台办，就台胞返台旅费的补助等问题提了意见，并建议以后要做出有关台湾问题的规定和决策之前希望能听取台胞组织和团体的意见。国务院台办采纳了这个建议，1989 年 1 月 16 日国务院台办有关负责同志拜访台盟中央，就有关台湾情况和对台政策等问题与台盟中央交换意见。各级盟组织和盟员还注意了解台资企业的困难和要求，为其排忧解难，并协助当地政府完善相关政策、法规。福建、广东等地台盟组织率先在这方面做了大量工作，大连、南京等地台盟组织也陆续开展引进台资工作，取得了一定成效。

为了加强与台湾岛内高山族同胞的联谊工作，台盟中央于 1988 年成立了高山族联络委员会，主任为田富达。1989 年岛内高山族同胞首次组团访问大陆，台盟中央高山族联络委员会组织在京高山族同胞与岛内乡亲恳谈交流。在两岸隔绝几十年后，高山族乡亲再相逢，很多人都哽咽无语，场面十分感人。1991 年 11 月，该委员会邀请台湾少数民族男女龙舟队和艺术团近一百人参加了在广西南宁举行的第四届全国少数民族传统体育运动会。这是台湾岛内高山族同胞第一次组队来大陆参加全国性的体育比赛，具有突破性意义。此外，该委员会还对大陆高山族同胞的情况做了详细调查。1990 年 10 月 27 日台湾高山族同胞雾社起义 60 周年之际，台盟中央举行纪念会，强调继承和发扬高山族同胞反抗日本统治不屈不挠的爱国主义精神，指出高山族同胞及台湾民众的出路在于祖国统一。

台盟紧紧抓住台情研究这个环节，研究重点始终放在台湾当局的大陆政策以及影响其政策的有关台湾政治、经济、社会情况和国际形势。1988 年 2 月 1 日至 5 日，台盟中央在广州召开了全盟联络工作会议，就国民党当局放宽台湾来大陆探亲限制后大批台胞来大陆的新形势，及时交流工作经验，了解探亲工作第一线的情况，并形成《联络工作会议纪要》发到台盟各省市委指导相关工作。1991 年 6 月 10 日至 15 日，台盟中央在上海召开了全盟对台宣传联络工作会议，学习中央对台工作会议文件和江泽民、杨尚昆的有关对台问题讲话精神，讨论一年来海峡两岸关系进展的情况和台湾政局的变化，研究今后一个时期的工作重点。会后，台盟中央就台湾岛内局势和两岸关系以及今后工作重点等问题提出了意见和建议，中共中央有关部门对此给予了肯定和支持。9 月中旬，台盟中央举办了吸收盟外台湾问题专家参加的台情研讨会，取得了很好的效果。9 月 23 日至 26 日，台盟四届十八次中常会结合当前台湾情况，着重研究了在对台工作中台盟存在哪些优势，如何发挥优势，以及今后如何开展工作等问题。① 会议认为，台盟盟员及所联系的台胞，与岛内同胞和中上层人士有较多联系，所说的话较容易被他们接受，要积极向他们介绍大陆真实情况和对台政策，增进了解，促进和平统一；要从维护台湾人民切身利益和长远利益的角度宣传“和平统一、一国两制”的方针政策，与岛内台胞探讨问题时要注意摆事实讲道理，不强加于人；要有重点有计划地深交一些在岛内有一定影响的代表性人士，争取他们对大陆情况和对台方针政策有更多了解；要通过接触来访台胞，多渠道了解台湾社会的真实情况以及各阶层人民的想法和要求，供有关部门决策参考。

为了及时向中共中央和有关部门反映台湾局势的变化情况，提出台盟见解，1988 年台盟中央主席团会议决定，除了继续办好现有台盟中央刊物《台讯》和《台盟盟讯》外，再创办一个内部刊物《台湾信息》，并作为台盟中央的重点工作，由林盛中、蔡子民、吴国祯具体负责。为了帮助台盟地方组织了解台情，发挥台盟各级组织力量，推动盟内台情研究，台盟中央在中常会、工作会议、政策研讨会等不同层次的各种会议上介绍台情，印发《台情文摘》，在盟刊《台盟》上经常刊登有关介绍台情文章。

① 1991 年 12 月 11 日《台盟中央常务委员会工作报告》，台盟中央档案室。

（六）加强自身建设，提高整体素质

为了在中国共产党领导的多党合作和政治协商制度中充分发挥参政党作用，台盟十分注重加强领导班子建设，突出思想建设和组织建设，以不断提高整体素质作为加强自身建设的落脚点。

台盟各级组织实行民主集中制，加强了集体领导。台盟中央特别注意强化中央常务委员会的领导作用。五年中，共召开中常委（扩大）会议23次，学习贯彻中国共产党的方针政策，提出阶段性工作任务。各地方组织也都坚持重大盟务工作由省、市委员会集体研究决定；加强领导班子的团结协作，正确处理兼职领导与专职领导的关系，为各项盟务工作稳定顺利地开展奠定了基础。注重建立后备干部队伍，有计划地进行培养，从中大胆选拔一些拥护四项基本原则，坚决接受中国共产党领导，有代表性，有一定群众基础和组织能力并有对台工作热情和条件的中青年同志充实领导班子。在调整、补充领导班子成员时，既考虑眼前，也考虑中长期未来，新的领导班子充分体现老中青结合，形成梯队结构。

台盟中央注意对各地方组织的工作指导，结合贯彻落实《中共中央关于坚持和完善中国共产党领导的多党合作和政治协商制度的意见》，并根据国内外形势发展的需要，先后下发了《台盟中央关于当前台盟工作的几点意见》《台盟中央关于加强思想建设、组织建设的几点意见》《台盟中央关于加强机关管理工作若干决定》等指导性文件，统一台盟各级组织工作步骤，加强自身建设。1989年下发的《台盟中央关于加强思想建设、组织建设的几点意见》指出，当前台盟思想政治工作的重点是：深入开展坚持四项基本原则、反对资产阶级自由化的教育，下功夫解决盟员的深层思想问题，使盟员牢固树立接受中国共产党的领导、走社会主义道路的信心和决心，自觉抵制资产阶级自由化的影响；进一步加强领导班子成员之间的团结，认真贯彻民主集中制，理顺各种关系，树立良好的工作作风和思想作风，不断提高集体领导水平；逐步建立起一支政治上可靠、有奉献精神、具备一定业务能力、作风良好、纪律严明、团结互助的机关干部队伍，并逐步制定和完善各项必要的规章制度。台盟中央机关刊物《台盟》双月刊第一期于1989年2月正式出刊，约35000字，开辟十多个栏目，图文并茂，信息量扩充，可读性增强。在台盟成立45周年之际，台盟中央编辑了《光荣的历程：台湾民主自治同盟成立45周年》纪念册，选登台盟的重要历史文献、照片，梳理45年来的台盟大事记，帮助盟员了解台盟走过的爱国革命的光荣历程，明确台盟前进的道路和奋斗的目标。

台盟中央和各地盟组织坚持以培训班、读书会、座谈会、报告会、参观访问等多种形式组织盟员深入学习马列主义、毛泽东思想；学习邓小平关于建设有中国特色社会主义理论的一系列重要论述；学习中共中央和国家的方针、政策；学习统一战线工作理论；进行爱国主义和社会主义教育及国情和盟史的教育。以1991年为例，上半年台盟中央组织学习《关于国民经济和社会发展十年规划和第八个五年计划纲要》，号召各级组织和全体盟员，为实现我国第二步战略目标积极贡献力量。5月11日，台盟中央发出通知，为隆重纪念7月1日中国共产党成立70周年，号召全盟学习中国共产党的历史和优良传统，加强台盟自身建设，为贯彻中国共产党的基本路线，实现社会主义现代化建设的宏伟目标和当前任务而努力奋斗。9月2日至5日，在大连召开的全盟组织工作会议上，全体与会者结合学习江泽民七一讲话，就苏联解体、东欧剧变之后的国际形势认真进行了座谈讨论，正确认识形势，坚定了走社会主义道路的信心。9月下旬，中共中央在北京召开中央工作会议之后，台盟中央认真学习了有关搞好国营大中型企业的方针政策，并再一次就当前我国所面临的内外形势进行了讨论。

台盟各级组织在开展培训、组织学习过程中，鼓励盟员认真读书，敞开思想，自由讨论，在观点交锋中共同提高认识。全体盟员在深入了解国情的基础上，坚定了在中国共产党的领导下走社会主义道路的信念，划清了社会主义民主和资本主义民主、中国共产党领导的多党合作和西方多党制的界限，进一步明确了爱国统一战线的任务，全面提高了思想理论水平和工作能力；能够正确认识所谓“台湾经验”，抵制外界腐蚀；台湾当局要回台盟员在“宣告书”上签字，有些盟员到达香港、甚至台湾后能坚决拒绝签字，毅然返回大陆，赢得了各方赞赏。① 台盟盟员在各自的工作岗位上，坚持为社会主义建设服务，兢兢业业，努力工作，有许多盟员获得各种先进称号。

台盟中央以积极慎重的态度发展盟组织。这个阶段只在组织缺乏骨干和盟员过于老化的地方做少量发展，充实一些骨干和新生力量。发展对象仍按照盟章，坚持以大中城市、有代表性的中上层人士为主，注意政治质量。几年间先后成立了成都市支部（1989 年 11 月，主委为曾祥发）、海南省委员会（1991 年 1 月，主委为王琼瑛）、重庆市支部（1991 年 3 月，主委为陈维新）、陕西省委员会（1991 年 12 月，主委为洪涛）。各省级组织进一步建立和完善基层组织，不断丰富基层组织生活内容并使之制度化。在不断提高盟员政治素质的基础上，注意在中青年知识分子中培养并发展新盟员。1992 年台盟共有省、市级委员会 13 个，省辖市委员会 9 个，盟员 1231 人。

台盟中央注意加强机关建设，通过加强思想政治工作、合理调配干部、确定岗位责任制、试行年终考核等措施，使机关工作状况有所改善。各地盟组织的机关建设也取得了显著成绩。为进一步提高台盟中央和各省市的机关干部素质、调动干部积极性、完善规章制度、严肃纪律，台盟各级组织采取措施，紧抓机关干部培训工作，分期送到社会主义学院学习；制定合理可行的规章制度，明确部门分工和岗位责任制；培养机关干部为一专多能的多面手；结合台盟政治活动和业务工作给中青年干部派任务、压担子，通过工作实践，锻炼培养干部。为适应形势和任务对参政党提出的新要求，各民主党派中央于 1991 年联合召开座谈会，就加强中央机关的建设进行研究和讨论，会后下发了《各民主党派关于加强中央机关建设问题座谈会纪要》（以下简称《纪要》）。《纪要》从民主党派的实际出

① 1990 年 12 月 17 日《台盟中央常务委员会工作报告》，台盟中央档案室。

发，提出了民主党派机关建设的基本任务，即切实加强对中央机关建设工作的领导、加强和改进思想政治工作、大力加强干部管理工作、建立健全机关工作规章制度、正确把握办刊方针、发挥民主党派中央机关支部的作用。台盟中央机关根据《纪要》精神，加大了机关建设的力度，台盟地方组织也参照《纪要》精神，结合实际情况，制定了加强机关建设的具体方案，推动了机关建设工作的开展。

第五章

改革开放新阶段和台盟各项事业的发展

一、台盟五大和为两个文明建设服务

（一）学习贯彻中共十四大精神

1992 年 10 月，具有划时代意义的中国共产党第十四次全国代表大会在北京举行。江泽民作了题为《加快改革开放和现代化建设步伐，夺取有中国特色社会主义事业的更大胜利》的报告。大会以邓小平建设有中国特色社会主义理论为指导，对党的十一届三中全会以来 14 年的基本实践和基本经验作了系统的深刻的总结，确定了 20 世纪 90 年代加快改革开放，推动经济发展和社会全面进步的主要任务，提出了建立社会主义市场经济作为经济体制改革的目标，并把完善中国共产党领导的多党合作和政治协商制度作为推进我国政治体制改革、加强社会主义民主政治建设的一项重要内容。中共十四大是我国各族人民政治生活中的一件大事，也是各民主党派与中国共产党密切合作进入新的历史发展阶段的重要里程碑。

在中共十四大召开之前，台盟中央领导人参加中共十四大文件（征求意见稿）的讨论，提出意见和建议，并列席了中共十四大的开幕式和闭幕式。台盟中央向中共中央致以贺电，表示：台盟数十年一直与中国共产党密切合作，遵循与中国共产党“长期共存、互相监督、肝胆相照、荣辱与共”的方针，为振兴中华、统一祖国贡献力量。台盟将一如既往，紧密团结在中国共产党的周围，为进一步推进改革开放，建设有中国特色社会主义事业，为早日统一祖国而奋勇迈进。台盟中央还及时发出《关于学习中共十四大报告的通知》，要求全体盟员把学习、宣传、贯彻中共十四大报告精神作为当前的重要工作，切实抓紧抓好。10 月 26 日，中共中央致信各民主党派中央、全国工商联，对他们的祝贺表示感谢，信中提到："各民主党派、工商联是我们党久经考验的亲密战友，是社会主义现代化建设的重要力量。在贯彻落实中共十四大精神，实现我国社会主义现代化宏伟目标的过程中，我们将进一步完善共产党领导的多党合作和政治协商制度，继续巩固和发展新时期的爱国统一战线，坚持'长期共存、互相监督、肝胆相照、荣辱与共'的方针，加强同各民主党派、工商联的协商议事和亲密合作。我们热忱希望各民主党派、工商联在加快改革开放和现代化建设中，积极参政议政、献计献策，发挥更大的作用。让我们在有中国特色社会主义的伟大旗帜下更加紧密地团结起来，共同奋斗，携手前进。"

（二）召开第五次全盟代表大会

1992 年 11 月 23 日至 28 日，台盟第五次全盟代表大会在北京举行。来自全国各地的 164 位代表出席了会议。23 日，大会在人民大会堂隆重开幕。党和国家领导人邹家华、陈慕华、马文瑞，中共中央统战部副部长万绍芬、刘延东，以及其他民主党派中央领导人到会祝贺。中共中央政治局委员、国务院副总理邹家华宣读了中共中央致大会的贺词。贺词高度评价了台盟的历史作用和新时期所作的贡献。贺词说："台盟具有光荣的爱国革命传统。自 1947 年成立以来，同中国共产党通力合作，致力于祖国的革命和建设事业，致力于祖国的统一大业，为建立独立、统一、富强的新中国作出了宝贵的贡献。在新的历史时期，台盟积极发挥参政议政、民主监督作用，在参与国家大事的协商、讨论，协助我们党和政府做好对大陆台胞的工作，加强与岛内外台胞的交往，以及加强台盟自身建设等方面，都取得了新的成绩。各级组织和成员努力发挥优势，协助引进台资，帮助台湾企业界来大陆投资、洽谈贸易，为国家的经济建设服务；通过与海内外台胞的友好往来、经济咨询服务等形式，促进海峡两岸学术、经贸、文化的接触与交流，推动两岸关系的发展；台盟中央领导人还多次发表谈话和文章，坚决反对'台湾独立''两个中国''一中一台'等图谋，对推动和平统一祖国产生了积极的影响。台盟45年的光荣历程表明，台盟不愧是与我们党风雨同舟的亲密战友。”

贺词在阐述中共十四大的伟大历史意义之后表示：我们要进一步完善共产党领导的多党合作和政治协商制度，继续坚持“长期共存、互相监督、肝胆相照、荣辱与共”的方针，加强同民主党派协商议事，支持民主党派和无党派人士在国家机关担任领导职务，进一步巩固我们党同民主党派、无党派人士的联盟。我们坚信，有中国共产党与民主党派的亲密合作，有全国各族人民的坚强团结，我们的事业就一定会从胜利走向更大的胜利。贺词希望台盟的同志继续以多种形式致力于祖国统一大业，为促进“一国两制”的实施，和平统一祖国作出自己的贡献，并表示，相信台盟的这次代表大会，将认真贯彻十四大精神，动员广大成员和所联系的群众，在爱国主义和建设有中国特色社会主义的伟大旗帜下，更紧密地团结起来，圆满完成大会预定的各项任务，朝着宏伟目标，奋勇前进。中共中央的贺词，给全体与会代表以极大的鼓舞，也为开好这次大会进一步指明方向。民革中央副主席贾亦斌代表各民主党派中央、全国工商联，全国台联副会长郭平坦代表全国台联分别向大会致贺词。

蔡子民作了题为《为建设有中国特色社会主义，促进祖国和平统一贡献力量》的工作报告。报告指出：第一，《中共中央关于坚持和完善中国共产党领导的多党合作和政治协商制度的意见》明确规定了中国共产党的领导地位和民主党派作为参政党的地位。我们要明确认识参政党的地位、作用与责任，在工作中应该把握以下两点：一要坚定地接受中国共产党的领导，二要充分发挥参政党作用。第二，中共十四大报告中明确指出，“十四年伟大实践的经验，集中到一点，就是要毫不动摇地坚持以建设有中国特色社会主义理论为指导的党的基本路线”，而“坚持党的基本路线不动摇，关键是坚持以经济建设为中心不动摇”。台盟作为参政党，我们的工作同样要紧紧围绕经济建设这个中心，发挥我们的优势，为建设有中国特色社会主义服务。第三，加强民主党派的自身建设，不仅是坚持和完善中国共产党领导的多党合作和政治协商制度必不可少的条件，也是民主党派能否健康发展和发挥作用的关键问题。因此台盟作为参政党若要承担起历史赋予的使命，必须下大力气搞好自身建设。

大会确定今后的工作方针：一是深入学习贯彻中共十四大精神；二是为加快改革开放和现代化建设，积极参政议政；三是促进海峡两岸经贸文化交流，推动祖国和平统一；四是加强自身建设，完善政党机制。

台盟五大对《台湾民主自治同盟章程》作了修改：关于台盟的宗旨和任务，总纲规定："本盟以中华人民共和国宪法为一切活动准则，遵循建设有中国特色社会主义理论，坚定不移地贯彻执行'以经济建设为中心，坚持四项基本原则，坚持改革开放'的基本路线。""本盟的主要任务，是高举爱国主义、社会主义旗帜，团结广大盟员和所联系的台湾同胞，为加快改革开放和现代化建设步伐，争取社会主义事业更大胜利，为维护安定团结的政治局面，为健全社会主义民主和法制，为实现一国两制、和平统一祖国而奋斗。"关于台盟的地位和作用，总纲表述：本盟是接受中国共产党领导，同中国共产党通力合作，共同致力于社会主义事业的参政党，这表明台盟既不是在野党，也不是反对党，而是中国共产党的亲密友党。"本盟贯彻执行与中国共产党'长期共存、互相监督、肝胆相照、荣辱与共'的方针，参加国家政权，参与国家大政方针和国家领导人选的协商，参与国家事务的管理，参与国家方针、政策、法律、法规的制定执行，履行参政议政、民主监督的职责。"新的章程将主席团制改为主席、副主席、秘书长制，使领导核心能较稳定地集中精力开展工作。中央评议委员会不设秘书长。大会通过了修改后的章程。

大会通过了第五次全盟代表大会决议。决议指出，台盟工作要贯彻中共十四大精神，坚持"一个中心，两个基本点"的基本路线。全体盟员要在各自工作岗位上做好本职工作，为经济建设服务。台盟中央和各级组织要围绕经济建设这个中心积极参政议政，继续发挥台盟的优势，协助引进台资，开展咨询服务，为国家的经济建设服务。反对任何形式的"两个中国"、"一中一台"或"一国两府"，坚决反对旨在制造台湾独立的企图和行为。

★ 1992 年 11 月 29 日，台盟召开五届一中全会推举苏子蘅为台盟中央委员会名誉主席，选举蔡子民（右二）为主席，张克辉（左二）为常务副主席，陈仲颐（左一）为副主席，潘渊静（右一）为秘书长。

11 月 29 日，台盟召开五届一中全会，会议推举苏子蘅为台盟中央委员会名誉主席，选举蔡子民为主席，张克辉为常务副主席，陈仲颐为副主席，潘渊静为秘书长。选出由 17 人组成的台盟中央常务委员会，他们是：叶庆耀、叶纪东、江浓、杨玉辉、吴克泰、吴国祯、张克辉、陈仲颐、范新发、林东海、林盛中、郑励志、洪涛、黄启章、蔡子民、廖灿辉、潘渊静。同日，台盟中央第二届评议委员会，推举李辰为台盟中央评议委员会主席，田富达、曾明如、许文思、曾重郎、徐萌山为副主席。当晚，中共中央政治局常委李瑞环及中共中央统战部领导同志会见了新当选的台盟中央主席、副主席、秘书长及台盟中央评议委员会主席、副主席。

（三）贯彻中共中央对台方针政策，反对“台独”，为促进祖国统一大业作出新贡献

进入 20 世纪 90 年代以来，两岸关系在曲折中前进。在政治层面统一与分裂的斗争波涛迭起，但经贸文化交流冲破障碍，不断取得进展。抓住

这个有利时机，促进祖国和平统一与繁荣昌盛，已成为台盟全体盟员的心声和共识。在对台工作方面，台盟进一步贯彻“寄希望于台湾人民”“和平统一、一国两制”的方针，邀请和接待了相当数量的台湾政界、经济界人士来访，并为在大陆投资的台胞穿针引线、排忧解难，为推动海峡两岸交流作出了贡献。①

1992 年 10 月，中共十四大的报告把“一国两制”正式列为建设有中国特色社会主义的主要内容之一。国务院有关部门主动采取措施，积极促进两岸的“三通”。大陆加速改革开放带动了两岸关系的良性互动，台湾当局的大陆政策尤其是经贸政策较前有所放宽。两岸关系有所前进，台商在大陆的投资不断扩展，两岸民间交往日渐繁密。1992 年，大陆新成立的海协会和台湾的海基会就两岸关系中出现的一些问题进行多次事务性接触和商谈，并取得了一些共识和进展。与此同时，随着台湾本土势力超过大陆去台势力而占主导地位，台湾政治经济处在转型期，政局出现许多新变化。台湾当局强调要大陆承认台湾为具有主权地位的对等政治实体，还借口防止台湾产业“空洞化”“大陆化”，限制两岸往来，使两岸关系复杂化。同年 12 月，台湾第二届“台湾地区民意代表”选出后，台盟中央在认真研究的基础上及时向中共中央提交了《对今后台湾形势的看法和我们的建议》，得到中共中央有关部门领导的肯定。在全国政协八届一次会议上与全国台联联合作了题为《寄希望于台湾人民，促进祖国统一》的发言，引起台湾新闻媒体的关注。1993 年 3 月 1 日，台盟中央举行二二八起义 46 周年座谈会，蔡子民指出，发展两岸关系是民心所向的历史潮流。大陆方面提出的“和平统一、一国两制”，是尊重两岸双方的历史和现实的合情合理的方案，符合包括台湾人民在内的全体中国人民的根本利益和愿望的。因此，台盟要把握当前有利时机，大力推进两岸的经贸和文化交流，推动两岸授权团体以理性务实的态度进行事务性商谈，进一步发展两岸关系，实现直接“三通”，促进祖国的和平统一。

---

① 《台声》1994 年第 2 期，第 7 页。

在两岸关系有较大发展的形势下，海峡两岸关系协会会长汪道涵和台湾海峡交流基金会董事长辜振甫于1993年4月在新加坡举行会谈，就两会会务和两岸经济、科技、文教交流等议题交换意见，共同签署了有关两岸关系的四份协议，即《汪辜会谈共同协议》《两岸公证书使用查证协议》《两岸挂号函件查询、补偿事宜协议》《两岸联系与会谈制度协议》。这是1949年国民党从大陆败退台湾以来，第一次有两岸授权的团体负责人会谈，标志着海峡两岸关系发展迈出了历史性的重要一步。5月6日，台盟中央召开座谈会，蔡子民指出，双方互相尊重、平等协商、实事求是、求同存异，可以增进彼此了解，化对峙为和解，从而进一步加强两岸民间往来，尽快实现“三通”，这是两岸形势发展的必然。蔡子民在《人民日报》发表题为《两岸关系的新阶段》的文章，各地盟组织也纷纷开会座谈，希望两岸巩固和发展“汪辜会谈”的成果，发展两岸关系，进而为实现祖国和平统一而努力。

1993年，国民党召开“第十四次全国代表大会”，基本完成“宪政改革”，台湾分离意识和“台独”论调逐渐膨胀。在这种背景下，国务院台湾事务办公室和国务院新闻办公室于1993年8月发表了题为《台湾问题与中国的统一》白皮书。白皮书以翔实的史料阐述了五个问题：台湾是中国不可分割的一部分；台湾问题的由来；中国政府解决台湾问题的基本方针；台湾海峡两岸关系的发展及其阻力；国际事务中涉及台湾的几个问题。白皮书指出，中国的统一是中华民族的根本利益所在。中国实现统一后，两岸可携手合作，互补互助，发展经济，共同振兴中华。原来一直困扰台湾的各种问题，都将在一个中国的架构下得到合理解决。台湾同胞将与祖国其他地区人民一道共享一个伟大国家的尊严和荣誉。长期以来，台湾问题一直是亚洲与太平洋地区一个不稳定的因素，中国的统一，不仅有利于中国本身的稳定和发展，也有利于中国同各国进一步加强友好合作关系，有利于亚太地区乃至全世界的和平与发展。中国政府相信，在维护自己国家主权与领土完整的正义事业中，一定能够得到世界各国政府和人民的理解和支持。在白皮书起草过程中，台盟领导人蔡子民、张克辉参加讨论和协商，很多意见被采纳。白皮书发表后，在全国激起强烈反响。9 月 4 日，台盟中央和全国台联在京举行白皮书座谈会，阐明坚决拥护白皮书中关于中国政府对台湾问题的立场和政策，吁请海内外爱国人士趁此良机，协力促成祖国统一早日实现。座谈中，蔡子民接受了台湾“华视”“中视”记者的采访。[①] 中共中央统战部部长王兆国 9 月 10 日走访台盟中央机关时提到，白皮书的产生，台盟做了很多工作，发表后，台盟开了座谈会，对台湾影响很大。台盟聚集了一大批了解台湾情况的人，同乡好友多，大家要多提意见、建议，促进两岸关系的发展。白皮书的发表，在海内外尤其是台湾岛内引起了巨大反响，“台独”势力受到沉重打击，台湾当局花钱拼凑的中美洲“七国提案”，未能列入联合国大会总务委员会议程就被否决了。

1994 年元旦，是全国人大常委会《告台湾同胞书》发表 15 周年。台盟中央与全国台联联合举行了纪念会。蔡子民在讲话中提到，看到两岸关系发生令人瞩目的巨大变化，看到台湾海峡出现的缓和气氛，我们作为大陆的老台胞感到无比欣慰。这说明，本着《告台湾同胞书》精神提出的，按照“一国两制”实现和平统一的方针政策，是符合海峡两岸的历史和现状，是符合两岸人民的利益的。台盟中央常委、中国和平统一促进会会长吴国祯在发言中说，《告台湾同胞书》发表于 1979 年 1 月 1 日，但实际上，许多事情可以追溯到更早的时期。20 世纪 70 年代初，毛泽东、周恩来的英明决策，使得中美关系有突破性的发展并建交。在这个背景之下，才有了后来与台湾关系的变化。吴国祯是台湾赴美国的留学生，20 世纪 70 年代参加爱国“保钓”运动后回到祖国大陆，回忆当年，他说：“看到那时的台湾形势，曾发表三点意见：台湾必须民主化、反对美国干涉中国内政及两岸关系一定要冲破阻挠。周恩来总理曾多次接见过海外回来的台湾留学生，提出‘细水长流’。现在看起来，是十分正确的。正是由于有了当时的政策，有了内外的配合，才有了《告台湾同胞书》的诞生。

① 《团结报》1993 年 9 月 8 日第 1 版。

★ 1997 年 2 月，江泽民同志在北京同党外人士共迎新春时，与蔡子民（左）、张克辉（右）合影。

《告台湾同胞书》是符合时代潮流的。”①

两岸经贸、学术、科技、体育等各方面的交流往来，在曲折中有所发展。但台湾当局仍采取“一国两体、分裂分治、偏安求存、拖中求变”的大陆政策，使两岸关系难以推进。两岸关系在政治层面陷入僵局的背景下，1995 年 1 月 30 日，江泽民在各民主党派中央负责人、各界知名人士代表和在京台胞台属新春茶话会上发表了《为促进祖国统一大业的完成而继续奋斗》的重要讲话，精辟地阐述了邓小平关于“和平统一、一国两制”的科学构想，并站在 21 世纪中华民族全面振兴的战略高度，就现阶段发展两岸关系、促进祖国和平统一进程提出了八项极具前瞻性的看法和主张。八项主张集中针对当前两岸关系的现实需要，回答了人们所关心的重大问题，进而引起台湾岛内外同胞的热烈反响。讲话重申，坚持一个中国的原则，是实现和平统一的基础和前提；我们反对台湾以搞“两个中国”“一中一台”为目的的所谓“扩大国际生存空间”的活动。讲话重申：“进行海峡两岸和平统一谈判是我们的一贯原则，并对双方举行谈判提出若干建议。讲话还就发展两岸经济、文化交流提出许多设想。讲话指出，欢迎台湾当局领导人以适当的身份前来访问，我们也愿意接受台湾方面的邀请，前往台湾，可以共商国是，也可以先就某些问题交换意见，就是相互走走看看，也是有益的。”② 会上，张克辉代表台盟中央和全国台联发表了《江总书记主张符合台胞根本利益》的讲话。2 月 2 日，台盟中央和全国台联召集在京委员、理事举行座谈会，学习和讨论江泽民发表的重要讲话。蔡子民指出，江泽民的重要讲话，是实现祖国和平统一的又一纲领性文件，它对发展两岸关系，实现祖国统一将产生深远影响。此次讲话强调要充分尊重台湾同胞的生活方式和当家作主的愿望，保护台湾同胞一切正当权益，切实维护台商的一切正当权益，在互惠互利的基础上，商谈并且签订保护台商投资权益的民间性协议。苏子蘅在发言中表示“希望台湾当局审时度势，以民族大义为重，摒弃前嫌，为祖国统一大业作出

① 《台声》1994 年第 1 期，第 6 页。

② 《团结报》1995 年 2 月 8 日。

贡献；同时希望台湾各界同胞与祖国大陆同胞携起手来，为祖国的和平统一，为中华民族的振兴而共同奋斗”。[①] 台盟各级组织也及时举办类似活动，畅谈学习江泽民重要讲话的体会，共话两岸关系前途，表达为祖国统一贡献力量的决心，呼吁台湾当局作出积极回应。2月7日，蔡子民接受中央电视台采访，发表了《结束两岸敌对状态，促进祖国和平统一》的谈话。江泽民重要讲话给两岸关系注入了新的活力。两岸关系出现了前所未有的缓和气氛，两岸民间交流再次出现热络的景象。

同年6月7日，李登辉以所谓“个人身份”出席美国康奈尔大学校友会，到美国进行“私人访问”，并在康奈尔大学发表演讲，公然在国际上制造“两个中国”“一中一台”。极力吹捧美国，企图借助外力达到分裂祖国的目的，这引起了中国人民的极大愤慨。于是，大陆方面被迫停止了海峡两岸（海协会和海基会）的正式接触和商谈，同时开展了强烈的反分裂、反“台独”斗争。台盟各级组织纷纷召开座谈会，发表谈话和文章，严正抨击李登辉不顾两岸人民根本利益，分裂祖国的言论和行动，表达了两岸爱国台胞维护国家主权和统一，反对外国干涉中国内政的正义呼声。6月11日，台盟中央、全国台联在北京举行座谈会，对李登辉访美及其反动谬论进行批驳。蔡子民在会上指出，李登辉用台湾人民上千万美元的血汗钱去游说美国政界人士，以达到利用洋人来抬高自己和在国际上显示“中华民国”存在的目的，严重损害了两岸关系的发展，危害了两岸统一的前途。李登辉在演讲中多次声称“民之所欲，长在我心”。而在这个美丽动人的辞藻下面，他却干着背离人民意志的事，实际上他根本不能代表人民的意愿和根本利益。台盟中央评议委员会副主席田富达强烈抨击李登辉的美国之行是“对台湾同胞和台湾前途极不负责任”。其所作所为是在国际上搞“两个中国”“一中一台”，分裂祖国。他说，“我作为一名定居北京几十年的台湾高山族同胞，深切地感到惟有祖国的完全统一，才有民族的生存、繁荣和发展。李登辉在分裂祖国的道路上再继续走下

① 《团结报》1995年2月22日第1版。

去，必将被广大台湾同胞所唾弃”。①

然而，台湾当局对此采取“不予理会、不予重视、不予接受”的三不政策，仍然坚持其分裂政策，致使两岸的政治分歧扩大，军事上对立升级，国际上的斗争异常尖锐。1996 年 1 月 30 日在首都各界人士纪念江泽民关于台湾问题重要讲话一周年座谈会上，李鹏发表了题为《完成统一祖国大业是全体中国人民的共同愿望》的讲话，充分肯定了近期进行的反分裂、反“台独”斗争的成果，指出不管台湾领导人产生方式如何改变，也改变不了他只是中国一个地区领导人的事实。在会上，蔡子民代表台盟、台联和海协会强调，台湾当局制造“两个中国”，造成了两岸关系的紧张，损害了台湾人民的根本利益，台湾当局必须改弦易辙。在 1996 年纪念二二八起义 49 周年之际，《人民日报》特地发表评论员文章《寄希望于台湾人民》。台盟、台联和海协会等单位联合举办首都各界纪念二二八集会，弘扬二二八爱国民主精神，反对一切分裂祖国的行径，号召开展两岸民间交流，推动两岸经济、文化等各项交流。

★ 1994 年台盟中央召开联络工作会议，提出要重视做好台商工作，保护台商的合法权益。

① 《人民政协报》1995 年 6 月 13 日第 1 版。

台盟积极开展对台联络和交往工作，通过接待来访的台湾同胞、协助有关部门引进台资、为台商排忧解难等，为增进两岸经济、文化交流，促进两岸关系和平发展作出了许多贡献。在接待的人员中，有台湾地区政治受难者、劳动党党派人士，有“台湾地区民意代表”“台湾地区县市民意代表”等政界人物，有香港的老朋友、旅日台湾省民会人士，有来寻求投资设厂的台湾中小企业，也有来探亲、观光旅游的乡亲。对于他们的来访，各地盟组织都给予热情接待，诉之乡亲情谊，消除隔阂，化解疑虑，增进共识。对于需要帮助的台商，热情提供咨询服务，在岛内乡亲心中产生了积极影响。1993 年 4 月“汪辜会谈”成功举行之后，两岸各项交流出现了前所未有的良好势头。同年 6 月，台盟中央在福建东山岛召开了全盟宣传工作会议。会议研讨了在改革开放和两岸关系不断发展的新形势下，如何进一步做好台盟宣传工作的问题。台盟的宣传工作既要充分认识祖国统一的复杂性和长期性，也要具有紧迫感，结合形势的发展，宣传对台方针政策，推动两岸关系的发展，促进祖国和平统一。会议期间，代表们参观了当地的台资企业，并考察了数个正处于建设中的经济项目。[①] 1994 年 5 月，台盟中央在武汉举行了全盟联络工作会议，加强对台工作。各地盟组织积极有重点地走访在大陆的台商，了解情况，反映并解决他们在投资过程中遇到的问题。提供咨询服务，为保护台商的合法权益，解决经济纠纷，沟通台商与有关部门的联系，引导台商遵纪守法等做了大量工作。广东、福建、北京等台商较多的地方盟组织还把关心台商子女入学、入园问题纳入其工作范围。

台盟中央每年都邀请台湾岛内及海外统派朋友、政治受难者家属等，参加国庆活动，并安排到各地参观。台盟中央还与台湾青年有关协会建立关系，接待台湾大学生到大陆参加活动，并应邀派台盟北京市委会主委林文漪率领大陆台籍大学生赴台访问。

1994 年国庆节，台盟邀请台湾高山族同胞来京参加国庆活动，并在

① 《团结报》1993 年 6 月 23 日第 1 版。

田富达陪同下，到内蒙古、上海、厦门等地访问参观。他们对祖国大陆少数民族的生活情况和民族政策，有了更深的了解和感受。1994 年“五一”劳动节和国庆节，还邀请高山族同胞到云南等地参观。

为迎接第四次世界妇女大会在北京召开，台盟中央妇女委员会和全国台联文宣部共同编辑出版了《台湾妇女在大陆》专辑，介绍大陆各地台湾妇女的工作生活情况，在 1995 年 8 月世妇会期间发行，受到与会者的欢迎。8 月 30 日至 9 月 6 日，女台胞代表 16 人（其中台盟盟员 7 名）参加了世妇会非政府组织论坛。8 月 31 日，台盟中央和全国台联共同举办参加世妇会的两岸女台胞联欢活动，增进了两岸妇女的乡情和友谊。

近几年，大陆台胞返台探亲、探病、定居的日益增多。台盟中央和各地盟组织都十分重视老台胞返台探亲工作，行前热情欢送，归来盛情欢迎，召开座谈会，请他们介绍返台观感。盟员在台湾期间向亲朋介绍大陆情况，在沟通两岸关系方面起到了积极作用。

（四）积极履职参政议政，发挥建言献策作用

以江泽民为核心的中共中央第三代领导集体，坚持中国共产党领导的多党合作和政治协商制度。这一时期，台盟就国家大政方针和国家领导人选，就重要决策和法律、法规，同各民主党派中央、全国工商联领导人和无党派民主人士举行协商会、座谈会、通报会、谈心会等 50 余次。台盟各地组织以邓小平建设有中国特色社会主义理论为指导思想，积极发挥参政党作用，在参政议政、民主监督中做了大量工作。

1993 年 3 月，八届全国人大一次会议在北京召开。全国人大代表共 2977 名，其中台湾省代表 13 名。全国政协八届一次会议也同时举行，八届全国政协委员中台盟盟员 20 名。台盟盟员中的这些全国人大代表和全国政协委员，有很强的参政意识和能力，他们认真履行职责，献计献策，为祖国“四化”建设作出积极贡献。

1993 年年初，中共中央、国务院就八届全国人大、全国政协常务委员会的人选组成、国家领导人选、国家宪法和政府工作报告的修改等重大

问题分别邀请各民主党派中央、全国工商联领导人和无党派人士代表召开协商会，征求意见，蔡子民出席并发言。同年 12 月，在全国政协八届四次常委会上，吴克泰代表台盟中央作了题为《难度较大的改革更要搞好》的发言，对国有大中型企业、分税制改革、通货膨胀、农村问题等改革难度较大的几个问题发表意见。1995 年 8 月，中共中央与党外人士就《中共中央关于制定国民经济和社会发展“九五”计划和 2010 年远景目标的建议（草案）》进行座谈时，蔡子民代表台盟中央就增加教育投入、科教兴国、反腐败等问题进行发言。1996 年 2 月，讨论政府工作报告关于“九五”计划和 2010 年远景目标纲要时，蔡子民在座谈会上建议“寄希望于台湾人民，反对外国干涉”的发言得到重视。1996 年 10 月中共十四届六中全会通过《中共中央关于加强社会主义精神文明建设若干重要问题的决议》（以下简称《决议》）之前，中共中央统战部召集各民主党派中央、全国工商联负责人阅读，并举行座谈会，征求修改意见。《决议》通过后，台盟中央召开主席扩大会议，认为《决议》是建设社会主义精神文明很全面、操作性很强的纲领性文件，表示热烈拥护，并发出通知，要求台盟各级组织认真学习，发挥优势，结合本职工作贯彻实施。

20 世纪 90 年代以来，在两岸人民的共同努力下，两岸人员往来和文化、科技、体育等领域的交流进一步增加，两岸经贸合作持续发展。台商来大陆投资总额超过 200 亿美元，1993 年一年转口贸易达 130 亿美元。在大陆投资设厂的台商已达 23000 余家，长住或经常来往于两岸的台商数以万计。因此，做好他们的工作，对促进两岸经贸合作和推动祖国和平统一将发挥很大作用。为了做好台商工作，促进两岸经贸交流，台盟多次提出引进台资要法制化。1994 年 3 月，八届全国人大二次会议通过了《中华人民共和国台湾同胞投资保护法》。同年，在全国政协八届二次会议上，针对台商工作出现的问题，潘渊静代表台盟中央作了《做好台商工作，促进祖国统一》的大会发言。他说：“台商工作涉及到很多方面，其中一项重要的工作是为他们创造良好的投资环境和条件，台商希望大陆通过立法加强对台胞投资权益的保护。我们既要关心台商企业的经营情况，如发生困难或纠纷，要帮助他们排忧解难，维护其合法权益，同时也要监督他们遵纪守法，遵守大陆有关法律、法规。”① 这一意见得到大会和国务院有关部门的重视，也在台商和岛内舆论界引起广泛关注，产生了积极影响。1995 年在八届全国人大三次会议上，全国人大代表蔡子民等鉴于“保护法”不好具体操作，提出了制定“保护法实施细则”的建议。在全国政协八届三次会议上，台盟中央提交的《关于给予大陆台商及临时来大陆台胞“国民待遇”的建议》提案，得到了外经贸部领导的重视，并到台盟听取意见。外经贸部对此提案的答复中指出，台盟的这一提案抓住了两岸交往中的关键问题，“确实不仅仅是经济问题，而且是政治问题”。“解决这一问题具有紧迫性”。外经贸部就此提案向国务院外贸工作领导小组作了书面报告。1996 年全国政协八届四次会议，郑励志委员代表台盟中央再一次作了题为《做好大陆台商工作，发展两岸经贸交流》的发言，并提出了尽快制定台资保护法实施细则的提案。台盟中央的提案被评为八届全国政协期间的 12 件优秀党派提案之一。鉴于各地都有制定“实施细则”的呼声，外经贸部于同年 8 月制定了《中华人民共和国台资保护法实施条例（讨论稿）》，并征求有关部门意见。台盟中央立即搜集各省市盟组织意见，于 9 月底提出了九点修改意见。

台盟盟员中，田富达、蔡铭熹担任国家土地管理局特邀国土资源监察专员；徐萌山担任最高人民检察院特约检察员；王刚、林泉担任监察部特约监察员，参加各有关方面的监察、检察、检查活动，在民主监督、参政履职中起了应有的作用。

台盟盟员除了参政履职、民主监督，他们在各自工作岗位上，勤勤恳恳，努力拼搏，为祖国“四化”建设作出了突出的贡献。

1993 年 12 月 14 日至 18 日，台盟五届二中全会召开，会议认为，一年来台盟在提高参政议政水平方面取得了进展，台盟中央领导多次参

① 《人民政协报》1994 年 3 月 1 日第 1 版。

加中共中央、国务院举行的各民主党派负责人座谈会、协商会，先后就改善国家经济宏观调控、反腐倡廉、发表《台湾问题与中国的统一》白皮书及发展高校和民办学校教育工作等问题，向有关部门提出意见和建议；台盟领导人还参加接待外国元首等重大外事活动和三峡工程等考察活动。

1997 年 6 月 30 日，在香港回归之际，蔡子民作为中国政府代表团成员前往香港，参与中英香港交接仪式和香港特别行政区成立庆典等一系列活动，亲眼见证中国人民收回香港主权，洗雪百年国耻，香港进入新纪元，祖国统一迈出重要的一步，为解决台湾问题，实现祖国统一创造了有利条件。

为总结参政议政经验，提高参政议政能力，更好地发挥参政党作用，台盟于 1993 年 10 月召开了全盟参政议政经验交流会。会议总结了近年来台盟参政议政的主要经验：一是坚持调查研究，提出符合实际和有用的意见，要选好角度，从宏观、全局出发选择适当的题目；二是注意发挥群体优势，调动内部力量，借用外来力量，进行考察调研；三是扬长避短，发挥台盟优势，实事求是，量力而行；四是切实加强自身建设，不断提高盟员的政治素质和业务能力，注意培养参政议政的积极分子和骨干力量，同时搞好与参政议政相适应的机制建设。在会上台盟各级组织代表介绍了各地参政议政情况，相互交流，畅所欲言，对上述经验取得了共识。1995 年 10 月，台盟中央召开五届十次中常委会暨全盟参政议政经验交流会。这次会议一方面学习了《中共中央关于制定国民经济和社会发展“九五”计划和 2010 年远景目标的建议》，同时交流了各地参政议政的经验，探讨了今后参政议政的方向和任务。会议认为：两年来，全盟上下共同努力，结合各地实际，注意调查研究，围绕祖国统一和两个文明建设问题，积极提出了不少有价值的建议和提案，许多意见被有关部门采纳。张克辉指出：一要加强思想建设，这是一项全盟不可忽视的基础性工作；二要加强领导，健全组织，各级领导要把主要注意力放在参政议政工作上；三要加强与当地中共党委和政府有关部门的沟通与衔接；四要继续坚持调查研究，充分发挥台盟参政履职的作用。

（五）积极开展支边扶贫工作

台盟五大召开后，坚持“以经济建设为中心”，号召广大盟员参与到社会主义物质文明和精神文明建设中来，涌现出很多先进集体和先进人物。1996 年 11 月，各民主党派、工商联为两个文明建设服务经验交流会在北京举行。台盟有四个先进集体：台盟北京市委会、台盟广州市委会、台盟福建省委会及台盟上海市委会组宣处，九名先进个人：翁肇祺（北京）、许文思（上海）、陈蔚文（广东）、李琼才（海南儋州）、李顺典（南京）、张荣国（湖北）、施初美（大连）、吴庆元（沈阳）、洪涛（陕西）在本次经验交流会受到表彰。

进入 20 世纪 90 年代以来，台盟北京市委会把扶贫作为一项重点工作来抓，成立支农小组，确定门头沟区上苇甸乡为定点支援单位。几年来，每年坚持到该乡做义诊服务，无偿送药，发放宣传材料，捐赠图书、教学用品和衣物；并与清华大学有关部门合作帮助该乡乡镇企业进行技术改造，解决技术难题；在该乡中心学校设立了教师奖励基金。1995 年，台盟北京市委会把扶贫工作逐步扩大到昌平县流村乡和平谷县熊儿寨乡。

台盟广州市委会遵循“发挥优势，突出重点，量力而行，注重实效，持之以恒”的方针，对从化市神岗镇石联村开展助学工作。发动盟员及联系的“三胞”，筹集资金，为贫困山区的儿童争取上学的机会，引介台胞为石联村 150 多名生活困难的小学生提供助学金；捐款新台币 200 多万元给“希望工程”，建造了“石联希望小学”的教学楼和教师宿舍楼，解决了当地儿童入学和教师办公住宿的困难；发动盟员、台胞为学校提供帮助，购置了一批教学用品，改善了学校的教学条件；还组织盟员多次到学校与教师座谈，了解情况；与石联村建立定点联系，及时提供帮助。通过多方努力，石联村适龄儿童入学率达到 100%。此外，还引介台胞为梅州市蕉岭县三圳镇小学捐资 16 万元，改善该校的办学条件；发动了资助清远市石灰岩地区儿童入学的工作。为支持革命老区井冈山的“希望工程”，还协助台湾有关人士为“井冈山中烟希望学校”及修建革命领袖纪念碑捐款七万多元。

台盟开展支边扶贫工作，支持贫困山区办学，既是履行党派的社会职责，又是参与多党合作的重要体现。在为两个文明建设的服务过程中，台盟发挥优势，量力而行，利用与台胞联系多的有利条件，充分调动其爱国爱乡的积极性，引介台胞为祖国建设多出力。在工作中做到“三个结合”，即开展对台联络工作与支持“希望工程”相结合；开展盟员思想教育工作与发动盟员为社会多作贡献相结合；开展助学工作与盟员的本职工作相结合。同时，注重实效，持之以恒。坚持深入调查研究，为贫困地区人民办实事，切实解决儿童入学读书问题并将扶贫工作扩展到更偏远的贫困山区和革命老区。

台盟中央以智力支边为扶贫主线，围绕教育扶贫开展多项工作。如1995年，台盟中央促成旅日爱国台胞为贵州天柱县凤城镇乐寨小学引进外资100万日元，连同台盟中央机关募捐的2.72万元人民币，用于该校危房改造。

（六）加强自身建设，整体素质进一步提高

台盟五大以后，台盟中央把加强组织建设放到了重要的议事日程，多次召开专门会议，讨论和决定盟组织的建设问题。

1993年7月15日，台盟召开五届三次中常会。会上，蔡子民作了题为《加强台盟骨干队伍建设》的报告，分析了台盟组织现状和存在的问题，认为台盟有人才、有优势，同台湾、香港、澳门和海外同胞有广泛的联系，是能够为振兴中华、统一祖国作出更大贡献的。当前，要加强领导班子建设，解决后备力量培养问题，努力提高参政议政水平，努力建设骨干队伍，增强台盟在改革开放、现代化建设和祖国统一事业中的战斗力。

1993年12月14日，台盟召开五届二中全会，对1988年12月16日台盟四届二中全会通过的《台湾民主自治同盟有关组织发展的若干规定》

作了一些修改和说明。会议认为：自1988年12月台盟四届二中全会通过《台湾民主自治同盟有关组织发展的若干规定》以来，我盟坚持巩固与发展相结合的基本方针，总的来说，组织发展工作是正常的、健康的。目前，根据形势发展和工作情况的变化，应在注重质量的前提下，转向有计划地稳步发展。

从此各级组织开始举办读书班、培训班，努力提高盟员的素质，并选送干部参加中央社会主义学院和省级社会主义学院学习，培养骨干力量。1994年9月中共十四届四中全会通过了《关于加强党的建设几个重大问题的决定》（以下简称《决定》）。台盟中央认为《决定》的基本精神和许多内容也适用于台盟。同年10月，台盟在海南召开五届七次中常委会议暨全盟组织工作会议，学习《决定》精神。蔡子民作了题为《面向21世纪，加强自身建设，健全参政党机制》的报告，提出了抓紧跨世纪骨干队伍建设、建立参政党机关工作机制、加强自身建设的战略目标。

1995年7月13日，台盟五届十次中常会在北京举行，会议主要讨论后备力量建设工作进一步落实的问题。会上，蔡子民作了题为《抓紧抓好后备力量建设》的报告。他说，抓紧抓好后备力量建设工作，是一项迫在眉睫的重大任务，是台盟组织建设的头等大事。他强调，“为使台盟作为参政党能担当起时代的任务，要坚持以邓小平同志建设有中国特色社会主义理论和中国共产党的基本路线为指导，坚持干部‘四化’和德才兼备的原则，解放思想、实事求是，积极培养选拔为改革开放和现代化服务的能跨世纪担当重任的后备力量”。①

1996年6月，台盟五届十四次中常委会暨组织工作会议在大连召开，会议通过了《关于台盟中央和省级组织换届工作的决定》，会上蔡子民作了题为《跨世纪的政治交接》的讲话。他强调：台盟从与中国共产党长期合作的战略要求出发，1997年的换届要着眼于政治上的交接，建立跨世纪的领导班子，坚持建设有中国特色社会主义的政治方向，贯彻中

① 《人民政协报》1995年7月15日第1版。

国共产党的基本路线，继承中国共产党领导的多党合作和政治协商的优良传统，坚决拥护“和平统一、一国两制”方针，发挥自身优势，积极推动海峡两岸关系的发展。经过几年的努力，骨干队伍建设取得了一定的成效。

台盟加强自身建设，首先要健全参政党机关工作机制，更好地发挥机关的参谋、组织、协调、服务功能，而秘书长处于承上启下、沟通左右，组织机关力量，发挥参政党作用的关键地位。为此，台盟中央于1995年6月在天津召开了全盟秘书长工作经验交流会。会上，潘渊静作了题为《提高秘书长工作水平，发挥参政党机关功能》的讲话，谈了自己的工作体会。与会者交流了各地秘书长的工作经验。经过讨论，明确了秘书长的地位和职责。

这一时期，台盟组织建设也有了新的发展。1994年年底到1996年先后成立了台盟武汉市委员会、台盟浙江省委员会、台盟海南省三亚市委会。1997年1月，台盟在北京、天津、上海、广东、海南、福建、湖北、吉林、云南、陕西、浙江等11个省市设有委员会；在大连、南京、沈阳、广州、海口、福州、厦门、泉州、漳州、南平、武汉、三亚等12个省辖市设有委员会；在汕头、深圳、成都、重庆等4个市设盟基层组织——支部。1994年10月全盟组织工作会议提出，要坚持巩固与发展相结合，在注重质量的前提下，坚持“三个为主”（以中上层为主，以大中城市为主，以代表性人士为主），有计划稳步发展。之所以强调注意质量，注重代表性人士，是由民主党派的历史特点和多党合作长期发展的需要所决定的。同时还应该看到台盟的发展对象有局限性，更要注重质量，坚持以中上层为主的方针，发展高质量的知识分子，并培养盟员成为高质量的人才。台盟各级组织认真贯彻上述方针，积极工作，盟员的学历有所提高，平均年龄呈下降态势。

台盟五大后，用邓小平建设有中国特色社会主义理论来武装全盟，成为台盟思想建设的首要任务。为此，台盟于1993年6月召开全盟宣传工作干部会议。蔡子民在会上强调抓紧邓小平建设有中国特色社会主义理论学习和爱国主义教育的重要性，并且指出，不仅要使盟员充分了解建立社会主义市场经济体制的必要性，还应及时掌握和解决在建立社会主义市场经济体制中所反映出来的思想问题。他说："要以'有理想、有道德、有文化、有纪律'为目标，加强社会主义精神文明建设，制止和打击各种丑恶的、腐败的现象；要反对个人主义、拜金主义，帮助盟员树立正确的人生观、价值观、道德观；要用爱国主义、社会主义、集体主义武装盟员的头脑。"台盟中央十分重视爱国主义宣传教育工作，1994 年年初和其他民主党派一起参与了中共中央《爱国主义教育实施纲要》（以下简称《纲要》）的制定。《纲要》公布后，及时向各地盟组织发出全盟认真学习贯彻《纲要》的通知，推动全盟爱国主义教育活动的开展。通知要求全体盟员要发扬台湾人民爱国主义光荣传统，强调把爱国主义教育与贯彻"和平统一、一国两制"方针结合起来。

台盟经常利用各种纪念日，进行爱国爱乡教育活动。1992 年 4 月，召开纪念台湾爱国抗日将领李友邦逝世 40 周年座谈会，缅怀他爱国爱乡的革命历程和丰功伟绩。1994 年 4 月，在北京召开座谈会，纪念台湾新文学之父赖和诞辰 100 周年，弘扬赖和倡导的爱国爱乡爱人民的现实主义文学传统。1995 年 10 月台盟中央、全国台联联合举办了"在京台胞纪念台湾光复 50 周年"座谈会，弘扬了台湾人民的爱国传统，表达了台湾同胞反对分裂，热望祖国早日统一的心声。1996 年 11 月 12 日，全国政协隆重举行纪念孙中山诞辰 130 周年座谈会。江泽民发表重要讲话，号召学习、继承和发扬孙中山先生的爱国思想、革命意志和进取精神。会上，蔡子民代表各民主党派中央、全国工商联讲话。他强调，要发扬孙中山先生与台湾同胞的情谊和国家统一的思想，加深两岸同胞的相互理解，发展两岸人民往来和各项交流，推动中国和平统一的历史进程。

1997 年 2 月 26 日，首都各界人士在人民大会堂隆重聚会，纪念台湾人民二二八起义 50 周年。中共中央政治局委员、国务院副总理钱其琛发表讲话，他表示，二二八起义是反抗国民党暴政的爱国民主运动，却遭到血腥镇压，证明台湾同胞的命运是同整个中华民族的命运紧密相连的；把二二八歪曲成搞分裂、搞“台独”运动的开端，是对历史的肆意歪曲，对台湾同胞的极大侮辱，希望台湾各党派以理性、前瞻性和建设性的态度推动两岸关系的发展。蔡子民代表台盟中央和全国台联在会上发言，他以参加二二八起义的亲身经历，强调二二八不是要求自决独立，而是要求民主、自治的爱国民主行动，绝不容许歪曲。他提出，当前两岸关系的发展趋势不可阻挡，祖国统一是大势所趋、人心所向，让我们为祖国的和平统一而共同奋斗。

二、台盟六大和建设适应新世纪要求的参政党

（一）纪念台盟成立 50 周年暨第六次全盟代表大会

1. 纪念大会暨台盟六大概况

1997 年 11 月 12 日，纪念台盟成立 50 周年暨台盟第六次全盟代表大会在北京人民大会堂隆重举行。来自全盟的 159 名代表出席大会，10 名列席代表和部分在京盟员、台胞、机关负责人列席了会议。

党和国家领导人江泽民、李鹏、乔石、李瑞环为台盟成立 50 周年题词。江泽民的题词是：“发扬爱国爱乡传统　促进祖国和平统一。”李鹏的题词是：“广泛团结台胞　为统一祖国而奋斗。”乔石的题词是：“促进两岸交流为实现祖国统一继续奋斗。”李瑞环的题词是：“团结中华儿女　推进统一大业。”

中共中央、全国人大、国务院、全国政协、其他民主党派中央等致贺电。中共中央政治局委员、国务院副总理钱其琛，全国人大常委会副委员长铁木尔·达瓦买提，全国政协副主席王兆国、钱正英等到会祝贺，他们亲切会见出席台盟六大的代表并与代表合影。

蔡子民在大会上作了纪念台盟成立 50 周年暨第六次全盟代表大会开幕讲话。张克辉主持大会开幕式并代表五届中央委员会向大会作了题为

《在邓小平理论指引下，高举爱国主义和社会主义旗帜，为振兴中华统一祖国而奋斗》的报告。大会常务主席陈仲颐向大会作《关于台湾民主自治同盟章程（修改草案）的说明》。为期六天的代表大会上，代表们认真审议了有关文件，并分别于12月15日、17日通过了关于章程（修改案）的决议和关于五届中央委员会工作报告的决议。

中共中央、各民主党派、人民团体、社会各界致贺。钱其琛代表中共中央向台盟成立50周年暨第六次全盟代表大会致贺词，充分肯定了台盟具有光荣的爱国革命传统，“50年来，台盟同中国共产党亲密合作，为反对国民党的独裁统治，支持台湾人民的爱国民主斗争，为推动盟员和所联系的台湾同胞致力于祖国的革命和建设事业，致力于祖国统一大业作出了重要的贡献。台盟的50周年，是为推进中国革命、建设和祖国统一大业不懈努力的50年，是同中国共产党竭诚合作、并肩战斗的50年。50年的光辉历程表明，台盟不愧为中国共产党风雨同舟的亲密友党”①。他高度评价了台盟的历史作用和新时期所作出的贡献，并对台盟今后的工作提出了殷切希望，给全体与会代表极大的鼓舞。贺词指出，台盟自诞生之日起就高举爱国主义旗帜，反对国民党反动统治，参加中国共产党领导的新民主主义革命。中华人民共和国成立以后，台盟作为中国共产党领导的多党合作中的一员，动员和团结全体盟员和所联系的群众，积极参加社会主义建设和祖国统一大业，作出了重要贡献。特别是进入改革开放的历史新时期以来，台盟积极履行参政党的职能，为推进改革开放和现代化建设进行了大量的工作。台盟还发挥自身优势，同海峡两岸人民一道，坚决反分裂、反“台独”、反对制造“两个中国”和“一中一台”，积极促进两岸人员往来和各项交流，为以“和平统一、一国两制”方式实现祖国完全统一，做了卓有成效的工作。

致公党中央主席罗豪才代表其他各民主党派、全国工商联致贺词，全国台联副会长杨国庆代表全国台联向大会致贺词。台盟第六次全盟代表大

---

① 台盟中央宣传部主编：《台盟——台盟成立五十周年暨台盟第六次代表大会专刊》，第4页。

会是在世纪之交召开的一次承前启后、继往开来的重要会议，对台盟跨世纪的建设和发展产生重要影响。新华社每日电讯、《人民日报》（海外版）、《北京日报》、《大公报》、《文汇报》等媒体对大会予以报道。

★ 1997 年 11 月 16 日，台盟六届一中全会选举张克辉为主席（中）、刘亦铭（左二）、林文漪（右二）、吴国祯（右一）为副主席，任命李敏宽（左一）为秘书长。

大会选举产生六届中央领导机构。1997 年 11 月，参加六大的代表选举了由 57 人组成的台盟六届中央委员会。11 月 16 日，台盟六届一中全会召开，选举产生由林盛中等 18 人组成的新一届中央常务委员会；选举第六届中央领导班子，张克辉为主席，刘亦铭、林文漪、吴国祯为副主席，任命李敏宽为秘书长。全国政协副主席、中共中央统战部部长王兆国等来到代表驻地，祝贺新当选的中央委员会。蔡子民任第六届中央委员会名誉主席，陈仲颐、李辰、田富达任名誉副主席，叶纪东、江浓、许文思、吴克泰、徐萌山、曾重郎、潘渊静任顾问。

2. 大会总结了台盟成立 50 周年四条基本经验

第五届台盟中央主席蔡子民在纪念台盟成立 50 周年开幕讲话中表示，台盟之所以成为我国政治生活和统一战线中的一支力量，成为为包括台湾同胞在内的全中国人民服务的参政党，建盟 50 年来有四条基本经验。

50 年来，台盟始终拥护中国共产党的领导。1947 年 11 月 12 日台盟成立之初，台盟的先辈们就选择了接受中国共产党领导的革命道路，加入新民主主义革命行列，与中国共产党共同战斗。中国共产党和各民主党派是根本利益一致基础上的“长期共存、互相监督、肝胆相照、荣辱与共”。台盟和共产党一道前进，也一道经历过几次政治风浪，但台盟都因坚信共产党领导而经受住了考验。1989 年 12 月中共中央和各民主党派协商制定文件，把中国共产党与各民主党派长期合作的经验和传统制度化、规范化。

50 年来，台盟始终坚持社会主义方向，为社会主义现代化而奋斗。在中国共产党领导下，台盟参加新民主主义革命，走上了社会主义道路，成为为社会主义服务的政党，参加国家大事的协商，组织盟员学习时事政策，将群众意见和建议上达中共中央。进入新时期，在邓小平建设有中国特色社会主义理论和社会主义初级阶段基本路线的指引下，台盟履行参政党职能，加强调查研究，发挥群体力量和自身优势，为社会主义现代化建设作出了应有的贡献。

50 年来，台盟始终坚持爱国爱乡光荣传统，为统一祖国而奋斗。台盟认为只有祖国富强统一，台湾才能不受外敌侵略，人民才能当家作主，台湾人民的根本利益和中华民族的根本利益是一致的。台盟反对国民党独裁，反对“台独”“两个中国”和外国势力干涉，同时积极参加社会主义现代化建设。台盟坚持“一个中国”“一国两制”，大力促进两岸经济、文化各项交流与合作，增进两岸同胞的互相了解，执行“寄希望于具有光荣爱国主义传统的台湾同胞”的方针。

50 年来，台盟始终抓紧自身建设，发挥参政党作用。台盟长期以来一直注重思想建设和组织建设。对盟员进行爱国主义、社会主义和台盟盟史教育，从思想教育入手，提高全盟政治素质。在组织上，积极稳妥地发展盟员，加强领导班子建设，不断提高领导成员的政治思想水平和参政议政能力，近年来领导班子老龄化现象凸显，台盟在五年前就开始物色和培养一批中青年骨干，换届时他们陆续走上省市台盟领导岗位，传承台盟优良传统，确保台盟事业继往开来。

（二）参加国家政治、经济生活，建设面向新世纪参政党

中华人民共和国经过50年风风雨雨的艰难历程，取得了举世瞩目的辉煌业绩，铿锵有力迈向新的千年。台盟六届中央委员会经历了1997年香港回归祖国，1999年隆重迎接澳门回归。1999年迎来了中华人民共和国的50华诞，人民政协成立50周年。

1. 参与政治协商，在国家政治生活中发挥作用

中共中央、国务院在重大决策和重要文件出台之前邀请包括台盟在内的各民主党派中央、全国工商联负责人进行协商、听取意见的做法已经形成制度，台盟始终坚定不移地坚持中国共产党的领导，认真履行参政议政、民主监督的职能，在国家政治生活中发挥着重要作用。从1998年至2002年，台盟中央领导同志应邀参加中共中央、国务院举行的党外人士协商会、座谈会、谈心会、情况通报会55次，就国家政治、经济、文化和社会发展，精神文明建设，人事安排等重大问题进行协商，坦诚相见，积极提出意见和建议，不少建议得到重视和采纳，为国家和执政党决策的制度化、科学化、民主化作出了贡献。

1998年2月，张克辉、吴国祯、李敏宽参加审阅第九届全国人大一次会议《政府工作报告（征求意见稿）》，提出两条修改意见，均被中共中央、国务院采纳。2月26日，中共中央在中南海召开民主协商会，向党外人士通报国务院机构改革方案，沟通拟向第九届全国人大一次会议推荐的领导人员名单，同时听取意见，张克辉代表台盟中央出席并发言。

1999年2月3日，国务院总理朱镕基主持座谈会，听取各民主党派中央、全国工商联负责人和无党派人士对即将提请九届全国人大二次会议审议的《政府工作报告（征求意见稿）》的意见。张克辉在会上就坚持“一国两制”方针，推动祖国统一大业所提出的修改意见被采纳。1999年4月，为响应江泽民关于促进祖国和平统一的八项主张，推动海峡两岸政治谈判、经济合作和直接“三通”，中共中央有关部门、各民主党派中央、

全国工商联负责人考察祖国大陆的台资企业，张克辉、刘亦铭、林文漪等参加。在5月召开的考察情况座谈会上，张克辉代表台盟中央就如何做好在祖国大陆的台商工作提出了具体建议。6月30日，中共中央、国务院召开座谈会，征求对《关于加强技术创新，加速科技产业化的决定》的意见，张克辉在会上发言，刘亦铭参加会议。8月，中共中央召开党外人士座谈会，座谈《中共中央关于国有企业改革和发展若干重大问题的决定》，张克辉在会上提出的意见受到有关方面的重视。

2000年1月，朱镕基主持召开座谈会，听取党外人士对《政府工作报告（征求意见稿）》的意见。台盟中央领导就进一步做好台湾人民工作，促进祖国和平统一提出了修改意见并被采纳。2001年5月，在《国务院关于推进基础教育改革和发展决定》出台前，中共中央政治局常委、国务院副总理李岚清听取了各民主党派中央、全国工商联负责人的意见，台盟中央领导出席并发言；8月，中共中央召开党外人士座谈会，听取对《中共中央关于加强和改进党的作风建设的决定（征求意见稿）》的意见，台盟中央提交了三条意见和修改建议均被采纳，有关部门特致函表示感谢。

台盟中央领导经常陪同党和国家领导人参加重要的国事和外事活动。1999年12月19日，澳门政权交接仪式在澳举行，江泽民率中国政府中央代表团前往出席澳门特别行政区成立暨特别行政区政府宣誓就职仪式等活动，张克辉等各民主党派中央主席应邀参加代表团，亲身经历了举世瞩目的澳门回归政权交接仪式。1999年国庆期间，台盟中央领导班子应邀参加了一系列庆祝活动。张克辉、刘亦铭、林文漪等还多次参加国家领导人接见外国国家元首和政府首脑等重大外事活动。2000年，台盟中央领导参加了国家领导人接见新加坡总理、老挝国家主席、阿尔及利亚总统、泰国王后等重要外事活动。2001年，先后出席了接见马来西亚最高元首萨拉赫丁、韩国总理李汉东等活动。南非公使康笃楷先生曾到台盟中央拜访，就台盟的发展、建设等与台盟中央有关领导进行座谈交流，使他对有中国特色的政治协商制度有了比较全面的了解。7月1日，张克辉应邀出席了庆祝中国共产党成立 80 周年大会，向中共中央表示了诚挚的祝贺；7 月 13 日北京申奥成功，举国一片欢腾，台盟中央专门向北京奥申委发去贺电。

2. 服务国民经济发展，为社会主义现代化建设贡献力量

2000 年，全国人民胜利完成了第九个五年计划，实现了社会主义现代化建设的前两步战略目标，向新的征程迈进。2001 年，在朱镕基主持的座谈会上，张克辉代表台盟对《关于国民经济和社会发展第十个五年计划纲要（征求意见稿）》提出九点修改意见并得到采纳；9 月，张克辉在江泽民主持的座谈会上代表台盟对《中共中央关于制定国民经济和社会发展第十个五年计划的建议（征求意见稿）》提出修改建议。第十个五年计划描绘了我国在新世纪第一个五年经济和社会发展的壮丽蓝图，台盟积极围绕国民经济社会发展，为社会主义现代化建设贡献力量。

台盟中央发挥自身优势和特色，推动各级组织发挥盟员的积极性、主动性和创造性，帮助和推动盟员努力提高科学文化水平和业务工作能力，在科研、医疗、文教、体育等各条战线上为社会主义现代化建设和改革开放建功立业，涌现出一大批先进集体和先进个人（共计 529 人次）。台盟各级组织充分发挥盟员岛内外亲友多、联系渠道宽的优势，为海内外台胞在祖国大陆投资牵线搭桥。据不完全统计，全盟五年间直接或间接协助有关部门引进台资累计 85 项，引资总额 8387 万美元，积极推动海峡两岸经济交流和地方经济发展。

参与西部大开发战略。第十个五年计划将实施西部大开发、促进地区协调发展列入未来五年里必须着重研究和解决的重大战略性、宏观性和政策性的问题之一，强调了它对于民族团结、地区协调发展和最终实现共同富裕的重要意义。台盟号召各级组织尤其是西部各省区台盟组织更要发挥积极作用，为引进台资进入西部穿针引线，铺路搭桥，为西部大开发提出切实可行的意见和建议。2000 年 6 月，张克辉率队赴内蒙古、宁夏等地参加了“各民主党派中央和全国工商联西部大大开发考察”活动。在江泽民主持的党外人士座谈会上，台盟中央提出建议，同时以书面形式就

西部开发中的生态保护和引进台资问题提出看法，并在全国政协九届十二次常委会上作了《在西部大开发中要重视吸引台资、台胞前来投资、旅游的工作》的发言。参加考察活动的两位台盟地方组织的专家分别撰写了《对内蒙古、宁夏发展经济保护生态环境的几点建议》和《赴内蒙古、宁夏两区考察后的几点建议》，为开发西部地区献计出力。

开展扶贫支边工作。2000 年，台盟中央派出调研组赴贵州毕节地区考察扶贫工作，带去了营养剂项目，受到当地的欢迎。经过牵线搭桥，旅日爱国台胞捐赠给毕节市天生桥小学 300 万日元改建费，受到当地师生的赞扬。10 月，台盟中央将一批办公用品和衣物捐赠给河北、内蒙古等地的贫困地区。台盟各级组织也十分重视智力支边、科技扶贫工作。2001 年上半年，台盟中央组成了由台盟盟员、大学教授组成的专家组赴兴义市考察，做出了种植中草药石斛、协助当地开发山场脱贫致富的调研报告，并建议在兴义市建立人工栽培石斛试验示范基地。五年来，全盟共引进海内外台胞扶贫捐款 719.8 万元，台盟各级组织和盟员个人捐款 982025 元，捐赠各种办公设备、图书、衣物上万套（件）。同时，台盟各级组织重视办学培训、咨询、智力支边和科技扶贫工作，一些台盟地方组织受到国务院和各级政府的表彰。

3. 参加抗洪救灾，与中国共产党和灾区人民风雨同舟

1998 年，我国长江、嫩江、松花江流域发生特大洪涝灾害，给国家和人民的生命财产造成重大损失。台盟与全国人民一道，积极投身于抗洪救灾工作。台盟中央对各地灾情十分关心。1998 年 8 月 7 日召开主席会议，号召台盟各地方组织和全体盟员配合当地政府积极投入抗洪斗争。8 月 13 日与其他民主党派中央、全国工商联共同发出致抗洪抢险第一线军民慰问信。9 月 4 日根据中共中央精神，压缩一切不必要的行政事业开支，精简各种会议与活动，将原定在上海召开的六届四次中常会改在北京召开，会期由三天缩短为两天。10 月 4 日各民主党派中央、全国工商联、中华慈善总会等 19 家单位共同举办了“同舟共济、新建家园——社会各界为灾区人民募捐”义演晚会。10 月 8 日各民主党派中央、全国工商联、

无党派人士在京隆重举行了抗洪抢险英雄模范事迹报告会。台盟中央和地方组织为灾区、受灾群众捐款捐物，配合地方政府做好重建家园工作，做好受灾台胞、台商工作，紧密联系台盟实际开展了“热爱中国共产党、热爱祖国、热爱社会主义、热爱人民、热爱中国人民解放军”的“五热爱”活动，大力弘扬“万众一心、众志成城、不怕困难、顽强拼搏、坚韧不拔、敢于胜利”的伟大抗洪精神。

（三）开拓参政议政、民主监督工作新局面

台盟六届中央委员会在开展参政议政工作中形成了以经济建设为中心，以对台工作为重点的议政特点。六届中央委员会注重为完善涉台法规、政策出力。世纪之交，随着来祖国大陆的台商、台生、台湾科技人员等越来越多，很多法规、政策需要党和政府有关部门制定和完善，台盟明确了要多做调查研究，通过人大、政协等渠道，反映意见建议，推动两岸人员往来和各项交流尽快进入法制轨道。

台盟中央在“突出重点、服务大局、求实进取、注重实效”工作思路的指引下，共组织了12次重要调研活动，16个地方组织先后参与，形成调研报告28份。2002年10月召开了全盟参政议政工作会议，制定了《台盟中央关于加强参政议政工作的意见》和《台盟中央关于评选和表彰参政议政工作先进集体、先进个人的暂行办法》，台盟的参政议政工作呈现出前所未有的活跃局面。

第六届中央委员会在参政议政、民主监督方面做了以下几方面工作：

一是开展调查研究，为参政议政打好基础。

开展在大陆的台生问题调研。1998年，台盟中央派出调查组赴广东，就在穗台生问题与台盟广东省委会共同调研。1998年上半年，台盟中央与台盟北京市委会联合开展对在京台生情况做了解分析，并对广东、福建、北京的情况进行综合分析研究，向教育部台办报送了《关于进一步做好招收和培养台湾学生工作的一些思考和建议》。

金融危机下开展台湾农业合作交流调研。1998年4月12日至26日，

台盟中央派调研组赴闽，就亚洲金融危机对台商的影响、闽台农业合作状况、在闽台商情况以及如何进一步做好台湾人民工作等问题，与台盟福建省委会共同调研。张克辉率全国台联同志赴闽考察两岸农业示范区，并协助引进台资农业项目，形成四个调研报告。5月下旬，在中共中央统战部等有关部门举办的“东南亚金融危机情况下我国经济形势分析和未来发展趋势展望”研讨会上，张克辉代表台盟中央作了题为《进一步做好台商工作，减少东南亚金融危机带来的负面影响》的发言。6月，蔡子民在全国政协九届二次常委会上作了题为《闽台农业合作，促进科教兴农》的书面发言。9月1日至11日，台盟中央派出两个调研组到海南、云南，就琼台交流与合作、滇台花卉交流与合作问题进行调查研究，向全国政协提案办公室报送两个调研报告，10月在全国政协九届三次常委会上台盟中央作了题为《进一步加强琼台、滇台农业交流与合作》的大会发言。

开展民主党派大型课题调研。1999年起台盟中央每年都参加中共中央委托民主党派就国家重大问题进行的大型考察调研活动，内容涉及推动海峡两岸政治、经济合作和直接“三通”，西部大开发、农业结构调整、可持续发展战略等多个方面，考察、调研的地域遍及上海、江苏、浙江、宁夏、内蒙古、福建、海南等七个省、自治区、直辖市。

迎接加入世贸组织开展两岸农业合作调研。2001年4月，由台盟中央领导带队率调研组分赴福建、上海、江苏、广东、辽宁、吉林，与地方台盟的同志就如何更好地履行民主监督职能，进一步搞好反映社情民意工作进行调研，同时就未来加入世贸组织后如何加强两岸经贸合作，进一步为台商来祖国大陆投资创造良好环境，积极迎接经济全球化与加入世贸组织的挑战等问题提出了建议。

2001年7月26日至8月5日，台盟中央受中共中央委托，对福建省农业结构调整与对台农业合作关系，并对加入世贸组织后两岸农业合作问题进行考察。在闽期间，考察团除听取有关情况介绍外，实地考察了粮食、水产等行业的种植、养殖和加工、销售市场，深入田间地头，与养殖户以及由政府部门下派到农村的各类科技特派员等座谈，形成《福建农业结构调整与闽台农业合作的关系——兼谈加入世贸组织后两岸农业合作问题》的调研报告。在中共中央召开的党外人士“三农”问题座谈会上，台盟中央领导根据调研情况发言，得到了江泽民的肯定。

二是积极建言献策，人大代表和政协委员认真履行职能。

至2002年，全盟共有456名盟员担任了各级人大代表和政协委员，其中12人担任全国人大代表，35人担任全国政协委员，张克辉任第九届全国政协副主席。以个人名义或代表组织提交提案、议案、意见、建议4796件，其中以台盟中央名义向全国政协九届历次会议提交大会和书面发言6份，提案12件。全盟涌现出了一批参政议政的先进集体和个人，《弘扬中华文化，反对文化“台独”》等一批优秀提案得到有关部门的重视和采纳。台盟第六届中央委员会编辑出版的参政议政成果汇编累计收入参政议政成果1644篇，350余万字，展现了台盟各级组织、人大代表、政协委员及广大盟员参政议政的热情和主人翁精神。

1999年全国政协九届二次会议期间，政协台盟组委员认真讨论学习了《政府工作报告》，并提出建设性意见。3月9日，郑励志代表政协台盟、台联组以《和为贵，合最佳》为题在大会发言。委员向大会提交提案32件，反映社情民意材料3份。其中台盟中央提交的《关于树立海关系统廉洁、高效、文明执法形象，进一步做好争取台湾民心工作的建议案》，得到及时回复。海关总署对此提案给予较高评价并表示要采取有效步骤，改进海关工作。在1999年全国政协第六、七次常委会上，台盟中央先后作了题为《重视环境保护，发展台资企业》和《完善配套改革，打好国有企业改革解困攻坚战》的书面发言。11月，在全国政协第四次提案工作座谈会上，台盟中央又作了《履行职责，求实进取》的发言，充分发挥台盟在政协中参政议政的重要作用。

2000年全国政协九届三次会议期间，江泽民、李瑞环等中共中央领导同志来到政协民革、台盟、台联界看望委员并座谈交流，台盟界委员就加强海峡两岸的合作交流、推动两岸关系的发展等作了发言。江泽民对台盟工作给予充分肯定，并提出期望和要求，台盟盟员深受鼓舞。台盟中央和全国台联在政协大会上的发言《“一国两制”符合台湾同胞的根本利益》受到好评。此次会议期间，台盟界的20名政协委员共提交提案41件，内容涉及国家政治、经济建设、对台工作、科教文卫、环境保护等多方面。尤其是台盟中央《关于建议进一步加强对台宣传“一国两制”方针力度》的提案，得到国台办等有关方面的高度重视。

2001年，在全国政协九届四次大会上，林东海代表台盟中央、全国台联联合作了题为《弘扬中华文化、反对“文化台独”》的发言，被一些主要媒体广泛报道和引用；书面发言《增强针对性、进一步做好台湾人民工作》受到国务院有关部门的重视。会议期间，万国权、陈云林等参加了台盟、台联的联组会议，听取了委员们的发言，并对台盟、台联界委员长期以来的工作表示了感谢和肯定，并希望委员们继续建言献策，为祖国统一大业共同努力。

三是反映社情民意，作为履行民主监督职能的重要内容。

随着改革开放的不断深入，中国加入世贸组织后，国内经济与国际经济的关系更加密切，在新形势下，台盟广泛动员各级组织要围绕“十五”计划，深入调查研究，反映社情民意，积极探索参政议政的新途径和新方式；要进一步加强台盟信息工作，畅通信息渠道，办好《台盟情况反映》等信息平台。五年里，台盟各级组织和盟员向有关部门报送信息近2400件，反映社情民意300余件。《台盟情况反映》是台盟反映社情民意的一条重要渠道，自2000年创办至2002年10月29日共出刊258期，集中反映了广大盟员和台胞对国家的经济建设、社会发展、祖国统一等重大问题提出的意见和建议，反映台湾局势的动态信息，及时上报有关部门，为决策部门掌握情况和改进工作提供了重要参考。2001年，《政协信息》曾采用其中两期，并致函感谢。中共中央统战部、国务院台办等部门表示了高度重视，多次作出重要批示。

2001年，台盟在总结经验的基础上召开信息工作会议，制定了《台盟中央关于加强信息工作的意见》，进一步明确信息工作的指导思想，规范了信息工作的形式和程序，提高了全盟对反映社情民意工作重要性的认识。2001 年，台盟中央荣获全国政协优秀信息三等奖。台盟重视信息工作，围绕新世纪“三大任务”，及时反映岛内外台胞的情况，及时把当前社会中带有普遍性、突出性的问题，准确地向中共中央、国务院及有关部门反映。

五年中，先后有 239 名盟员被各级政府、司法和纪检等部门聘为特约人员，参与国家行政监督和法律监督工作，认真履行了民主监督的职能。台盟中央鼓励各级组织继续发挥各级人大代表、政协委员和特约人员的作用，鼓励支持他们开展调查研究，积极建言献策。

（四）坚持江泽民对台八项主张，做好寄希望于台湾人民工作

第六届中央委员会在开展对台工作中注重结合实际发挥台盟的优势。台盟作为由生活在祖国大陆的台湾省人士组成的参政党，与台湾岛内有千丝万缕的天然联系；台盟比较熟悉岛内的政情、社情、民情，因而能充分发挥穿针引线、牵线搭桥的桥梁和纽带作用。

1. 坚持“和平统一、一国两制”的基本方针，反对“台独”分裂活动

围绕党和国家对台方针政策举办各类学习纪念活动。1998 年 1 月至 2 月，台盟中央与国台办、中国和平统一促进会、各民主党派中央联合举办了三场关于纪念江泽民同志台湾问题重要讲话发表三周年的座谈会，吴国祯、李敏宽等代表台盟中央作了发言。台盟中央与全国台联、全国台湾研究会共同举办了纪念台湾人民二二八起义 51 周年座谈会，台盟有四位同志在会上发言。1999 年 1 月 28 日，台盟中央与全国人大常委会办公厅、中共中央台办等六个单位共同举行纪念江泽民对台八项主张发表四周年暨《告台湾同胞书》发表 20 周年座谈会。同日，台盟中央、全国台联和全国台湾研究会又在人民大会堂台湾厅举行座谈会。1999 年至 2002 年，台盟中央和各地台盟组织每年都举办形式多样的纪念活动，缅怀先烈，回首推动祖国和平统一事业走过的历程，加深对“一个中国”原则在两岸关系中重要性的认识。

2000年台湾地区领导人选举，由于国民党内部分裂，陈水扁代表民进党当选台湾地区新任领导人，台湾地区历史上首轮政党轮替，陈水扁领导民进党走“台独”分裂路线。3月23日，台盟中央、全国台联共同举办在京盟员、台胞座谈会，与会同志表示，坚决拥护中台办、国台办针对台湾选举结果所发表的声明，呼吁台湾地区新领导人在“一个中国”原则下，为恢复两岸关系正常发展采取实际行动。在台湾地区新领导人陈水扁发表“就职演说”以后，台盟中央再次举行座谈，批判其“台独”主张。其间，台盟中央还参与主办在厦门举行的两岸关系研讨会。海峡两岸的100多位专家、学者出席会议，会议发出了“回到‘九二共识’，促进和平统一”的呼声。新华社、中央电视台等海峡两岸多家媒体报道了上述活动和会议情况，受到岛内外的广泛关注，产生了积极影响。

2. 贯彻落实中共中央对台工作会议精神

1998年5月，中共中央召开对台工作会议，会议高举邓小平理论的伟大旗帜，认真总结了这些年贯彻党的对台方针政策的基本经验，全面分析了当前对台工作面临的新形势，明确提出世纪之交对台工作的主要任务。台盟中央对会议高度重视，5月19日邀请参会的全国台联负责同志，及时向台盟中央政研会成员和机关处以上干部传达会议精神。6月，在台盟第六届三次中常会上，邀请国台办领导向全体中常委传达会议精神，并进行认真讨论。在此基础上，形成《台盟中央关于贯彻中共中央对台工作会议精神的若干意见》，并在1998年9月的第六届四次中常会上正式通过。全盟各级组织根据中共中央对台工作会议精神，认真总结了多年来的台盟对台工作，并对今后工作做出安排。同时，台盟还为落实中央精神在全盟开展理论研究，撰写论文、调查报告50余篇，为召开全盟对台工作研讨会打下基础。

1999年澳门回归后，解决台湾问题、实现祖国完全统一的历史任务更加突出地摆在全国人民面前。1999年12月底，台盟召开第六届二中全会明确了今后一个时期对台工作的主要任务，就是要继续高举邓小平理论的伟大旗帜，坚决贯彻“和平统一、一国两制”的基本方针和江泽民提出的对台八项主张，认真落实中共中央对台工作会议精神；继续反对任何分裂祖国的活动和“台独”的倾向；积极开展与岛内外同胞的联谊交往工作，使“更寄希望于台湾人民”的方针落到实处。

在联络接待工作中，根据台盟自身特点，从不同层次、角度、尽最大努力做好台湾乡亲及相关人士的工作，增进彼此间的了解。1999 年台湾少数民族大陆访问团来访时，台盟中央领导亲自陪同，参观考察坚持实事求是，取得良好效果。在北京参观时，全团反映北京很美，团长全文盛说：“我们都是一家人，都是中国人。”“上面不通，我们先通；汉族不通，少数民族先通。”他在云南访问后讲“过去说大汉族主义很严重，通过考察，看到少数民族地区的州长、县长等第一把手都是由少数民族的公民担任，大陆的民族政策非常好”。1999 年，台盟中央领导先后接见了创造出版社社长、爱国人士林书扬，台湾国民党候补委员林荣茂，台湾地区戒严时期政治事件处理协会理事长林丽锋，《中国时报》副总主编徐宗懋等台湾各界人士，向他们介绍大陆的对台政策和台盟的性质，并交换意见和探讨两岸形势。在新形势下台盟中央进一步学习领会中共中央对台工作方针政策，加强与岛内各界人士密切联系和交流。仅 1999 年，台盟中央就接待了台湾各界人士近 20 批，以祖国大陆蓬勃发展的经济建设及其伟大成就，稳定的社会秩序和不断改善的人民生活，为消除隔阂、增进两岸人民的了解和互信，发挥了应有的作用。

3. 坚持“一个中国”原则，反对“两国论”和“一边一国”

1999 年 7 月 9 日，台湾当局领导人李登辉抛出了“两国论”，公然将两岸关系定位在“国家与国家，至少是特殊的国与国的关系”上，否定“一个中国”的原则，破坏两岸关系的缓和，激起了广大盟员和台胞的无比愤怒。7 月 15 日，台盟中央和全国台联联合召开座谈会，张克辉在会上发表了《坚持一个中国原则，做好台湾人民工作》的讲话，表示坚决反对李登辉分裂祖国的言论，坚定不移地为维护“一个中国”原则，为促进祖国统一大业的完成继续努力。各地台盟纷纷组织盟员、台胞批判“两国论”，大家表示，批判李登辉分裂国家的行径及其“两国论”，是一项长期的工作。海峡两岸的统一是大势所趋，一定要坚持“和平统一、一国两制”的基本方针，做好台湾人民的工作，为祖国统一大业作出贡献。台盟中央领导多次参加中共中央、国务院有关单位举办的各种形式的研讨会、座谈会，阐明台盟对台湾形势、两岸关系的观点和看法，表达对维护祖国统一的决心。

台盟心系台湾同胞。1999 年 9 月 21 日凌晨，台湾地区发生了百年罕见的强烈地震，造成了严重的人员伤亡和财产损失。台盟中央、全国台联立即致电台湾“中国统一联盟”，对在地震中遇难的同胞表示深切的哀悼，对遭受重大生命财产损失的岛内乡亲表示诚挚的慰问。张克辉在接受中央电视台记者采访时，表达了对岛内受灾乡亲的关心和忧心。

2000 年，陈水扁上台主政后，和李登辉的“两国论”一脉相承，加快了法理“台独”的步伐，2002 年，陈水扁就任民进党主席，抛出“一边一国”言论，鼓动“公投制宪”。2002 年 8 月，陈水扁发表讲话时公然宣称“台湾跟对岸中国一边一国”，声称只有 2300 万人民才能决定台湾命运，鼓吹“公民投票”决定台湾前途，台海局势骤然紧张。

台盟自成立以来始终坚持“一个中国”原则，反对“台独”分裂活动。2001 年 3 月，由台盟中央主办的六台联席会议上，张克辉明确了今后要做好以下几项工作：第一，要毫不动摇地坚持“一个中国”原则，遏制“渐进式台独”；第二，要进一步扩大两岸交流，促进民间交往，营造反“独”促统的环境，加强对台宣传；第三，针对台湾局势的变化，大力加强对民进党的分化和转化工作。2002 年 8 月 7 日，台盟中央召开“坚持‘一个中国原则’，反对‘一边一国’‘台独言论’”座谈会，刘亦铭、周青、何标、纪朝钦、黄幸、潘新洋等在会上分析两岸形势，研究工作方法，台盟中央政策研究会同志参会。

4. 开展涉台课题调研和学术研讨活动

1998 年和 2002 年，台盟中央先后召开了对台工作研讨会和台情研讨会，召开各类涉台会议 50 余次，台盟中央政策研究会共召开会议 40 余次。面对跌宕起伏的两岸形势，台盟中央政研会多次邀请有关部门领导、专家学者和赴台人员到会介绍国际国内涉台工作情况，认真研究分析台湾岛内局势和两岸关系走向，了解最新情况和信息；通过系列报告会等多种形式，就对台具体政策、对台宣传、涉台外交、侨务工作等问题，直接向政府有关部门建言献策，得到国务院的高度重视。

加强涉台重点课题调研。2001 年，台盟中央和地方组织共同努力，完成《台湾社会阶级、阶层基本情况分析》《50 年来台湾社会演变及主要矛盾研究》等专题的调研报告。2000 年以来，台盟中央与地方组织相互配合，共同完成了《台湾统派组织及其影响研究》《两岸统一理论问题研究》等专项调研课题共九篇，近 20 万字。

5. 与台湾不同党派、不同界别、不同阶层人士的交往有了新扩展

尽管海峡两岸在政治方面波澜迭起，但在经贸、文化、科技等领域的人员往来却日益增多。台盟各级组织本着广交朋友、求同存异的原则，扩大与台湾岛内不同党派、不同界别、不同阶层人士的接触和交往，五年来，共邀请接待台胞近两万人次。在对“台独”活动保持高度警惕的同时，台盟也理解台湾同胞在特殊历史时期形成的复杂心态，尊重他们的愿望和要求，将广大台湾同胞要求当家作主与极少数人搞“台独”严格区分开来。台盟中央每年接待包括政治受难人、少数民族、企业界人士、学者、民意代表等台湾团体各界人士。1999 年 6 月，台盟中央接待了“台湾地区政治受难人互助会访问团”一行 12 人。访问团先后到新疆、甘肃、青海、陕西等地考察，并到革命圣地延安参观、访问。8 月 17 日，“1999 台湾原住民教育及文化访问团”一行 17 人到达北京，张克辉亲切会见全体团员，共叙亲情乡情。热情的接待使访问团成员们很感动，访问团团长带领大家高唱“我们都是一家人”，表达两岸同胞的骨肉深情。同年国庆期间，台盟中央接待岛内及海外来访团 3 批 29 人次，日常接待台湾各界人士 105 人次。

台盟中央还积极开展海外联络交往活动。2001 年 3 月，台盟派员参加了全国妇联赴台友好访问团，更加真切地感受到两岸同胞骨肉相连、血浓于水的亲情、乡情和友情。7 月，台盟中央领导出席了在东京召开的

“全球华侨华人推动中国和平统一大会”并在会上发言。2002 年 11 月，再次组团赴日，拜会了旅日台湾省民会、东京华侨总会等十几个华侨、台胞团体以及部分侨领。2002 年 2 月 19 日至 2 月 28 日，以林盛中为团长，胡有清、郑瑞林为团员的台盟代表团，参加了在澳大利亚悉尼召开的“中国和平统一与世界和平——全球反独促统大会”，林盛中作大会发言。代表团访问了布里斯班、墨尔本、堪培拉等地的侨团、侨领，并就华人社会的反独促统运动交换了意见。

（五）以深化政治交接为主线，自身建设迈上新台阶

加强台盟自身建设，是坚持和完善中国共产党领导的多党合作和政治协商制度的需要，是在组织上完成新老交替基础上实现政治交接的需要，是巩固和发展民主党派同中国共产党面向 21 世纪长期合作的需要，也是民主党派自身发展的需要。台盟以搞好政治交接为主线，切实搞好思想建设、组织建设和制度建设，努力建设面向新世纪的参政党。

1. 掌握盟员思想政治状况，加强盟员思想建设

1998 年是各民主党派响应中共中央“五一口号”、为筹建新中国而奋斗 50 周年。1998 年 9 月 22 日，在人民大会堂举行“各民主党派响应‘五一口号’为建立新中国而奋斗 50 周年纪念座谈会”上，张克辉作了题为《为振兴中华、统一祖国继续努力奋斗》的发言，高度概括总结了台盟与中国共产党并肩同行的光荣历史。

1998 年以来，台盟中央高度重视加强盟员思想建设。7 月，台盟中央下发《关于积极参与再就业工作致全盟的一封信》，向地方组织通报了中共中央、国务院召开的国有企业下岗职工基本生活保障和再就业工作会议精神，一方面要求地方组织摸清盟员中的国有企业下岗职工思想状况，帮助他们解决实际困难；另一方面充分认识做好国有企业下岗职工再就业工作的重要意义，为实施再就业工程献计献策，努力做实事、办好事。当时正值中共十一届三中全会召开 20 周年，台盟六届五次中常会、六届二中全会将纪念活动列入重要议程，台盟各地方组织开展了形式多样的纪念活

动，台盟中央、全国台联联合召开近百人参加的座谈会。通过系列活动，对广大盟员进行了生动的再教育，宣传中共十一届三中全会以来党的路线、方针、政策。

1999年9月29日，《中共中央关于加强和改进思想政治工作的若干意见》颁发。2000年5月，台盟六届十一次中常会把加强和改进台盟思想政治工作列为会议的主要议题，台盟中央提出了《贯彻〈台盟中央关于加强思想建设的若干意见〉文件的一些意见》的报告。为了解盟员思想状况，更有针对性地开展思想政治工作，台盟中央于2000年7月下发《关于盟员思想状况调查工作的通知》和《台盟盟员调查问卷》，台盟盟员抽样问卷内容涉及理论学习、政党制度、民主政治建设、统一战线、改革开放、西部开发、祖国统一、社会重大问题等十个方面，是一次较为全面的调查。台盟中央领导率队分别于8月和10月赴天津、北京与当地台盟主要负责同志及盟员代表座谈，了解盟员的思想状况。各地方组织通过报告会、研讨会、学习班等多种形式，加强对盟员的思想政治教育，提高广大盟员自觉接受中国共产党领导的信念。

随着信息技术的飞速发展和互联网的广泛普及，台盟中央建设了台盟网站，通过新的形式、新的媒体宣传台盟。经过几年的努力，台盟各级领导和广大盟员的思想政治素质有了明显提高，具体体现在：绝大多数盟员是非观念明确，能按照中央统一部署，发挥参政党成员的作用；广大盟员在协商议政和民主监督方面积极性空前高涨，做了大量工作；始终密切关注台湾政局和两岸关系的发展变化，积极宣传中共中央对台方针政策，研究岛内政情民心、政经走向，对两岸关系发展中的重大事件、突发事件及时作出反应，及时提出台盟的意见和建议，发挥参政履职作用，以更好的精神状态迎接新世纪的机遇和挑战。

2. 纪念《意见》印发十周年，坚持和完善中国共产党领导的多党合作和政治协商制度

1999年是中华人民共和国成立50周年暨中国共产党领导的多党合作和政治协商制度确立50周年，也是《中共中央坚持和完善中国共产党领

导的多党合作和政治协商制度的意见》(以下简称《意见》)颁发十周年，台盟以此为契机，总结实践经验，加强自身建设，搞好政治交接。1999年6月6日，台盟六届七次中常会明确了下半年工作主题：抓住《意见》发表十周年的有利时机，加强台盟的自身建设，坚持和不断完善中国共产党领导的多党合作和政治协商制度。台盟开展了系列活动：

一是结合《意见》印发十周年，全盟认真学习文件，提高学习的自觉性；认真学习中共中央统战部部长王兆国在开展“认清美国霸权主义本质，弘扬爱国主义精神”教育活动动员会上的讲话精神。

二是开展纪念《意见》印发十周年系列活动。总结十年来台盟实践经验，台盟中央领导在纪念《意见》印发十周年民主党派座谈会上发言；积极参加有关部门召开的“民主党派特约人员工作经验交流会”、统一战线有奖征文活动“回眸50年、迈向新世纪”；按照《纪要》精神，提高台盟机关队伍水平，选送干部参加中央党校、中央社院学习培训。

三是以纪念《意见》印发十周年为契机，加强台盟自身建设。1999年5月，台盟中央和地方组织联合调研。台盟中央研究室、宣传部、组织部与台盟浙江省委会、上海市委会、南京市委会共同总结十年来在参政议政、民主监督工作中的工作成就，总结坚持和完善中国共产党领导的多党合作和政治协商制度方面的实践经验。

1999年5月8日，以美国为首的北约悍然轰炸中国驻南斯拉夫联盟共和国大使馆，激起全国人民的极大愤慨。台盟中央和全国台联召开座谈会，强烈谴责北约暴行，大力加强爱国主义教育，深切悼念在该事件中壮烈牺牲的三位烈士。台盟中央和台盟各级地方组织，深入开展“认清美国霸权主义本质，弘扬爱国主义精神”的教育活动，发扬盟员和台胞的爱国主义精神，化悲愤为力量，做好本职工作。

3. 学习贯彻《各民主党派中央关于加强自身建设若干问题座谈会纪要》精神和全国统战工作会议精神

1999年5月11日，各民主党派中央在协商一致基础上形成了《各民主党派中央关于加强自身建设若干问题座谈会纪要》(以下简称《纪要》)。《纪要》指出要充分认识加强民主党派自身建设的重要意义，从参政党性质、地位、特点和发挥参政党作用的要求出发，确定了自身建设的目标和基本任务。《纪要》是指导民主党派加强自身建设的纲领性文件。

1999年7月29日，根据台盟中央六届十一次专职主席会的精神，台盟中央向全盟发出通知，要求召开台盟自身建设工作会议，学习《意见》和《纪要》精神，以加强台盟自身建设为主题，对思想建设、组织建设、制度建设等进行交流研讨。1999年10月5日至7日，台盟中央在福州召开了全盟自身建设工作会议，来自台盟各级组织的负责人和工作人员50余人出席会议。张克辉在讲话中要求把后备干部的培养提到议事日程上来。会议学习贯彻《意见》《纪要》精神，学习了中共中央统战部常务副部长刘延东《对当前形势、坚持和完善多党合作制度和加强参政党建设的几点认识》的讲话精神，各省市台盟组织以加强自身建设，坚持和完善中国共产党领导的多党合作制度为主题，32位同志分别在大会和小组会上发言，结合自身的工作经验和体会，总结和交流《意见》印发十年来台盟的实践经验。会议就加强思想建设、组织建设和后备干部队伍建设的三个意见草案进行了讨论、征求意见，把加强对后备干部的培养作为当前的紧迫任务，并就台盟的组织工作和宣传工作进行了交流。

2000年12月，中共中央召开了第十九次全国统战工作会议，总结了统一战线的成就和经验，阐述了统一战线的地位和作用，明确了新世纪统一战线面临的形势和任务，强调了加强和改善中国共产党对统一战线的领导。会议对各民主党派加强自身建设提出了更高的要求。通过半个多世纪的发展台盟总结出经验：要更好地履行参政党职能，就必须坚持中国共产党的领导。做共产党的诤友，使中国共产党领导的多党合作和政治协商制度在新世纪得到进一步巩固和完善。

全盟开展了形式多样的活动。2000年，在中共中央统战部组织的全国统战知识竞赛中，台盟的参与率达到83%，经过层层选拔，台盟代表队在总决赛中获得了优秀组织奖。2001年，在全盟开展了学习统战知识活动，激发了盟员的学习热情，广大盟员踊跃参与。2002年，全盟又参加了《人民日报》举办的中国台湾问题知识有奖竞答活动，参与竞答的盟员占盟员总数的99.4%，获得本次活动的优秀组织奖。

2001年7月1日是中国共产党成立80周年纪念日，江泽民发表了“七一”重要讲话，总结经验，全面阐述了“三个代表”重要思想，进一步指明了中国共产党在新世纪的历史任务和奋斗目标。讲话发表后，台盟中央多次召开理论学习座谈会，邀请有关部门的专家、领导做辅导报告，并向各地台盟组织下发了《台盟中央关于学习贯彻江泽民同志“七一”重要讲话的通知》，要求各级组织迅速行动起来，深入学习贯彻“七一”重要讲话精神。

台盟各级组织通过召开纪念会、座谈会、发表文章等多种形式，回顾了中国共产党80年的风雨历程与丰功伟绩。2001年9月，中共十五届六中全会通过了《中共中央关于加强和改进党的作风建设的决定》，提出了加强和改进作风建设的“八个坚持八个反对”，台盟以党为师，学习中国共产党从严治党的宝贵经验，加强台盟作风建设。

4. 台盟中央发布关于加强思想建设、组织建设和后备干部队伍的三个文件

为贯彻《各民主党派中央关于加强自身建设若干问题座谈会纪要》文件精神，纪念《意见》颁布实施十周年，1999年上半年，台盟中央与台盟上海市委会、南京市委会、浙江省委会就如何加强台盟自身建设进行了联合调研。而后，台盟中央起草了《台盟中央关于加强思想建设的若干意见》《台盟中央关于加强后备干部队伍建设的若干意见》和《台盟中央关于加强组织建设的若干意见》三个文件草案（以下简称“三个意见”）。

1999年10月召开台盟自身建设工作会议，总结了十年来各地在自身建设方面取得的经验，对“三个意见”（草案）进行了讨论，并提出建设性的修改意见。根据《纪要》精神，结合台盟实际，1999年12月5日台盟六届九次中常会通过了《台盟中央关于加强思想建设的若干意见》《台盟中央关于加强后备干部队伍建设的若干意见》《台盟中央关于加强组织

建设的若干意见》，确定了面向21世纪抓紧选拔、培养后备干部，加强自身建设的战略目标。台盟六届三中全会对意见进行了认真学习，全盟把贯彻落实“三个意见”列为加强自身建设的重要任务。

2000年9月13日，台盟中央召开全盟宣传思想工作会议，对贯彻落实“三个意见”做出具体部署。刘亦铭在会上讲话，指出要充分认识加强和改进台盟思想政治工作的重要性。思想政治工作是台盟自身建设的基础性工作，要努力提高台盟盟员的思想政治素质，深入细致地做好成员的思想政治工作，自觉坚持和完善共产党领导的多党合作和政治协商制度，为改革开放和现代化建设创造良好的政治环境。他表示，加强和改进台盟思想政治工作的若干意见，要“明确任务、突出重点、研究理论、开拓创新”。要学习江泽民在中央思想政治工作会议上的重要讲话精神，把加强和改进思想政治工作，作为全盟的一件大事。

2001年，根据中共中央统战部在烟台举办的“民主党派组织建设工作研讨会”精神，台盟在吉林省长春市召开了统战理论研讨会。与会代表围绕学习全国统战工作会议精神，进一步坚持和完善多党合作制度以及加强后备干部队伍建设和做好换届工作三个主题展开讨论。严格按照“三个为主”的要求，坚持政治标准，注重政治素质，积极稳妥地发展盟员。

5. 加强组织建设，为新世纪台盟自身建设奠定基本框架

截至2002年年底，台盟共有盟员约2000人，台盟地方组织架构形成基本框架，建立了12个省级组织：北京、天津、上海、广东、海南、福建、湖北、吉林、云南、陕西、浙江、辽宁，台盟中央下属四个直属组织：南京市委会、重庆支部、成都支部、安徽小组。盟员较多地分布在公有制经济、科技、医疗卫生、教育、政府和党派机关等领域。2002年，台盟共有26个地方组织，其中省级委员会12个；市级委员会14个；基层组织84个；还有一批台盟盟员担任全国、省、市、县各级人大代表和政协委员。

1997年至2002年，台盟中央进行了多次届中增补工作，1999年12月

增选李敏宽为副主席，2000 年 12 月增补石四箴、张华军和陈正统为中央常务委员，任命张华军为中央委员会秘书长。台盟各省市先后增补省委委员、副主委和任命秘书长 28 人次。

台盟省市级组织负责人具有很强的代表性。省级主委中，林文漪、汪毅夫、王琼瑛三人担任副省长（直辖市副市长）。蔡世彦、郑励志、林东海、张荣国、陈昭典五人担任省（直辖市）政协副主席。地市级主委中，南京市委会主委孙南雄等六人任市政协副主席，简少玉等两人任市（直辖市区级）人大常委会副主任。

建立一支适应新世纪需要的后备干部队伍，是台盟加强自身建设的重要任务之一。2000 年，台盟中央根据各地后备干部的人选情况，初步建立了后备干部人才库。五年间，全盟有四位盟员先后被增补为全国政协委员；230 多位盟员、干部参加中央党校、中央社会主义学院等部门举办的政治理论和业务能力培训；十多位盟员参加赴美国、英国、德国、中国香港地区的进修培训；50 多位盟员参加台盟中央组织的中青年盟员骨干培训。

2001 年 10 月，台盟中央在中央社会主义学院举办了第一期台盟中青年干部培训班。台盟中央领导张克辉、刘亦铭、吴国祯、林文漪、李敏宽亲自授课，体现了对培训班的高度重视。来自全盟各地方组织的一批中青年骨干参加学习培训，他们中的很多同志后来成长为各地的骨干，进入了各省市级组织的领导班子。台盟各级组织都将加强后备干部队伍建设列入重要议事日程，抓紧对后备干部的培养，一批年富力强的后备力量正在逐步成长。

从 2001 年起，台盟各级组织面临换届。台盟中央认真分析了台盟地方组织的情况和存在的问题，编制了台盟中央和省级组织换届测算表。台盟六届十二次中常会进一步交流检查了《台盟中央关于加强后备干部队伍建设的若干意见》和《台盟中央关于加强组织建设的若干意见》的落实情况，通过了《关于台盟盟员出国或出境盟籍问题的规定》。会议期间，台盟中央领导同志分别与各地同志座谈，了解换届安排。各省、市级台盟组织在换届过程中认真贯彻民主集中制原则，严格把握政策。截至2002年7月上旬，各地相继召开了盟员（代表）大会，选举产生了新一届委员会。

加强制度建设是参政党自身建设的保障。台盟六届中央委员会、中央常务委员会以及台盟中央主席会议、秘书长办公会议按照民主集中制的原则，对全盟重大事务认真研究和部署，成为指导全盟和机关工作的核心。台盟中央常务委员会、主席办公会、秘书长办公会坚持会议制度，对全盟的重要事务仔细研究，认真部署，及时下发会议纪要，指导全盟及机关工作。1998年3月，台盟中央设立“台盟中央政策研究委员会”“妇女工作委员会”等专门委员会。2000年11月，在福建省召开了全盟妇女工作经验交流会。

台盟中央领导重视加强机关建设。从1999年开始，台盟中央机关在新时期公开招录了第一批公务员。2001年7月，台盟中央机关一名干部前往福建省福州市连江县挂职锻炼任副县长。干部任用采用述职、竞职、测评、考核的方式进行。建立部门岗位责任制、个人季度考核制等制度，保障机关工作有序运转。规范了工资、档案管理等制度，改善了办公条件。台盟中央机关局域网基本建成，实现了微机互联，资源共享，办公现代化程度得到了进一步的提高。1999年，台盟中央网站试运行。2000年正式运行，它的创建和运行，为台盟中央运用新媒体宣传盟务活动，向岛内传递台盟信息，宣传中共中央对台方针政策发挥了重要作用。

第六章

积极投身全面建设小康社会

一、台盟七大和学习贯彻《中共中央关于进一步加强中国共产党领导的多党合作和政治协商制度建设的意见》

跨入新世纪，中国进入全面建设小康社会、加快推进社会主义现代化的发展新阶段。2002 年 11 月，中国共产党第十六次全国代表大会在北京召开。会议高举邓小平理论伟大旗帜，全面贯彻“三个代表”重要思想，制定了全面建设小康社会的宏伟纲领。《中共中央关于进一步加强中国共产党领导的多党合作和政治协商制度建设的意见》和《中共中央关于加强人民政协工作的意见》的先后出台，使多党合作进一步制度化、规范化。台盟团结和带领广大盟员和所联系的台胞，为实现推进现代化建设、完成祖国统一、维护世界和平与促进共同发展的历史任务而不懈努力。

（一）认真学习贯彻中共十六大精神

2002 年 11 月 15 日，台盟中央学习中共十六大精神座谈会在北京召开。在京的台盟中央委员和台盟中央机关的全体同志祝贺中共十六大的胜利召开，并相互交流了学习中共十六大精神的体会。全国政协副主席、台盟中央主席张克辉出席座谈会并讲话。

张克辉指出，中共十六大是中国共产党在新世纪召开的第一次全国代表大会，也是我国进入全面建设小康社会、加快推进社会主义现代化建设的新阶段召开的一次具有里程碑意义的重要会议。中共十六大报告中关于对台工作的论述，是 13 年来对台工作的经验总结，宣示了新世纪对台工作的指导思想，对台盟今后的工作具有重要的指导意义。其中提出的三个“可以谈”，既照顾到了台湾人民的切身利益，也给台湾当局留下了相当大的空间，充分展现了中国共产党积极争取和平解决台湾问题的善意、宽阔的政治胸怀和灵活务实的态度。他呼吁台湾当局接受“一个中国”原则，从而尽快实现海峡两岸直接“三通”和谈判。

2002 年 11 月 27 日，台盟六届六中全会在北京举行，台盟中央主席张克辉，副主席刘亦铭、林文漪、吴国祯、李敏宽出席会议。参加会议的台盟中央委员认真学习了中共十六大精神，来自浙江、辽宁、广东的台盟省委会主委还各自结合工作实践交流了学习十六大精神的体会。

2002 年 11 月 28 日，台盟第七次全盟代表大会开幕，与会代表深入学习贯彻中共十六大精神。会议指出，中国共产党第十六次全国代表大会对新世纪新阶段全面推进我国的改革开放和社会主义现代化建设做出了新的战略部署，必将进一步动员全国各族人民，解放思想，实事求是，与时俱进，开拓创新，为开创建设中国特色社会主义事业新局面而团结奋斗。大会要求台盟各级组织和全体盟员认真学习和领会中共十六大精神，紧紧围绕十六大确定的中心任务，认真履行参政党职能，服从和服务于我国改革、发展、稳定的大局，为全面建设小康社会、开创中国特色社会主义事业新局面贡献力量。

台盟中央在学习中认为，中共十六大报告中关于对台工作的论述，对台盟今后的工作具有重要的指导意义，充分展现了中国共产党积极争取和平解决台湾问题的善意、宽阔的政治胸怀和灵活务实的态度。台盟作为由台湾省人士组成的参政党，在推动两岸关系的发展中要更好地发挥桥梁和纽带作用，为推动海峡两岸直接“三通”和政治谈判的早日实现而努力工作。

2000 年台湾民进党上台后，顽固坚持“台独”立场，推行“法理台独”“入联公投”等分裂祖国活动，将两岸关系推向危险的边缘。中共十六大报告指出，“坚持一个中国原则，是发展两岸关系和实现和平统一的基础。世界上只有一个中国，大陆和台湾同属一个中国，中国的主权和领土完整不容分割。对任何旨在制造‘台湾独立’‘两个中国’‘一中一台’的言行，我们都坚决反对”。2003 年 3 月，胡锦涛在十届全国人大一次会议期间，就做好新形势下对台工作提出四点意见，强调：坚持一个中国原则决不动摇，争取和平统一的努力决不放弃，贯彻寄希望于台湾人民的方针决不改变，反对“台独”分裂活动决不妥协。[①]

中共中央提出的两岸关系和平发展战略新思维，有力推动了两岸关系的发展。台盟坚决贯彻中共中央坚持“一个中国”原则不动摇的立场，坚定反“台独”、反分裂，一如既往地推进两岸关系发展和祖国和平统一进程。2004 年 3 月，全国政协十届二次会议上，台盟政协委员刘亦铭提出“建议制定《祖国统一法》”的提案，为反“台独”提供法律依据，向国际社会庄严宣告中国统一大业的国际合法性。

2005 年 3 月，十届全国人大三次会议高票通过《反分裂国家法》，将中共中央关于解决台湾问题的大政方针以法律的形式固定下来，宣示了中国政府和人民反对“台独”、捍卫国家主权和领土完整的共同意志和坚定决心，对“台独”分裂势力产生了震慑作用，也使国际社会认识到“台独”分裂活动的严重危险性，压缩了“台独”国际空间，打击了“台独”气焰。

《反分裂国家法》出台后，台盟中央为广大台湾同胞正确认识理解《反分裂国家法》做了许多工作。2005 年 3 月，台盟中央召开学习贯彻《反分裂国家法》座谈会。张克辉在会上指出，《反分裂国家法》的颁布施行，有利于反对和遏制“台独”分裂势力分裂国家、维护台海地区的和平稳定和中华民族的根本利益，有利于推动两岸关系发展、促进祖国和平统一，台盟中央坚决拥护《反分裂国家法》。

张克辉指出，《反分裂国家法》的制定得到了包括港澳台同胞和海外华侨华人在内的全体中华儿女的积极支持。然而，少数别有用心的“台独”分裂分子却故意歪曲该法，误导、欺骗广大台湾同胞，煽动台湾民众敌视大陆的情绪。事实上，《反分裂国家法》是一部争取和平解决台湾问题、实现祖国和平统一的法律。采取非和平方式制止分裂国家，完全是

① 中共中央统战部编著：《中国共产党统一战线史》，中共党史出版社、华文出版社 2017 年版，第 536 页。

针对“台独”分裂势力的，决不是针对台湾同胞的。相信大多数台湾同胞能够客观、理性地理解祖国大陆的立法宗旨。《反分裂国家法》以大部分篇幅规定鼓励和推动两岸人员来往和经济文化交流，促进两岸直接“三通”，保护台湾同胞的正当权益，充分体现了祖国大陆以最大的诚意、尽最大的努力争取和平统一前景的一贯主张，也为推动两岸关系发展提供了新的契机。台盟今后将认真贯彻《反分裂国家法》以及国家对台工作的大政方针，继续发挥桥梁纽带作用，积极维护广大台湾同胞的正当权益，把做好台湾人民的工作落到实处。

台盟盟员高度评价《反分裂国家法》的颁布实施，认为具有重大的现实作用和深远的历史影响，批驳“台独”分裂势力诋毁、歪曲《反分裂国家法》以误导国际舆论、混淆岛内视听的险恶用心，表示今后要在推进祖国和平统一进程中发挥更加积极的作用。

中共十六大报告呼吁“在一个中国原则的基础上，暂时搁置某些政治争议，尽早恢复两岸对话和谈判”。“我们愿与台湾各党派和各界人士就发展两岸关系、推进和平统一交换意见。”为推进祖国和平统一，台盟中央始终把涉台研究和宣传作为工作的重点和特点，积极参加中共中央、国务院有关部门举办的各种形式的座谈会、研讨会、联席会，表达对台湾局势、两岸关系发展的观点和特点。例如，仅 2004 年，台盟中央政策研究会就召开十余次会议，认真分析岛内形势，研究对策，提出建议。

2004 年 5 月台湾地区领导人选举结束后，从争取民心、反对和遏制“台独”着眼，台盟中央领导及时对中共中央台办、国务院台办“5·17受权声明”作出反应，公开阐述台盟的政治立场。台盟中央适时召开台情研讨会，整理编辑《第三次台情研讨会论文汇编》，对选后岛内政治生态的发展演变做出预测，为继续做好台湾人民工作提出建议。在江泽民《为促进祖国统一大业的完成而继续奋斗》重要讲话发表九周年、台湾人民二二八起义 57 周年以及台湾光复 59 周年之际，台盟中央与有关部门共同举办了系列纪念活动，恢复历史，揭露台湾当局篡改历史的图谋，表达两岸同胞反“台独”、反分裂、盼统一的心声。

2006 年，针对台湾当局领导人终止“国统会”运作和“国统纲领”适用的行径，台盟中央立即发表声明，表达反对分裂、维护统一的鲜明立场。在胡锦涛关于新形势下发展两岸关系的四点意见发表一周年之际，台盟中央领导发表署名文《为构建和平稳定发展的两岸关系而继续奋斗》，被国内各大媒体广泛报道。全国政协十届四次会议期间，台盟中央领导接受境内外媒体记者集体采访，介绍台盟的工作成绩和奋斗目标，再次表达全盟为推动两岸关系发展而不懈努力的决心。同年，台盟中央和福建、湖北、海南、上海、天津等地台盟组织合作，共同完成了四项涉台课题的研究工作，为对台决策部门提供信息和参考意见。

为适应形势发展的需要，台盟中央还积极探索涉台宣传的新形势和新方法，广泛运用影视、出版、网络等多种渠道，全面开展对台宣传和涉台教育工作，涌现出一批优秀作品。通过这些行之有效的方式，使更多的台湾同胞了解台盟，了解多党合作制度，也让更多的大陆同胞了解台湾的历史发展，了解台湾同胞的光荣爱国传统。

张克辉以老台胞为人物原型创作了《台湾往事》剧本，书写土生土长台湾人的故事。2002 年该作品定稿，据此改编、由台盟中央协助制作的影片《台湾往事》是大陆拍的第一部反映台湾人民在日据时代苦难史的影片。2004 年 3 月 20 日，《台湾往事》首映新闻发布会隆重举行，之后在海峡两岸同步上映，获得一致好评，荣获电影金鸡奖五项提名、上海影评人奖、2003 年度十佳国产电影第一名以及第十届中国电影华表奖优秀故事片奖第一名等众多奖项，并应邀参加日本福冈、韩国光州电影节和巴西中国电影周。剧本《台湾往事》被国家广电总局评为第五届夏衍电影文学奖三等奖。

“希望通过这部电影，让两岸同胞特别是台湾同胞了解，我们台湾人是热爱祖国的，永远不会忘记自己是中国人，要为祖国统一奋斗”，“让回家的路不再遥远”。台湾作家、爱国人士陈映真表示，他含泪看完影片，“《台湾往事》不仅是一部优秀的艺术片，也是难得的历史纪录片”,[①] 通过影片增进两岸同胞的相互了解，使骨肉亲情更加深厚。

另一部根据张克辉创作的文学剧本《寻找》改编的电影《云水谣》，综合了几位老盟员、老台胞的真实人生经历，讲述了在海峡两岸关系大背景下的一段爱情悲剧。该片由中国电影集团与台湾龙祥公司、香港英皇公司共同拍摄，两岸及香港明星联袂出演。

此外，台盟中央还在加强与岛内媒体合作方面做了有益尝试。在台湾出版了《二·二八事变第一主角——谢雪红珍贵照片》。接受 TVBS 电视台专访，组织二二八事件亲历者访谈，就岛内同胞关心的历史和现实问题回答记者提问，在岛内播出，受到积极评价。

同时，台盟中央所属台海出版社出版《台湾民众抗日史》《张我军全集》等 12 种涉台书籍分别荣获中国图书奖、中央统战部优秀图书奖等。《啊！谢雪红》《宋斐如文集》等 20 种图书在岛内发行，产生了良好的社会反响。

（二）胡锦涛总书记走访台盟中央

中共十六大后不久，胡锦涛、贾庆林、曾庆红等中共中央领导同志逐一走访了八个民主党派中央和全国工商联，与新老领导人座谈。中国共产党的总书记看望台盟中央机关的同志，在台盟历史上是第一次，也是中国多党合作史上的第一次，台盟中央领导、机关工作人员和广大盟员从中深刻地体会到中共中央对台湾同胞的亲切关怀和殷切希望。

2002 年 12 月 24 日上午，中共中央总书记胡锦涛，中共中央政治局常委贾庆林，中共中央政治局常委、中央书记处书记曾庆红，中共中央政治局候补委员、中央书记处书记王刚等中央领导踏着冬雪来到位于北京景山公园旁的台盟中央机关。

张克辉代表台盟全体同志热烈欢迎胡锦涛一行，对中共中央给予台盟

① 张克辉著：《在故事片台湾往事首映式上的讲话（代序）》，《台湾往事——一部电影的诞生》，台海出版社 2004 年版，第 4 页。

的关怀表示衷心的感谢。他向胡锦涛一行简要介绍了台盟的历史和台盟的工作特点，汇报了台盟的组织发展及台盟第七次全盟代表大会召开的情况。他表示：台盟要继承和发扬老一辈领导人在与中共长期合作中形成的优良传统，带领全体盟员认真学习邓小平理论、“三个代表”重要思想和中共十六大精神，发挥自己的特点和优势，团结一致，为实现中共十六大提出的宏伟目标贡献力量。张克辉还向胡锦涛汇报了最近到福建考察对台工作的情况，并就如何促进两岸“三通”，推动祖国统一提出了建议。

胡锦涛强调，统一战线是中国共产党团结一切可以团结的力量，夺取革命、建设和改革事业胜利的重要法宝，也是中国共产党执政兴国的重要法宝。共产党领导的多党合作和政治协商制度是我国的一项基本政治制度，也是我国社会主义政治制度的特有优势。以毛泽东、邓小平、江泽民同志为核心的中共中央三代领导集体，为统一战线和我国这项基本政治制度的建立和发展倾注了巨大心血，作出了重大贡献。中共十六大把统一战线和这项基本政治制度写入了中国共产党领导人民建设中国特色社会主义必须坚持的基本经验，表明了我们党巩固和发展最广泛的爱国统一战线、坚持和完善我国这项基本政治制度不可动摇的决心。

胡锦涛强调，各民主党派人才济济，具有自己的优势。希望各民主党派深入学习贯彻中共十六大精神，更广泛地凝聚广大成员的智慧和力量，进一步就经济、政治、文化建设和改革深入调研，献计出力，为实现全面建设小康社会的宏伟目标作出新的贡献。相信各民主党派一定能够把学习中共十六大精神同加强自身建设结合起来，继承和发扬老一代领导人的优良传统，把民主党派建设成为同中国共产党亲密合作、能够经受住各种困难和风险的考验、致力于建设中国特色社会主义事业的参政党。

胡锦涛等中共中央领导同志的此次走访给台盟中央机关工作人员留下了难忘的印象。台盟中央领导同志一致认为，胡锦涛等中共中央领导同志在十六大闭幕以后走访各民主党派中央机关的举措，体现了中国共产党新的领导集体对中国共产党领导的多党合作和政治协商制度的重视，对民主党派的尊重、关怀和鼓励，体现了中国共产党与各民主党派“长期共存、互相监督、肝胆相照、荣辱与共”的亲密合作关系，也是中国共产党新的领导集体落实十六大精神，高度重视社会主义政治文明建设的具体体现。他们说，与胡锦涛总书记在一起，气氛非常和谐、融洽。胡锦涛总书记对台盟给予充分的肯定，并且寄予了很高的期望。台盟一定要认真学习中共十六大精神，按照胡锦涛总书记提出的要求，认真履行参政党职能，开拓创新，在参政议政、民主监督等各项工作中做出新的成绩，为实现祖国统一大业贡献力量。

★ 2002 年 11 月，台盟第七次全盟代表大会在北京召开。

(三) 召开第七次全盟代表大会

2002 年 11 月 27 日至 12 月 2 日，台盟第七次全盟代表大会在北京召开。这次大会的主题是：高举邓小平理论伟大旗帜，深入学习中国共产党第十六次全国代表大会精神和“三个代表”重要思想，动员全体盟员及所联系台胞，为把台盟建设成为适应新世纪要求的参政党，为全面建设小康社会而努力奋斗。中共中央政治局委员、书记处书记、中央宣传部部长刘云山，全国政协副主席李贵鲜，全国政协副主席、致公党中央主席罗豪才，中共中央统战部常务副部长刘延东等出席开幕式。

刘云山代表中共中央致贺词，首先充分肯定过去五年台盟在各个方面，尤其是在充分发挥自身优势，积极宣传“和平统一、一国两制”的基本方针和江泽民关于现阶段发展两岸关系、推进祖国和平统一进程的八项主张，努力推进海峡两岸经济、文化合作和“三通”，坚决反对“台独”分裂活动等方面所做的卓有成效的工作。贺词说，实现祖国的完全统一，是中国在新世纪的三大历史任务之一。台盟具有同海内外台湾同胞骨肉相连的特殊优势，一定能够在维护国家主权和领土完整，反对“台独”分裂活动，推动两岸经济文化交流，促进两岸“三通”和实现祖国完全统一的进程中发挥更加重要的作用。

会上，代表们听取了大会主席团常务主席张克辉代表台盟第六届中央委员会所作的题为《继往开来，为把台盟建设成为适应新世纪要求的参政党而努力奋斗》的报告。

报告指出，台盟六大以来，六届中央委员会在中国共产党的领导下，坚持以邓小平理论为指导，全面贯彻落实中共十五大精神和台盟六大确定的任务，为新世纪台盟的发展奠定了坚实的基础，提出今后五年台盟工作的基本思路和主要任务是：一是要深入学习贯彻中国共产党第十六次全国代表大会精神。会议指出，认真学习领会和贯彻中共十六大精神是当前和今后一个时期台盟的一项重要任务，要把学习中共十六大精神与学习邓小平理论紧密结合，与坚持和完善中国共产党领导的多党合作和政治协商制度紧密结合，与台盟的工作实际紧密结合。通过学习，把全盟的思想和行动统一到中共十六大精神上来，把全盟的力量凝聚到中共十六大确定的任务上来。二是要围绕中心，服务大局，充分发挥参政党作用。台盟各级组织要进一步解放思想，拓宽思路，充分发挥自身优势，努力探索参政议政的新方法、新途径，不断提高参政议政的水平和实效；要继续发挥各级人大代表、政协委员和特约人员的作用，鼓励支持他们围绕国家和地方经济发展以及社会进步中的重要问题开展调查研究，积极建言献策。三是要加强交流，广泛团结，努力做好对台工作。我们的政策、做法不仅要体现中华民族的根本利益，也要充分反映广大台湾同胞的利益和福祉，要把民族大义与台湾人民的实际利益结合起来、统一起来；把爱国与爱乡结合起来、统一起来；把政治诉求与经济文化交流结合起来、统一起来，求同存异，广泛团结，努力推动两岸关系朝着和平统一的方向发展。四是要适应形势，不断完善，全面加强自身建设。在继承优良传统的基础上，用符合多党合作要求和具有新时代特征的思想观念、工作形式和有效方法，全面加强自身建设。台盟自身建设的目标，就是努力建设成为与中国共产党亲密合作、致力于建设中国特色社会主义事业的参政党。要把握坚持中国共产党的领导与发扬社会主义民主的原则、体现政治联盟的特点、体现进步性与广泛性的统一。

与会代表学习贯彻中国共产党第十六次全国代表大会精神；审议并通过台盟第六届中央委员会的报告；讨论并通过《台湾民主自治同盟章程》。

章程的修改主要围绕准确定位台盟在新形势下的指导思想、台盟对台工作的指导方针和政策，建设适应新时代要求的参政党进行。

“三个代表”重要思想在中共十六大上被确立为中国共产党和全国各族人民必须长期坚持的指导思想。台盟今后在建设适应新世纪要求参政党的过程中，要始终坚持中国共产党领导的多党合作和政治协商制度，结合自身实际，认真学习和深刻领会“三个代表”重要思想的科学内涵和精神实质，不断提高参政议政、民主监督的能力和水平，努力开创台盟工作的新局面。基于以上考虑，台盟将指导思想表述为：高举邓小平理论伟大旗帜，学习实践“三个代表”重要思想，切实履行参政党职能。

此次章程修改还着重强调组织广大盟员开展理论学习的重要性，并明确提出“坚持中国共产党领导和发扬社会主义民主的原则，体现政治联盟的特点，体现进步性与广泛性的统一”，“努力把台湾民主自治同盟建设成为与中国共产党亲密合作、共同致力于建设中国特色社会主义事业的参政党”。

台盟七大指出，实现祖国的完全统一，是我国进入新世纪的三大任务之一，是包括台湾同胞在内的海内外中华儿女的共同心愿。大会要求，台盟各级组织继续坚持以“和平统一、一国两制”基本方针和江泽民关于现阶段发展两岸关系、推进祖国和平统一进程的八项主张为指导，充分发挥桥梁与纽带作用，调动一切积极因素，团结一切爱国力量，反对“台湾独立”和任何形势的分裂活动，为推动海峡两岸直接“三通”和谈判作出更大贡献。

大会强调，台盟要继续发扬与中国共产党亲密合作的优良传统，努力建设成为适应新世纪要求的参政党。在实现这一目标的过程中，全盟要坚持社会主义方向，致力于建设中国特色社会主义；适应时代发展要求，进一步提高参政议政、民主监督水平；具备较高政治素质，能够经受各种困难和风险的考验；体现政治联盟的特点，体现进步性与广泛性的统一，广泛团结、求同存异，带领广大盟员及所联系的台胞，在多党合作的道路上不断前进。

大会号召，全盟紧密团结在中共中央周围，高举邓小平理论伟大旗帜，深入学习中共十六大精神，学习实践“三个代表”重要思想，与时俱进，奋发有为，为把台盟建设成适应新世纪要求的参政党，为实现祖国的完全统一和中华民族的伟大复兴而努力奋斗。

大会选举产生台盟第七届中央委员会，共 58 名中央委员。在台盟七届一中全会上，选举张克辉为台盟中央主席，刘亦铭、吴国祯、李敏宽、林文漪为台盟中央副主席。推举蔡子民为台盟中央名誉主席，李辰、田富达、陈仲颐为台盟中央名誉副主席。任命张华军为台盟中央秘书长。

2003 年 3 月，张克辉连任十届全国政协副主席，刘亦铭任十届全国政协港澳台侨委员会副主任。

（四）投身抗击“非典”的斗争

2003 年上半年，海峡两岸部分地区同时遭受到非典型肺炎疫情的侵害。5 月，台湾岛内疫情不断扩大和蔓延，引起了居住在祖国大陆台湾同胞的担忧和关切。在抗击“非典”的日子里，台盟发扬优良传统，履行参政党职能，与中国共产党和政府同心同德，共渡难关，努力为夺取抗击“非典”的胜利作出应有的贡献。

台盟中央一方面致电台湾中国统一联盟，转达对广大台湾同胞深切的慰问和关怀，呼吁两岸加强合作，携手战胜“非典”；另一方面由张克辉发表讲话，呼吁海峡两岸人民心连心，密切配合，积极推动海峡两岸在防治“非典”方面的交流与合作，并表示愿为台湾地区防治“非典”提供一切必要的支援。

台盟中央发出《关于在全盟开展“三增强、四热爱”教育活动的通知》，号召全盟积极投入到抗击“非典”的战斗中去，为夺取抗击“非典”和经济建设的双胜利献计出力，并以此为契机，增强对“三个代表”重要思想、社会主义制度优越性和中华民族凝聚力的认识，更加自觉地热爱中国共产党，热爱祖国，热爱社会主义，热爱人民。各级盟组织和广大盟员与全国人民一道，在中共中央和国务院的统一领导下，发扬优良传统，通过走访、慰问、捐款、宣传、提案、建议、信息等多种方式为防治“非典”疫情的蔓延做了大量的工作。特别是奋战在一线的盟员医务工作者，临危不惧，置个人生死于度外，科学救治，为保护人民群众身体健康和生命安全作出了贡献。

2003 年 7 月 12 日，台盟中央举行抗击“非典”先进盟员表彰会，表彰为防治“非典”作出贡献的八位医护界盟员，并号召全盟盟员向他们学习。八位盟员曾分别服务于北京、上海、南京、大连和天津的抗击“非典”一线。

受到表彰的北京市望京医院门诊手术室的护士长、盟员李力，具有几十年的消毒隔离工作经验和 ICU 重症监护经验。她年过五旬，在朝阳妇幼保健院的一个“非典”病区长期担负着为 34 名医护人员消毒防护的工作。曾担任台盟上海市委会副主委的潘孝彰，是上海复旦大学医学院附属华山医院教授，作为上海抗击“非典”专家组成员，他通过媒体不断向市民介绍疫情及预防知识、参与对“非典”疑似病例的诊断，为安定民心、指导防治工作作出了不懈努力。南京医科大学教授孙南雄、中国医科院整形外科医院主任医师蔡国斌、北京市海淀医院主治医师欧云崧、清华大学酒仙桥医院副主任医师郑直、大连市第二人民医院呼吸科主任李晓娟和天津市和平区四面钟地段医院主治医师章庆红也在各地都为防治“非典”作出了贡献。

“非典”疫情蔓延期间，各地方台盟组织纷纷行动起来，例如，台盟北京市委会促成在京台商捐赠消毒剂、防护服54万元，为13名一线医务人员子女每人每年提供2000元助学金，为北京医院等捐赠了价值6万元的消毒剂，联合兄弟党派向北京六院医生捐赠500箱牛奶，盟员通过各种渠道捐款3万多元。①

与此同时，台盟各级组织更加注意了解台胞、台商和台生情况，定期慰问，提供防治“非典”的药物和日常必需品，为保证他们的正常生活、经营和学习作了大量的工作。2003年共组织座谈会126次，近1500位台胞参加，组织参观活动22次，580余位台生代表参加。

（五）深入学习贯彻《中共中央关于进一步加强中国共产党领导的多党合作和政治协商制度建设的意见》

为进一步加强中国共产党领导的多党合作和政治协商制度建设，经过中国共产党和各民主党派、无党派人士共同协商，2005年2月，《中共中央关于进一步加强中国共产党领导的多党合作和政治协商制度建设的意见》印发，文件对多党合作和政治协商的原则、内容、方式、程序等作了科学规范，在理论创新和政策完善方面有了新发展。

文件对新世纪新阶段民主党派性质内涵作出了新表述，指出：民主党派是各自所联系的一部分社会主义劳动者、社会主义事业建设者和拥护社会主义爱国者的政治联盟，是接受中国共产党领导、同中国共产党通力合作的亲密友党，是进步性与广泛性相统一、致力于中国特色社会主义事业的参政党。

2006年2月，《中共中央关于加强人民政协工作的意见》印发。文件科学概括了中国共产党的三代中央领导集体关于人民政协事业的重要论述和以胡锦涛为总书记的中共中央对人民政协工作的新思想、新要求，阐明

① 《一文读懂：砥砺奋进70年，北京台盟组织这样走过》，团结报党派e家，2019-07-06 09:06，https://www.sohu.com/a/325149491_120025204。

了新形势下加强人民政协工作的重要性和必要性，进一步明确了人民政协的性质、地位、作用、主题、任务、职能和工作原则，并对搞好人民政协工作的制度化、规范化、程序化提出了明确要求，同时还为人民政协的各级组织、各参加单位以及广大委员进一步解放思想、开拓创新，提供了广阔空间。①

两个重要文件的颁布实施，为包括台盟在内的民主党派在政治、经济、社会、文化等更广阔的范围内发挥作用提供了制度保障和政策依据，也对民主党派履行参政党职能的能力和自身建设水平提出了更高的期望和要求。台盟认真学习贯彻中共中央两个文件精神，始终坚持正确的政治方向，继承和发扬台盟与中国共产党亲密合作的优良传统，切实履行参政党职能，全面加强自身建设，永远做共产党的诤友，进一步团结全体盟员及所联系的台湾同胞全面贯彻落实科学发展观，努力为全面建设小康社会服务，为“十一五”规划的贯彻落实服务，为构建社会主义和谐社会服务。

2003 年，台盟中央召开组织工作会议，交流了各地经验体会，统一了对组织发展工作的认识。台盟各级组织严格按照以协商确定的范围和对象为主、以大中城市为主、以有代表性的人士为主，注重质量，保持特色，组织发展和后备干部队伍建设相结合的原则，积极稳妥地发展盟员，盟员队伍进一步壮大。同年 10 月，在中共地方党委的大力支持下，台盟重庆市支部升格为台盟重庆市工作委员会，10 月 17 日召开第一次盟员大会及成立台盟重庆市工委第一届委员会，连英俊任主委。台盟重庆市工委成立后，于 2006 年 11 月成功举办“海峡西岸农村合作经济论坛暨农民专业合作经济组织研习班”，研讨交流了两岸农民合作组织的发展情况。2007 年 11 月，“战时首都重庆与战后台湾光复”学术论坛在重庆举行，为加深海峡两岸的交流与了解，减少分歧与隔阂，拓展渝台两地交流与合作发挥了积极作用。

台盟以坚持走中国特色社会主义政治发展道路为核心，大力加强思

① 中共中央统战部编著：《中国共产党统一战线史》，中共党史出版社、华文出版社 2017 年版，第 496 页。

想建设，及时组织学习中央有关文件精神，通过举办座谈会、培训班、研讨会等多种活动，在盟员中坚定了坚持中国共产党领导的多党合作和政治协商制度的信念，全盟的思想理论水平和政治素质有了明显提高。各级组织通过开展爱国主义和社会主义教育、盟章盟史教育，进一步发扬台盟老一辈领导人的优良传统，使广大盟员凝聚力量、团结奋斗，切实致力于中国特色社会主义事业发展。2007 年下半年，全盟各地方组织掀起了开展“政治交接学习教育活动”的新高潮。以这一活动为载体，切实推进政治交接，加强自身建设。政治交接学习教育活动以坚持走中国特色社会主义政治发展道路为核心，以增强接受中国共产党领导的自觉性和坚定性为关键，以继承和发扬台盟老一辈与中国共产党团结合作形成的政治信念、优良传统和高尚风范为重点，不断巩固多党合作和政治协商的政治基础和组织基础，推动和实现统一战线和多党合作事业的可持续发展。

台盟将领导班子建设和后备干部队伍建设作为组织工作的重要方面，不断提高干部队伍的政治把握能力、参政议政能力、组织领导能力和合作共事能力。2002 年至 2007 年，近 200 名盟员、机关干部参加了中共中央党校、中央社会主义学院、浦东干部培训班和赴境外的培训进修。2004 年 9 月，台盟中央举办了第二期中青年干部培训班，53 名盟员、干部参加。重庆、云南、上海、广东等地的中青年骨干，有的担任了政府及司法部门领导职务，有的从学术、专业技术领域调到行政机关挂职锻炼。通过培训、推荐、挂职锻炼等各种形式，为全面提高盟员的各种能力创造了机会，提供了平台。通过参加不同形式的培训，全盟素质得到了普遍提高。在“各民主党派、工商联、无党派人士为全面建设小康社会作贡献经验交流暨表彰大会”上，6 个台盟地方组织和 20 名盟员个人被授予先进称号。

台盟各级组织注重加强机关建设，完善规章制度，科学设置机构，明确岗位职责，合理安排人员。

★ 2007 年 12 月 24 日，胡锦涛同志在党外人士座谈会上，与张克辉亲切握手。

2003 年，台盟中央机关定工作职责、机构设置和人员编制的“三定”工作基本完成，进一步明确了机构职能，理顺了内部关系，并根据需要进行了工作调整；推进了机关人事制度改革，一些同志走上了新的领导岗位；组建了台盟中央机关服务中心，实现了人员分流，机关工作人员的精神面貌和工作效率有了明显的改善和提高。

2006 年 1 月 1 日开始实施的《中华人民共和国公务员法》将民主党派机关的工作人员也纳入了公务员范围。台盟以此为契机，通过交流、轮岗、竞争上岗等形式，加强了对机关干部的培养和选拔，推动机关运行的规范化、制度化和程序化，机关工作效率和服务意识明显提高。为强化各级机关为全盟代表大会、台盟中央常委会、省市委员会和盟员服务的职能，台盟中央 2006 年召开办公室主任工作会议，总结交流经验，进一步明确机关建设的目标和任务。台盟中央机关继续完善各项工作制度，充实各部门管理力量，并进行部分内设机构的调整和干部交流，使各部门职能更明确，干部使用更合理。台盟地方组织也切实加强机关建设，机关工作效率明显提高。

台盟中央委员会进行了届中调整。2004 年 12 月，台盟七届三中全会增补张嘉极、陈宜安、骆沙鸣、谢正观 4 人为中央委员。2005 年 12 月，台盟七届四中全会通过《关于同意张克辉同志辞去台盟中央主席职务的决定》，并由中央委员选举林文漪为台盟第七届中央委员会主席，推举张克辉为台盟第七届中央委员会名誉主席。2006 年 12 月，台盟七届五中全会增选汪毅夫为台盟中央副主席，增选吴秀凤为台盟第七届中央委员会委员。

台盟各级组织认真做好沟通、协调工作，稳步推进换届工作的开展。2005 年，台盟对中央常委、中央委员、省级组织负责人情况展开调研，对省级组织领导班子干部配备现状、年龄结构、后备干部队伍状况等逐一分析，并加强与有关部门及地方组织的联系，做好沟通、协调工作，为 2007 年换届做好准备。陕西、湖北、南京等地方组织的届中调整顺利完成，调整、增补了领导班子成员。

2006 年，地市级台盟组织的换届工作基本完成。通过换届，台盟地方组织领导班子的年龄结构和知识结构进一步优化，充实了一批政治素质好、有较强参政议政能力和组织领导能力、有广泛群众基础和代表性、年富力强的领导骨干，班子里既有专家学者，又有在政府司法部门担任实职的领导干部，也有专职的盟务工作者，形成素质较高、结构合理、关系协调、工作高效的领导集体。

台盟各种机关刊物、网站的建设也在与时俱进的发展中。台盟中央机关刊物《台盟》成为广大盟员交流思想和工作情况的重要窗口，其栏目结构不断优化，进一步提高了知识性和可读性。台盟中央宣传部创办的《海峡快讯》自 1998 年 3 月 1 日试刊，为中常委、各部门负责人提供了关于台湾问题、两岸关系的快捷信息。截至 2002 年 11 月初，《海峡快讯》已出刊 113 期，总计约 70 万字，基本反映了海峡两岸的主要新闻与相关信息。《台盟信息》及时反映盟员和台胞对国家经济社会发展的意见和建议，反映台盟对两岸关系中的重大问题、重要事件，以及关系群众利益的突出问题的立场和观点，为决策部门掌握情况和改进工作提供参考。《台盟周报》是沟通全盟信息的重要平台，为加强各级组织间的互动发挥了积极作用。此外，台盟组织出版了包括大型画册《血浓于水》在内的对台宣传图书五种，其中四种图书分获国务院台办、国务院新闻办优秀对台宣传奖。

台盟中央网站（www. taimeng. org. cn）于 2001 年 12 月正式开通后，努力朝着规范化、专业化方向发展。2006 年，台盟中央全面启动了以网站升级、信息资料数字化为主要内容的信息化建设工程。台盟中央网站经过改版，于 2006 年 12 月 7 日以新面貌上线运行。新改版的台盟网设有台盟揽要、动态新闻、国是参议、海峡两岸等栏目，介绍台盟的基本情况，宣传多党合作制度和对台方针政策，报道台盟及两岸关系中的重大活动和事件，向社会各界展示台盟的参政议政成果，表达两岸同胞反对分裂、盼望统一的心声。升级后的网站吸引了越来越多的海内外华侨华人和岛内同胞的关注，月浏览量已接近 50 万人次，成为台盟对外宣传的重要窗口。

（六）切实履行参政议政职能

迈入新世纪，台盟紧紧抓住经济社会和两岸关系发展中的全局性、前瞻性问题，深入调查研究，积极建言献策。随着各民主党派围绕全局性、战略性问题进行考察调研制度的规范化，台盟中央精心选择了推动两岸经贸合作、振兴东北老工业基地、发展海洋经济、建设社会主义新农村、提高自主创新能力等课题开展调研，所提意见和建议得到中共各级党委、政府的高度重视。台盟各级组织重视开展好专题调研工作，形成了一批高质量的调研报告。同时，台盟中央联合地方政府、台盟地方组织等，通过举办论坛等活动，进一步强化了相关专题的成效。

台盟认真履行参政议政职责，台盟中央领导参加中共中央、国务院举办的党外人士协商会、座谈会、情况通报会，就《政府工作报告（征求意见稿）》《中共中央关于完善社会主义市场经济若干问题的决定（征求意见稿）》《中共中央关于修改宪法部分内容的建议（草案）》《国务院关于进一步加强农村教育工作的通知》《中共中央关于加强党的执政能力建设的决定（征求意见稿）》《中共中央关于构建社会主义和谐社会若干重大问题的决定》《中华人民共和国国民经济和社会发展第十一个五年规划纲要》《中华人民共和国各级人民代表大会常务委员会监督法》等重要文件、法律，以及做好当前经济社会发展工作、深化行政管理体制和机制改革、国家领导人选等重要问题发表看法，提出意见建议，不少建议被采纳或得到肯定答复并引起国务院有关部门的重视。担任各级政府、司法和纪检部门实职和特约工作的台盟盟员，认真履行宪法和法律赋予的权力，参与国家事务管理，参与国家行政和司法监督工作，为促进经济发展、维护社会稳定作出了贡献。

台盟盟员积极参与政协协商，每年提交高质量的大会发言和提案。2003 年，全国政协十届一次会议期间，中共中央政治局常委、国务院副总理吴邦国参加民革、台盟联组会，四位台盟界委员就加大宣传“一国两制”力度、进一步做好对台工作、完善城镇职工医疗保险制度等问题作了发言。台盟界提交大会发言4份、提案36件，反映社情民意6件，其中台盟中央和全国台联的大会发言《推动直接“三通”，开创两岸经济合作新局面》受到广泛好评，多家媒体报道和转载。台盟中央编辑的《参政议政成果汇编》累计收入全盟参政议政成果466篇，充分体现出了各级组织和广大盟员的参政热情和水平。

2004年，全国政协十届二次会议期间，台盟中央提交大会发言和书面发言4份，提案13件，10件陆续得到回复，办复率77%。中纪委采纳了《关于建立党政领导干部和国企厂长经理直系亲属出国留学、定居报备案制度的建议》并组织试点，多家媒体在显要位置报道，引起较大社会反响，此提案于2019年获选全国政协成立70年来有影响重要提案（100件）之一。《关于在土地征用、使用过程中维护台商合法权益的建议》被国土资源部确定为重点提案。《加强协调，加快环渤海经济区的发展》等提案也得到了有关部门的肯定和回复。

2005年，全国政协十届三次会议期间，胡锦涛参加民革、台盟、台联联组会，台盟界三位委员就两岸经济合作、台生工作、对台宣传等问题发言。台盟中央提交大会发言和书面发言5份，提案24件，有22件陆续得到回复，提案数量和办理、采纳率为历年最高。第29届奥组委采纳了《关于吸收在祖国大陆高校就读的台生参与奥运志愿者活动的建议》，认为这一建议对做好北京奥运会工作具有现实意义，并表示将在具体工作中认真研究加以落实。《关于将忻口战役抗战遗址作为爱国统一战线教育基地加以保护开发》的建议得到山西省政府的高度重视，全国政协提案委员会为此专门举办了“忻口抗战与爱国统一战线工作研讨会”。《开展两岸农村合作组织交流，促进我国农民专业合作经济组织发展》《关于加强网络文明建设，促进互联网络健康发展的建议》等提案也得到有关部门的充分肯定和采纳。

2006年，全国政协十届四次会议期间，贾庆林参加民革、台盟、台联联组会，三位台盟界的委员就推动两岸文化交流、进一步做好台湾人民工作等问题作了发言，受到台湾岛内媒体的关注并作持续报道。会上，台盟中央提交大会发言1份，提案13件，其中4件被评为重点提案。台盟界委员提交大会发言8份，提案45件。《关于为祖国大陆培养的台生就业建立政策和市场通路的建议》得到国台办的充分肯定，表示将就有关问题会同教育部、人事部共同研究，加强政策指导，为台生就业提供更广阔的就业市场。在台盟浙江省委会提案基础上形成的《尽快对金华台湾义勇队旧址进行抢救性修复和保护的提案》得到浙江省和金华市政府的高度重视，金华市政府斥资维修。2006年10月，“台湾义勇队纪念馆”正式挂牌开馆。在台盟湖北省委会提案基础上形成的《关于通过宣传武汉辛亥革命首义之地在对台交流中发挥作用的提案》，经全国政协立案后，由国务院交湖北省政府和国台办正式办理。湖北省政府致函台盟中央，认为提案非常重要，表示将责成有关部门和武汉市政府逐条研究，认真办理。

台盟围绕中心、服务大局，积极探索工作规律，进一步加强了中央与地方以及地方之间的联系与合作，台盟各级组织通过“上下联动、横向联合”的调研工作机制，进一步加强了彼此之间的沟通与合作，加强了与各级人大、政府、政协以及大专院校、科研机构的联系与配合，实现了整体协调、优势互补、资源共享，有效地发挥了台盟组织的集体力量。

2003年，台盟中央加大开展调研力度，其规模之大是历年来最为突出的。年初，台盟中央领导同志带队赴福建省，考察东南沿海地区与台湾“小三通”问题。6月至10月，台盟中央又派出调研组分别赴福建、辽宁、湖北、成都、上海、浙江、江苏、北京、天津等省市，就《在祖国大陆投资台商的现状、特点及在实现祖国完全统一中的作用》和《两岸物流合作》课题进行调研。共发放调查问卷740份，走访台资企业40余家，召开专题研讨会、论证会、征求意见会4次，组织座谈近40次，形成调研小结20余份，在此基础上完成了《在祖国大陆投资台商的现状、特点及在实现祖国完全统一中的作用》《加强两岸物流合作，推动直接“三通”》等调研报告。此外，台盟中央还对广东省台商投资状况进行调研，考察了广州、深圳、东莞、惠州四市，走访多家台资企业，与当地政府部门及台商代表开展座谈，听取情况介绍，并依此撰写出《台商在大陆投资的新情况、新特点、新作用》的报告。

为配合国家振兴东北老工业基地战略，2004 年，台盟中央与中共中央统战部、国家发展和改革委员会、国务院台办有关部门负责同志组成联合调研组，重点考察了吉林省长春市、延边朝鲜族自治州、吉林市，并先后对辽宁、黑龙江进行了考察，了解振兴东北老工业基地战略部署以及台商在东北的投资现状、作用和问题，形成调研报告三份。在胡锦涛主持的党外人士座谈会上，台盟中央领导就东北老工业基地调整改造以及如何发挥台商在振兴东北老工业基地中的作用提出意见，并在此后召开的全国政协十届六次常委会上，提交了《吸引台资参与东北老工业基地振兴，进一步促进两岸经济交流与合作》的大会发言。配合此次调研，组织台湾农民联盟农业交流考察团和北京中医药大学台湾学生中医药考察团赴吉林省访问，就两岸农业合作、农业产业、农产品销售等议题进行研讨，为吉林省农业发展献计出力。

2005 年，台盟中央邀请中共中央统战部、国务院台办、国家海洋局等有关部门负责同志和专家组成联合调研组，重点考察了山东省济南市、青岛市、威海市、烟台市，继而对天津、上海、辽宁、福建等省市进行考察，了解我国海洋经济文化发展及两岸经贸合作状况，形成《发展海洋经济，促进两岸经贸合作》等五份调研报告，并提交全国政协十届十次、十一次常委会，被国内各大媒体广泛报道，引起较大的社会反响。

2006 年，台盟中央邀请中共中央统战部、国务院台办、农业部农村经济发展研究中心、首都经济研究所、广东、福建台盟组织的负责同志和专家组成联合调研组，赴广东省对两岸农业合作和社会主义新农村建设情况进行考察，撰写的《促进两岸农业合作，为社会主义新农村建设服务》《加强两岸农业合作，促进大陆农业产业结构调整和科技进步》《发展农民专业合作组织，促进社会主义新农村建设》等三份大会发言，提交全国政协十届十四次常委会，引起社会各界的广泛关注。台盟北京市委会、陕西省委会、重庆市工委关于农民合作经济组织的联合调研，互相吸收借鉴经验与成果，得到当地中共党委、政府的肯定，取得了很好的成效。其中，台盟北京市委会关于《落实农民合作经济组织调研成果，促进京郊新农村建设》的调研，经中共北京市委常委会研究确定为2006年重点调研项目。

对闽南文化的保护和弘扬是台盟结合自身优势，开展调研并取得成效的突出案例。闽南文化是台湾地区主要的文化根脉和传统源头，现存的闽南文化资源是台湾文化的历史印证和现实参照。早在2005年，台盟中央就围绕多党合作、闽南文化、国家可持续发展战略等课题进行调研，形成《台盟中央关于进一步推进多党合作制度化、规范化的体会和建议》《挖掘闽南文化资源，服务祖国统一大业》等八份调研报告和发言，提交中央有关部门。

2007年，台盟中央与福建、北京、天津、南京等省市台盟组织联合开展关于闽南文化的专题调研，并配合调研与福建省人民政府、国家文物局主办了“海峡西岸文化遗产保护论坛”，有效推动了闽南文化和海峡西岸文化遗产的开发和保护工作，论坛邀请国家有关部委负责同志、海峡两岸专家学者共同研讨，有效推动了闽南文化和海峡西岸文化遗产的开发和保护工作。

台盟中央就进一步加强闽台文化交流工作提出建议，希望尽快建立闽南文化保护区，启动涉台文物保护利用专项工程。加大保护和弘扬闽南优秀传统文化的工作力度，提高闽南文化对台湾地区的辐射力和影响力。建议国家有关部门将闽南文化保护区列入2007年首批全国十大文化生态保护区名录，并从保护区的机构设置、启动资金等方面给予支持。

在台盟中央的大力推动下，2007年6月，国家级“闽南文化生态保护实验区”正式挂牌启动，实验区包括的福建泉州、漳州、厦门三地，正是台胞的主要祖籍地。

（七）进一步深化对台联络交流

台盟中央于2005年提出整合全盟联络资源的思路。在此基础上，台盟各级组织进一步深化与岛内中南部民众、科技医疗等领域的专业人士以及青少年的联络交流。全盟的对台联络工作不仅突出了特点，也提升了层次，扩大了成效。台盟各级组织充分发挥盟员岛内外亲友多、联系渠道宽的优势，注重加强与地方政府部门合作，为台胞在大陆投资牵线搭桥，积极探索推动两岸经贸合作的新渠道，共建合作的新平台。

2005 年 4 月，台盟联络工作会议在西安举行。会议全面总结近年来对台联络工作，提出要全面把握现阶段台湾问题的总体形势，充分认识做好新形势下争取台湾民心工作的重要性和紧迫性，深刻领会中共中央关于做好新形势下争取台湾民心工作的有关精神，努力在对台工作中做到“五个新”，即海峡两岸交流交往工作要有新突破，开展台湾重点阶层和群体的工作要有新进展，做台湾人民的工作要有新手段，对台宣传工作要有新举措，对台调查研究工作要有新成果。

★ 2006 年 3 月，两岸台胞民间交流促进会成立。

2006 年 3 月 2 日，两岸台胞民间交流促进会正式成立，首任会长张克辉。之后由林文漪任会长，张克辉任名誉会长，汪毅夫任常务副会长，吴国祯、陈蔚文、杨健、黄志贤、张宁任副会长，郑世凯任秘书长。

这是由台盟中央发起成立的全国性民间社团，其宗旨是继承和弘扬台湾同胞爱国爱乡传统，团结海峡两岸、港澳及海外的台胞，促进两岸民间往来，推动中国和平统一大业早日实现。张克辉说，将善用“两岸台胞民间交流促进会”这个崭新的平台，更好地体现台盟的优势和特色，整合联络资源，为促进两岸民间的沟通和理解，乃至为中国的统一大业作出实实在在的贡献。

两岸台胞民间交流促进会成立后，发挥其灵活性，进一步扩大接触面，结交新朋友，重视多做台湾南部人士、青年人士、知识界人士，包括民进党人士的工作，通过易于接受的语言、方式和做法，让他们体会两岸同胞血浓于水的骨肉亲情，理解“一国两制”的真正内涵，增强他们对祖国的向心力。交流会先后邀请台湾原住民社会发展协会参访团等赴大陆进行各项交流活动，并组团赴智利参加中南美洲中国和平统一促进会年会，组团访问美国、日本、巴西等地，加强与当地侨领及台胞代表的联系与沟通，进一步推动了海内外台胞的民间交往。

这一时期，对台联络工作迎来新的契机。

2005 年胡锦涛看望参加全国政协十届三次会议民革、台盟、台联界委员时，就新形势下发展两岸关系提出了四点意见，明确表示“对于台湾任何人、任何政党朝着承认一个中国原则方向所作的努力，我们都欢迎。只要承认一个中国原则，承认‘九二共识’，不管是什么人、什么政党，也不管他们过去说过什么、做过什么，我们都愿意同他们谈发展两岸关系、促进和平统一的问题”。[①] 大陆释放出愿意接触泛绿台湾人士的信号，在当时被解读为一种突破做法，引起岛内媒体高度关注，多家报纸、电视台纷纷跟进报道。

台盟认真贯彻落实中共中央对台政策部署，通过精心安排参访内容，向岛内台胞宣传了祖国大陆民主政治制度建设和社会经济发展的情况。2007 年，台盟接待了台南县医师公会访问团，其中许多来自台湾中南部的团员是第一次到祖国大陆访问，对大陆的发展和繁荣有了切身感受。台盟还协助台湾高雄师范大学参与奥运志愿者启动仪式，以鼓励和支持更多的台湾青年参与奥运、服务奥运、建设奥运。台盟中央积极组团赴台交流，并派代表参加了在俄罗斯、澳门、匈牙利等地召开的全球华侨华人推

① 《胡锦涛就新形势下发展两岸关系发表重要讲话》，中国新闻网，2005 年 3 月 4 日 17：17，http：//www. chinanews. com/news/2005/2005 – 03 – 04/26/546657. shtml。

动中国和平统一大会，支持海外反“独”促统运动，[①] 全盟的对台联络工作不仅突出了台盟的特点和优势，也提升了交流层次，扩展了交流的广度和深度。

台盟对台联络的规模、领域、地域都实现了突破。2002 年，在保持与统派朋友密切联系的同时，台盟中央首次邀请了岛内宗教界人士和美术界朋友来访，交往范围有所扩大。2003 年，邀请接待海内外台胞 292 批 2489 人次，同比增加 33%，组织各种形式的出访 24 批 41 人次，同比增加 48%。各级组织不断拓宽联络对象的范围，接待岛内学术界、工商企业界、政界人士及青年学生 300 余人次，其中中南部人士占 40%。2005 年，联络重点逐渐向台湾中南部台胞转移，并组织了 92 位盟员和机关干部入岛交流考察，深入了解岛内政情民意，积极探索做台湾人民工作的新方法。

台盟各级组织切实贯彻胡锦涛“深化互利双赢的交流合作是实现两岸关系和平发展的有效途径”讲话精神，充分发挥盟员岛内外亲友多、联系渠道宽的优势，注重加强与地方政府部门合作，为台胞在祖国大陆投资牵线搭桥，积极探索推动两岸经贸合作的新渠道，共建合作的新平台。

2006 年，由台盟中央引进，投资 1.2 亿元的“台湾水果 · 农副产品暨建材大市场”项目，在安徽正式挂牌启动。台盟中央与重庆市人民政府共同主办的“海峡两岸农村合作经济论坛暨农民专业合作经济组织研习班”培训当地农民合作组织工作人员。2007 年，又与重庆市人民政府共同主办了“战时首都重庆与台湾光复学术论坛”，进一步推动渝台经贸文化交流。连续两年参与举办“京台科技论坛暨京台科技合作研讨洽谈会”，展示台湾高新技术，推动两岸科技合作创新，为台商参与北京奥运会赞助计划、市场开发计划和科技奥运计划搭建平台。通过运用自身的优势，台盟各级组织为两岸经贸合作拓宽了渠道，推动了两岸经贸合作实现

① 《坚持中国特色社会主义政治发展道路　努力开创台盟工作新局面——在台湾民主自治同盟第八次全盟代表大会上的报告》，《台盟》2007 年第 6 期，第 9 页。

互利双赢。

台盟各级组织高度重视做好大陆台商、台生工作，开展联谊，倾听意见，帮助他们排忧解难。在长期对台工作中，台盟观察到台湾同胞，特别是青少年非常渴望亲眼目睹大熊猫的风采。由于台湾当局推进渐进式“台独”、文化“台独”，台湾青少年对祖国大陆的了解和认同跟老一代认为两岸同根同种有一定差距。而大熊猫作为国宝，深受海内外中华儿女和全世界人民的珍爱，是拉近海峡两岸距离的良好载体。多年来，大陆同胞一直怀有向台湾同胞赠送大熊猫的心愿，但一直没有推进。2005 年，包括台盟界政协委员在内的两位委员不约而同地提交了《关于赠送大熊猫可赢得台湾青少年心的提案》。同年 5 月，中共中央台办、国务院台办主任陈云林受权宣布，大陆同胞将向台湾同胞赠送一对象征和平团结友爱的大熊猫，“团团”“圆圆”成为两只赠台大熊猫的乳名。

然而，台湾当局却把赠台大熊猫作为政治问题横加干涉，对大多数台湾民众要求大熊猫进岛的呼声置之不理，大陆赠台大熊猫“团团”和“圆圆”来台时间延宕数年，直到 2008 年，台北市立木栅动物园才获准接收。

（八）积极投身社会服务工作

台盟克服盟员少、居住分散、行业优势不集中的困难，各级组织积极开展智力支边扶贫工作，为贫困地区的发展做了大量卓有成效的工作。2004 年 8 月，台盟中央首次智力支边扶贫工作会议在吉林省长春市召开。会议传达了中央智力支边扶贫工作相关精神，对 15 年来全盟智力支边扶贫工作进行了总结和交流，对全盟今后智力支边扶贫工作提出了新要求。会议同时授予台盟北京市委会、台盟云南省委会智力支边扶贫工作先进集体，授予张永钧（吉林）、刘金山（天津）、曾雄（厦门）和林真意（上海）四位同志智力支边扶贫工作先进个人。会议要求全盟以“三个代表”重要思想为指导，认真学习中共中央领导同志对智力支边扶贫工作的重要指示，充分认识加强和改进台盟智力支边扶贫工作的重要意义，提出和落实相关具体措施，努力提高工作实效，共同推动台盟智力支边扶贫工作迈上新台阶。

河北省满城县是台盟中央的扶贫点之一，多年来台盟中央积极开展对满城的智力支边扶贫工作，为当地社会经济发展做了大量卓有成效的工作。李敏宽连续五年为满城五位贫困儿童捐助学费，帮助他们顺利完成义务教育。

2004 年，在台盟中央的牵线下，经过台盟漳州市委会的调查摸底，旅日台胞陈文辉先生找到了其祖籍地龙海东园镇，并决定捐资 100 万元人民币在此建立“林虹希望小学”，以充实提高祖籍地的基础教育。在台盟领导、中共龙海市委、市政府的高度重视下，通过与有关部门协调，经过一系列的协商、考察，该项目形成具体的纪要，使该校特事特办，抢时间、赶速度，2005 年 6 月动工，12 月底竣工。

得知百色学院在筹建过程中图书藏量不足，台盟中央在短时间内筹集了一批图书并新购置了计算机，捐赠给该学院筹备领导小组所在的广西右江民族师范高等专科学校，充分体现了对百色老区教育的关心与支持。2005 年 1 月 24 日，台盟中央向广西右江民族师专捐赠图书及计算机仪式在台盟中央机关礼堂举行。刘亦铭指出：贫困地区的全面发展，特别是教育方面的发展是我们长期关心的问题。关注西部、关注贫困地区的发展是民主党派应尽的社会责任和义务。

2005 年，台盟中央在招商引资方面作了新的有益尝试，在合肥举办“2005 中国内地—港澳台现代制造业博览会”。此次博览会由台盟中央、全国台联与安徽省人民政府等单位联合主办，台盟安徽小组参与承办，吸引了包括海尔、铜陵有色、奇瑞、台湾启德在内的 200 多家企业参展。台盟中央邀请了以会长宋树人为团长的台湾中华青年企业家协会一行九人参加博览会。参会台商参加了此次博览会专设的“两岸四地”工商领导人峰会，这是中国内地企业家与港澳台工商界领袖首次在内地举办的一次高规格、大规模的经贸盛会。此次博览会共达成合作项目 43 项，协议投资 13.2 亿元，助力推动了地方经济发展。

2006年，台盟各级组织继续加强与政府部门的合作，为地方经济建设作贡献，全年直接或协助有关部门引进投资项目11项，引资总额达2.4亿元。台盟安徽小组与安徽省人民政府等单位联合主办“海峡两岸暨港澳经贸合作与商品交易会”，协助邀请台商代表参会。在此次交易会上寻求的合作、代理项目总意向合同额达3.5亿元。台盟重庆市工委积极推动渝台经贸合作，牵线台湾乌龙茶示范园、乌龙茶加工厂、食用菌示范基地等三个项目入驻重庆市台湾农民创业园，协议投资3500万元，为地方经济发展注入新的活力。

为进一步做好智力支边扶贫工作，台盟中央调研组于2005年8月、10月两次赴贵州省毕节地区赫章县进行智力支边扶贫考察，深入了解当地情况。经了解，河镇乡海雀村是典型的少数民族村，是国家级一类贫困村。

2005年，台盟中央七届三十一次主席会议和七届十二次中常会专门研究，初步达成了在贵州开展扶贫工作的共识，确定了将贵州省毕节地区赫章县河镇乡海雀村作为台盟中央的重点帮扶点。至此，八个民主党派中央、全国工商联已全部实质性地对口帮扶毕节试验区，体现了多党合作共同帮扶毕节试验区的完整性。

台盟中央决定逐步努力为海雀村解决人畜饮水、改善村小学的办学条件、建设乡村文化站等问题，并积极促成台商与当地合作开发种植中草药半夏的项目，先后邀请台湾原住民社会经济发展协会、台湾中部地区中小企业商务旅行团以及在京台商赴贵州省考察，洽谈合作项目，并积极探索扶贫新思路，将贫困地区劳务输出与台资企业用工结合起来。

台盟七届四中全会指出，要深刻认识扶贫工作的长期性、艰巨性，把在河镇乡海雀村的帮扶工作作为台盟在贵州毕节地区智力支边扶贫的突破口，充分调动各级组织的积极性，抓紧制定扶贫方案，确定扶贫切入点和短期、中期、长期计划。要把扶贫方案落实到具体单位、部门，并有专人负责，定期检查任务完成情况，推动扶贫工作稳妥、有序开展。要动员全盟广泛参与，大力开拓引智、引资、筹力、筹财的途径。

根据海雀村的具体情况，经台盟中央2006年第二次主席会议研究决定，2006年在海雀村实施海雀村小学扩建、海雀村文化活动站、海雀村人畜饮水工程三个帮扶项目。为具体落实这三个项目，台盟中央于2006年4月由刘亦铭带队赴贵州，与毕节地区赫章县人民政府签订了扶贫项目合作协议书，还与贵州省水利厅举行座谈，就长江水利委员会、贵州省水利厅支持海雀村人畜饮水项目及开展小流域治理、水土保持工作交换了意见。2007年5月17日，台盟中央到海雀村检查帮扶项目的实施情况。先后参观了新建成的海雀村小学、村精神文明活动室，查看了新建的蓄水池，并到农户家走访慰问。根据海雀村的整体规划，台盟中央决定协调资金对该村72户村民居住的茅草房改造工程进行帮扶，彻底改变人畜同居现状。

二、台盟八大和纪念台盟成立60周年

2007年10月15日，中国共产党召开第十七次全国代表大会，提出了实现全面建设小康社会奋斗目标的新要求，对推进中国特色社会主义伟大事业做出了全面部署，进一步增强了台盟对中国特色社会主义的坚定信念和对两岸关系和平发展前景的信心。作为由台湾省人士组成的参政党，台盟把推动两岸关系发展作为自己的一项重要任务。在台盟八届期间，全体盟员围绕学习贯彻中共十七大精神，团结一心，群策群力，努力为夺取全面建设小康社会新胜利和实现祖国和平统一作出更大贡献。

（一）召开第八次全盟代表大会暨纪念台盟成立60周年大会

2007年11月28日，台湾民主自治同盟第八次全盟代表大会暨纪念台盟成立60周年大会在北京开幕。230名代表及22名列席代表出席了开幕式。这次大会的主题是以邓小平理论和“三个代表”重要思想为指导，深入贯彻落实科学发展观，认真学习中国共产党第十七次全国代表大会精

神，坚持中国特色社会主义道路，努力开创台盟工作新局面，为夺取全面建设小康社会新胜利和推进祖国和平统一大业而奋斗。

中共中央政治局常委李长春到会祝贺并代表中共中央致贺词。贺词说，60年来，台盟始终拥护和坚持中国共产党的领导，广泛动员全体成员和所联系的台湾同胞，积极投身中国革命、建设、改革事业，为新中国的诞生、为人民政权建设和人民政协工作，为深化改革、促进发展、保持稳定、实现祖国统一，发挥了重要作用。一代又一代台盟中央领导人同中国共产党亲密合作、团结奋斗，为统一战线和我国社会主义多党合作事业发展作出了重要贡献。60年的历史充分证明，台盟不愧为建设和发展中国特色社会主义、促进祖国完全统一、实现中华民族伟大复兴的重要依靠力量。台湾民主自治同盟第八次全盟代表大会，是在全面建设小康社会新的发展阶段召开的一次重要会议，对开创台盟工作新局面具有重要意义。希望台盟认真学习贯彻中共十七大精神，团结全体成员和所联系的台湾同胞，充分发挥自身特点和优势，深入做好涉台宣传、研究、联络工作，为促进两岸人民往来和直接“三通”，为推动两岸关系和平发展、实现祖国完全统一作出新的贡献。相信台盟新一届中央领导机构，一定能够深入开展中国特色社会主义主题学习教育活动，切实搞好政治交接，展现良好精神风貌，为台盟的光荣传统增添新的内容；一定能够适应新形势新任务的要求，团结和动员广大成员，发挥自身独特优势，在推进“一国两制”实践和祖国和平统一大业中发挥新的作用；一定能够沿着中共十七大指引的方向，在夺取全面建设小康社会新胜利、开创中国特色社会主义新局面的伟大征程上创造新的业绩！

全国人大常委会副委员长、农工党中央主席蒋正华代表各民主党派中央、全国工商联向大会致贺词，中华全国台湾同胞联谊会会长梁国扬代表全国台联向大会致贺词。

大会主席团常务主席林文漪代表台盟第七届中央委员会向大会作了题为《坚持中国特色社会主义政治发展道路，努力开创台盟工作新局面》的报告。

报告指出，台盟七大以来的五年，是我们接受中国共产党的领导，与共产党亲密合作，共同致力于中国特色社会主义事业的五年；是我们抓住机遇，接受挑战，在继承中创新、在创新中发展的五年；是我们全体盟员锐意进取、团结奋斗的五年。五年来，台盟认真参与国家事务管理，切实履行参政议政职能，继续深化对台联络交流，努力推动两岸经贸合作，深入开展涉台宣传和研究，积极投身社会服务工作，大力加强自身建设。五年来的实践，台盟增强了接受中国共产党领导的坚定性，加深了对中国特色社会主义的认识，提高了履行参政党职能的能力，也积累很多宝贵的经验，即：必须坚持走中国特色社会主义政治发展道路，必须坚持弘扬台盟的政治信念和优良传统，必须坚持深入贯彻落实科学发展观，必须坚持以人为本的思想理念，必须坚持解放思想、不断创新，必须坚持推进履行职能的制度化、规范化、程序化。

报告指出，在今后五年里，我们要高举中国特色社会主义伟大旗帜，坚持以邓小平理论和“三个代表”重要思想为指导，深入贯彻落实科学发展观，广泛动员全体盟员和所联系的台胞，继续解放思想、不断创新，为密切两岸同胞的交往和增进互信、为推动科学发展和促进社会和谐、为夺取全面建设小康社会新胜利和实现祖国和平统一作出更大贡献。在具体工作中要以坚持和发展中国特色社会主义为主线，努力做到着眼于坚定中国特色社会主义信念，切实加强对中共十七大精神的学习和贯彻；着眼于贯彻落实科学发展观，切实加强参政议政工作；着眼于增进两岸同胞的了解和互信，切实加强对台联络和研究；着眼于扩大社会主义民主政治制度的影响，切实加强宣传工作；着眼于巩固多党合作制度的思想基础，切实加强参政党理论研究；着眼于提高参政党能力，切实加强自身建设。

大会主席团常务主席吴国祯作关于修改《台盟章程》的说明。大会主席团常务主席李敏宽作提请确认届中增补第七届中央委员会委员资格的说明。会议通过了《关于同意届中增补第七届中央委员会委员资格的决定》。

★ 2007 年 12 月 2 日，台盟八届一中全会选举林文漪（中）为主席，汪毅夫（右三）、吴国祯（左三）、陈蔚文（右二）、杨健（左二）、黄志贤（右一）为副主席，任命张宁（左一）为秘书长。

12 月 2 日，台盟八届一中全会选举产生八届中央委员会主席、副主席和常务委员。林文漪当选为台盟八届中央委员会主席，汪毅夫、吴国祯、陈蔚文、杨健、黄志贤当选为副主席。汪毅夫任台盟中央常务副主席，张宁任台盟中央秘书长。

（二）积极参加政治协商，稳步提升履职能力

2008 年 3 月 13 日，在全国政协十一届一次会议上，台盟中央主席林文漪当选政协第十一届全国委员会副主席。五年间，台盟中央将服务国家中心工作与突出特色优势相结合，深入贯彻“上下联动、横向联合”的工作方针，不断探索改进工作方式方法，认真参与政治协商，扎实组织调查研究，积极开展主题活动，通过全盟上下的齐心协力，台盟参政议政工作形成了目标明确、团结协作、整体推进的良好局面。

1. 政治协商工作

参与政治协商，是参政党的光荣使命，是发挥作用、体现价值的关键

环节。五年间，台盟各级组织负责人参加与中共各级党委的政治协商1410次。其中，台盟中央领导参加由中共中央、国务院召集的高层协商会议92次，围绕中国共产党全国代表大会和中共中央全会重要文件、政府工作报告、“十二五”规划、文化体制改革、司法体制改革等关系国计民生的重大问题建言献策，受到高度重视；台盟界别委员在十一届全国政协会议期间，先后三次在联组会议上与胡锦涛、吴邦国、贾庆林等中共中央领导同志面对面交流，就两岸关系发展中的重大问题提出建议，得到与会领导同志的高度肯定；台盟中央及台盟地方组织代表在全国政协专题协商会议及议政主题常委会上作发言10次、提交书面发言15篇，很多建议得到采纳。

五年间，台盟各级组织提供的发言和提案素材数量和质量稳步提升，从2008年的57件上升到2012年的214件，共向台盟中央提供全国政协大会提案素材660余篇。台盟中央在对相关素材进行筛选、整理的基础上，向全国政协十一届会议提交大会发言5篇，书面发言6篇，党派提案105件。其中，24件提案入选全国政协重点提案。《关于切实帮助三峡库区移民致富的建议》得到中共中央领导的重要批示，《关于促进台湾农民创业园健康发展的提案》得到了国务院领导的重要批示，《关于推进反腐倡廉工作的提案》受到中央政法委的高度重视，并被推荐为全国政协十一届会议优秀提案。此外，《关于推进低碳产业发展的提案》还入选了全国政协十一届三次会议期间召开的提案办理协商会，台盟中央与国家发改委、科技部等多家承办单位进行了面对面交流，共同协商提案办理。《关于加强长白山、腾冲等火山地震灾害监控的提案》引起了国家地震局、云南省政府、吉林省地震局、云南省地震局等多家单位的重视，其中，云南省政府和云南省地震局还召开专门座谈会，就提案所反映问题进行研讨并采取措施改进工作。

五年间，台盟界别委员共提交个人及联名提案687件，增幅达220%。其中共有4件台盟中央党派提案和3件台盟界别委员个人提案入选政协第十一届全国委员会优秀提案。分别是：台盟中央党派提案《关于大力推进农村新型股份合作社发展的提案》《关于提升汽车产业自主创新能力的提案》《关于加强改革创新，推进反腐倡廉工作取得新成效的提案》《关于创建海西区两岸特色经济合作机制试点链的提案》，以及骆沙鸣委员提交的《关于进一步加强我国城乡消防安全工作，为“平安中国”保驾护航的提案》、叶惠丽委员提交的《关于全面启动岩溶地区石漠化综合治理工程的提案》等。

2. 民主监督工作

台盟高度重视寓民主监督于政治协商之中，充分发挥人大代表、政协委员和各类特约人员在民主监督中的作用。台盟中央领导五年间定期参加廉政建设通报会，听取中共中央关于党风廉政建设和反腐败工作情况的报告；参加最高人民法院、最高人民检察院召开的专题座谈会十次，就加强反腐倡廉、推进两岸司法互助等提出了一系列意见建议。担任全国人大代表的盟员，认真履行人民代表的职责，反映人民意愿，参与了《中华人民共和国台湾同胞投资保护法》《中华人民共和国妇女权益保障法》等执法检查和视察工作。担任国土资源部、国家税务总局、公安部、教育部、审计署等部门特约人员的盟员，认真参加有关执法监督工作，充分履行了民主监督职责。

3. 信息工作

通过进一步畅通信息报送渠道、加强信息员队伍建设，台盟中央社情民意信息工作的质量和水平得到稳步提升。五年间，全盟各级组织共向相关部门报送社情民意信息 4024 篇，报送全国政协《台盟社情民意信息》被采用的比例也逐年增加，及时对经济社会发展中的新情况新问题提出了意见建议。其中，《抓紧从四个方面健全完善我国诉讼法律监督体系》《关于纪念辛亥革命一百周年的几点建议》《关于进一步改进世博会运行工作的建议》《关于恢复辛亥烈士范鸿仙墓园历史原貌的建议》等信息被全国政协以综合形式采用或以转送稿形式采用。

4. 参政议政工作典型案例

五年间，台盟中央组织各地方组织共同开展了年度重点课题调研 43

项。其中，先后围绕海西经济区建设、台资向中西部地区转型发展、辽宁沿海经济带开发开放、原中央苏区振兴等主题，进行了五次党派大考察活动。在扎实深入的调研基础上，台盟各级组织共完成调研报告 1391 篇，五年内增幅达 200%。台盟中央向中共中央、国务院报送相关专题报告 8 篇，其中 6 篇获得中共中央主要领导同志的重要批示。各级组织共报送社情民意信息 4024 篇，及时对经济社会发展中的新情况新问题提出了意见建议。

5. 深入推进海峡西岸经济区建设

2008 年，台盟中央围绕如何以海峡西岸为衔接区，进一步促进台湾与祖国大陆融合这一课题，赴福建省开展了深入的考察调研，并多次召开专题座谈会，听取有关专家学者及台胞的意见。在此基础上，台盟中央提出构建“海峡经济区”的战略设想，于 7 月 21 日在高层政治协商会上提出后，受到中共中央领导同志的高度重视。同时，台盟中央形成了《关于构建“海峡经济区”的几点建议》以及相关研究报告提交给了中共中央、国务院，多位中共中央领导同志作出重要批示。商务部等有关部门还专门邀请台盟中央召开座谈会，围绕构建“海峡经济区”的问题当面交换意见。

此后，台盟中央持续关注海西经济区的发展，并不断寻找新的切入点和着力点，连续多年在扎实调研的基础上提出了加快平潭岛开发建设、构建两岸经济合作试点链、加强海峡两岸港口群合作等建议。2011 年，台盟中央继续将推进海西经济区建设作为年度重点课题，并由林文漪带队三次赴福建、广东等地考察调研，积极推动了调研成果的转化落实。

在厦门特区成立 30 周年之际，台盟中央向中共中央报送了《关于支持厦门综合配套改革试验的几点建议》以及调研报告，得到中共中央领导同志的重要批示。报告中提出，建议紧紧围绕密切两岸交流合作这一主题，大力支持厦门实行“综合配套改革试验”，在对台经贸合作上先行先试，打造两岸经贸合作最紧密区域；在对台文化交流上先行先试，打造两岸交流交往最重要基地；在对台口岸管理上先行先试，打造两岸直接往来最便捷通道；在社会领域改革上先行先试，打造两岸同胞融合最温馨家园；在探索建立健全有利于科学发展的体制机制上先行先试，推动特区经济社会协调发展。同时，为促进粤东地区更好更快地融入海西经济区建设，台盟中央在赴广东专题调研的基础上，以党外人士座谈会为契机，向中共中央领导提出了进一步着力于海西经济区整体布局，实现海西地区均衡协调发展，大力加强基础设施建设，尽快建立完善跨省际的协调机制等建议。

6. 持续推动台湾农民创业园健康发展

台盟中央长期将两岸农业交流与合作作为专题调研等参政议政工作关注的重点领域。自 2006 年国台办、农业部先后在全国各地设立台湾农民创业园以来，台盟中央以促进台创园发展为重点调研课题，动员、组织全盟各级地方组织开展了持续深入的专题调研及研讨活动。

2010 年，台盟中央与农业部签订合作协议，共同促进台创园的发展。2011 年，在农业部的支持帮助下，台盟中央进一步对各级组织关于台创园发展专题调研所形成的调研成果进行了深化，形成了《关于促进台湾农民创业园健康发展的几点建议》及调研报告，报送中共中央、国务院。报告建议：进一步明确台湾农民创业园的发展方向和功能定位；尽快出台全国性的台湾农民创业园评估考核标准，规范创业园发展；统一制定全国台湾农民创业园发展规划，并纳入农业部统一指导和管理；建立各地台湾农民创业园联系交流机制，加强对创业园的整体宣传；进一步完善促进台湾农民创业园健康发展的政策措施。

该专题报告得到了中共中央领导同志的重要批示。国台办、农业部召开专门会议，邀请台盟中央共同研究落实有关工作方案。

7. 关注中西部地区对台产业交流与合作

2009 年，台盟中央与重庆市人民政府签订合作协议，连续多年在重庆开展调研工作，形成“台资西进、IT 先行”等多篇专题报告，两次得到中共中央领导同志的重要批示，工业和信息化部专门召开会议落实相关建议。为贯彻落实国家关于西部大开发及中部崛起重大战略的决策部署，因应两岸经济合作中台资西进的新趋势，台盟中央将“引导台湾产业和资本向中西部拓展，助推中西部产业结构优化升级”作为2010年重点调研课题，开展党派大考察以及地方组织联合调研活动。

此次调研形成《关于优先发展信息产业，促进西部地区产业结构调整和优化升级的几点建议》等一系列调研成果，报送中共中央、国务院。报告建议：大力支持西部建设信息产业发展平台，如在西部增加布局国家级开发区、支持西部信息产业公共技术服务平台建设等；大力支持西部加快信息基础设施建设，把信息基础传输网络、信息港、3G无线通讯塔站等信息基础装备建设列为新十年西部大开发的重点工程，对西部地区给予重点扶持；大力助推西部改善信息产业物流环境；制定支持西部信息产业发展的优惠政策；加快西部人力资源开发等。专题报告报送中共中央后，中共中央领导同志作出重要批示。

在扎实调研的基础上，台盟中央在胡锦涛等中共中央领导同志主持召开的高层协商会议上，提出了从国家政策层面就发挥台资在西部大开发中的作用予以安排部署，搭建产业平台、畅通融资渠道，进一步引导台湾产业和资本向中西部地区拓展等建议。

8. 关注辽宁沿海经济带开发开放，助推东北老工业基地振兴

2009年7月，国务院公布《辽宁沿海经济带发展规划》，将辽宁沿海经济带的开发开放正式上升为国家战略。2011年5月，台盟中央考察团赴辽宁省开展考察调研，形成了《关于加快辽宁沿海经济带开发开放，促进东北老工业基地振兴的几点建议》及调研报告，报送中共中央、国务院。报告建议：加大扶持力度，支持辽宁沿海经济带以大连长兴岛自由贸易园区建设为突破口，在体制机制创新方面大胆探索，积极开展先行先试；加强统筹协调，进一步增强辽宁沿海经济带与东北腹地的良性互动，加快推动东北老工业基地振兴；加强规划指导，进一步促进辽宁沿海经济带各地区的统筹协调发展，形成资源整合、错位发展的新局面。在专题报告的基础上，台盟中央在胡锦涛等中共中央领导同志主持召开的高层协商会议上，正式提出《关于进一步加大对辽宁沿海经济带的扶持和引导，

带动东北老工业基地全面振兴的建议》，受到了中共中央领导和国家相关部门的高度重视。2011 年 7 月，国家海关总署形成了《关于同意辽宁大连长兴岛港口岸对外开放的批复》，为辽宁沿海经济带发展提供了重要的政策支持。

9. 关注赣台经贸文化交流，助推原中央苏区振兴

2012 年 5 月，台盟中央赴江西省，以“深化赣台经贸文化交流，促进原中央苏区振兴”为主题，就赣台经贸文化交流合作、原中央苏区振兴以及江西省相关地市融入海峡西岸经济区的进展情况开展民主党派大考察活动。此次调研形成《关于深化赣台经贸文化交流，促进原中央苏区振兴发展的几点建议》，报送中共中央、国务院。报告建议：在出台《国务院关于支持赣南等原中央苏区振兴发展的若干意见》的基础上，继续对此项工作给予特别关注，加快编制《原中央苏区振兴发展规划》，细化各项政策，以进一步扶持老区发展，助力海峡西岸经济区建设和赣台交流合作。报告得到了中央领导同志的重要批示，同时，台盟中央在同年 7 月召开的高层协商会议上，针对加强赣台经贸文化交流，促进原中央苏区振兴等问题又提出了具体的意见和建议，受到了中共中央领导和国家相关部门的高度重视。

10. 参政议政工作制度化突破

为进一步动员和凝聚全盟的力量，推动参政议政工作不断发展，2008 年台盟中央研究制定了《台盟中央参政议政工作五年（2008—2012 年）规划纲要》（以下简称《规划纲要》）。《规划纲要》报送中央领导同志后，受到高度重视。台盟上海市委会、吉林省委会、南京市委会等地方组织也结合实际，分别制定了《规划纲要》实施意见或自身的五年规划，明确了参政议政的任务目标、重点课题以及工作机制和方法，使工作更加规范有序。

同时，台盟各级组织着力加强制度建设，逐步建立起一套适合台盟自身特点、科学合理的参政议政工作机制。第一，创新实施调研课题地方组织牵头负责制，进一步加强了各级组织之间纵向与横向的配合。上海、安

徽、吉林、陕西、重庆等地方组织打破调研参与单位之间文件往来的单一形式，采取联合跨省调研的方式，携手开展工作，取得了很好的效果。第二，建立健全参政议政工作量化评价体系，采用成果导向、客观量化、公开公平的先进评选办法，科学全面地反映了台盟各级组织的参政议政成果，对于不断提升台盟的参政议政工作水平发挥了重要的引导和激励作用。第三，大力推动参政议政信息化建设，创建参政议政骨干队伍数据库、参政议政成果电子资料库以及电子申报系统三套数据库，极大提高了工作效率。

（三）彰显党派特色，扎实推进对台工作

2008 年，两岸关系出现重大转折，走进了和平发展的新阶段。为适应新的形势、新的工作要求，台盟深入落实中共中央对台工作方针政策，认真贯彻胡锦涛在纪念《告台湾同胞书》发表 30 周年座谈会上的重要讲话精神，按两岸关系和平发展重要思想和六点意见谋篇布局。不断加大做好代表性人士工作的力度，以更宽的视野将对台联络交流工作与争取民心紧密结合。

1. 参与举办两岸高端论坛

台盟有鲜明的“台”字特色，在举办论坛活动、服务社会的过程中，特别注意从国家发展大局和对台工作大局的连结点切入，充分发挥亲情乡情优势，积极参与两岸各界的交流活动，促进两岸同胞加深了解、深化认识、合作互利。

2. 参与主办“海峡论坛”

围绕搭建两岸民间大交流重要平台，台盟中央于 2009 起连续参与主办了四届“海峡论坛”。一年一度的海峡论坛是迄今两岸规模最大、参与人数最多、参与界别最广泛、涉及范围最广的民间交流盛会，为两岸各界人士提供了相互交流、增进了解的大舞台，发挥了两岸桥梁与纽带的作用。海峡论坛取得的共识催生了一系列惠及两岸民众的政策和措施出台，为两岸民众带来了实实在在的利益。论坛期间，台盟中央还参与主办了

“海峡经济区高层研讨会”“平潭旅游开放开发研讨会”“海峡两岸闽南文化节”“台湾农民创业园发展研讨会”等多项分论坛活动。这些活动对于促进两岸同胞共同传承和弘扬中华文化，深化两岸交流合作发挥了积极作用。

3. 联合举办“西部国际农产品交易会”

台盟中央于2011年、2012年连续两年与农业部、重庆市人民政府联合举办了“西部国际农产品交易会”。交易会主题为“绿色、品牌、合作、发展”，吸引了2000余家农产品生产、加工、经销企业参展，已成为西部地区具有较大影响力的区域化、国际化农产品交易盛会，为深化两岸农业开放合作搭建了平台，为两岸农业发展和农民增收铺设了道路。

4. 联合举办“海峡两岸观光休闲农业论坛”及研讨会

台盟中央于2010年、2011年连续两年与海南省人民政府联合举办了“海峡两岸观光休闲农业论坛”及研讨会。每年的论坛都有来自海峡两岸的数百名专家学者、企业界人士参加，围绕多个议题展开研讨，并踊跃提交论文。两岸休闲农业界人士积极探索两岸农产品交流和休闲农业与乡村旅游合作的有效途径，构筑两岸城乡观光休闲农业促进平台，为实现大陆农业转型升级、推动两岸农业合作和助推国际旅游岛建设发挥了积极作用。

5. 共同举办“2008年京台经济科学发展论坛”

2008年，台盟中央与北京航空航天大学、科技日报社、北京市科委等单位共同举办了“2008年京台经济科学发展论坛”，邀请两岸知名学者和企业家，围绕两岸构建循环经济统一体、开展环保产业合作等议题进行研讨。论坛以科学发展观为指导，突出了台盟中央关于构建“海峡经济区”的设想，探讨了在当前国际金融危机下，两岸携手应对、共创双赢的策略。

五年间，台盟中央与台盟地方组织合作，以研讨五四运动对台湾文学的影响、重温渝台抗战史、建设低碳城市、弘扬船政文化、推动终身教育事业发展、加强两岸中医药产业合作等为主题，举办了五四运动与台湾文学发展学术报告会、“重庆与台湾：历史和未来”学术研讨会、“2011海峡两岸妇女终身教育研讨会”、“沪台城市发展与合作论坛”、“海峡两岸船政文化研讨会”、“海西乡土文化研习营”、“交流与共享”研讨会、“海峡两岸医务合作研讨会”、“海峡两岸（浙江·景宁）山区经济发展研讨会”、“粤台中青年中医药专家学术交流会”、“皖台农业合作组织发展论坛”等形式多样的活动，对于发扬中华文化的感召力，充分发挥大陆各地与台湾独特的文化纽带，促进两岸进一步合作交流发挥了积极的作用。

这些论坛的举办，充分彰显了台盟作为有着“台”字特色的参政党在促进两岸关系和平发展方面的独特优势。

一是助力巩固两岸关系和平发展的政治基础。在“海峡论坛”、“重庆与台湾：历史和未来”学术研讨会等各种场合，采取适当方式，宣传一个中国原则，宣传中国特色的政党制度，积极回应了台湾同胞的关切，切实增进了反对“台独”、认同“九二共识”的共同基础。

二是助力加强两岸关系和平发展的经济合作。以“台湾农民创业园发展研讨会”“两岸乡村座谈”“海峡两岸（浙江·景宁）山区经济发展研讨会”等活动为契机，为两岸合作牵线搭桥，着力推动两岸经济合作框架协议以及各项后续协议的落实。

三是助力促进两岸关系和平发展的文化交流。以举办五四运动与台湾文学发展学术报告会、“海峡两岸船政文化研讨会”、“海西乡土文化研习营”为契机，以闽南文化、客家文化、抗战文化以及涉台文物史迹等独特文化资源为基础，以邀请台湾中南部基层民众和青少年参与为重点，精心设计、持续打造了台盟特色品牌活动，大力促进了两岸文化交流，推动了同胞同根文化的认同。

四是深化两岸关系和平发展的社会融合。通过举办“海峡两岸妇女终身教育研讨会”“两岸医务交流论坛”等活动，深入做好与岛内各领域各阶层团组的持续联络交往，不断推动两岸同胞对两岸关系和平发展理念的共同认知。

6. 广泛深入开展与岛内各界人士、团体交流工作

深入开展对台工作，是台盟彰显党派特色、发挥独特优势的重要领域。五年间，台盟各级组织切实遵循两岸关系和平发展重要思想，本着“专、精、深、久”的工作思路，台盟各级组织共接待台胞来访 1163 批 1.5 万人次，在多年工作经验成果的基础上，着力开展以下几个领域的联络交流工作，争取台湾民心。

一是与台湾代表性人士的交流交往工作。

2010 年 5 月 7 日，北京台湾会馆重张仪式暨台商入驻崇文台湾商务区签约仪式在台湾会馆前举行。中共中央政治局委员、北京市委书记刘淇，中国国民党荣誉主席连战及夫人连方瑀，全国政协副主席、台盟中央主席林文漪，中共中央台办、国务院台办主任王毅等出席仪式，并为台湾会馆牌匾揭幕，全国台联首任会长林丽韫和全国台联副会长、北京市台联会长苏辉共同推开会馆大门，苏辉为出席仪式的领导和嘉宾介绍台湾会馆概况。

2009 年，威盛集团在台盟中央的牵线搭桥下，在贵州投资办学，实践教育扶贫理念，捐资 1.8 亿元在贵州省黔南州创办一所慈善高等学府——贵州盛华职业学院。这是国内首所不以营利为目的高标准公益性高等职业学院，学校章程明确规定举办者永远不分红和不要求经济回报，社会效益明显，得到广泛赞誉。同年，根据西部经济社会发展需要，台盟中央与重庆市政府签订了合作协议，全力支持西部发展。2011 年 11 月，威盛集团与重庆两江新区达成战略合作协议，将在软件开发、云计算、智能城市建设等领域与两江新区进行全面合作。台盟经过多年的不懈努力，为台湾同胞在祖国大陆发展提供了更好的条件和更广阔的空间。

二是与台南医师公会等岛内专业团体的交流交往工作。

早在 2006 年，岛内“去中国化”运动甚嚣尘上，民进党当局对大陆敌意明显，两岸交流非常艰难。针对这种情况，台盟发挥自身优势，利用乡亲身份和线索，深入民进党大本营台南县（市），与历史上一直“挺绿”且具有很大影响力的团体——台南医师公会进行联络接触。

2008 年两岸关系实现大交流、大发展后，台盟适时把这条线索作为阶段性工作重点来谋划，遵循“专、精、深、久”的工作方针，开始不间断的联谊交流工作，采取以感情联络为基础、事业联络为平台、暖心服务为手段的工作方式，在祖国大陆大发展、大繁荣的时代背景下，开展了一系列内容丰富的交流活动。五年来，先后安排台南医师公会参访团走访了北京、上海、天津、南京、杭州等地的多所三级甲等医院和特色专科医院，并拜会全国政协，使成员亲身感受到祖国大陆善意务实的对台政策以及独具特色的多党合作制度。通过台盟的牵线和推动，两岸在医疗专业领域的交流得到进一步深化，两岸医师之间的了解和互信也得到进一步增强，为反“独”促统做了扎扎实实的工作。

三是与台湾统派人士的交流交往工作。

岛内统派团体和人士是台盟中央多年以来对台联络交流的工作重心。多年来，台盟不断加深与统联（中国统一联盟）、中华基金会、劳动党、夏潮（夏潮联合会）、政治受难人互助会等统派团体的良好互动交流关系，共同为促进两岸关系和平发展奠定更加坚实的民意基础。

在台盟历年举办的国庆参访活动中，统派人士都受到了周到细致的安排。台盟组织的赴台交流参访团也常常去拜访统派团体。2011 年台盟文化教育考察团，赴台第一站便是前往马场町纪念公园、六张犁公墓扫墓祭奠，随后又赴二二八纪念馆参观座谈。台湾原住民社会发展协会也是台盟的重点联络对象。五年来，在有关部门的支持帮助下，台盟安排该协会赴广西、海南、山东、上海、浙江等地参访，拜会有关部门，了解祖国大陆的民族政策以及当地少数民族的民族文化和教育状况的改善，努力将台湾少数民族群体发展成为在岛内支持统一的一股重要力量。

四是与台湾青少年群体的交流交往工作。

2008 年以来，台盟中央与台盟福建省委会，在海协会等相关单位的协助支持下，连续四届成功举办了旨在增强台湾青少年（特别是南部地区）对福建祖居地文化的了解和认同的“台南大（中）学生海西乡土文化研习营”。在活动举办过程中，注重发挥福建乡土文化等桥梁纽带作用，以中华文化的交流增进两岸青年的团结与民族认同感。参与活动的岛内青少年通过所见所闻，惊叹于祖国大陆经济社会和民主政治的发展与进步，亲身感受到了两岸割不断的血脉亲情。这一活动收到良好的预期效果，已成为两岸青少年交流互动的又一平台。

2011 年中共中央台办、共青团中央等 17 家单位联合举办的“两岸万名青年大交流活动”。胡锦涛亲自到现场，亲切看望两岸青年朋友，与大家共同领略中华传统文化的独特魅力。他强调，青年昭示着未来，推动两岸关系未来发展归根到底要靠青年。希望两岸青年一代接过发展两岸关系的接力棒，更加踊跃地投身到两岸交流、合作中来，携手开创中华民族伟大复兴的美好未来。在此次活动中，台盟邀请了 120 名岛内和在北京就读的台湾青年学生组成台盟分团参与其中，先后在北京、西安、福建等地组织了多场观摩、参访活动，并以中国共产党成立 90 周年和辛亥革命 100 周年纪念为契机，组织在京台生参加历史知识问答，并赠送相关宣传画册、纪念邮册，使台湾的青年朋友在重温历史的过程中对中国共产党的奋斗历程有了更切身的体验，进一步增强了两岸青年携手同心、振兴中华的责任感和荣誉感。

五是与台湾文化界、教育界人士的交流交往工作。

为充分发挥妈祖、保生大帝等民间信仰文化资源的独特作用，台盟通过组织民俗研讨、祖庙祭拜等丰富的互动交流活动，密切与岛内信众间的民族感情，增进对中华文化的认同。2008 年，林文漪出席厦门海沧举办的第三届保生慈济文化节活动。

2010 年 5 月，台盟邀请美国加州大学伯克利分校校友团和台湾新竹清华大学校友团一行到北京、上海参访，拜会台盟中央。团组成员均为在台湾有一定社会地位和影响力的各界人士。林文漪亲切会见台湾新竹清华大学校友团，她以清华大学校友的身份深情呼吁：“希望我们在彼此的事业中，在两岸关系前进道路上作出积极努力和贡献”，博得了在场团员的热烈掌声。

7. 荣辱与共、祸福同担，凝聚两岸同胞民心

2008 年北京奥运会是中华民族的百年盛事。为了让台湾同胞共同参与和分享奥运梦想，台盟中央努力为台商、台生争取观看奥运比赛的机会，特别是观看中华台北棒球队的比赛，并组织了盟员志愿者和啦啦队到现场加油助威，令前来参赛的台湾运动员和观赛的台湾同胞真切感受到了赛场内外洋溢着的同胞爱、手足情。同时，台盟还有多位盟员担任了奥运火炬手，成为传递奥林匹克精神的使者，也成为台湾同胞的荣耀。

2009 年，以中华人民共和国成立 60 周年为契机，台盟中央广泛邀请所联系的台湾各界代表性人士、旅居海外的台胞参加国庆 60 周年庆典观礼，并积极向他们介绍新中国走向繁荣发展、民主进步、文明开放的光辉历程，介绍祖国改革开放和社会主义现代化建设所取得的巨大成就，使台湾同胞共享伟大祖国的荣耀，体会身为中国人的自豪。同年，台盟中央与浙江、福建、安徽、重庆、广东等地方组织合作，围绕着纪念台湾义勇队成立 70 周年、研讨五四运动对台湾文学产生的巨大影响、重温渝台抗战史、推动皖台合作发展现代农业、深化粤台中医药产业交流合作等丰富多彩的主题，举办了形式多样的论坛、报告会、研讨会等活动。这些活动通过回顾两岸历史渊源，展望未来发展前景，为促进两岸经济文化交流与合作、密切两岸同胞间的情谊搭建了新的平台，引起了较大的社会反响。

2009 年 8 月，“莫拉克”台风肆虐，造成了台湾中南部地区人员伤亡、失踪及农田民居、基础设施严重毁损的情况。灾情牵动着全体台盟盟员、机关干部及所联系的台胞。灾情发生后全盟上下迅速行动起来，积极踊跃为家乡捐款，表达对岛内受灾乡亲感同身受的骨肉亲情。8 月 12 日，台盟中央以两岸台胞民间交流促进会的名义致电台湾中国统一联盟，对台湾乡亲表示慰问，新华社对此进行了报道。8 月 19 日，台盟中央通过中国红十字会总会向台湾受灾地区捐款 10 万元；台盟各级组织也踊跃响应，共捐款近 60 万元。

8. 入岛交流取得突破

五年间，台盟各级组织以教育、医疗、民间信仰、农业、妇女等领域

的交流为主题，共组织 93 批 541 人次赴台专题访问考察。2009 年年初，台盟中央医学交流团赴台参访，为台盟中央直接组团入岛开展专业领域的交流首开先河。该团共 11 人，由全国政协委员、台盟中央常委、南京医科大学教授孙南雄任团长。访问团先后参观考察了台北荣民总医院、台南奇美医院、花莲慈济医院、台南县医师公会、台南市医师公会等医院、诊所、行业公会、医疗电子设备制造单位，与各参访单位管理层进行了较深入的座谈交流。通过考察交流，访问团对台湾的医疗卫生体系、健保制度、医院的管理理念与管理手段等有了进一步的了解，同时与台湾同行、乡亲拉近了距离，增进了了解，建立了友情，并真切地体察了台湾的社情民风，为以后的入岛交流工作奠定了良好基础。

此后，台盟赴台考察活动的专业性不断提高。在团组人员的构成上，由全盟各级组织中具有相关专业背景的盟员组成，如医疗考察团成员中专业医务工作者的比例达到 70%。在行程及活动安排上，台盟考察团紧扣主题，以实效性为目标，与相关单位开展对口交流，如妇女考察团与台湾国民党妇委会、功文文教基金会等组织，共同就两岸妇女所关注的问题开展了深入交流。此外，台盟中央还组团赴美国、澳大利亚、法国、德国、意大利、菲律宾、加拿大等地拜会当地和平统一促进会和海外台胞社团组织，支持海外反“独”促统运动，进一步推动了与海内外台胞的交往，并与海外的和统会等华人华侨组织形成了你来我往的良性互动局面。

9. 台情研究工作稳步开展

五年间，台盟在台情研究工作上取得重要进展，台盟各级组织开展 25 项涉台课题研究，完成研究报告 87 篇，编印《海峡快讯》共计 485 期。

台盟中央坚持定期召开全盟范围的台情研讨会、地方性的片会及动态座谈会，每季度召开在京老同志为主要成员的政策策略咨询会。五年间分别围绕“台湾地区民意代表选举”、马英九当选台湾地区领导人、台湾县市长选举、两岸合作机制建设、ECFA 签署后两岸关系发展面临的机遇和挑战、五都选举的新情况、2012 台湾“大选”选情和两岸关系走势，

ECFA 的实施对发展两岸关系的作用等议题召开研讨会以及盟内专家、台湾问题学者、台生台商座谈会，听取所联系台湾同胞的意见和看法，从不同角度为政府决策部门提供信息和对策建议。

台盟坚持举办青年盟员和机关干部的台情培训班，加大对中青年盟员和机关干部的培训力度，不断提高盟员和机关干部的台情研究与分析能力。2009 年，为鼓励和培养中青年盟员及机关干部关注两岸局势，不断传承发展台盟对台研究的特色与优势，台盟中央组织编写了《台湾同胞与八年抗战》《台湾百问》等具有相当理论水平和学术水准的涉台研究类书籍。台盟各地方组织积极开展台情研究工作，如重庆台盟与市社科院等单位合作，专门成立了相关研究机构。上海等地的许多盟员也发挥专长，定期整理编发《台湾民调》等参阅资料，形成了多方面的台情研究成果。

台盟各级组织始终关心着到祖国大陆投资兴业的台湾乡亲，注意倾听他们的意见，反映他们的呼声。在国台办等相关部门以及地方政府的大力支持帮助下，台盟中央协助部分台商维护自身的合法权益，使台湾同胞由衷地感受到温暖和亲情。

10. 涉台宣传工作取得重要进展

五年间，台盟在探索涉台宣传的新形式和新方法上取得重要进展。以台湾人民二二八起义、中共中央发布“五一口号”、台湾光复等重大事件纪念日为契机，举办形式多样的纪念活动，表达台湾同胞期盼祖国统一的强烈心声。

2008 年，台盟各级组织不断探索涉台宣传的有效渠道和方式。以网站为主要窗口和平台，台盟中央初步探索出了一条展示台盟参政党形象、宣传多党合作制度和祖国大陆对台政策、与台湾同胞交流沟通的有效途径，来自岛内的点击率呈稳步上升趋势。2010 年，台盟中央与重庆市人民政府共同在渝树立了台湾光复纪念碑，借此客观还原台湾光复的历史史实，促进两岸同胞铭记历史、共创未来。2011 年，台盟中央和各级组织围绕纪念辛亥革命 100 周年、纪念台湾人民二二八起义 64 周年、纪念台湾光复 66 周年，举办了形式多样的活动，缅怀革命先烈，传承弘扬台湾同胞爱国爱乡的光荣传统，表达期盼祖国统一的强烈心声。

闽南文化是海峡两岸文化一脉相承、相互交融的见证和纽带，台盟中央以赴福建考察闽南文化为主线，拍摄完成了电视专题片《文化寻根》，广泛赠送给来访的岛内同胞和海外华侨华人，产生了良好的反响。台盟中央高度重视涉台图书的出版和入岛宣传工作。五年间，由台盟中央宣传部主编和策划、台海出版社出版的《“二·二八”纪念文集》《台湾同胞与八年抗战》等215种图书成功入岛销售。

（四）务实推进社会服务，积极承担社会责任

积极开展社会服务工作，是参政党承担社会责任、树立良好社会形象的重要途径。台盟积极支持广大盟员在本职岗位上为我国的现代化建设和多党合作事业奉献才智、建功立业，涌现出一大批勤于工作、勇于创新、甘于奉献的先进典型。

五年间，台盟各级组织发挥联系广泛的优势，开展专项帮扶工作33项，帮助中西部及相关贫困地区吸引投资项目29项，累计意向投资金额达24亿元，为经济社会发展作出了积极的贡献。

在各民主党派、工商联、无党派人士为全面建设小康社会作贡献评选活动中，台盟2个地方组织被评选为先进集体，4名盟员被评选为先进个人，2项建议被评选为建言献策优秀成果，2项帮扶工作被评选为社会服务优秀成果。台盟南平市委会作为全国50个先进集体的代表，在表彰大会上发言，产生了良好的社会反响。

1. 积极参与“同心工程”，支持毕节试验区发展

在中共中央统战部的指导和统一部署协调下，台盟积极参与“同心工程”，支持毕节试验区赫章县发展建设，在多个方面取得实效。

2. 参与“同心·智力支持工程”

在台盟中央的多年努力下，促成台资企业威盛集团在贵州贫困地区创办公益性的盛华职业学院。2011年9月，贵州盛华职业学院校园落成暨首届开学典礼在贵州省黔南州惠水县举行。学校以“教育扶贫”为办学

宗旨，不以营利为目的，致力于帮助优秀贫困学生“零成本”完成学业并就业，并承诺连续五年每年至少资助20名赫章县优秀贫困学生全额奖学金。五年来，广大盟员踊跃向赫章县海雀小学捐款，资助教师和贫困女童就学。台盟地方组织在夏令营等活动中，邀请海雀小学的部分师生走出大山，来到城市进行交流学习。

3. 参与“同心·示范带动工程”

2008年，台盟积极参与国家科技部“毕节试验区新农村建设示范项目”，帮助赫章县开展科技示范项目，支持当地樱桃产业的发展。2009年8月，台盟中央专门就赫章县可乐遗址的发掘保护问题致函国家文物局，成功申请可乐遗址发掘保护项目总投资1.8亿元，是贵州省近年来获得的文物保护和开发利用的最大项目。2011年，协助赫章县就“威赫煤电气一体化基地”进行立项申请，国家能源局在回函中表示将在近期的国家能源规划中给予统筹研究。

4. 参与“同心·改善民生工程”

五年间，台盟中央多次组织台商赴毕节实地考察，就建设农产品加工厂、发展观光农业、旧城区改造等多个项目，与当地政府洽谈合作意向。台盟各级组织广泛动员盟员和所联系的爱心人士，向赫章县捐款捐物累计折合1100万元，用于发展社会事业，改善当地民生。

台盟中央还牵线香港爱国人士香港南益集团董事长林树哲先生捐款100万元为赫章县建设了20个村级卫生室并购买医疗器械和药品，提高当地人民的健康水平，协调福建恒安集团为赫章县平山乡捐建旅游饭店，推动当地旅游产业发展。同时一些台资企业也积极参与到开发扶贫中来。其中，威盛电子向赫章二中捐赠10万元的20台计算机设备，并帮助学校建设校园网络，受到师生的热烈欢迎。

5. 参与“同心·助推发展工程”

台盟中央注重整合全盟力量，立足党派优势，推进帮扶工作。2009年9月，北京、上海、天津等11个台盟地方组织的负责人以及所联系的农业专家，亲赴赫章县实地开展科技扶贫工作。2010年，围绕支持贵州毕节试验区建设，在第二届海峡论坛召开期间，台盟中央利用海峡两岸企业家云集福建的机会举办招商引资推介会，为毕节地区的招商引资与台资企业和民营企业投资西部地区进行对接。推介会共邀请了70余位台商及闽商参会，成功签约17个产业项目，项目总投资21.1亿元，辐射范围涵盖毕节的八个县市。

为进一步提升帮扶实效，2009年台盟中央在实地调研的基础上，研究拟订了“联系有关农业种植专家对赫章县万亩优质核桃良种繁育基地给予技术指导”“支持帮助赫章县制定《古夜郎国旅游产业》控制性详细规划”“积极筹资帮助赫章县教育局扩建赫章县一中”三个重点帮扶项目，并广泛动员全盟共同参与。

五年间，台盟通过在实践中不断探索适合当地可持续发展的帮扶项目，为促进毕节试验区经济、社会、文化、生态等各项建设的和谐发展作出了积极贡献。

6. 中西部地区帮扶工作

在参与促进中西部开发建设中，台盟不断创新工作方法，以推动自主脱贫为目标，大力帮扶中西部贫困地区。2011年台盟中央与台盟重庆市委会共同在重庆市万州区启动了“海峡两岸同心助推重庆万州残疾人万元增收活动”，建立了全国首个台盟助残基地。台盟中央、台盟重庆市委会还向台盟重庆市委会对口帮扶乡——武隆县土地乡捐款10万元。

台盟中央联络部与河南省焦作市签署合作协议，助推豫台产业合作与文化交流。在台盟中央的积极协助下，河南省焦作市成功申请设立了中原腹地首个国家级台湾农民创业园。台盟中央和台盟福建省委会协调福建万利达集团向河南省捐助价值200万元的计算机。同时，台盟中央积极联系有关企业为漳州市南靖县特殊教育学校捐款30万元，受到了当地群众的热烈欢迎。

7. 踊跃捐资救灾

在汶川地震、玉树地震、舟曲特大山洪泥石流以及北京“7·21”特大暴雨等严重自然灾害面前，广大盟员、机关干部以及所联系的台湾同胞表现出了高度的政治责任感和使命感，采取捐款捐物等方式，为解决灾区群众的燃眉之急贡献力量。据不完全统计，台盟各级组织累计捐款捐物折合人民币近400万元。

2008年汶川地震发生后，台盟中央在第一时间下发通知，要求各级组织全力配合做好抗震救灾工作。广大盟员、机关干部以及所联系的台湾同胞，积极响应台盟中央的号召捐款捐物。据不完全统计，台盟各级组织共向灾区捐款165万元，捐物价值32万元。台盟中央还号召具有专业特长的盟员积极参与灾区抢险重建、卫生防疫和心理安抚等工作，为灾区恢复重建贡献智慧和力量。台盟成都市支部的20余名盟员身处灾区，不顾自身安危，战斗在抗震救灾的最前线，为协助政府做好安定人心、维护社会稳定的工作发挥了积极作用。

2010年，我国遭遇了异常气候和玉树强烈地震、舟曲特大山洪泥石流等严重自然灾害。广大盟员、机关干部以及所联系的台湾同胞积极行动，采取捐款捐物等方式救助灾区群众。据不完全统计，台盟各级组织共向灾区捐款捐物合计近百万元。

（五）大力提高参政党能力素质

加强自身建设，是适应多党合作事业发展新形势、新要求，提高参政党能力素质的重要基础。五年间，台盟中央坚持把加强自身建设作为一项基础性工作扎实推进。通过讲座报告、内部交流讨论、宣传典型经验以及参观考察等多样形式，认真学习中共十七大和十七届历次全会精神，深入开展学习践行社会主义核心价值体系活动，不断深化政治交接学习教育活动，进一步增强了走中国特色社会主义政治发展道路的自觉性和坚定性。

1. 树立和践行社会主义核心价值体系

建设社会主义核心价值体系，是中国共产党着眼于新形势，从全面推进中国特色社会主义事业全局出发提出的一项重大战略任务。作为与中国共产党通力合作，共同致力于中国特色社会主义事业的参政党，包括台盟在内的各民主党派既是社会主义核心价值体系的建设者和参与者，也是社会主义核心价值体系的遵循者和实践者。

台盟中央领导高度重视学习践行社会主义核心价值体系活动的开展，成立领导小组，由林文漪担任组长。2010 年三四月，台盟中央制定了《台盟中央关于在全盟开展树立和践行社会主义核心价值体系活动的意见》和《台盟盟员社会主义核心价值体系专题学习问卷》，并下发各级地方组织。5 月初，台盟中央在北京举办“发扬爱国爱乡光荣传统，树立和践行社会主义核心价值体系”专题活动。5 月底，汪毅夫在重庆为盟员作了题为《台湾民主自治同盟创建初期的若干问题》的报告，传承和弘扬台盟老一辈爱国爱乡的光荣传统。6 月，台盟中央在北京召开全盟宣传思想工作会议，各地盟组织就开展树立和践行社会主义核心价值体系活动的经验体会进行了深入交流。2011 年，台盟中央分批组织机关干部赴重庆中国民主党派历史陈列馆参观学习，进一步了解台盟老一辈领导人与中国共产党风雨同舟、患难与共的光荣历史，坚持与中国共产党思想上同心同德、目标上同心同向、行动上同心同行，坚定大家走中国特色社会主义政治发展道路的理想信念，努力提高学习教育的成效。

台盟中央向中共中央统战部推荐了台盟学习践行社会主义核心价值体系活动的先进集体和先进个人。台盟网站和盟刊也加大宣传力度，用榜样的力量激励、鼓舞和感染广大盟员，引导广大盟员把社会主义核心价值体系所倡导的价值观内化于心，自觉成为社会主义核心价值体系的践行者。按照台盟中央的要求，台盟地方组织第一时间制定了符合本地特点、切实可行的实施方案，并召开动员大会，向盟员传达台盟中央的工作部署，对各基层组织开展学习践行活动和安排考察调研工作提出了具体要求，并专门邀请所在地中共党校、社会主义学院及有关大专院校的专家通过讲座等方式对盟员进行专题辅导。

2. 思想建设常抓不懈

五年间，台盟各级组织围绕着思想建设工作陆续开展了多项活动。2008 年，台盟各级组织陆续开展学习贯彻全国两会精神、纪念“五一口号”发布 60 周年、纪念改革开放 30 周年、学习贯彻中共十七届三中全会精神等学习纪念活动，台盟的理论水平和思想素质得到进一步提高。2009 年，围绕庆祝中华人民共和国成立 60 周年、多党合作制度确立 60 周年和人民政协成立 60 周年，台盟各级组织举办了座谈会、历史图片展等一系列纪念活动。通过这些活动认真总结 60 年来台盟与中国共产党团结合作、风雨同舟的宝贵经验，宣传中国共产党领导的多党合作和政治协商制度的巨大优越性，引导广大盟员继承和发扬台盟的优良传统，更加自觉地坚持中国共产党的领导，坚定不移地走中国特色社会主义政治发展道路。2011 年，台盟各级组织以庆祝中国共产党建党 90 周年为契机，举办了各种形式的纪念活动，并认真学习胡锦涛“七一”重要讲话和在纪念辛亥革命 100 周年大会上的重要讲话精神。台盟中央的盟刊、网站开辟专栏，积极报道各地学习动态和盟员学习心得，表达广大盟员坚持中国共产党领导、坚定走中国特色社会主义政治发展道路的决心和信念。

五年间，为使盟员进一步加深对台盟与中国共产党团结奋斗历史进程的了解，不断传承弘扬老一辈坚定的政治信念和光荣的爱国传统，台盟中央以盟史教育为切入点，动员各级组织积极协助重庆特园中国民主党派历史陈列馆的扩建展陈工作，通过史料展现台盟走过的光辉历程，并组织广大盟员和机关干部专程赴当地开展“多党合作历史回顾”主题教育活动。2010 年，台盟中央组织机关中青年干部撰写了一批具有较高质量的盟史研究文章，并赴重庆、天津、陕西、北京、湖北等地方盟组织开展一系列宣讲活动。台盟北京市委会、台盟上海市委会、台盟南京市委会等地方组织开展了对老盟员的采访工作，通过摄像、录音、照相、资料收集等形式，留下台盟的宝贵财富，为传承台盟历史，弘扬老一辈的坚定政治信念和爱国爱乡光荣传统发挥了重要作用。台盟各地方组织以青年盟员为重点，加强盟史及参政能力等方面的教育和培养。其中，台盟南京市委会开创了“盟员学堂”的全新学习教育载体，深受盟员好评。

3. 加强组织建设

加强自身建设，是适应多党合作事业发展新形势、新要求，提高参政党能力素质的重要基础。五年间，台盟推进组织工作进一步制度化、规范化、程序化。台盟八届中央委员会出台了《关于进一步做好组织发展工作若干问题的意见》和《台盟组织发展规划（2010—2012 年）》，编发了《台盟组织工作文件汇编》，还就老盟员慰问等工作形成了一系列规章制度，进一步加强了组织工作的制度化、规范化、程序化。2008 年，各民主党派中央经协商建立内部监督机制。台盟八届二中全会审议通过了《台盟盟内监督条例（试行）》，成立了监督委员会。2012 年 12 月，台盟九届一中全会对条例进行了修改，制定了《九届台湾民主自治同盟内部监督条例》，帮助和支持重庆、北京等省级组织成立内部监督机构，并探讨如何开展监督工作。

五年间，台盟组织的队伍不断壮大。在地方组织发展方面，重庆台盟于 2008 年在原工委的基础上成立了市委会；市级委员会中，台盟上海市杨浦区委，台盟天津市滨海新区工委，台盟重庆市巴南区工委，台盟北京市东城区委、西城区委，台盟深圳市委先后成立；直属组织中，台盟安徽总支、台盟江西支部先后成立。至此，台盟在全国 17 个省、直辖市建立了组织，省辖市级组织达到 24 个。广西、贵州两个省区发展了 15 位盟员，填补了组织发展的空白。2011 年，台盟新一轮换届工作有序展开，在台盟中央换届领导小组的指导下，台盟省级组织严格按照有关文件的精神，坚持以政治交接为主线，认真贯彻民主集中制原则，营造风清气正的换届环境，保证了换届工作的顺利进行。

4. 加强干部队伍建设和学习型服务型机关建设

五年间，台盟共推荐 47 位盟员担任十一届全国人大代表和全国政协委员，32 位盟员担任全国有关人民团体、协会的理事、代表，15 位盟员担任国家各部委特约人员。通过系统地培训、有计划地推荐，盟员干部的政治把握能力、参政议政能力、组织领导能力和合作共事能力得到进一步提高。台盟中央选送了 140 人参加中共中央党校、中央社会主义学院的进修以及境外培训，多次举办参政议政骨干培训班、中青年干部培训班等，为盟员干部搭建学习提高的平台。

台盟中央和各级地方组织重视对盟员和机关干部的培训工作。2008 年

2月，台盟中央印发了《关于贯彻落实台盟八大精神、做好盟员培训工作的通知》，就各级组织分工负责培训的盟员范围和层次做出了明确划分。五年间，台盟中央和各级地方组织先后举办参政议政骨干培训班、中青年干部培训班、组织工作干部培训班等，为盟员干部创造学习提高的机会。2011年，在台盟中央与中共中央统战部等单位共同举办的民主党派中青年干部多党合作专题研究班上，台盟中央领导围绕如何做好参政议政工作和现阶段台湾民情等主题为学员授课，反响热烈。

五年间，台盟各级组织机关人员不断充实，干部队伍力量不断增强，为全面提升机关服务能力和水平提供了重要保障。2008年至2012年，台盟中央通过国考方式招录八名公务员，进一步加强机关干部队伍建设，充实干部队伍力量，优化干部年龄结构。为推动机关干部在基层工作中经受思想淬炼、政治历练、实践锻炼，激励机关干部勇于担当、善于作为。2010年至2012年，台盟中央先后选派三名机关干部参加贵州省赫章县挂职锻炼。为进一步优化机关内设机构职能，促进职能部门围绕国家大局开展工作，2012年，经中央编办批复同意设立台盟中央社会服务部，负责台盟中央社会服务、支边扶贫等工作，对组织部机构设置进行调整，撤销组织处，成立地方组织处、盟员工作处，调整后，组织部内设地方组织处、盟员工作处、人事处。

五年间，台盟积极开展学习型机关建设，通过研讨、交流、自学等形式，进一步形成了良好的学习氛围。积极加强机关制度建设和目标管理，进一步实现了各项工作规范化和程序化，提高了工作效率。2010年全盟办公室工作会议的召开，进一步明确了新形势下加强办公室工作的新思路和新举措，为全面加强机关建设打下了坚实的基础。2011年，按照国家的统一部署，台盟中央机关顺利完成软件正版化工作，圆满完成文字、图表、声音等各种形式的档案整理与数字化录入、转换工作，为收齐、管好、用活机关档案，尤其是加强档案的科学管理、完善档案鉴定保密安全体系奠定了基础。

5. 成立七个专门委员会，整合台盟资源力量

2008 年，台盟中央成立参政议政工作委员会、涉台政策策略咨询委员会、妇女工作委员会、两岸关系研究委员会、科教医药交流委员会和盟史研究委员会等六个专门委员会。2009 年增设台盟中央多党合作理论研究委员会。这些专委会的成立成为凝聚台盟智慧、汇聚发展合力、发挥参政党作用、履行参政党职能的重要载体和平台。

五年来，各专委会按照台盟中央整体工作部署，组织开展相关专题活动，服务台盟发展大局。参政议政工作委员会在沟通协调各级地方组织，推动参政议政工作形成合力等方面发挥了重要作用；妇女工作委员会紧扣女性特点，组织了一系列独具特色的研讨交流活动，密切了两岸女同胞间的亲密感情；两岸关系研究委员会与涉台政策策略咨询委员会密切结合岛内形势，开展台情研究，为相关部门提供了许多有价值的信息和对策建议。其他专委会也都积极开展相关的研究与交流活动，对台盟各项工作的开展发挥了重要的推动作用。

第七章

致力实现
中华民族伟大复兴的中国梦

一、认真学习贯彻中共十八大精神

中共十八大是在我国进入全面建成小康社会决定性阶段召开的一次十分重要的大会。大会指明了当今中国发展的方向，反映了时代发展的新要求和全国各族人民的新期待。大会选举产生了以习近平为总书记的新一届中共中央领导集体。

中共十八大肩负着全国各族人民的信任和期待，凝聚亿万人民的智慧和力量。至此，以习近平为总书记的中共中央，带领国家开启了全面建成小康社会的新的伟大进军，开启了共创中国人民和中华民族更加幸福美好未来的崭新征程。

（一）学习中共十八大精神，为实现中华民族伟大复兴的中国梦凝聚力量

在中共十八大开幕之际，台盟中央向中共中央发去贺信，热烈祝贺中共十八大胜利召开，并预祝大会取得圆满成功。中共中央于2012年11月16日发出致各民主党派中央、全国工商联的感谢信，并号召一如既往地充分发挥统一战线的重要法宝作用，为实现中共十八大确定的宏伟目标最广泛地凝聚人心、汇聚力量。

中共十八大闭幕之后，台盟中央于2012年11月20日向全盟发出《关于学习贯彻中共十八大精神的通知》，部署学习贯彻中共十八大精神。通知指出，认真学习贯彻中共十八大精神，是当前和今后一个时期台盟的首要政治任务。全盟各级组织要高度重视，精心组织，将学习贯彻中共十八大精神的工作切实落到实处。通知要求，要深刻领会中共十八大精神

的丰富内涵，认真研读十八大文件，全面准确领会十八大精神。深刻领会中国特色社会主义的丰富内涵，深刻领会建设中国特色社会主义事业“五位一体”总体布局的任务，深刻领会全面建成小康社会和全面深化改革开放的战略目标，牢牢把握夺取中国特色社会主义新胜利的基本要求。

同时，台盟中央认真组织内容丰富、形式多样的学习活动，将学习贯彻中共十八大精神的工作落到实处。

2012 年 11 月 19 日，台盟中央、台盟北京市委会在京联合举办了学习贯彻中共十八大精神座谈会。林文漪在座谈会上表示，台盟完全赞成十八大报告和大会通过的各项决定，坚决拥护以习近平同志为总书记的新一届中共中央领导集体，传承弘扬与中国共产党风雨同舟、肝胆相照的优良传统，与中国共产党一道，同心共建伟业，协力再创辉煌。

会议指出，十八大开启了两岸关系发展的崭新起点，展现了中华民族伟大复兴的光辉未来。会议要求地方组织和全体盟员深入学习贯彻十八大精神，充分发挥自身优势和作用，进一步弘扬中华优秀文化传统，发挥好各种民间交流平台的作用，不断扩大与岛内民众特别是专业人士和基层民众的联络；进一步关注两岸经济、文化合作，协助政府落实好各项决策部署，维护好、实现好广大台胞的合法权益，为促进两岸关系沿着和平发展的轨道不断前进作出新的贡献。

2013 年 7 月，台盟中央主席、副主席还积极参加了中共中央统战部举办的“统一战线深入学习贯彻中共十八大精神专题研讨班”，更加准确地把握了中共中央对当前形势的科学判断，极大地增强了走中国特色社会主义道路的自觉性和坚定性。在此基础上，台盟中央动员和引导各级地方组织、广大盟员和所联系的群众，紧密联系台盟实际，系统学习领会中共十八大和习近平总书记的重要讲话精神，进一步增强政治责任感和历史使命感，激励全盟以更加昂扬的精神状态投入各项工作实践。台盟上海市委会、重庆市委会、湖北省委会等地方组织积极组织盟员和所联系台胞学习中共十八大精神，切实把思想和行动统一到十八大精神上来。

同时，台盟中央认真组织开展了坚持和发展中国特色社会主义学习实践活动。这是深入学习贯彻中共十八大和习近平总书记一系列重要讲话精神的重要举措，是深化政治交接的必然要求。台盟地方组织和全体盟员以学习实践活动为契机，不断增强对中国特色社会主义的道路自信、理论自信、制度自信，切实承担起作为中国特色社会主义事业亲历者、实践者、维护者、捍卫者的政治责任。深刻领会中共中央关于全面深化改革的重大战略思想和决策部署，用以爱国主义为核心的民族精神和以改革创新为核心的时代精神鼓舞斗志，从本职岗位做起，更加自觉、更加主动、更加积极地履行参政党职责，为全面深化改革献计出力。

（二）习近平总书记走访台盟中央

2012 年 12 月 24 日，中共中央总书记习近平，中共中央政治局常委俞正声，中共中央政治局委员、中央办公厅主任栗战书等走访了台盟中央。

林文漪向习近平汇报了台盟工作情况。林文漪说，总书记在百忙之中莅临台盟机关调研视察，充分体现了中共中央对于台盟工作的高度重视和对广大盟员干部的关心爱护，使全盟同志备感温暖。林文漪说，中共中央致台盟九大的贺词，充分肯定了台盟的工作成绩，三个“不愧为”的评价，使全体盟员倍受鼓舞，倍感振奋，同时，也使全体盟员感到使命光荣，责任重大。

习近平总书记在走访各民主党派中央时表示，长期以来，各民主党派作为中国共产党久经考验的亲密友党和社会主义参政党，始终同中国共产党风雨同舟、患难与共，紧密合作、团结奋斗，为民族独立、人民解放和国家富强、人民幸福，为坚持和发展中国特色社会主义作出了不懈努力。这充分体现了各民主党派的同志们对中华民族伟大复兴的责任感和使命感。习近平总书记强调，实现中华民族伟大复兴，需要全体中华儿女携手努力。中共中央将坚定不移坚持和完善中国共产党领导的多党合作和政治协商制度，坚定不移贯彻“长期共存、互相监督、肝胆相照、荣辱与共”的方针，加强同民主党派合作共事，支持民主党派更好履行参政议政、民主监督职能。各民主党派人才荟萃，各具优势。希望各民主党派弘扬优良传统，团结带领广大成员为全面建成小康社会、实现社会主义现代化、实现中华民族伟大复兴作出新的贡献。

中共中央领导同志对台盟的亲切关怀，使全体盟员深受鼓舞，更加坚定了履行职责、发挥作用的信心与决心。全体盟员表示，要更加紧密围绕巩固和发展爱国统一战线、坚持和完善中国共产党领导的多党合作和政治协商制度，为全面建成小康社会、实现社会主义现代化、实现中华民族伟大复兴作出新贡献。

二、召开第九次全盟代表大会，谱写历史新篇章

2012 年 12 月 11 日，台湾民主自治同盟第九次全盟代表大会在北京开幕。279 名代表及 12 名列席代表出席了会议。

这次大会的主题是：在中国共产党的领导下，高举中国特色社会主义伟大旗帜，以邓小平理论、“三个代表”重要思想、科学发展观为指导，认真学习中国共产党第十八次全国代表大会精神，坚定不移地走中国特色社会主义政治发展道路，团结带领全盟为全面建成小康社会和推进祖国和平统一大业同心奋斗。

中共中央政治局常委、中央纪委书记王岐山代表中共中央到会祝贺并致贺词。贺词说，台湾民主自治同盟具有光荣的爱国、革命传统。自成立以来，台盟始终拥护和坚持中国共产党的领导，积极投身中国革命、建设、改革，在实现国家繁荣进步和推进祖国和平统一进程中发挥了重要作用。一代又一代台盟中央领导人团结带领广大盟员，始终与中国共产党同命运、共奋斗，为统一战线和中国共产党领导的多党合作事业作出了重要贡献。台盟的光辉历程充分证明，台盟不愧为与中国共产党和衷共济、通力合作的亲密友党，不愧为致力于中国特色社会主义事业的参政党，不愧为实现国家富强、祖国统一、民族振兴的重要依靠力量。

贺词说，台盟坚定不移走中国特色社会主义政治发展道路，充分发挥自身优势，紧紧围绕国家经济社会发展的重大战略部署，先后就海峡西岸经济区建设、促进西部大开发、加快东北地区等老工业基地振兴、促进原中央苏区振兴等问题，开展深入调研，提出意见建议，受到中共中央和国务院的高度重视和肯定；引领广大盟员和所联系台湾同胞积极参与“同心”实践，加大对毕节试验区、重庆万州、河南焦作等地的帮扶力度，引导台商、台资企业参与地方产业转移和台湾农民创业园建设，推动了当地经济社会发展和民生改善；牢牢抓住两岸关系和平发展的契机，以亲情、乡情为纽带，深入扎实地做好对台工作，广泛团结台湾各界人士，在促进两岸经贸文化等领域交流、增进两岸同胞情感认同中发挥了不可替代的作用；弘扬老一辈优良传统，不断深化政治交接成果，大力加强代表人士队伍建设，自身建设迈上新台阶。台盟过去五年的工作成果丰硕，成效显著。

贺词说，希望台盟继续贯彻中央对台工作大政方针，牢牢把握巩固深化两岸关系和平发展的重要契机，充分发挥自身特点和优势，努力团结台湾同胞共同反对“台独”、认同“九二共识”；大力推动台资企业更好地参与大陆新型农业、科技、环保等领域投资，密切两岸经济交流；深入挖掘闽南文化、客家文化、抗战文化以及涉台文物史迹等独特文化资源，增进两岸文化认同；充分发挥亲情乡情优势，积极与台湾社会各界人士和基层民众开展交往，不断增强感情基础。

贺词说，相信台盟新一届中央领导机构一定能够团结带领全体盟员和所联系群众，继续高举中国特色社会主义伟大旗帜，大力弘扬老一辈与中国共产党团结合作的政治信念和高尚风范，进一步深化政治交接，建设适应时代要求的参政党；以更加饱满的政治热情，围绕国家经济社会发展中的重点难点问题，深入考察调研，积极建言献策，不断提高参政议政、民主监督水平；以保障和改善民生为出发点和落脚点，自觉参与“同心”实践，在全面建成小康社会、实现中华民族伟大复兴的进程中发挥新的更大作用。

开幕式上，大会主席团常务主席林文漪致开幕词。林文漪在开幕词中回顾了过去五年全盟在参政议政、民主监督、对台工作、社会服务、自身建设等方面取得的突出成绩，并指出：通过这次大会，全盟要继续认真践行社会主义核心价值体系，坚定不移地把中国特色社会主义作为共同理想信念、共同前进方向、共同奋斗目标；要进一步动员广大盟员和所联系群众，为促进科学发展、构建和谐社会发挥应有的作用；要积极借鉴中国共产党推进学习型党组织建设和开展创先争优活动等有益经验，大力推进全盟的思想建设、组织建设、作风建设和制度建设。林文漪强调，全体盟员在新的历史起点上，要继续与中国共产党肝胆相照、风雨同舟，在攻坚克难中开拓前进；要继续勇担重任、勤奋务实，为促进国家经济社会发展而不懈努力；要继续解放思想、探索创新，在两岸关系和平发展进程中有所作为。

全国人大常委会副委员长、民进中央主席严隽琪代表各民主党派中央、全国工商联向大会致贺词。贺词说，台盟有着光荣的革命历史和传统，自成立以来坚定地与中国共产党站在一起，荣辱与共，风雨同舟。65 年来，凭着对多党合作事业的赤诚，台盟团结带领广大盟员积极投身争取民族独立和人民解放的伟大事业，投身改革开放、创造人民幸福的社会主义伟大实践，投身谋福两岸、实现祖国和平统一的伟大历史进程。共和国辉煌和隽永的历史篇章铭刻着台盟的重要贡献，这是台盟全体盟员的光荣。过去五年，在中国共产党的领导下，台盟高举中国特色社会主义伟大旗帜，面对艰巨繁重的改革发展稳定任务和不断推进的两岸和平发展形势，团结带领全体盟员，切实履行参政党职能，为全面建设小康社会和推动两岸关系和平发展作出了应有的贡献。

中华全国台湾同胞联谊会会长梁国扬代表全国台联向大会致贺词。贺词说，台盟与台联因为与台湾共同的密切关系，长期以来保持着广泛的联系和亲密的合作。五年间，两台携手，以亲情乡情为纽带，扎实、细致、深入地开展了一系列对台交流交往活动，为两岸关系和平发展作出了应有的贡献。相信通过台盟中央坚持不懈的努力和真诚深入的工作，继续贯彻推动两岸关系和平发展的各项方针政策，一定能够将一股股涓涓细流汇集于祖国和平统一的不可阻挡的历史洪流中，一定能够继续谱写两岸关系和平发展新篇章。

林文漪代表台盟第八届中央委员会向大会作了题为《坚持走中国特色社会主义政治发展道路，为全面建成小康社会和实现祖国和平统一同心奋斗》的报告。

报告指出，五年间，台盟八届中央委员会高举中国特色社会主义伟大旗帜，以科学发展观为指导，坚持解放思想、团结奋进，推动台盟各项工作取得显著成效，圆满完成了台盟八大确定的各项任务。五年间，全盟积极参与政治协商，充分发挥参政党独特作用；深入开展参政议政，稳步提升参政党履职能力；扎实推进对台工作，切实彰显参政党党派特色；务实推动社会服务，积极承担参政党社会责任；不断加强自身建设，大力提高参政党能力素质。

报告指出，在今后五年里，我们要高举中国特色社会主义伟大旗帜，坚持以邓小平理论、“三个代表”重要思想、科学发展观为指导，深入学习贯彻中共十八大精神，广泛动员全体盟员和所联系的台胞，着力提高履职尽责的能力与水平，与中国共产党同心同德、坚定信念，同心同向、共同担当，同心同行、协力攻坚，为全面建成小康社会和实现祖国和平统一作出新的更大的贡献。要巩固履职尽责的思想基础，认真学习贯彻中共十八大精神；把握履职尽责的第一要务，为推动科学发展献计出力；突出履职尽责的着力重点，为持续推进两岸关系和平发展贡献力量；彰显履职尽责的民生本色，扎实开展社会服务工作；强化履职尽责的基础保障，切实加强自身建设。

开幕式由大会主席团常务主席汪毅夫主持。大会主席团常务主席杨健作《关于修改〈台湾民主自治同盟章程〉的说明》。大会主席团常务主席陈蔚文作《提请追认台盟第八届中央委员会届中增补委员资格的说明》。会议通过了《关于同意追认台盟第八届中央委员会届中增补委员资格的决定》。

全国人大常委会副委员长乌云其木格、国务委员戴秉国、全国政协副主席李金华、中共中央统战部、国务院台办和各民主党派中央、全国工商联负责人等出席了开幕式。

★ 2012 年 12 月 14 日，台盟九届一中全会选举林文漪（左四）为主席，汪毅夫（右四）、吴国祯（左三）、陈蔚文（右三）、杨健（左二）、黄志贤（右二）、苏辉（左一）为副主席，任命张宁（右一）为台盟中央秘书长。

大会期间，台盟九届一中全会于 2012 年 12 月 14 日召开，选举产生了第九届中央委员会主席、副主席和常务委员。林文漪当选为台盟第九届中央委员会主席，汪毅夫、吴国祯、陈蔚文、杨健、黄志贤、苏辉当选为副主席。任命张宁为台盟中央秘书长。

会议于 2012 年 12 月 15 日闭幕。会议通过了《台湾民主自治同盟第九次全盟代表大会关于第八届中央委员会报告的决议》，通过了《台湾民主自治同盟第九次全盟代表大会决议》。大会决议指出，台盟第九次全盟代表大会是一次坚定信念、务实进取、民主团结的大会，对于开创台盟工作新局面具有重要意义。决议号召，全盟要高举中国特色社会主义伟大旗帜，更加紧密地团结在以习近平同志为总书记的中共中央周围，解放思想，开拓奋进，为全面建成小康社会、实现祖国和平统一和中华民族伟大复兴而同心奋斗。

会议宣读了《台盟第九次全盟代表大会给不再担任台盟领导职务的同志的致敬信》。

会议完成各项议程后，林文漪致闭幕词。她说，我们要以台盟九大为新的起点，进一步坚定信念，在实现政治交接上取得新进展。要以这次大会为契机，深入学习贯彻中共十八大精神，大力践行社会主义核心价值体系，在为实现理想而奋斗的实践中完成好政治交接，开创台盟各项事业发展的新局面。

三、助力全面深化改革，服务“四个全面”，参政议政有进有成

台盟九大以来，着眼新形势下爱国统一战线和多党合作事业发展的需要，台盟中央加强组织建设和制度建设，积极探索中国特色社会主义参政党工作规律，制定实施了《参政议政工作五年规划纲要（2013—2017年)》；以涵盖和指导全盟各项工作为目标，组建了九个专门委员会和监督委员会；以加强战略性、策略性、倾向性问题研究为出发点，在台盟历史上首次设立了参事室；以提高机关业务能力和工作效率为重点，实施和修订了一批重要的工作规则。初步形成了以《盟章》为基础，以民主集中制为原则，为台盟履行参政党职能提供有力保障与支撑的工作制度体系。

（一）服务中心、围绕大局，参与政党协商特色明显

政党协商是中国共产党同民主党派直接进行政治协商的重要民主形式，其政治性、全局性等特点尤为明显，是参政党自身价值的集中体现。

★ 2016 年 1 月，习近平总书记在北京同党外人士共迎新春时，与林文漪亲切握手。

在凝练全盟参政成果的基础上，台盟中央参加中共中央、国务院的各类高层政党协商31次，提出建议86项；以“直通车”的形式向中共中央报送党派专报51份，获得中共中央领导同志批示85次。

2013年，国家的中心议题是全面深化改革。在年初确定重点课题时，台盟中央着重选择了加快转变政府职能、完善土地管理机制等与改革紧密相关的课题。在围绕中共十八届三中全会《中共中央关于全面深化改革若干重大问题的决定》的两次协商座谈会上，台盟中央提炼萃取全盟调研成果，提出了妥善推进土地制度改革，发挥行政绩效考核的鲜明导向作用，以及促进社会组织健康发展等建议，为中共中央科学决策提供了重要参考。

2014年，台盟中央协商议政的主题是全面依法治国。在围绕中共十八届四中全会《中共中央关于全面推进依法治国若干重大问题的决定》的两次协商座谈会上，台盟中央总结近年来全盟各级组织在法治建设方面的调研成果，先后提出了进一步以法治化手段保护台胞权益，继续深化两岸司法合作等建议，为实现国家治理体系和治理能力现代化作出了台盟应有的贡献。

2015年，在围绕国家“十三五”规划编制实施的相关工作中，台盟中央在上海、广东、吉林等地方组织深入调研的基础上，提出了加强流域生态保护制度、发展生物质清洁能源以及加快实施自由贸易区国家战略等建议，为科学编制国家经济社会发展规划作出了积极贡献。

2016年，在中共十八届六中全会文件起草两次协商座谈会上，台盟中央秉持与中国共产党肝胆相照、荣辱与共的真挚情感，围绕全面加强中国共产党的建设，提出加强党内政治生活、强化党内监督、坚持反对形式主义等建议，进一步加强对民主党派自身建设的指导等建议，受到了中共中央领导的高度重视。

在2017年围绕中共十九大报告起草的两次协商座谈会上，台盟中央围绕提升国家文化软实力、提升统一战线“同心圆”向心力以及做好台湾青年工作等问题提出了务实建议。

同时，台盟中央持续深入地围绕经济社会发展重点议题、两岸社情舆情热点问题建言献策。

围绕国家推进新型城镇化这一重点工作，台盟中央在高层协商会议上先后提出了加强城镇化的顶层设计、解决好农业人口取得城市户籍问题、大力推进新生代农民工市民化等政策建议。配合协商会上提出的建议，台盟中央向中共中央、国务院报送了四份详细的调研专报，其中《创新解决新型城镇化的水资源制约与水环境治理》得到中共中央领导同志长达200多字的详细批示。

围绕大陆台资医院的发展，在2014年的协商座谈会上，提出了关注、支持其成为社会办医的一支重要力量的建议。会后，又向中共中央、国务院报送了比较详细的《台资医院在大陆发展的有关情况报告》，受到中共中央领导同志的高度重视。中共中央领导还亲赴厦门长庚医院实地调研，了解台盟专报中反映的情况，从而推动了台资医院在大陆发展中面临问题的解决。

（二）以政协委员为主体，参与人民政协各类协商成效显著

人民政协协商民主是广泛协商、凝聚共识的重要民主形式，是社会主义协商民主的重要组成部分。五年间，台盟各级组织和政协委员奋勇争先、积极作为，活跃在人民政协舞台上，为国家各项工作建言献策。

全国政协十二届会议的五年间，习近平、张德江、俞正声等多位中共中央领导同志参加了台盟界别联组会，体现出对两岸关系的高度重视以及对台盟工作的殷切期望。特别是在十二届三次会议期间，习近平总书记在民革、台盟、台联联组会上发表的对台工作“坚定不移走和平发展道路、坚定不移坚持共同政治基础、坚定不移为两岸同胞谋福祉、坚定不移携手实现民族复兴”，即“四个坚定不移”的重要讲话，令全体委员深受鼓舞。联组会上，台盟界委员立足于近年来参政议政和对台研究的成果，就维护常住台胞权益、便利台湾同胞在祖国大陆投资求学就业、推动大陆台资企业“根植化”、争取台湾民心等两岸关系发展中的重要问题，提出了

富有针对性的意见建议，得到与会中共中央领导同志的当场回应与肯定。

五年间，台盟界连介德、郑建闽、王天戈、王松、江利平等委员紧扣“台”字特色，分别围绕推动两岸文化交流合作、构建闽台共同文化区、加强海峡两岸青少年交流交往、深化两岸农业合作、团结两岸青年共同反对“台独”等议题，在政协大会上作了发言。他们的发言特色鲜明、情感真挚、建议务实，受到两岸同胞广泛关注。

五年间，台盟中央向全国政协提交党派提案 149 件，同比增长 41.9%；台盟界别委员提交个人提案 1014 件，同比增长 47.6%；入选重点提案 49 件，同比增长 85.7%。据了解，全国政协十二届会议五年间共立案提案 24000 余件，按照“百里挑一”的标准，评选出优秀提案 240 件。其中，台盟有 6 件党派提案、7 件委员个人提案获奖。台盟以占全国政协委员总数 1% 的盟员（全国政协有委员 2237 人，台盟盟员中的政协委员有 30 人，占比为 1.3%），提供了超过 5% 的优秀提案（台盟 13 件提案入选，占优秀提案的比例为 5.4%）。

这些成绩充分体现了台盟界别委员勇于拼搏的实干精神，更体现了全盟上下齐心协力、团结奋进的参政议政热情和忠诚履责的担当精神。

台盟中央的党派提案观点鲜明、内容丰富、兼具科学性和独到之处，受到了办理单位的高度评价。例如国家发改委、国台办、商务部等部委与台盟中央联合调研督办“助推台资企业融入‘一带一路’建设”提案，同时提案建议被吸收到相关政策文件当中。财政部领导专门走访台盟中央，协商办理“综合税制改革”相关提案，切实增强了办理效果。民政部约请台盟中央一起赴陕西开展“临时救助制度”专题调研。最高人民检察院派专人与台盟中央保持联络，跟踪办理《关于着力破解法官检察官员额制改革难题，确保司法体制改革顺利推进的提案》，取得了很好的效果。

自 2013 年 10 月全国政协举办双周协商座谈会以来，台盟中央围绕发挥社会组织作用、台资企业融入大陆转型升级、农作物秸秆综合利用、无障碍设施建设等专题，与全国政协相关专委会共同主办了四场双周协商座谈会。台盟委员的发言角度各异、建议务实。比如，在“台资企业融入大陆转型升级”双周协商座谈会上，郑建闽委员作完《福建台资企业升级转型的主要问题及工作建议》的报告后，俞正声当即与他就土地问题展开互动交流。

在全国政协召开的议政性常委会与专题协商会议上，台盟中央就推动政党协商深入开展、推进教育扶贫、推进“一带一路”建设、构建亲清新型政商关系等热点问题作了大会发言，为国家开展相关工作提出许多建设性的意见建议。台盟中央在归纳凝聚各地调研成果的基础上，努力提升发言稿件的质量和水平。如，在“东北三省工业转型升级”议政性常委会上，台盟中央《增强科技创新驱动力，推动东北老工业基地转型升级》的建议成为唯一入选的党派发言，在以“实施精准扶贫”为主题的议政性常委会上，台盟中央《进一步加大教育扶贫力度，阻断贫困代际传递风险的建议》成功入选发言。

台盟九大以来的五年间，全盟共报送社情民意信息 9866 件，同比提升 1.5 倍，采用率达 33%。其中，有多篇信息被全国政协和中共中央统战部采用。骆沙鸣委员提交的《应重视和回应郝伯村等对抗战史实的修正补充意见》、上海盟员朱鹤祥提交的《关于 A 股熔断机制的建议》等信息还获得了中共中央领导同志的批示，并转送相关部门，为政府及时制定应对政策提供了重要参考。

（三）全盟重点课题调研成果丰硕，促进参政履职整体水平提升

在众多参政议政任务中，课题调研是基础性的工作，政党协商、党派提案、社情民意信息等重要成果都是在调研基础上提炼转化而成。五年间，在《参政议政工作五年规划纲要（2013—2017 年）》指引下，台盟中央围绕国家发展大局和两岸关系发展大势精耕细作，着力提高课题调研质量，促进了台盟参政履职整体水平的提升。

注重规划引领，提高课题调研科学化水平。在第一个五年规划成功实施的基础上，九届中央委员会研究制定了第二个《参政议政工作五年规

划纲要》，对全盟的参政议政工作做出了统筹规划。五年间，不断丰富和完善“上下联动，横向联合”的工作机制，在纵向上将台盟中央、各级地方组织、盟员优势力量紧密联结起来，在横向上将各专委会以及各地方组织之间通过课题等形式广泛联合，形成了纵横交错的矩阵管理模式，进而形成合力，使得台盟在盟员人数很少的情况下，也能把参政议政工作做得有声有色。

五年间，台盟中央分别围绕国家重大战略部署、社会改革热点和台盟自身特色深入开展81项重点调研课题，形成高质量的调研成果3234份，同比增长1.3倍，为全盟参与社会主义协商民主奠定了坚实基础。地方组织参加重点课题调研率达到95%，彻底打通了各级组织的“毛细血管”，增强了全盟上下的活力。

以大调研为龙头，凝聚力量，形成合力。五年间，台盟中央先后围绕海峡西岸经济区建设、落实首都战略定位、台湾农民创业园健康发展、台资参与中西部地区创新发展、打造21世纪海上丝绸之路战略支点等国家发展和两岸交往重大问题开展了党派大调研，凸显了服务大局、两岸视角的党派特色。调研报告既有翔实数据，又有典型案例剖析与针对性建议，得到中共中央领导同志的重要批示，为深入推进相关工作发挥了积极作用。

九届中央委员会的年度党派大调研广泛吸纳地方组织、专委会和基层盟员参与，呈现出同向聚力、同频共振的局面。例如2015年党派大调研深入全国十个省市、24家台湾农民创业园实地开展，由主席、四位副主席带队，上海、福建、广东、浙江等地方组织分别牵头，14个地方组织负责人参加，参事室和五个专委会共同参与，共形成调研报告30份，其中超过一半由基层盟员执笔，形成全盟“一盘棋”、协力完成重大调研课题的良好局面。再如，在2016年的民主党派大调研过程中，把专委会和地方组织的优势力量紧密结合，台盟中央参政议政工作委员会、两岸文化交流委员会分别与地方组织密切合作，就西部地区供给侧结构性改革和发扬周礼文化形成的重要调研成果，受到中共中央的高度重视。2017年大调研，又新增了专家论证环节，通过与相关领域专家共同交流研讨，得出科学可行的意见建议。

以“上下联动，横向联合”为机制，调动凝聚全盟力量。经过在实践中不断探索、完善，台盟中央的课题协调会议制度、课题牵头负责制度已经有效整合起全盟的课题调研活动。各地方组织又积极探索跨区域联合调研制度和基层盟员参与机制，进一步形成了各地方组织之间协同配合、基层盟员广泛参与的良好工作局面。例如，在重点课题调研过程中，台盟湖北省委会、台盟北京市委会等课题牵头单位积极创新方式方法，与台盟福建省委会沟通协作、相互配合，采取跨地区调研的形式，携手开展工作，既出了成果，又锻炼了队伍。另外，为进一步调动基层组织的积极性，台盟福建省委会发动福州、厦门、漳州、泉州、南平五个市级组织参与到课题调研中，都拿出了高质量的调研成果。再如，台盟上海市委会充分调动基层盟员的积极性，每个参与课题都由一名青年盟员骨干具体负责，真正发挥了盟员的参政议政主体作用。

同时，台盟中央将开展重点调研课题与培养青年骨干相结合，进一步挖掘、培养全盟参政议政后备力量。2016 年以来，台盟中央参政议政工作委员会首创“协商议政论坛”，在台盟云南省委会、湖北省委会、上海市委会和福建省委会的支持下，结合“精准扶贫”“实体经济”“两岸关系和平发展”等重点调研课题，连续开展了四次论坛活动。论坛期间，100 余名青年盟员和年轻盟务干部在精彩激烈的演讲与互动交锋中脱颖而出，分别获得了“最具魅力奖”“最具实力奖”“最具潜力奖”。大家普遍反映，“协商议政论坛”是一个很好的平台，是发现和培养参政议政人才的重要窗口，也进一步丰富了盟员和机关干部参政议政的形式。

2013 年，台盟中央对《台盟中央关于评选年度参政议政先进集体和先进个人的办法》作出了修订，调整了盟员校正系数，设立了“突出进步奖”，并适当扩大了个人奖项比例，进一步推动了台盟各级组织和盟员的参政议政热情，参政议政成果无论数量还是质量都明显提升。台盟九大以来，共产生了2万余份参政议政成果，3000多人次的盟员冲在了参政议政的一线，激发了台盟组织的整体活力。

四、秉持“两岸一家亲”理念，发挥乡情亲情优势，对台工作有声有色

台盟作为由生活在祖国大陆的台湾省人士组成的参政党，对台联络交流是发挥自身优势、服务对台工作的重要抓手。五年间，全体盟员依托乡情亲情优势，坚持“九二共识”，反对“台独”，积极推动两岸经济社会融合发展，努力促进两岸同胞心灵契合，为实现祖国统一和中华民族伟大复兴矢志竭力。

五年间，台盟中央和各级地方组织共接待台胞来访约2万人次，持续推进两岸民间各领域交流合作，夯实两岸关系和平发展的民意基础。以教育、医疗、民间信仰、农业、妇女等领域交流为主题，组织百余批团组赴台专题访问考察，深入岛内调研社情民意。2016年民进党上台以来，两岸关系形势复杂严峻，以习近平同志为核心的中共中央准确研判形势、科学决策部署，牢牢把握两岸关系发展大方向，持续推动两岸经济社会融合发展。台盟始终紧紧围绕在中共中央周围，坚持“九二共识”，坚决反对“台独”，在联络交流工作中坚定不移地做好争取台湾民心工作，增进了两岸同胞相互了解、融合了两岸同胞感情。

（一）坚持“专、精、深、久”工作思路，广泛联络台湾代表人士

五年间，台盟坚持“专、精、深、久”工作思路，广交新朋友，深交老朋友，联系岛内各界代表人士来大陆交流访问，使他们成为维护和促进两岸关系和平发展的重要支持者和参与者。

台盟中央陆续接待了中国国民党荣誉主席连战、台湾二十一世纪基金会董事长高育仁等台湾知名人士，就两岸相关领域的交流合作深入交

换了意见。重点加强与台湾南部医师界、中小企业界以及海外台胞社团等台胞团组的持续联络交流，层次和深度不断提升。台盟中央连续五年举办两岸医务工作者联合义诊活动，邀请台湾医师与大陆医师共赴四川、陕西、贵州等联合开展义诊，五年间接诊患者数千人次。来自台湾的医师通过亲见、亲历祖国西部的发展建设，加深了对国情的体悟，对国家建设成就的了解，对“中国梦”丰富内涵的认同。很多台湾医师在活动后动情地表示“愿为贫困地区民众的健康多做事情”，“我们就是一家人”。

台盟与岛内主张统一的团体及人士在历史上渊源颇深，深知他们是在岛内做台湾人民工作可以团结和依靠的重要力量。五年间，台盟中央与中国统一联盟、台湾劳动党、《远望》杂志社等团体保持着密切联系，多次接待戚嘉林、王津平、王晓波等代表人物，就发挥岛内主张统一的团体及人士作用、维护深化两岸关系和平发展等议题进行深入交流。此外，台盟中央组织了中医药、文化教育、社会组织、社区养老、生态农业等参访团赴台考察，与岛内相关领域专业人士开展深入交流，并探索赴台参访与参政议政重点课题调研相结合，丰富了台盟参政议政与对台联络工作的形式和内容。

在接待台南市医师公会云南医疗参访团期间，安排来自岛内的医师专家共同参与当地的医疗咨询活动，开创了“联络接待+社会服务”的新模式。同时，圆满完成了接待来自中国台港澳地区和法国、德国、意大利、新西兰、美国、智利的众多团组，通过务实交往，加深了海内外华人特别是台湾同胞对中国梦的认同。

（二）创建“大江论坛”品牌活动，搭建多种平台开展两岸民间交流

五年间，台盟中央以地方组织为依托，与国家部委、地方政府联合举办了研讨会、座谈会等富有特色、形式多样的两岸交流活动。通过这些活动的举办，不仅有效扩大了台盟作为参政党的社会影响，而且对强化两岸

同胞同呼吸、共命运的“一家亲”感情认同有着重要意义。

★ 2014 年 5 月 5 日，首届“大江论坛”在北京开幕。

在此基础上，台盟中央于 2014 年整合全盟具有良好基础和影响力的群体资源，同时广泛联系具有良好合作关系的大陆专家、智库，着力打造“台”字特色的高端主题论坛，建构“稳定基地 + 年度主题”为特色的新的交流平台——“大江论坛”。广泛邀请两岸政治、经济、文化、科技等领域的精英人士、行业协会和社会组织的代表性人士，论时局、叙乡谊、谋善举、献良策，以期达到汇集对两岸关系和平发展理念的意见和看法，凝聚两岸关系和平发展的力量和共识，共享两岸关系和平发展成果，促进“两岸一家亲”理念更加深入人心。

首届论坛期间，台湾中国文化大学教授王晓波、厦门大学台湾研究院院长刘国深、台湾《联合报》驻京首席记者陈言乔等发表主旨演讲。每次论坛期间，都会举办两岸关系和平发展恳谈会、两岸传统文化艺术展示、台湾青年创业发展论坛等活动单元，促进两岸嘉宾深入交流和两岸各领域交流合作。两岸文教、艺术、工商、科技、创意休闲农业等各领域的精英人士、行业协会和社会组织的 600 余位代表性人士，包括中国国民党中常委黄志雄，中国国民党中央委员陈维德、何溢诚，台湾导报社长林文雄、台湾雁博青年创业家协会创会会长卢思伯等。

同时，台盟中央举办了一系列两岸交流活动，促进乡情亲情的进一步升华、凝聚更多推动统一的力量。

在两岸文化交流方面，截至 2017 年，以民间性、大众性、广泛性为特征的“海峡论坛”已连续举办九年，作为论坛重要分活动之一的“船政文化研讨会”也已在福建连续举办八年，在两岸产生广泛的影响。2017 年，不仅有船政后人与专家学者参加研讨，还首次吸引了台湾在读的年轻博士生组团参加并提交论文，并首次收到台湾学者专门研究在世界范围内推广船政文化的论文。这种以两岸共同文化研究为载体的平台，对推动两岸关系和平发展理念的共同认知具有重要意义。同时，支持台海出版社在岛内租赁图书柜台，将台盟的声音传入岛内。指导两岸书画院成功举办两岸国画艺术交流展活动，弘扬中华优秀传统文化。

在两岸农业交流方面，充分依托琼台交流合作工作平台，连续在海南省举办“海峡两岸休闲农业发展（海南）研讨会”，助推两岸在休闲农业、旅游产业、民宿经营等方面的交流合作。邀请农业部相关领导出席论坛，与台湾专家学者交流当前农业发展趋势，讲解大陆对台有关政策，同时听取台湾民众意见和心声。通过面对面的交流，增进相互理解和认同，研讨会的影响力不断增强。

与此同时，连续多年支持台盟福建南平市委会参与主办“海峡两岸茶业博览会”，支持台盟重庆市委会参与举办“渝洽会”“西部农交会”，连续举办“海峡两岸校园足球邀请赛”等主题交流活动，为推动两岸合作深入基层、深入文化层面、深入专业领域发挥了积极作用。

此外，台盟地方组织纷纷利用重大活动平台挖掘与岛内团体和台胞交流互动的潜力，提高工作成效。如台盟泉州市委会连续多年参与主办“海峡两岸闽南语歌星选拔赛”“南安郑成功文化节”，台盟重庆市委会参与主办“两岸文化旅游产学研合作交流论坛”。这些论坛、活动的举办，促进了两岸的政治、科技、经济和文化交流，拉近了两岸同胞的心灵距离。

（三）创新台湾青少年工作，播种两岸经济社会融合新希望

青年是民族的未来，台湾青年对两岸关系未来发展有着至关重要的作用。五年间，台盟中央聚焦台湾青年“成长、成才、成功”，开展面向台湾青少年的体验式交流，认真分析台湾青少年的所思所想，所需所求，有针对性地开展工作。

主动呼应台湾青年企业家希望在大陆投资创业的诉求，分别举办台湾青年创业发展论坛和台湾青年企业家国情区情培训班，邀请国台办、中国人民大学、中央社会主义学院、厦门大学台湾研究院的领导和专家学者讲解大陆创业就业政策和形势，并就“中国经济发展与中国金融改革”“台湾经济与两岸合作趋势”“一带一路发展战略”等课题进行授课，帮助台湾青年更好地熟悉国情、学习国情、融入大陆发展热潮，得到了台湾青年企业家们的一致欢迎。

★ 2017 年 7 月 25 日，由台盟中央、台盟辽宁省委会指导，阜新市人民政府、台海出版社共同主办的第三届海峡两岸校园足球友谊邀请赛在辽宁阜新开幕。

整合全盟资源，开创“两岸青少年中华文化研习营”这一新平台。其中台盟中央与台盟北京市委会共同举办京台文化研习营，与福建省委会共同举办台南大（中）学生海西乡土文化研习营，与陕西省委会共同举办盛唐文化研习营，与广东省委会共同举办岭南文化研习营，与云南省委会共同举办民族文化研习营。按照中共中央领导同志关于“开展面向台湾青少年的体验式交流”的工作要求，精心设计活动方案，共计邀请了两岸青少年500余人参与交流活动，在共同研习悠久灿烂的中华文化实践活动中进一步加强了两岸青年交流，深化了两岸青年群体情感融合，共同感悟华夏民族同文同种的文化渊源。同时，台盟中央还特别开展了两岸青少年足球赛、排球赛等活动，并提出“以球缘促海峡情义、以少年固两岸友谊”，引起了两岸青少年的广泛共鸣。两岸青少年在足球比赛中奋勇争先，交流切磋足球技艺，赛后喊出了“两岸一家亲，两岸亲兄弟”的口号。这些活动让两岸的青少年在竞技中建立友谊，播种两岸融合的种子。

（四）建立台情“会商研判机制”，增强台情研究的时效性和针对性

台情研究工作是各项对台工作的基础和重要组成部分。五年间，台盟中央坚持定期召开全盟范围的台情研讨会及动态座谈会，学习中央对台工作方针政策、把握台湾岛内政情民意变化；坚持加强与涉台科研院所、智库单位的协同合作，与“两岸关系和平发展协同创新中心”签订合作协议，联合有关专家、社情民意机构建立台情会商研判机制，进一步加强了台盟台情研究工作的科学性和专业性；坚持举办青年盟员和机关干部的台情培训班，培养盟内台情研究的新生力量。

同时，努力创新台情研究工作。与厦门大学台湾研究院签署了合作开展涉台课题研究意向书，并与厦门大学、复旦大学、中国社会科学院台湾研究所、福建师范大学等科研院所共同组建的“两岸关系和平发展协同创新中心”签订协同合作协议，启动了在两岸经济一体化、两岸社会融

合等重大理论创新方面的协同攻关，初步构建了又一个高水平的台情研究平台。

在全盟的努力下，台盟对台研究水平大幅提高，成果显著。一是在两岸重大活动、大陆出台对台政策等重大时间节点，利用统计科学等新手段进行动态分析，形成多篇有关台湾反服贸事件分析、岛内“选举”、反对文化“台独”等台情专报，多次得到中共中央领导同志的重视和批示。二是整合全盟台情研究力量，依托重庆两岸经济研究所，着力进行关于台湾青年在大陆创业就业等事关两岸经济社会融合、岛内社情民意发展的重点难点议题，进行长期性、系统性研究，得到了中央有关部门的肯定。

五、助推“精准扶贫”，开展脱贫攻坚民主监督，社会服务有为有效

五年间，全盟开展对口帮扶项目 249 个，同比增长 6.5 倍，累计向对口扶贫点捐助财物折合人民币 1850.49 万元；帮扶中西部地区、贫困地区吸引投资项目落地资金总额达 5730 万元，彰显了台盟助力脱贫攻坚的政治自觉与积极作为。

（一）积极参与贵州毕节试验区建设

贵州省毕节市是统一战线参与脱贫攻坚事业建设的重要联系点，是丰富多党合作理论实践的试验田。结合统一战线参与毕节试验区建设联席会议的具体部署，台盟中央立足自身特色，进一步凝聚全盟智力资源，发挥与台胞联系广泛的优势，帮扶毕节市赫章县，五年间共筹集资金 478 万元支持对口地区改善民生。

做好“筑梦”系列品牌的技能培训。“授人以鱼不如授人以渔。”扶智是帮扶对象获取“内生动力”的关键举措。全盟聚合各方面资源力量，集中打造了“筑梦”系列的社会服务工作品牌，集中打造了“两岸同心”

帮扶项目资金、“两岸同心”电教室、“筑梦师者”培训班、“筑梦医者”培训班、“筑梦乡村”培训班等系列品牌项目，为推动赫章县脱贫攻坚提供了有力支撑。根据赫章县的实际需求和台盟中央智力帮扶的统一规划，对赫章县组织实施了“教师走出去”和“专家请进来”两种形式的智力帮扶培训，为赫章举办教师、医生、一线管理等培训班110余次，培训4900余人，取得了良好的社会效果。

自2013年起，台盟中央协调东中部地区的六个台盟地方组织，引介各自省市内的示范学校与赫章县的中小学开展结对交流和对口教育援助计划，并在暑期邀请赫章师生参加形式多样的夏令营学习交流活动。自2014年起，台盟中央陆续实施了以基层骨干教师、乡镇医师、农村致富带头人、乡镇行政管理干部等群体为重点培训对象品牌帮扶项目，累计为定点帮扶的赫章县培训7000余人次。这些参训学员回到工作单位后，许多人都成长为该行业单位的业务领导和骨干。

全盟动员，助力赫章民生事业。有十个台盟省级和中央直属组织参与了以帮扶赫章县为主要目标的“两岸同心”帮扶项目资金的筹集行动，有七个台盟省级组织和中央直属组织参与了赫章县实地调研和帮扶项目的实施，有五个台盟省级组织还邀请赫章师生到当地参加学习培训和夏令营交流。上海、天津、吉林、浙江、湖北、广东、南京等地方组织，深入毕节等地牵线台资企业开展校企合作，开展联合捐赠、节日慰问、学校结对等帮扶活动。支持台湾企业家兴办的贵州盛华职业学院开展教育扶贫，并免费培育百余名赫章贫困学生。

2013年，为了帮扶赫章教育，台盟设立了“两岸同心”助学金账户，专款专用，得到了各地盟组织的热烈回应和大力支持，累计资助250人。协调威盛信望爱公益基金会和贵州盛华职业学院共同实施资助赫章优秀高中毕业生全额学费项目，每年资助赫章20名贫困家庭高中生全免学费就读贵州盛华职业学院。

台盟广州市委会协调广州市东风西路小学到赫章县第二小学开展帮扶活动并结为帮扶对子，台盟中央、台盟湖北省委会、台盟广东省委会再次共同捐资注入“两岸同心”助学金。先后协调台盟北京、上海、武汉市委会和台盟湖北、福建、广东、云南省委会及北京市统计局、科技信息中心向赫章捐赠计算机 260 台，协调有关部门向赫章捐赠 600 余万元，在医疗、电教等方面助医助学。

积极探索医疗帮扶新途径，捐资支持建设赫章海雀医院，并与安徽等地方组织合作，连续举办多期乡镇医师培训班，为提升基层医疗服务水平办实事。

突出“台”字特色品牌，将对台联络优势转化为两岸帮扶力量。台盟中央结合实际，充分考虑党派自身优势和特色，聚焦医疗帮扶，致力于将“两岸医师医疗咨询义诊公益活动”打造成为台盟中央社会服务的品牌项目。多次邀请台湾以及京沪两地知名医疗专家赴赫章县为基层群众开展医疗咨询和义诊服务，并对该县医疗卫生情况开展工作调研。义诊主要集中在妇产科、皮肤科、心内科、口腔科、普通外科和中医科等常见疾病科室，累计接诊患者达 3000 人次，受到基层群众的热情欢迎并积极就诊。

五年间，台盟中央先后在北京、福州、毕节等地为赫章举办招商引资洽谈会，积极联引台湾贵州同乡会、海外侨胞故乡行、香港台湾工商协会、台湾中部乡镇代表人士等企业家赴赫章开展交流活动，宣传推介赫章优势资源，为赫章招商引资。台商们结合经营情况，纷纷提出了一些发展建议，并在牛羊养殖、中草药种植和绿色观光农业等领域有较大投资合作兴趣，部分台商还表示愿意与赫章县合作，定向培养就业人才。大部分台商都表达了希望与赫章县进行商业合作的意愿。

不断加大科技扶贫力度，帮助扶持壮大优势产业。多次协调中国科学院、中国林科院、重庆市农业科学院和毕节试验区专家顾问组专家到赫章指导，为赫章核桃产业、草地生态畜牧业、中药材产业发展“问诊把脉”，将赫章的核桃树嫁接成活率提升至 80% 以上，品种大幅优化，实现了提前五至八年丰产。全县现已发展种植核桃约 166 万亩，年产值逾十亿元，年收入万元以上的核桃种植户达 5000 余户，有力推动了全县农业产业化发展；协调科技部、台盟浙江省委会和社会各界，在赫章实施优质樱桃引种试验与基地建设科技示范项目，在海雀村发展林下养鸡产业，帮助策划高山绿茶开发，打造“夜郎王茶”品牌。

2013 年以来，台盟中央积极协调国家能源局帮助赫章推动“威赫电厂”项目落地，并为赫章捐赠 200 万余元资金助力脱贫攻坚。

台盟中央及地方组织的悉心帮扶，积极帮助赫章发展特色优势产业、改善教育医疗条件，助力赫章走上脱贫致富的快车道，成为发挥多党合作优势、推动贫困地区发展的成功范例。

（二）努力探索在甘肃省开展脱贫攻坚民主监督工作

开展脱贫攻坚民主监督，是各民主党派积极响应中共中央的号召，在中国共产党的领导下，积极参与中国特色社会主义建设伟大实践的一项新的政治任务，也是民主党派拓宽民主监督渠道、丰富民主监督内容与形式的一次重要探索。台盟中央认真贯彻习近平总书记关于脱贫攻坚民主监督的重要指示精神，以问题为导向，凝聚全盟力量，扎实开展对口甘肃省的脱贫攻坚民主监督。

台盟中央常委会专题研究脱贫攻坚民主监督工作，并成立专项领导小组，建立了组织协调、联系沟通和社会参与等工作机制，凝聚起全盟的合力。坚持“在参与中支持，在支持中服务，在服务中监督”的工作定位。台盟中央领导带队，专委会、地方组织参与，先后六次深入甘肃陇南、甘南、天水、定西、临夏等地市的一线贫困村，开展深度化、解剖式调研，调研成果得到中共中央领导同志的重视与批示。

2016 年是脱贫攻坚民主监督启动年，台盟中央通过建立“上下联动，横向联合”的工作机制，动员全盟参与，重点开展了三个方面的工作。

一是明确逐层细化的工作任务链条。台盟中常会和专职主席会专题研究脱贫攻坚民主监督工作，将其列为全盟重点工作。成立专项领导小组，并设立办公室，建立组织协调、联系沟通和社会参与等工作机制。制定了脱贫攻坚民主监督工作实施方案、年度工作方案，并明确季度工作重点，形成了逐层细化的任务链条。

二是深入实地开展调查研究。2016 年 8 月，台盟中央以了解甘肃省情、脱贫攻坚基本情况为主题，动员全盟力量共同参与，开展了首轮调查研究。在 2017 年 8 月、9 月和 11 月，先后组织北京、上海等地方组织以及台盟中央专委会等，四次深入甘肃四个地市的 30 多个贫困村开展摸底调研，努力在调查研究中掌握脱贫难点，在正向发力中开展民主监督，为持续深入开展此项工作打下了坚实基础。

三是建立多层次沟通联系机制。台盟中央主席、常务副主席、分管副主席与甘肃省主要领导面对面协商，建立多层次长效联系机制。如，台盟中央分管副主席与甘肃省分管副省长加强专项联系，协调重点工作。台盟中央专项领导小组办公室与中共甘肃省委统战部、省扶贫办加强日常联系，沟通脱贫攻坚民主监督具体工作安排和甘肃省脱贫攻坚动态情况，有效保障了此项工作的开展。

经过扎实调研，2017 年 9 月，台盟中央向中共中央报送专报，就推动甘肃省脱贫攻坚工作再上新台阶提出了“加大国家对贫困地区的产业扶持政策投放力度，引导生产要素合理聚集”“国家宜针对性地采取特殊帮扶政策，支持贫困地区公共基础设施建设达到生产生活基本保障水平”“强化国家对甘肃省的生态补偿，促进区域长期良性发展”“加强省级统筹，完善重大扶贫项目相关政策，提升项目施行效果”“大力发展农村电商，带动贫困群众增收致富”“进一步完善社会帮扶机制，引导大型企业参与扶贫”“优化帮扶力量，体系化设计帮扶干部积极作为和支持服务的制度模式”等具体的对策建议，获得了相关领导同志的批示。

通过建立社会力量参与机制，积极争取盟外各界力量的支持和参与，脱贫攻坚民主监督工作提供更多的智力支持和专业技术保障。

（三）以“两岸同心”为特色，延伸社会服务触角

自 2013 年开始，台盟中央连续采取“对台联络结合社会服务”的形式，邀请台南市医师公会及大陆医师赴中西部地区开展“两岸医师医疗义诊咨询活动”。台南市医师公会参访团与来自北京、上海等多位两岸医

疗专家多次奔赴云南、贵州、陕西、四川等地进行义诊，科别涵盖了内科、骨科、心血管科、精神科、外科、皮肤科等，进一步强化台盟所联系的台湾中南部精英群体对祖国大陆的客观认知和了解认同。统筹推进社会帮扶工作，充分发挥“两岸同心”帮扶项目资金作用，深入河南焦作、重庆万州、云南玉溪、安徽亳州、江西广昌、海南陵水等地区，助力当地贫困群众改善生产生活条件。

台盟中央将社会服务工作与助力地方加快改革发展相结合。依托台盟资源和渠道，帮助河南焦作等地在台湾岛内推介文化旅游资源和招商项目，扩大社会影响。针对贵州黔西南州、重庆市万州区铁峰乡、北京市密云县大龙门村等对口帮扶单位的实际情况，提供个性化的帮助，助推地方经济可持续发展。

密云县大龙门村是台盟中央机关推动科学发展的重要实践基地和互助帮扶对象。该村致信机关党支部和社会服务部，请求支援当地进一步发展有机农产品。台盟中央与该村签订了为期两年的对口帮扶协议。每年拿出十万元，支持该村完善有机农产品生产加工配套设施。协调中国农科院、北京市农科院等科研院所，提供有针对性的技术培训指导，保障该村农副产业可持续发展，推动村民继续增收。

台盟中央与重庆市人民政府在重庆万州区铁峰乡共同举办猕猴桃产业规范发展研讨会暨成果展示会并捐赠了十万元，帮助当地残疾人发展猕猴桃种植。

作为各民主党派参与贵州黔西南州“星火计划、科技扶贫”联合推动组的成员，台盟中央参加黔西南州“万峰林峰会”并邀请在京台商参加当地的两岸交流和招商引资活动。

同时，台盟中央与地方组织凝心聚力，做好全盟帮扶一盘棋，助力台盟吉林省委会做好产业扶贫。邀请北京的企业家赴台盟吉林省委会帮扶点白城市下辖大安市烧锅镇新兴村开展产业帮扶活动。台盟中央、台盟吉林省委会向新兴村捐赠产业扶持资金十万元，用于帮助新兴村贫困户成立笤帚捆扎产业合作社，通过“贫困户 + 合作社 + 企业”的模式，发展笤帚捆扎产业。助力台盟海南省委会定点帮扶工作开展。邀请企业家赴台盟海南省委会联系帮扶点陵水县本号镇白石村开展帮扶调研工作，协调企业家为白石村捐赠十万元设立产业帮扶资金，提升村民致富造血功能。助力台盟湖北省委会定点帮扶工作。台盟中央向台盟湖北省委会的帮扶点十堰市西沟乡捐赠产业帮扶资金五万元，实地调研了恩施州宣恩县的大数据扶贫进展情况。并与武汉市万松街青年社区的因失独、残疾、重症而导致贫困的农民工家庭和孤寡老人进行互动交流，向他们作了“圆梦微心愿”的物资捐赠。助力台盟南宁支部继续实施网校帮扶项目，赴南宁市马山县合作中学进行网校建设捐赠活动并与学校老师座谈交流，争取帮助更多的寒门学子走出大山、有所作为。

六、深化政治交接，提高“五种能力”，自身建设有序有力

五年间，台盟中央推动坚持和发展中国特色社会主义学习实践活动深入开展，不断巩固台盟与中国共产党团结合作的共同思想政治基础，不断增强对坚持和发展中国特色社会主义的道路自信、理论自信、制度自信、文化自信，切实承担起作为中国特色社会主义的亲历者、实践者、维护者和捍卫者的政治责任。

（一）以巩固政治共识为根本，将思想建设再加强

通过开展“不忘合作初心，继续携手前行”专题教育活动，将学习习近平总书记系列重要讲话精神、中共党史、多党合作与台盟盟史结合起来，使广大盟员深刻认识自觉接受中国共产党领导的历史必然、中国共产党与民主党派团结合作的光辉历程，激励广大盟员传承优良传统，巩固多党合作政治共识，深入推进高素质参政党建设，切实履行参政党职能，为全面建成小康社会、实现中国梦贡献力量。

以开展坚持和发展中国特色社会主义学习实践活动为主线，通过开展

形式多样的学习实践活动，以深入学习贯彻中共十八大和习近平总书记系列重要讲话精神，以深化政治交接、增进政治共识为引领，进一步统一思想认识、传承政治薪火，继承优良传统、巩固政治基础，加强自身建设。

注重以纪念台湾光复、台湾人民二二八起义、台盟成立等重要历史节点为契机，组织筹划重要纪念活动。用老一辈盟员的革命史实教育和引导广大盟员，尤其是青年盟员继承和发扬台盟的优良传统，并不断地赋予其新的时代内涵，进一步发扬光大。

五年间，台盟中央进一步加强盟史研究和盟史教育工作，积极开展台盟盟史资料收集征集，出版《台盟创建初期的地方组织》《林正亨画传》《台盟口述历史集（一)》等盟史书籍，开展口述历史资料抢救工程，召开口述历史座谈会，进一步弘扬台湾同胞爱国爱乡的光荣传统，提高盟员对多党合作历史的认识。在抗战胜利 70 周年之际，台盟中央与台海出版社编辑出版了《台盟历史系列丛书》《台湾历史系列丛书》，其中《台湾共产党抗日史实》被中宣部推介为“一百种好书”之一，并获国家出版基金资助。此后又陆续出版了一批有相当影响的图书，其中《台湾光复》《台籍革命伉俪》等在台湾出版发行。

（二）以夯实基层为主线，将组织建设再提升

五年间，在南宁、贵阳、江西积极发展有代表性台胞入盟，推动 2013 年 8 月成立台盟南宁支部、2016 年 10 月成立台盟贵阳支部，推动台盟江西支部 2017 年 7 月升格为台盟江西省委会筹备委员会。至此，台盟已建立 14 个省级委员会（含 1 个筹委会)、25 个地市级委员会和 122 个基层组织（地市级组织数、基层组织数截至 2016 年年底)。此外，着眼组织长远发展，台盟中央还积极推动升格台盟上海市黄浦区委等地市级组织。在尚未建立组织的江苏扬州、南通等地发展了盟员，为今后的组织建设做好基础性工作。

五年间，围绕组织发展、代表性人士队伍建设、内部监督以及地市级组织换届等方面的课题，先后开展多次全盟范围的组织工作调研。五年

间，前往 19 个省区，召开 40 余场座谈会，直接听取 300 余名基层盟员的意见，占盟员总数的 1/10。“走出去”是近年来开展组织工作的有益尝试。通过调研，摸清了地方组织的基本情况及盟员发展工作的好经验、好做法，了解了组织工作中的部分难点和问题，为下一步继续做好发展工作理清了思路。调研后，形成了调研报告，为台盟中央领导和有关部门的决策提供科学依据和重要参考。

着眼于打造一支政治素质过硬、业务能力突出的骨干盟员和机关干部队伍，台盟中央在各级党委统战部的支持帮助下，在全盟范围内开展了多层次、全覆盖、多批次的培训工作。一是推荐十余批约 80 人次盟员参加中共中央统战部在中央社院举办的民主党派干部培训班、进修班，在上海浦东、江西井冈山干部学院举办的专题培训班次；二是针对工作实际，先后举办民主党派中青年干部多党合作专题研究班、组织工作干部培训班、新任省级主委和专职副主委培训班、省级组织新任专职干部多党合作专题研究班、新任中央委员和部分省市委会委员培训班、中青年干部培训班、基层组织负责人培训班等八类侧重不同培训对象的培训班，累计培训盟员 260 多人次；三是结合机关干部工作实际，将课堂授课和现场教学相结合，带领机关干部到基层开展形式多样、内容丰富的现场教学活动，收到良好效果。

2012 年至 2016 年的五年间，台盟的盟员数由 2733 人增加到 3128 人（截至 2016 年年底），盟员数量增长接近 15%。大学以上学历和具备中高级职称的盟员数量显著增加。2017 年，有 15 名盟员担任十二届全国人大代表，其中常委会委员三人；30 名盟员担任十二届全国政协委员，其中副主席一人、常委七人。还有五名盟员担任了省政协副主席。担任各级人大代表、政协委员的盟员比例达到 14.2%，在各级政府担任实职领导干部的盟员数量也有所增加。此外还有十余名盟员担任公安部、国土资源部、教育部、审计署等国家部委特约职务，20 余名盟员担任中国和平统一促进会理事、中华海外联谊会理事等社团职务。一大批知识层次高、业务能力强的中青年台胞充实到盟员队伍中，更是有不少政治素质过硬、履职参政能力强的中青年骨干盟员走上了各级组织的领导岗位，接过了台盟事业的接力棒。此外，这些年以来，盟员平均年龄有所下降，队伍年龄层次结构更符合民主党派发展要求。

2012 年至 2017 年，台盟内部监督工作的制度建设和实践工作都有了长足进步。2012 年 12 月，台盟九届一中全会成立了新一届台盟中央监督委员会，通过了《台盟内部监督条例》。2013 年 5 月，台盟中央监督委员会九届一次会议在北京召开，审议通过了《台盟中央监督委员会工作规则》。2014 年 7 月，台盟中央监督委员会九届二次会议在北京召开，会议讨论并通过了《中央监督委员会办公室工作制度》《中央监督委员会保密工作制度》《省级监督委员会成立办法》《盟内信访工作规定》等四个工作制度。2014 年上半年，台盟中央组织部还到已经建立了内部监督委员会的七个省市进行了监督工作专题调研，总结有效做法，研究难点问题。截至 2017 年，13 个省级组织已全部成立了监督委员会，部分市级组织也探索成立了监督委员会。各级监督委员会积极探索工作方法，逐步建立了旁听全委会议等制度。监督工作不断向规范化、制度化迈进。

第八章

开启中国特色社会主义新时代台盟工作新篇章

一、增强“四个意识”，认真学习贯彻中共十九大精神

2017年10月，中国共产党第十九次全国代表大会胜利召开。中共十九大将习近平新时代中国特色社会主义思想确立为必须长期坚持的指导思想，中国特色社会主义开启了新篇章，进入了新时代。

在中共十九大开幕之际，台盟中央与其他民主党派中央、全国工商联一道发去了贺信，热烈祝贺中共十九大胜利召开，并预祝大会取得圆满成功。台盟中央在贺信中表示，作为由居住在祖国大陆的台湾省人士组成的参政党，台盟对于祖国统一和富强的梦想与期盼格外强烈。台盟将把学习贯彻中共十九大精神，作为首要的政治任务，进一步强化“四个意识”，不断提高“五种能力”，更加紧密地团结在以习近平同志为核心的中共中央周围，为实现“两个一百年”奋斗目标、实现祖国和平统一大业和中华民族伟大复兴的中国梦作出新的更大贡献。中共中央在回复各民主党派中央、全国工商联的感谢信中提出，要不忘初心、牢记使命，同心奋斗、砥砺前进，共同谱写统一战线和多党合作事业发展新篇章，为实现“两个一百年”奋斗目标、实现中华民族伟大复兴的中国梦而努力奋斗。

中共十九大胜利闭幕后，台盟第一时间组织全体盟员认真学习领会中共十九大精神。10月26日，台盟中央机关中心组召开集体学习会，专题学习中共十九大精神。10月31日，台盟中央学习贯彻中共十九大精神座谈会在北京召开。会议号召，台盟各级组织和广大盟员，坚决拥护习近平同志所作的报告和大会通过的各项决议，坚决拥护以习近平同志为核心的新一届中共中央领导集体，始终不渝地传承弘扬台盟优良传统，与中国共产党一道，为夺取新时代中国特色社会主义伟大胜利而奋斗。会议强调，

学习贯彻中共十九大精神是台盟当前和今后一个时期的首要政治任务。台盟各级组织和广大盟员要撸起袖子加油干，积极投入新时代中国特色社会主义的伟大实践之中，切实履行好参政党职责。

在此前中共十九大报告议题及报告稿征求意见的过程中，台盟以高度的政治责任感参与其中。2 月，在对十九大报告议题征求意见座谈会上，台盟中央在广泛收集盟员台胞意见建议基础上，提出持续提升国家软实力、带动两岸青年携手共圆“中国梦”等建议。8 月 30 日，中共中央总书记习近平主持召开座谈会，听取各民主党派中央、全国工商联领导人和无党派人士对十九大报告征求意见稿的建议。台盟中央围绕广泛吸引台湾优秀青年人才共襄祖国统一大业、统筹谋划修复贫困地区生态系统等问题提出了意见建议。习近平总书记在听取发言后，代表中共中央表示感谢，要求文件起草组认真研究吸纳党外人士意见和建议。

受习近平总书记委托，2018 年 3 月 22 日，中共中央政治局常委、全国政协主席汪洋代表十九届中共中央，在全国两会刚刚闭幕就走访台盟中央。座谈会上，台盟中央主席苏辉从思想共识、组织建设、履职尽责等方面汇报了台盟近期的重点工作。汪洋对台盟工作给予高度肯定，并同领导班子成员亲切座谈，共话履职建设、共商多党合作，为台盟今后发展加油鼓劲。中共中央书记处书记、中央统战部部长尤权参加走访，台盟中央副主席杨健、吴国华参加座谈。

二、召开第十次全盟代表大会，台盟工作开启新篇章

2017 年 12 月 5 日，台盟第十次全盟代表大会暨纪念台盟成立 70 周年大会在北京开幕。这次大会的主题是：在以习近平同志为核心的中共中央领导下，高举中国特色社会主义伟大旗帜，认真学习贯彻中国共产党第十九次全国代表大会精神和习近平新时代中国特色社会主义思想，坚定不移走中国特色社会主义政治发展道路，团结带领全盟为决胜全面

建成小康社会、实现祖国和平统一和中华民族伟大复兴的中国梦而不懈奋斗。

中共中央政治局常委韩正到会祝贺并代表中共中央致贺词。贺词说，台湾民主自治同盟具有光荣的历史和爱国爱乡的优良传统，为国家富强、民族复兴、人民幸福，为促进祖国和平统一作出了重要贡献。台盟作为中国共产党久经考验的亲密友党和中国特色社会主义参政党，是中国从站起来、富起来到强起来伟大征程中的一支重要力量，是决胜全面建成小康社会、夺取新时代中国特色社会主义伟大胜利的一支重要力量，是实现中华民族伟大复兴中国梦的一支重要力量。

贺词提出，希望台盟深入贯彻中共中央对台工作方针政策和决策部署，将“两岸一家亲”理念与亲情乡情优势有机结合，着力扩大对台经济文化交流合作，增进两岸同胞福祉，推动两岸同胞共同弘扬中华文化，促进心灵契合，厚植两岸关系和平发展的民意基础，不断凝聚携手推进祖国和平统一进程、致力中华民族伟大复兴的强大力量。相信台盟新一届中央领导机构一定能够团结带领全体成员，深入学习宣传贯彻中共十九大精神，深刻领会习近平新时代中国特色社会主义思想的历史地位和丰富内涵，深化政治交接，传承优良传统，夯实思想基础，加强自身建设，围绕中共十九大确立的目标任务，发挥特色优势，积极履职尽责，进一步开创台盟工作新局面。

开幕式由大会主席团常务主席苏辉主持。大会主席团常务主席林文漪致开幕词。全国人大常委会副委员长、民革中央主席万鄂湘代表各民主党派中央、全国工商联向大会致贺词。中华全国台湾同胞联谊会党组书记黄志贤代表全国台联向大会致贺词。

林文漪代表台盟第九届中央委员会向大会作了题为《不忘合作初心、传承家国情怀，坚定不移走中国特色社会主义政治发展道路》的报告。

报告指出，过去的五年，在以习近平同志为核心的中共中央带领下，台盟着力全局之重、矢志两岸之为，与全国人民一道，携手奋进、逐梦前行，共同走过了国家发展进程中极不平凡的五年，圆满完成了台盟九大确定的各项任务。五年来，台盟恪尽兴国之责，参政议政有进有成，在社会主义协商民主的生动实践中彰显同心作为；融合两岸之情，对台工作有声有色，在促进祖国和平统一的生动实践中彰显特色作为；力行富民之举，社会服务有为有效，在决胜全面建成小康社会的生动实践中彰显民生作为；传承初心之志，自身建设有序有力，在建设中国特色社会主义参政党的生动实践中彰显严实作为。五年来的实践积累了很多宝贵的经验，其中体会最深的是：必须筑牢同心之基，助力画出最大同心圆；必须着力特色之为，明确参政党履职的定位角度切入点；必须汇聚全盟之力，做好科学履职的顶层制度与机制设计。

报告指出，在今后五年里，全盟工作要在以习近平同志为核心的中共中央领导下，高举中国特色社会主义伟大旗帜，认真学习贯彻中共十九大精神，深入学习领会习近平新时代中国特色社会主义思想，广泛动员全体盟员和所联系的台胞，与中国共产党并肩踏征程、同心创伟业，为决胜全面建成小康社会和实现祖国和平统一作出新的更大的贡献。要围绕学习贯彻中共十九大精神，在中国特色社会主义政治发展道路上筑牢共同思想基础；要围绕中共十九大关于发挥社会主义协商民主重要作用的要求，在“四个全面”大局中协商议政；要围绕中共十九大关于推进祖国统一的要求，在“两岸一家亲”理念下助力民间交流；要围绕中共十九大关于坚决打赢脱贫攻坚战的要求，在“两岸同心”的主题下落实以人民为中心的发展思想；要围绕中共十九大关于建设中国特色社会主义参政党的要求，在提升“五种能力”的目标下积蓄台盟发展动力。

大会主席团常务主席杨健作《关于修改〈台湾民主自治同盟章程〉的说明》。新的台盟章程主要作了如下修改：原台盟章程包括总纲和5章29条，修订后的章程为总纲和7章37条。章节有所增加，条目有所调整，部分规定加以细化。修改主要集中在三个方面，一是吸收中共十九大的最新理论成果，将习近平新时代中国特色社会主义思想、中共十九大确立的一系列新理念新思想新战略和中共中央最新对台大政方针引入章程，对部分提法根据形势发展进行修订。二是认真学习中国共产党做好干部工作和“从严治党”的先进理论与成功实践，借鉴参考兄弟党派的规定、做法，增设了“盟的干部”“盟的纪律和内部监督”两个章节。三是在总结以往盟务工作经验的基础上，对部分盟务工作的规章进行了修订和完善。

中共中央书记处书记、中央统战部部长尤权，全国人大常委会副委员长向巴平措，国务委员王勇，全国政协副主席马飚，全国政协原副主席张克辉，还有中共中央台办和各民主党派中央、全国工商联负责人等出席了开幕式。293 名台盟十大代表参加了开幕式。

12 月 9 日，台盟第十次全盟代表大会在北京胜利闭幕。大会圆满完成各项议程，深入学习贯彻中共十九大精神和习近平新时代中国特色社会主义思想，表决通过了《台湾民主自治同盟第十次全盟代表大会关于第九届中央委员会报告的决议》《台湾民主自治同盟第十次全盟代表大会决议》，审议通过了《台湾民主自治同盟章程（修正案）》，选举产生了由 69 人组成的新一届中央委员会。

★ 2017 年 12 月，台盟第十次全盟代表大会在京召开。

会议期间举行的台盟第十届中央委员会第一次全体会议选举产生了由23人组成的第十届中央常务委员会，苏辉当选台盟第十届中央委员会主席，杨健、张泽熙、连介德、吴国华、郑建闽当选副主席。

苏辉在致闭幕词时指出，台盟第十次全盟代表大会是在中共十九大精神指引下召开的一次重要会议，是坚定信心、凝聚力量的大会，是明确目标、催人奋进的大会，是同心同德、团结民主的大会。今后五年，全盟要深入学习中共十九大精神，贯彻落实习近平新时代中国特色社会主义思想，努力做好台盟各项工作。

苏辉提出，要以中国共产党为师，深入学习贯彻习近平新时代中国特色社会主义思想，确保台盟事业沿着正确的政治方向前进。要只争朝夕，大力推进各项工作，更好地承担起台盟的重大历史责任。众志成城，不断加强自身建设，推进台盟事业薪火相传、蓬勃向上。

最后，苏辉号召台盟同志要不忘初心，牢记使命，更加紧密地团结在以习近平同志为核心的中共中央周围，同心同德、砥砺奋进，不断开创台盟工作的新局面，为推进祖国统一、实现中华民族伟大复兴，作出新的贡献。

闭幕会上还宣读了给不再担任台盟领导职务的老同志的致敬信。

三、以习近平新时代中国特色社会主义思想为指导，形成“三抓两促一提升”的总体工作格局

（一）提出“三抓两促一提升”的五年工作思路

十届台盟中央领导班子深入学习贯彻习近平新时代中国特色社会主义思想，在深入调研、集思广益、继承发展的基础上，明确了“三抓两促一提升”的工作思路。

★ 2018 年 2 月，习近平总书记在北京同党外人士共迎新春时，与苏辉亲切握手。

在2018年3月7日召开的台盟十届二次中常会上，苏辉作主题讲话，提出台盟今后五年的工作思路，是围绕贯彻落实中共十九大精神，以习近平新时代中国特色社会主义思想为指导，抓好理论学习、抓好队伍建设、抓好制度保障，促进参政党履职能力进一步增强、促进参政党履职特色进一步彰显，提升新时代中国特色社会主义参政党建设水平，续写台盟建设发展的新篇章，概括起来就是“三抓两促一提升”。

苏辉提出，首先要坚持使命引领，提升新时代中国特色社会主义参政党建设水平。参政议政突出一盘棋、一股绳，对台联络突出心连心、实打实，社会服务突出精准帮、助小康，促进参政党履职能力进一步增强、履职特色进一步彰显。其次要坚持问题导向，抓好理论学习、队伍建设、制度保障三大基础。立足台盟自身建设的现状，直面基层盟员普遍关心的问题，以问题引导创新，以创新推动工作，为台盟参政履职强筋壮骨、夯实基础。

（二）明确一年围绕一个主题的工作框架

在明确“三抓两促一提升”的工作思路基础上，十届台盟中央领导班子进一步推动全盟逐渐形成一年围绕一个工作主题的好做法，从“打基础、谋长远”，到“显特色、上水平”，到“抓深入、见实效”，再到“扬优势、展思路”，推动形成了新时代台盟工作的总体格局与主要框架。

2018年全盟的工作主题是“打基础、谋长远”。抓好理论学习，以盟史教育为特色，做到入心入行；抓好队伍建设，以优秀骨干为重点，做到有为有位；抓好制度保障，以信息化建设为载体，做到规矩规范；参政履职坚持“一盘棋、一股绳”，在建言经济社会发展全局中促进履职能力进一步增强、履职特色进一步彰显；对台联络坚持“心连心、实打实”，在助力“两岸一家亲”中促进履职能力进一步增强、履职特色进一步彰显；社会服务坚持“精准帮、助小康”，在助力打赢脱贫攻坚战中促进履职能力进一步增强、履职特色进一步彰显。

2019年全盟的工作主题是“显特色、上水平”。在“三抓”方面：抓理论学习，彰显盟史传承的内涵特色，全盟思想政治引领上水平；抓队伍建设，彰显领导班子的工作特色，全盟组织整体效能上水平；抓制度保障，彰显全盟一体的机制特色，全盟履职体制创新上水平。在“两促”方面：参政议政坚持“一盘棋、一股绳”，服务全局显特色，建言质量上水平；对台工作坚持“心连心、实打实”，亲情乡情显特色，联络交流上水平；社会服务坚持“精准帮、助小康”，正向发力显特色，助推脱贫上水平。

2020 年全盟的工作主题是“抓深入、见实效”。坚持贯彻中共十九届四中全会精神和中央政协工作会议精神，在看齐核心上抓深入、见实效。在理论学习上抓深入，推动立根铸魂见实效；在队伍建设上抓深入，推动强基固本见实效；在制度保障上抓深入，推动规矩规范见实效；参政议政在“一盘棋、一股绳”上抓深入，在做“好参谋”上见实效；对台工作在“心连心、实打实”上抓深入，在做“好帮手”上见实效；社会服务在“精准帮、助小康”上抓深入，在做“好同事”上见实效。

2021 年全盟的工作主题是“扬优势、展思路”。坚持贯彻中共十九届五中全会精神，以迎接中国共产党成立 100 周年为引领，发扬政治优势和制度优势，推动台盟在坚定“四个自信”上展思路；发扬工作优势和机制优势，推动台盟在夯实“三抓”基础上展思路；发扬党派优势和履职优势，推动台盟在实现“两促”目标上展思路。

四、抓理论学习、队伍建设、制度保障，坚持和完善新型政党制度

（一）抓好理论学习，做到入心入行

1. 旗帜鲜明讲政治

十届台盟中央领导班子坚持以思想政治建设统领全盟各项工作，第一

时间学习贯彻习近平总书记提出的新型政党制度等重要论述，强调要做中国共产党的好参谋、好帮手、好同事。

在台盟中央层面，建立领导班子民主生活会制度，倡导当面锣、对面鼓，敢于说不足、谈短板，真正聚心力、促发展。2018 年召开首次领导班子民主生活会，带动全盟各级领导班子坚决讲政治、坚定守规矩。2019 年 12 月 30 日，在北京召开 2019 年度领导班子民主生活会。苏辉、杨健、张泽熙、连介德、吴国华、郑建闽参加会议。苏辉主持会议并通报了领导班子上一次民主生活会整改措施落实情况和本次民主生活会征求意见情况，代表领导班子作对照检查，重点围绕思想政治建设、组织建设、履职能力建设、作风建设、制度建设五个方面，查摆问题，剖析原因，提出今后努力方向和整改措施。领导班子成员逐一进行个人对照检查，并开展批评和自我批评。

台盟中央表率先行，带动 14 个省级组织跟进落实，对标台盟中央和当地党委政府的工作要求，广泛征求意见，扎实开展谈心谈话，找到不足和努力方向，达到了加强政治锻炼、思想锤炼的目的，收到了人心同向、工作同力的效果，实现了省级组织领导班子民主生活会全覆盖。

创新中央常务委员会决策议事思路，将盟务工作连接重要时事、把台盟建设融入发展大局，分别以纪念统一战线参与毕节试验区建设 30 周年暨台盟定点帮扶赫章县 13 周年、纪念改革开放 40 周年为鲜明主题，在贵州赫章、广东深圳召开 2018 年年中两次中常会。坚持讲政治抓学习，紧跟习近平总书记的脚步，感悟习近平新时代中国特色社会主义思想的真理力量，分别在河北石家庄、浙江杭州召开 2019 年年中两次中常会，并在会议结束后分别举行了“我和我的祖国”主题分享会、“传家国初心，走复兴之路”台盟中央两岸青年座谈会，邀请在祖国大陆创业有成、荣获殊荣的台湾青年代表，与台盟青年盟员、机关干部同程参观中共中央“五一口号”发布地、“五四宪法”诞生地、台湾抗日义勇队纪念地，同场抒发家国情怀、复兴梦想，在体验红色文化中加强思想交流，促进心灵契合，进一步强化了中常会的政治引领作用。

2. 学用结合强理论

坚持领导带动、中心组传动、盟员主动。台盟中央主要领导每年在《人民日报》《光明日报》《人民政协报》《团结报》等报刊发表署名文章、采访稿等十余篇，感悟习近平新时代中国特色社会主义思想的理论伟力，引领全盟带着感情学、提高站位学。完善台盟中央机关中心组学习制度，每两月举办一次学习会，围绕习近平生态文明思想、人民代表大会制度、中央政协工作会议精神、加强参政党建设“三个文件”、新型政党制度建设、脱贫攻坚民主监督、新发展理念、对台工作等主题进行专题学习，深刻领会习近平新时代中国特色社会主义思想的核心要义、精神实质，为全盟对标对表立起标杆、作出示范。

坚持政治方向、大局导向、履职取向。围绕中共全会、全国两会、中共中央发布“五一口号”、《告台湾同胞书》发表、台湾人民二二八起义等重要节点、重大时事举办专题座谈，推动全盟常学常新、入脑入心，营造时时铭记、事事坚持、处处贯彻的良好氛围。2020 年，台盟中央以“阅·思源”为主题，开展全盟思想政治建设读书学习活动。各级盟组织邀请台盟前辈、大陆台胞青年、两岸专家学者与青年盟员干部，举办各类线上线下相结合的读书交流活动，推动建设书香台盟，引领盟员和所联系台胞探源家国初心、溯源两岸根脉。

3. 发扬传统重盟史

十届台盟中央领导班子始终以“不忘合作初心，继续携手前进”主题教育活动统揽思想宣传各项工作，把盟史资源作为最可珍贵的“传家宝”，把盟史教育作为思想引领的“营养液”。

深入挖掘整理台盟光荣历史，通过举办口述历史等活动，采访收集整理中国人民解放军第三野战军第九兵团台湾干部训练团等珍贵史料。台盟中央还制定盟史资料征集、保管、使用办法，编辑台盟大事记，继续编辑出版《台盟历史系列丛书》《台湾历史系列丛书》《蔡啸画传》《台盟口述历史集》等重点盟史图书系列。特别是 2020 年，台盟中央挖掘整理出一大批珍贵的盟史资料，充分反映了建盟初期以及台盟首任主席谢雪红的履职史迹。以此为基础，台盟中央决定筹建台盟盟史馆，纳入台盟献礼中国共产党成立100周年系列工作，由苏辉担任台盟盟史馆筹建领导小组组长，高位推动盟史研究深化、全力推动馆舍建设布展，宣传多党合作的光辉大道，宣传两岸一家的历史正道。2020年，台盟中央与国家博物馆合作举办“金瓯无缺——纪念台湾光复75周年主题展”，拓展盟史宣传新路径，把盟史融入中共党史、新中国史、改革开放史、多党合作史的大格局，彰显台盟矢志家国的深厚情怀。

确定在每年11月12日建盟纪念日，组织举办形式多样的系列纪念活动，牢记建盟初心、传承政治薪火，不断增强参政党意识、台盟人精神。2018年11月12日，台盟中央机关召开纪念台盟成立71周年主题朗读会，苏辉出席并讲话，希望通过纪念台盟生日，重温盟史，心有所获。2019年11月12日，举办了纪念台盟成立72周年暨蔡啸同志诞辰100周年座谈会。苏辉出席并讲话指出，纪念蔡啸同志，就是要学习他坚定信念、无畏牺牲的革命精神，学习他爱国爱乡、矢志统一的家国情怀，学习他坚决拥护中国共产党的领导、积极投身多党合作事业的赤诚之心，学习他心系台胞、无私奉献的崇高风范。会议追根溯源回望历史，矢志奋斗洗礼思想，达到了铮铮风骨在、教化自有力的良好效果。2020年11月12日，举办了纪念台盟成立73周年暨蔡子民同志诞辰100周年座谈会。苏辉出席并讲话，指出对蔡子民同志最好的纪念，就是把蔡子民等台盟前辈的优良传统传承好弘扬好，把他们历经千辛万苦开创的事业发展好，坚持中国共产党的领导，不忘合作初心，继续携手前进。

为铭记台湾同胞为抗战胜利作出的巨大贡献，在浙江金华台湾义勇队成立旧址设立台盟首个爱国主义教育基地，为两岸同胞传承共同历史记忆、激发宝贵精神力量搭建重要平台。

从2019年7月启动“不忘合作初心，继续携手前进”主题教育活动以来，全盟坚持把加强理论武装与突出盟史育人相贯通，教育引导广大盟员在坚守合作初心中弘扬家国情怀，取得了抓思想务本寻根、抓履职务实认真、抓自身务正求深的丰硕成果。2020年1月，台盟中央向全盟印发了《关于加强全盟思想政治建设的意见》，3 月印发了《关于巩固拓展“不忘合作初心，继续携手前进”主题教育活动成果的通知》，进一步明确了加强思想政治建设的总体要求和主要内容，对政治引领、思想引导、共识教育的常态化和长效化提出明确要求。

（二）抓好队伍建设，做到有为有位

1. 聚焦关键少数

2018 年，十届台盟中央领导班子把优秀骨干队伍建设作为全盟组织工作的重点。台盟中央主要领导、分管领导深入基层开展调研，召开优秀骨干调研座谈会 15 场、面对面座谈 187 人次，与中共省（市）委统战部对接沟通 13 场，基本摸清全盟优秀骨干情况，做到了人员清、结构清、底数清，为培养使用打下良好基础。在此基础上，召开台盟优秀骨干队伍建设工作会议，出台加强优秀骨干队伍建设意见，进一步强化人才梯队、青年盟员、思想教育、高层次人才培养等措施。

2019 年，十届台盟中央领导班子把领导班子建设作为全盟组织工作的重点。开展全盟领导班子建设调研，沉下去、到基层，将调查研究与争取中共党委统战部门支持相结合、座谈交流与走访盟员单位相结合，做到了底数清、情况明。在深入调研基础上，梳理出领导班子建设的经验做法、突出问题、对策建议，结合贯彻落实《中共中央关于加强中国特色社会主义参政党建设的意见》等三个文件精神，制定《关于加强台盟地方组织领导班子建设的意见》，举办台盟领导班子建设工作会议，使领导班子建设工作有规可依、有据可循。与此同时，以思想为要创新形式开展领导班子建设。在全国两会、台盟中常会以及赴地方调研期间，台盟中央主要领导与省级组织主委开展经常性谈心谈话，努力做到见人见事见思想。

台盟中央第一时间举办新任中央委员培训班、优秀骨干盟员培训班、台盟基层组织负责人培训班，以“关键少数”为重点加强履职能力培养。此外，还向全国政协、国家监察委员会、最高人民法院、最高人民检察院、自然资源部、国家审计署等中央和国家机关有关部门推荐特约人员，切实加强实践锻炼。

2018 年，台盟中央在全盟范围开展“纪念改革开放 40 周年先进集体和先进个人”表彰评选活动，共评选出助推改革开放伟大事业的台盟先进集体 31 个、优秀盟员 115 人、优秀盟务工作者 30 人。表彰的目的是要褒扬先进，但更在于选树典型、比学赶超、营造氛围，进一步激励广大盟员在新时代更有新作为。12 月 6 日，台盟中央纪念改革开放 40 周年表彰大会在京召开。此次大会以纪念改革开放 40 周年为契机，旨在回顾台盟与中国共产党风雨同舟、同心奋斗的光辉历程，全面展示台盟各级组织和盟员在改革开放历史进程中作出的重要贡献，褒扬先进模范，弘扬光荣传统，牢记初心使命，继续砥砺前行，激励广大盟员以更多的力量、更大的热情投身到台盟事业发展中来，为新时代中国特色社会主义建设作出新的更大贡献。苏辉出席会议并为先进代表颁奖。六位先进盟组织和优秀盟员、优秀盟务工作者代表作大会发言。

2. 统筹组织建设

坚持顶层设计为先导，台盟中央首次制定了《组织建设工作五年（2018—2022 年）规划纲要》，明确工作重点和方法，健全保障机制和举措，统筹全盟组织建设工作，加强了组织建设的顶层设计。

省级组织数量获得突破，2019 年 1 月 20 日，台盟江西省第一次盟员大会在南昌召开，标志着台盟江西省委员会正式成立，成为台盟第 14 个省级组织。推动四川成都、辽宁抚顺、重庆沙坪坝、广东珠海等地组织提升，在江苏苏州、常州发展盟员，实现盟员零的突破，促进组织布局更加完善、肌体更加强健。同时，稳步推进台胞大省、对台资源丰富大省的组织建设前期工作，有序推动组织发展工作。

注重凝聚盟员合力。通过承担重点工作、参谋辅助履职、议事集思广益、完善工作机制等方式，加强专委会建设，引导骨干人才立足专业领域、行业特色，双岗建功、贡献力量。2018 年，台盟十届二次中常会审议通过了设立十个专委会及各专委会主任和办公室主任，修订了专委会通则。为尽快形成各专委会的整体框架，4 月在上海召开了专委会主任会议，这是台盟中央第一次召开专委会主任协调会，以加强沟通协商、明确组建原则。会后，各专委会认真谋划人才资源，提交台盟十届七次专职主席会议协调研究，确定各专委会副主任和委员，完成了台盟中央第十届专门委员会的组建工作。十个专委会分别是：参政议政工作委员会、妇女工作委员会、青年工作委员会、盟史工作委员会、参政党自身建设委员会、台情与两岸关系研究委员会、科教医药交流委员会、两岸文化交流委员会、两岸经济合作交流委员会、生态资源与环境保护工作委员会。

3. 强化内部监督

完善全盟内部监督工作体系，在全盟 14 个省级组织、条件成熟的部分地市级组织成立监督委员会，实现省级组织监督委员会全覆盖。各省级、市级监督委员会在当地中共党委有关部门和上级监督委员会的指导下积极工作，发挥了很好的作用。

进一步明确内部监督工作定位，以强化政治监督为重点，以学习践行新盟章为抓手，以提升参政履职实绩为导向，修订了台盟内部监督工作条例。通过专职副主席述职、领导班子民主生活会、工作督查等方式，推进盟务工作的规范务实、作风纪律的从严从实，为全盟扎紧制度笼子，实施正向激励发挥了重要作用。

（三）抓好制度保障，做到规矩规范

1. 加强信息化建设

十届台盟中央领导班子把信息化建设作为全盟工作机制变革的助推器，履职体制创新的推进剂。经过几年稳扎稳打的建设，台盟信息化工作初具规模、已显成效。

台盟中央机关智能公文交换箱系统运转高效，加强了机关机要文件的科学管理。建成台盟中央机关内部局域网，办公管理系统上线运行，基本实现机关无纸化办公。全盟电子盟务工作管理平台建设全力推进，推动盟员信息与履职管理系统、社情民意信息报送系统集成运用。2020 年 11 月，移动互联网应用程序“台盟 e 家”正式上线运行，推动履职管理走向

智能、迈向“云端”。

全盟视频会议系统搭建完成。2019 年 12 月 30 日，视频会议启动仪式举行，系统正式启动运行。台盟视频会议系统建设，是顺应时代发展，贯彻习近平总书记以信息化推进国家治理体系和治理能力现代化的治国理念，在台盟中央的高度重视和地方组织的密切配合下，为全面提升参政履职效能的一项重要举措。在 2020 年抗击新冠肺炎疫情的特殊时期，全盟因时因势，利用视频会议系统及时召开了台盟十届十次、十一次中常会、台盟中央机关中心组学习会、脱贫攻坚工作推进会、宣传思想工作会、台情研究主题讲座等，有效促进了工作同频同步、履职互动互促。

2. 健全制度化体系

适应新时代中国特色社会主义参政党建设的需要，立足全盟参政履职实际，修订完善台盟中央主席会议工作规则、台盟中央常务委员会工作规则、台盟中央委员会全体会议工作规则、台盟中央机关工作会议制度等系列规章制度，修订完善台盟中央机关公文办理、财务管理、行政后勤、人事制度、外事管理、安全保密、档案管理等数十项工作制度，制度体系更加健全。同时，进一步严格制度落实，加强督促检查，以执行力强化制度生命力，带动全盟各级机关服务盟务中心工作的能力持续提升，有力促进了全盟工作的制度化、规范化、科学化。

五、促进参政党履职能力进一步增强、履职特色进一步彰显，助力全面建成小康社会、打赢脱贫攻坚战

（一）参政议政坚持“一盘棋、一股绳”

1. 政党协商特色凸显

台盟中央领导多次应邀参加重要国事活动，其中包括参加庆祝中华人民共和国成立 70 周年国庆招待会等重要庆典、慰问、纪念活动，陪同中

共中央和国家领导人会见阿联酋王储阿布扎比等外国贵宾。其中，2018 年 8 月，作为国家主席习近平特使，苏辉赴津巴布韦首都哈拉雷出席了姆南加古瓦总统的就职典礼。

★ 2018 年 8 月 26 日，中国国家主席习近平特使、全国政协副主席苏辉在津巴布韦首都哈拉雷会见姆南加古瓦总统。

台盟各级组织充分发挥参政党在国家政治生活中的作用，就国民经济和社会发展的重大问题参与政治协商。其中，在全盟各级组织协同合作形成的丰富调研成果基础上，台盟中央参与了党和国家机构改革、修改宪法、完善中国特色社会主义制度、政府工作报告、国家经济工作等重大事项的政治协商，着力突出议政建言的独特视角。

在习近平主持召开的中共十九届二中、三中、四中、五中全会文件起草征求意见座谈会上，台盟中央以中国特色社会主义事业参政党的独特视角，从全局高度把握议题的政治性、政策性与理论性，提出了深化国家监察体制改革、提升基层对台工作能力、深化两岸融合发展等重大政策建议。

在李克强主持召开的政府工作报告征求意见座谈会上，台盟中央结合各地调研成果，聚焦民生福祉与对台工作实效，注重政策建议的科学可行性与案例数据支撑，提出了进一步支持实体经济发展、加强科技发展顶层设计、保护水环境、注重惠台政策传播与落实等务实建议。

在中共中央每年召开两次的经济工作党外人士座谈会上，台盟中央紧紧围绕国家重大战略的实施，提出建设新型国家实验室、深化自由贸易试验区改革、为两岸融合发展营造良好法治环境等特色鲜明的政策建议，为中央科学决策提供重要参考。

在中共中央政治局常委、全国政协主席汪洋每年主持召开的民主党派大调研协商座谈会上，台盟中央及时总结提炼调研成果，围绕乡村振兴战略、优化营商环境、提升治理效能等重大课题，从进一步发挥农村基本经营制度的优越性、进一步提升农村集体产权制度改革的协同性、进一步激活农业要素市场活力、促进台资企业更好分享大陆发展机遇、支持台湾青年在大陆创业就业等角度切入，提出可行的政策建议。

此外，台盟中央还统筹相关地方组织、重庆两岸经济研究所等单位，赴岛内开展专题走访调研，并同相关领域业内人士、政府部门、专家学者等召开系列座谈会，广泛听取意见建议，在此基础上通过“直通车”的形式向中共中央报送了加强两岸民间产业交流、推动两岸应通尽通、加强两岸基层青年交流、优化台资企业营商环境等主题的党派专报，得到习近平、汪洋等中共中央领导同志的重视与批示，充分彰显了台盟参与协商民主的党派特色。

2. 政协协商成果斐然

全国政协十三届一次会议上，苏辉当选中国人民政治协商会议第十三届全国委员会副主席。2018 年 3 月 6 日，全国政协十三届一次会议在人民大会堂举行首场记者会，苏辉与其他民主党派中央和全国工商联领导人一同出席，并回答了国内外媒体的提问，表示将带领台盟全体盟员积极投身于新时代中国特色社会主义的伟大实践，共同书写多党合作事业的绚丽篇章。

全国政协十三届一次会议期间，台盟中央在向全盟征集提案素材的基础上，经层层筛选、汇总精炼，共提交大会发言 3 件、党派提案 27 件；台盟界别 20 位政协委员个人提案立案 83 件。其中，共有 4 件台盟中央党派提案和台盟界别政协委员个人提案入选重点提案，占全部重点提案的近 1/10，展示了高水平的参政履职质量。3 月 10 日，杨健代表台盟中央作了题为《加强两岸人才交流，推动两岸融合发展》的大会发言，为落实“两岸一家亲”理念，增进台湾同胞福祉提出建议。

全国政协十三届二次会议期间，中共中央政治局常委、全国人大常委会委员长栗战书到驻地看望民革、台盟、台联界别委员并参加联组讨论。台盟盟员中的政协委员骆沙鸣、王天戈、李碧影、杨毅周等分别围绕加强祖国和平统一的顶层设计、协商“两制”方案、助推大国工匠成长以及预防新金融业的经济犯罪等问题作了发言，受到与会领导的充分肯定。

台盟中央首次有两件提交的发言材料入选全国政协大会发言，张泽熙、孔令智委员分别作了《深化新时代两岸民间交流，助力祖国和平统一》《新风徐来，委员履职踏上新征程》的大会发言。全国政协十三届二次会议期间，在重质压量要求下，台盟中央 23 件党派提案全部立案，台盟界别政协委员个人提案立案 38 件，并得到办理单位积极落实。其中，国家能源局向台盟中央致感谢信，首次以专函形式肯定台盟多年来为国家能源事业贡献的智慧与力量。国家发改委地区振兴司相关负责同志，就《关于健全长江流域生态环境综合治理协同机制的提案》与台盟面对面协商，切实增强了办理效果。

全国政协十三届二次会议期间，骆沙鸣委员在人民大会堂“委员通道”，代表台盟中央就“两岸关系融合发展”相关问题接受采访并回答了国内外媒体的提问，引起了热烈反响。李碧影委员在讨论中提出关于“加强融资租赁监管”的意见，《政府工作报告》予以吸收采纳，并获得了国务院领导同志的批示。

全国政协十三届三次会议期间，中共中央政治局常委、全国政协主席汪洋到驻地看望民革、台盟、台联界别委员并参加联组讨论。台盟盟员中的政协委员吴国华、张嘉极、江尔雄等分别围绕推动农村发展提质增效、用读书增进两岸同胞感情和共识、推动台湾青年到大陆就业创业等发表意见建议，反映基层民声，表达台胞心声。

台盟中央共向全国政协十三届三次会议提交大会发言 2 件、党派提案 24 件；台盟界别政协委员个人提案立案 49 件。5 月 25 日，全国政协十三届三次会议举行全国两会历史上首次视频大会发言，连介德代表台盟中央做了《支持台资企业健康成长，促进两岸经济社会融合发展》的大会发言，为精准落实惠台政策提出务实建议。

2019 年年底，在全国政协成立 70 周年来最有影响力的 100 件重要提案评选中，台盟中央《关于建立党政领导干部和国企厂长经理直系亲属留学、定居申报备案制度的建议》《关于进一步促进台湾农民创业园健康发展的建议》《关于大力推行现代学徒制，培育“大国工匠”的建议》三篇党派提案在全国政协 14.4 万件提案中脱颖而出、光荣入选。

此外，台盟界别政协委员积极履职，在每年全国政协议政性常委会和专题协商会上提交的发言多次入选大会发言，围绕健全系统性金融风险防范体系、解决深度贫困地区脱贫问题、发展实体经济提高供给体系质量、基本解决执行难问题、促进新能源汽车产业发展、推进制造业高质量发展、完善农村公共文化志愿服务、推进祖国和平统一进程等热点问题，贡献真知灼见。

特别是 2018 年以来，台盟中央分别与全国政协社会和法制委员会、人口资源环境委员会、提案委员会主办了“《未成年人网络保护条例》制定”双周协商座谈会、“加大白色污染防治力度”网络议政远程协商会、“完善外卖食品安全监管”双周协商会，台盟界别的张泽熙、江利平、骆沙鸣、张嘉极、胡军、潘新洋、肖羨等委员，先后围绕未成年人网络保护监管体制、家长在未成年人网络保护中的角色、进一步发挥社会组织作用、互联网企业在未成年人网络保护中的责任、提升农村“白色污染”防治水平、完善消费者评价维权机制、加强外卖餐饮安全监管法治化等方面提出务实建议，得到汪洋高度重视，与委员们现场展开互动交流，并请有关部委考虑采纳，收到很好效果。

此外，台盟社情民意信息工作也实现了量与质双提升。台盟中央加强全盟社情民意信息培训，建成使用全盟社情民意信息报送系统，每年综合编发并向全国政协报送《台盟社情民意信息》近百期，其中《关于落实中央对台“31 条”政策措施的几点建议》《关于重视推动台湾青年来大陆申请知识产权的建议》《关于加强长三角再生资源跨区域综合利用的建议》等信息被采用。

3. 课题调研深入高效

台盟中央每年通过主席带队的党派大调研、台盟中央领导带队的专题调研、地方组织牵头的重点课题调研三个层次深入开展调查研究。

2018 年的党派大调研，围绕改革开放 40 周年主题，选择乡村振兴这个具有全局性、战略性的重大课题，在习近平总书记视察安徽两周年之际，以“深化农村集体产权制度改革，助力乡村振兴战略”为题，深入安徽乡村、农户、企业一线开展深入调研。在大调研组织中，实现了一个“首次”，首次组织专家学者、国家部委与 18 个地方盟组织共同召开大调研报告论证会，从理论研究、政策制定、案例剖析等不同角度、不同侧面，面对面开展深入交流讨论，以专家学者研讨、国家相关部委论证、盟内征求意见相结合的方式，切实提高政策建议的全局性和针对性。在此基础上，台盟中央从强化乡村振兴制度性供给方面切入，提出以体制机制创新助力乡村振兴战略的建议，形成了《深化农村集体产权制度改革，助力乡村振兴战略》总报告，报送中共中央后，得到胡春华副总理的批示，为国家深入实施乡村振兴战略发挥了助推作用。

★ 2019 年 4 月 15 日至 18 日，全国政协副主席、台盟中央主席苏辉率调研组赴江苏省，围绕“从台资企业发展看营商环境优化的现状与对策”开展台盟中央 2019 年党派大调研。

2019 年的党派大调研，贯彻习近平总书记在《告台湾同胞书》发表 40 周年纪念会上的重要讲话精神，以“优化台资企业营商环境”为主题，

由主席带队赴江苏开展主调研，六位副主席分赴上海、江西、浙江、海南、广东、福建开展分调研，十个地方组织在本地开展自主调研。同时，台盟中央还选择30家企业建立了长期联系，持续关注台资企业营商环境。在此基础上，综合形成《进一步优化台资企业营商环境，助力两岸融合发展》的总报告，得到党和国家领导同志的重要批示，切实助力优化台资企业营商环境。

2020年的党派大调研，以集聚乡村要素为主题，由主席带队赴福建开展主调研，18个地方组织在本地开展自主调研，形成《进一步加快乡村要素集聚，助力实施乡村振兴》的总报告报送中共中央，助力“三农”工作提质增效、城乡融合发展。

台盟中央还探索由副主席牵头，聚焦区域性课题，一个地方组织统筹安排，几个地方组织共同参与的区域专题联合调研，围绕“强化区域环境协同监管，推动绿色美丽长三角建设”“推进长三角技术成果交易市场一体化”等主题，组织长三角地区和周边地方组织共同谋划开展调研，多角度全方位掌握情况，深度发掘一手资料，形成具有前瞻性和可操作性的调研报告。

此外，台盟各地方组织积极牵头年度重点调研课题，组织协调课题参与单位，紧密聚焦发展实体经济、脱贫攻坚、污染防治、粤港澳大湾区建设、教育体制改革、创新驱动发展、养老产业发展、台湾青年在祖国大陆创业就业、两岸文化交流等课题，深入持续开展调研，每年均形成200余份有力度、有分量的调研成果。

4. 工作机制持续创新

台盟中央制定并实施第三个《参政议政工作五年规划（2018—2022年）》，突出“一盘棋、一股绳”的工作要求，以规划为引领凝聚全盟合力。

整合多方资源，持续打造“协商议政论坛＋重点课题研讨”这一汇聚人才、发现人才、培养人才、提升全盟参政履职能力的重要机制和平台。在辽宁、福建、北京、广东、广西等地，围绕推动经济高质量发展、建设自由贸易区、推进祖国和平统一等主题举办台盟中央协商议政论坛，近200名盟员脱颖而出，骨干青年盟员的参与比例达到95%，为全盟参政议政集结优势兵力、持续注入活力。2018年，台盟中央首次将举办参政议政培训班与第五次协商议政论坛相结合，通过专家讲课、课题研讨、演讲提问等多种形式，有效提升盟内骨干的参政议政能力水平。在第六次协商议政论坛中还首次引入盟外专家评委，对论坛演讲者进行评分点评，评委结构更加优化，进一步提升了协商议政论坛的专业性、针对性。

2018年，台盟中央以协商议政论坛表现突出盟员为基础，以地方组织推荐参政议政人才为主体，首次建立起比较详实的全盟参政议政人才信息数据库，涵盖教育文化、经济金融、法律科技等领域的300多名盟内参政议政骨干人才。探索制定支持骨干盟员开展专项课题调研方案，鼓励盟员结合自身专长，围绕“推动制造业高质量发展”“创新驱动发展”等课题开展深入调研。在国家制定《优化营商环境条例》、最高人民法院制定保护台湾同胞合法权益的相关司法措施等法律法规征求意见过程中，台盟中央依托人才数据库，委托各地盟员中的法律、经济等领域专业人才，提供了科学务实的意见建议，为建设具有台盟特色的智库进行了有益探索。

在探索建立盟内智库的同时，台盟中央还进一步完善专家智库。2019年首次召开党派提案专家评审会，邀请宏观经济、乡村振兴、社会民生、生态环保、两岸关系等领域专家研讨把关，创立党派提案评审机制，从源头提升工作质量。在全国政协更加注重提案质量、严格压缩提案数量的大背景下，台盟的党派提案立案率达100%，正是这一创新机制发挥作用的体现。

此外，台盟中央参政议政量化评价体系不断完善，“指挥棒”作用更加科学有效。台盟中央适时调整组别、项目和分值，增加对基层组织履职成果的评价。据参政议政量化统计评价体系显示，每年全盟有600余人、接近1/5的盟员直接参与到议政建言的第一线，每年共形成约5000份参政议政成果，全盟参政履职的积极性进一步高涨。

（二）对台工作坚持“心连心、实打实”

1. 品牌活动往深里走

2019年1月2日，《告台湾同胞书》发表40周年纪念会在北京人民大会堂隆重举行。中共中央总书记、国家主席、中央军委主席习近平出席纪念会并发表重要讲话，就推动两岸关系和平发展，实现祖国统一提出五点主张。习近平总书记发表的重要讲话，全面回顾了中华人民共和国成立70年来特别是全国人大常委会发表《告台湾同胞书》40年来两岸关系的发展历程，全面阐述了我们立足新时代、推进祖国和平统一的重大政策主张。讲话深刻昭示了两岸关系发展的历史大势，科学回答了在民族复兴新征程中如何推进祖国和平统一的时代命题，具有重大指导意义。台盟认真学习领会、深入贯彻落实。台盟中央整合两岸同心义诊、“大江论坛”、中华文化研习营、国情区情培训班等系列主题交流活动资源，把分散活动整合成体系、把特色活动打造成精品，形成了“两岸同心大中国”对台交流系列品牌活动。

创新“大江论坛”举办模式，进一步完善了台盟中央与地方组织协同合作的工作格局。2018年，结合台盟纪念改革开放40周年系列活动，在改革开放的前沿窗口深圳举办以“共享改革成果、助力两岸融合”为主题的第五届“大江论坛”，两岸政、经、产、学等各领域嘉宾近200人参加论坛，实现首次在京外举办，首次由地方组织承办主论坛，首次采取跨省份、分时段形式举办分论坛，首次由台湾青年团体参与分论坛活动策划，使参与的台湾青年能够更加近距离、深度体验祖国大陆改革发展成果，增强了推动两岸关系和平发展的积极性；延展论坛平台，围绕论坛开展了两岸养老与健康产业调研、“惠台31条”举措与台湾青年工作落实情况等涉台调研活动，助力两岸社会融合。2019年，台盟中央总体谋划，北京、吉林、辽宁、天津、福建、广东等地方盟组织分别承办了以“拓展基层交流交往、助推两岸社会融合”为主题的第六届“大江论坛”主论坛及养老健康、医学、青年成长创业分论坛，邀请台湾统派代表、中小政党、社会团体及两岸相关领域约360人座谈研讨，“大江论坛”进一步做深做实，助力两岸民间交流更具针对性、更加深入。2020年，举办第七届“大江论坛”，创新方式，首次远程连线岛内统派团体代表、全盟地方组织及所联系青年台胞参与，新党荣誉主席郁慕明、统一联盟党主席纪欣视频连线互动，围绕“促进和平统一、反对‘台独’分裂”主题，两岸同胞叙乡情更明志向，盼交流更祈统一。

在北京、广东、福建、陕西、吉林、辽宁、湖北、云南、江西等地举办中华文化研习营，邀请台湾青年品读悠久历史、感悟当代发展，数百名台湾青年参加活动。包括在江西瑞金、井冈山举办红色文化研习营，感受革命先烈为中华民族进行的艰苦斗争，体会中国共产党坚定而崇高的追求；在吉林、辽宁首次举办关东文化研习营，开辟冬季研习活动，围绕满族文化、冰雪文化和东北民俗文化等主题进行参访研习，使台湾青少年感受到祖国壮丽河山的别样魅力；在福建、广东、云南首次举办中华茶文化研习营，促进中华茶文化传承发展；在“京台文化研习营”基础上整合提升，首次举办京津冀大都市文化研习营等。此外，研习营还通过大陆台资企业负责人参与并提供实习名额、台盟盟员同行、赫章县学生同团参访等方式，促进深度交流，努力以文化人、凝聚共识。

创新开展“台湾专业人士国情区情培训班”，首次组织台湾中小学教师培训，首次采取台湾同胞和海外侨胞联合参训的形式，了解祖国大陆中小学教育发展、“一带一路”建设等情况，加深他们对祖国大陆的认知认同。围绕粤港澳大湾区建设、东北全面振兴等国家重大战略，邀请台湾企业界人士、青年创业家参加培训，使他们深刻感知中华民族伟大复兴的光明前景，为两岸同胞携手架桥梁、添助力。

2. 日常联络往心里走

加强与台胞代表性人士、团体的联络交流，会见台湾商业总会、台湾二十一世纪基金会、中国统一联盟、中国和平统一促进会各分会等统派团体，听心声建议、话乡亲厚意。

通过海峡论坛、海峡两岸船政文化研讨会、海峡两岸休闲农业发展

（海南）研讨会、海峡两岸茶业博览会等主题交流活动，与台湾中小企业界、少数民族及海外台胞团体加强联谊，与一批影响力强的经济、科技、文化领域台胞代表性人士建立了深厚感情，支持他们参访、办学、投资、兴业，参与祖国大陆发展建设。

积极搭建两岸青年联络交往的平台。举办第四届海峡两岸校园足球友谊邀请赛，两岸青年在同场竞技中深入了解、深化友谊，活动情况报送汪洋，得到充分肯定。组织祖国大陆高校台生、台湾农民创业园青年等，赴北京、天津等地开展以京津冀协同发展、“一带一路”建设等为主题的国庆参访活动，组织台湾南部青年教师与祖国大陆相关学校对口交流，通过实地体验、与盟员交流，亲身感受祖国大陆改革开放 40 年来的巨大发展成就。探索两岸青年交流新形式，2020 年首次举办“唱响统一——海峡两岸青年歌会”，两岸青年歌手与在京台胞同台表演，近千名两岸青年相聚一堂，以歌声激荡民族同心；举办两岸青年成长论坛，展现两岸交流合作不可挡，融合发展不会断的强大力量。

此外，台海出版社继续推进图书入岛，及时与岛内同行合作出版“惠台 31 条”解读、台盟先辈历史等专题图书，在岛内有效传递了两岸文化交流的正能量。

3. 台情研究往实里走

为进一步加强对台联络调研的整体谋划，加强顶层设计，苏辉在 2019 年 3 月召开的台盟十届六次中常会上提出，要构建“聚点”“连线”“布面”的工作格局，推动由台盟中央牵头部署、地方组织配合参与，向台盟中央集中搭台、地方组织共同担当的大联络工作格局转变。

围绕“31 条惠及台湾同胞措施”、台胞权益保护、台商子女学校教育等主题，深入了解在祖国大陆的台湾同胞的关心事、挂心事，助力中共中央对台方针政策落实“最后一公里”。特别是拓展调研范围，首次以大陆配偶为主题，前往上海、厦门、广东、海南等省市开展调查研究，与陆配团体深入交流，了解他们在两岸交流交往方面遇到的困难，并达成多项合作意向，包括在“两岸同心大中国”品牌工作平台上，组织陆配开展投资考察、扶贫助学，举办以茶文化、养生文化、根亲文化为主题的文化研习活动，围绕国家战略、企业管理、电商等主题进行国情区情培训，服务两岸婚姻家庭事业发展，助推陆配二代青年实习、就业、创业等，为增进台湾同胞福祉多想实招、多献实策。

（三）社会服务坚持“精准帮、助小康”

1. 形成“1352”工作模式，推进脱贫攻坚民主监督

努力完成好中共中央赋予民主党派脱贫攻坚民主监督的重要使命，在主动作为中积极探索方式方法，初步形成了脱贫攻坚民主监督的“台盟模式”，概括起来简称为“1352”模式。“1”是明确了“全盟联动、聚焦深度贫困、小切口入手、重心下沉”的 1 个工作思路；“3”是确定了台盟地方组织、盟内外专家和甘肃当地各级党委政府 3 支依靠力量；“5”是脱贫攻坚民主监督的内容，涵盖了多层次访查、综合作业区、县乡村三级动态监测点、专项课题调研和社会服务支持 5 个工作面；“2”是在制度建设方面，形成了盟内和盟外 2 项工作保障机制，一方面是建立联络员队伍、工作推进会的协商平台、省级组织牵头等工作协调和统筹机制，另一方面是与甘肃省建立了工作对接的双向沟通机制。

台盟中央主席、专职副主席每年都全部参与实地调研，深入甘肃贫困村、贫困户，访贫情、问民生，带动全盟各级组织每年十余次深入甘肃集中连片和深度贫困市州的贫困村和贫困户，开展调研，在访察贫情中倾听民意、鼓舞信心。

2018 年，整合北京、上海、重庆、陕西等地方盟组织优势力量，基本建成了“1 县、2 乡、2 村”三级五个脱贫攻坚民主监督动态监测点，重点聚焦贫困人口识别率、贫困人口退出率、群众满意度核查，脱贫攻坚经验做法收集以及重大问题情况持续跟踪，完成好专项监督任务。2019 年，在甘肃省大力支持下，把甘南、临夏、天祝“两州一县”纳入三级动态监测体系，实现对甘肃省深度贫困民族地区的全覆盖、精准化。

围绕攻坚任务最突出、干部群众最关注的生态涵养、脱贫内生动力提

升、县域经济发展、脱贫质量巩固与提升等内容开展专题调研，为国家完善脱贫攻坚政策提供务实参考。

专门针对甘肃开展“筑梦乡村”行政管理干部培训，五年共计培训550余人次。2018年，整合盟内外优势资源，与甘肃省政府、阿里巴巴集团合作，在浙江义乌举办电商培训班，来自甘肃省的58个深度贫困县的67名学员参加培训。与义乌工商职业技术学院合作，组织电商专家到甘肃省陇西县的3个乡镇开展电商从业人员培训，培训学员180余名，有力助推了当地产业脱贫。2019年，继续实施扶持甘肃省贫困地区农村产业人才培训计划，面向近90名深度贫困地区学员开展两期致富技能培训。2020年，联络协调深圳迈瑞公司向甘肃省无条件捐赠价值7880万元医疗设备，帮助改善医疗条件，提高当地群众健康水平。

突出党派特色，邀请台南医师与上海、北京盟员中的医疗专家，共赴甘肃省夏河县、东乡县、天祝县等地开展“两岸医师”健康义诊，惠及数千名群众，得到了群众的由衷称赞。

2. 打造“筑梦”品牌，推进定点帮扶工作

2018年，以纪念“毕节开发扶贫、生态建设试验区”建立30周年、台盟定点帮扶赫章县13周年为契机，由苏辉带队、台盟中央全体副主席及常委赴赫章调研，召开台盟中央助力赫章脱贫攻坚工作推进会，并现场捐资100万元，推动定点帮扶工作再上新台阶。

以落地示范项目为载体，推进产业扶贫。在台盟中央支持下，威赫电厂项目得到国家能源局正式批复，并列为国家电力示范项目，可提供就业岗位8000余个、税收约5亿元，直接带动当地水利、交通等一大批重大基础配套设施发展。成功助推毕节试验区优先实施国家储备林项目，得到国家林业和草原局批复，项目计算期内预计销售收入超780亿元，可直接带动50万贫困人口增收。台盟中央协同台盟吉林省委会协调新希望集团、华人集团分别在赫章落地投资近1.5亿元生猪养殖项目、投资1亿元“夜郎水”矿泉水项目。这些都为毕节及赫章打赢脱贫攻坚战提供了重要支撑。同时，台盟中央注重扶志扶智相结合，围绕赫章、黔西南等地产业特

色和短板，通过在福建、浙江等地举办“筑梦乡村”农村电商行政管理干部培训班、促进产业对接合作等方式，推动当地经济社会发展。

以“筑梦师者”活动为载体，推进智力扶贫。举办“筑梦师者”骨干教师培训班，开展“教师走出去”“专家请进来”双向培训，举办赫章骨干教师培训班、贫困乡镇中学校长培训班，邀请教育专家赴赫章现场教学，通过多种形式培训千余名赫章、黔西南一线教育工作者。台盟中央通过“两岸同心”帮扶项目资金向赫章捐款，每年为50名优秀高中毕业生发放助学金；联合地方盟组织，开展“六一”慰问活动，捐资助学，为赫章学生送去图书文具、配上电脑电教设备，并援建“同心电教室”、图书室，改善学习条件，助力他们成长成才。协调福建正荣集团捐资100万元，举办“台盟—正荣”助推赫章乡村教育活动，表彰百名优秀教育工作者，鼓励受表彰的乡村学校校长和教师继续扎根山村教育，奉献山村教育，为发展赫章教育、助推脱贫攻坚作出更大贡献。

★ 2019年9月，全国政协副主席、台盟中央主席苏辉看望台盟中央“情系赫章·爱心光明行”免费诊疗活动的术后患者。

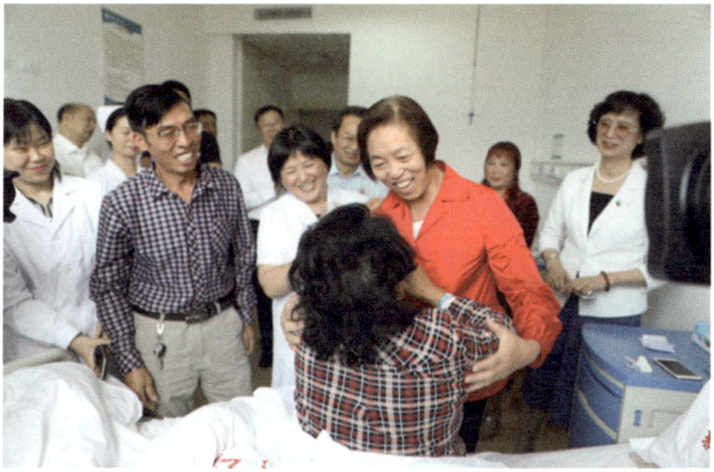

以“筑梦医者”活动为载体，推进医疗扶贫。在安徽举办赫章基层医务工作者培训班，推进北京中医药大学东直门医院与赫章县中医院建立战略联盟，推动中国中医科学院眼科医院与赫章县人民医院签订长期对口协作协议，在人才培养、远程会诊等医疗帮扶方面深度合作，助力赫章县提升医疗水平。组织眼科专家赴赫章开展“情系赫章·爱心光明行”免费诊疗活动，数百名白内障患者“零付费”获得复明手术救治，重见光明，受到当地群众发自内心的称赞。

2020年，面向决战决胜脱贫攻坚的大局要求，全盟以召开台盟中央帮扶赫章15周年座谈会为契机，打出“组合拳”，画好“同心圆”。着眼补齐教育短板，台盟中央发出捐建赫章金银山街道少儿活动中心倡议，半月之内广大盟员行动、台胞家属联动、离退休同志主动，迅速筹集建设资金105万元，浙江、广东、南宁等地方组织捐赠3200册图书，用于少儿活动中心建设运营，惠及近2700户当地群众。着眼补齐医疗短板，台盟福建省委会协调许书典公益慈善基金会捐赠价值100万元救护车，助力缓解乡村公共卫生急需。组织省级组织、台盟中央专委会以及有关企业等代表，深入赫章帮扶项目，走进海雀脱贫农家，共话帮扶之效，共商未来之举，推动全盟同心共建不脱钩、使命共担不摘责。

六、同心战“疫”，助力打赢新冠肺炎疫情防控阻击战

（一）强化政治引领

2020年，新冠肺炎疫情蔓延全国。在以习近平同志为核心的中共中央坚强领导下，14亿中国人民打响了疫情防控的人民战争、总体战、阻击战。面对突如其来的疫情，台盟迅速行动，认真学习习近平总书记重要指示精神，引领全体盟员和所联系台胞，第一时间在思想上看齐中共中央各项决策，在行动上投入疫情防控各条战线。

在与时间赛跑、与疫情搏击的紧要关头，2020年1月25日（农历大年初一），习近平主持召开中共中央政治局常委会，对疫情防控工作作出决策。1月26日，台盟中央即成立应对新冠肺炎疫情工作领导小组，落实中共中央部署，谋划全盟疫情防控工作。苏辉任领导小组组长，杨健、吴国华、宋淼任副组长。领导小组每周召开会议，及时传达学习中共中央

工作要求，密切关注全盟健康状况，统筹做好疫情防控引导宣传，支持台盟湖北省委会和其他地方组织开展疫情防控工作，并向中央有关部门报告疫情防控开展情况和相关意见建议。

★ 2020 年 2 月 24 日，台盟中央召开应对新冠肺炎疫情领导小组会议。

1 月 27 日，领导小组第一时间向各省级组织和直属组织下发紧急通知，要求各地方盟组织成立疫情防控工作领导小组，地方盟组织负责人为领导小组组长，落实当地党委政府关于疫情防控工作部署要求，做好盟员和盟务工作者的疫情防控工作。与此同时，要建立疫情防控情况每日报告制度，做好突发事件应急处置和信息的上传下达。苏辉于 1 月 28 日指出，各地防疫工作汇报要形成“日报告周总结”，要有连续性、可追溯。

1 月 28 日，台盟中央第一时间向全盟发出《抗击新型冠状病毒感染的肺炎疫情倡议书》，号召各级盟组织和广大盟员、盟务工作者深入贯彻落实习近平总书记提出的“四新”“三好”要求，充分发挥中国特色社会主义参政党作用，关心支持、有序参与疫情防控工作，积极传播正能量。

自 1 月 26 日台盟中央应对新冠肺炎疫情工作领导小组成立以来，台盟 14 个省级组织、5 个直属组织快速响应，于 1 月 31 日前全部成立疫情防控工作领导小组。同时，全盟建立了疫情防控“日报告、周汇总、月小结”的动态化报告制度，台盟中央每日编发《台盟省级组织、直属组织疫情防控情况汇报》《台盟各地方组织人员防控期间健康情况统计表》；

每周更新《台盟参加医疗系统防疫工作盟员统计表》《台盟参加防疫保障工作盟员统计表》《台盟各地方组织捐赠情况统计表》等，形成了及时传达中共中央精神，及时掌握地方动态，全盟上下一心，共同助力打赢疫情防控阻击战的良好局面。

（二）奋战抗疫一线

台盟盟员中的医务工作者响应中央号召，主动请缨、临危出战，或坚守岗位救治病患，或奔赴武汉参与一线救援，充分展现了盟员牢记初心、砥砺前行、敢于担当的时代风采。全盟参加医疗系统防疫工作的盟员 128 人，参加防疫工作后勤保障的盟员 156 人。全盟共有 11 位盟员医务工作者及家属投身湖北防疫主战场，其中 5 位是坚守岗位的武汉盟员，6 位是分别从天津、辽宁、广东驰援武汉一线的盟员及家属。

其中，台盟广东省委会常委、中山大学孙逸仙纪念医院副院长许可慰，率中山大学孙逸仙纪念医院 131 名医护人员组成的第二批援鄂医疗队支援武汉协和医院西院区，荣获“全国卫生健康系统新冠肺炎疫情防控工作先进个人”称号。辽宁盟员、辽宁省人民医院呼吸内科主任医师黄建宁，参加辽宁第二批驰援武汉医疗队，值守在武汉大学人民医院一线。辽宁盟员、大连市第五人民医院心内二科主治医师颜丽，作为大连第三批医疗队成员驰援武汉。天津盟员、和平区南市街社区卫生服务中心慢性病科护士高梦，作为天津市第九批援鄂医疗队成员驰援武汉。台盟广东省委会副主委、广东省建筑设计研究院副院长陈建飚支持妻子徐习（某部队医院总护士长），主动请缨随部队进驻武汉火神山医院，担任感染科五科一病区护士长，火线立功，被授予三等功奖章。广东盟员同菲支持丈夫主有峰（广州市红十字会医院重症监护专家），随广东支援武汉协和西院 ICU 医疗队进驻武汉，所在医疗队被授予“全国卫生健康系统新冠肺炎疫情防控工作先进集体”称号。湖北盟员医务工作者中，湖北省中医院皮肤美容科主任胡霜红带领湖北中医院组成的医疗队进驻武汉洪山体育馆方舱医院，担任近 200 张床位病人的诊疗工作；长航总医院感染科医师郑园，湖北省汉川市人民医院原泌尿外科主治医师、一线感染七科钟鹏，武汉市中心医院影像科主任医师江燕萍，湖北省汉川市人民医院影像科 CT 技师钟台声等，始终坚守在抗疫一线，昼夜奋战，超负荷工作。

盟员医务工作者在一线无私付出，他们的事迹教育着广大盟员。苏辉代表台盟中央，向奋战在疫情防控阻击战中的全体盟员医务工作者发出慰问信，表达台盟各级组织和广大盟员对他们的牵挂和敬意。台盟中央机关举行爱心捐款，致敬战斗在一线的盟员医务工作者。

自疫情发生以来，苏辉多次致电或委托致电台盟湖北省委会，详细了解湖北盟员、台胞的生命健康情况，全盟上下一心，采取多种方式支持、支援湖北的抗疫工作。

据不完全统计，各地盟员、盟务工作者及盟员所在企业共捐款 3800 余万元，其中台盟湖北省委会委员、武汉当代高科技股份（集团）有限公司联合创始人、常务董事张晓东所在当代集团携手伙伴企业捐款 2961.37 万元，捐赠物资价值 1958.81 万元；全盟捐赠可统计价值医疗物资 2000 余万元，另有十余万只 N95 口罩、医生用口罩以及 2000 套医用防护服、2500 副护目镜及手套、空气消毒机、呼吸机、药品等暂未明确价值的大量医疗物资未列入统计。

此外，台盟湖北省委会所联系的台商台企捐款 1981.05 万元，捐赠物资价值 1278.45 万元；多地台盟组织联系的台商、台胞、华人华侨捐赠了大量医护用品及爱心款项。来自台南市两岸养生健康交流协会、新北市医师公会等岛内朋友，也通过台盟中央送来捐款，表达他们的关心和爱心。

（三）坚守履职阵地

面对疫情无法按计划开展相关工作，全盟因时因势创新履职方式，推动“线上线下”相互融合促进，引导广大盟员坚守履职阵地。

利用全盟视频会议系统，及时召开台盟中央常委会，传达中央精神、掌握地方动态。4 月 24 日，台盟十届十次中常会首次以视频会议形式召开。苏辉、杨健、吴国华在北京主会场出席会议，张泽熙、连介德、郑建闽以及台盟中央常委在各地分会场出席会议。台盟现任全国政协常委、直属组织主委、台盟中央各专委员会主任以及台盟中央机关各部门负责人等在各所在地列席会议。

苏辉在讲话中指出，通过视频连通全盟，召开这次中常会，既是应时之举，又是顺势之为，对于全盟锚定方向，凝聚合力，利用信息技术新手段开展各项工作，圆满完成今年各项工作任务，具有十分重要的意义。这是对履职尽责的引领定向，对履职作为的引导动员，对履职创新的引路示范。这次中常会以网络的形式召开，其根本目的在于强调创新的意识，就是要促进全盟进一步开动脑筋、把握规律、活跃思路，提高履职质量，推动建设新时代中国特色社会主义参政党。在统筹推进疫情防控和经济社会发展工作的大背景下，全盟要坚持围绕“抓深入、见实效”的工作主题，准确识别履职条件之变，积极应对履职方式之变，主动推进履职体制之变，把变化作为推动履职的契机，谋创新、在难题处破题，抓创新、化压力为动力，促进全盟各项工作再上新台阶。

疫情防控期间，台盟中央以视频会议的形式，紧跟履职需要，及时召开台盟中央机关中心组学习会、脱贫攻坚工作推进会、宣传思想工作会，举办“云上台研”主题讲座，开展宣传思想工作调研、基层组织建设工作调研，有力有序推进各项履职工作。在以视频会议形式召开的台盟中央宣传思想工作会议上，苏辉指出，要深入贯彻中共中央关于加强中国特色社会主义参政党建设文件精神，凝聚思想政治共识，汇聚台盟宣传合力，共谋台盟宣传思想工作的新发展，协助营造良好舆论氛围，讲好中国抗疫故事。

全盟还积极拓展新思路、应用新技术，创新探索各方面履职的“云工作模式”。适时推出“云合唱”“云诵读”“战疫之笔”征文活动，在盟员和所联系台胞中主动发声、正面引导，凝聚战胜疫情的合力。在武汉解封日，台盟中央精心组织援鄂盟员医务工作者、武汉盟员台胞、下沉社区防疫的盟务工作者，通过“云和唱”的方式，共唱一首《春暖花开》，通过中央人民广播电台、对台湾广播方言文艺频率等频道播出，唱响了台盟人、大陆台胞的抗疫心声。

台盟中央探索召开网络远程研讨会，围绕“制定国民经济和社会发展‘十四五’规划”“加快农村要素集聚，推动乡村振兴战略发展”“完善外卖行业食品安全监管”等年度重点课题，通过“云端深研讨 + 线下再推进”的“两步并联”方式，以及搭建主管部门、行业企业、相关领域基层盟员多方互动的调研履职平台等方式，打破时空限制，创新课题推进机制与调研研讨方式，推动建言献策走深走实。

在疫情严峻复杂的关键时期，广大盟员和盟务工作者挺身而出，主动放弃春节休假时间，为科学防控、精准施策、建立健全疫情防控机制献计出力。其中，台盟中央立足党派特色广泛联系台胞台企，充分发动各级盟组织和各地盟员，围绕相关主题收集研判信息，先后整理形成 10 篇疫情防控和复工复产系列专报报送中共中央。此外，台盟中央陆续收到地方盟组织报送的社情民意信息稿件 1000 余篇，经编辑整理形成疫情防控、科学有序恢复经济社会秩序等不同主题的信息，报送中共中央有关部门。

5 月 8 日，中共中央在中南海召开党外人士座谈会，就新冠肺炎疫情防控工作听取各民主党派中央、全国工商联和无党派人士代表的意见和建议。这是中共十八大以来，除每年固定的政府工作报告、经济形势、中共中央全会报告等主题的专题协商座谈外，由习近平总书记亲自主持召开的唯一一次，其他议题列入党外人士座谈会。苏辉在座谈会上代表台盟中央，就弘扬抗疫斗争伟大实践精神、讲好中国抗疫故事等提出意见和建议。在认真听取大家发言后，习近平总书记发表重要讲话，对各民主党派、工商联和无党派人士坚定不移走中国特色社会主义道路，继续为防疫情、促发展发挥积极作用，协助营造良好舆论氛围提出了三点希望。

落实习近平总书记重要讲话精神，台盟中央第一时间制定了《关于深入学习贯彻习近平总书记在党外人士座谈会上的重要讲话精神，以全盟抓深入见实效助力全面建成小康社会的若干措施》，推动全盟进一步开动脑筋、把握规律、活跃思路，进一步加强谋划、创新手段、推动落实，进一步增强“四个意识”、坚定“四个自信”、做到“两个维护”，为全面建成小康社会，推动祖国和平统一进程作出新贡献。

在这场抗疫大考中，台盟作为参政党，始终坚定不移地同中国共产党想在一起，站在一起，干在一起，书写了新时代参政党的责任担当。2020年12月3日，台盟抗击新冠肺炎疫情表彰大会在北京召开，台盟湖北省委会等15个组织被授予“台湾民主自治同盟抗击新冠肺炎疫情先进集体”荣誉称号，许可慰等120位盟员、盟务工作者被授予“台湾民主自治同盟抗击新冠肺炎疫情先进个人”荣誉称号。苏辉在讲话中指出，台盟举行抗击新冠肺炎疫情表彰大会，是为了深入学习贯彻习近平总书记在全国抗击新冠肺炎疫情表彰大会上的重要讲话精神，重温以习近平同志为核心的中共中央团结带领全国各族人民众志成城、抗击疫情的史诗故事，回顾广大盟员、台胞和盟务工作者勇担使命，在各条战线为抗疫胜利贡献力量的动人事迹，并以评选表彰为契机，统一全盟思想，凝聚全盟力量，努力谱写新时代台盟事业新的篇章。

附　录

大事记

1947 年

11 月 12 日　在中国共产党的热情帮助、支持和指导下，谢雪红、杨克煌、苏新等为代表的台湾省人士，在二二八起义失败后继续积极从事爱国民主运动，征得台湾岛内革命团体以及大陆台籍革命人士的同意和支持，在香港成立台盟民主自治同盟。制定《台湾民主自治同盟纲领》《台湾民主自治同盟规程》，发布《台湾民主自治同盟筹备会时局口号》《台湾民主自治同盟筹备会第一次会员代表会文告》，以“实现台湾省之民主政治，及地方自治为宗旨”，赞成和接受中国共产党反帝、反封建、反官僚资本主义，实行人民民主制度的新民主主义革命，主张“设立民主联合政府，建立独立、民主、富强与康乐的新中国”。

11 月 18 日　香港《华商报》对外公布台盟成立的消息。

1948 年

1 月 7 日　台盟发言人就二二八起义后的时局发表声明，代表台湾人民向全国呼吁“为建立一个独立富强的新中国，设若美帝以任何借口要控制中国国土的任何一个地方——尤其是台湾，中国人民必须不惜任何牺牲向它作战到底”。

5 月 7 日　台盟发表《告台湾同胞书》，积极响应中共中央“五一”号召，号召广泛开展反对美帝国主义、封建主义、官僚资本主义，反对台湾分离运动的各种斗争，准备参加“政治协商会议”和“民主联合政府”。

7 月 4 日　台盟邀请在港各界民主人士、社会贤达就响应中共“五一”号召举行座谈会，并一致提出：拥护中共中央“五一”号召，发动群众积极参加实际斗争，促进新中国的建立。

7 月 12 日　台盟总部正式成立。负责人为谢雪红、杨克煌、苏新。

10 月 25 日　台盟总部发表台湾耻政三周年告《台湾同胞书》，呼吁台湾人民团结起来，联合全国人民，彻底消灭在台的国民党反动政权，赶走美国侵略者，解放台湾。

1949 年

2 月 24 日　台盟宣布参加新政治协商会议，提出关于处理台湾问题的七点意见。

3 月　台盟总部由香港迁至北平。10 日，谢雪红等自香港到达北平。

6 月 19 日　新政协筹备会第一次全体会议通过《关于参加新政协会议的单位及其代表名额的规定》，台盟作为党派单位参加新政协，代表名额五人，候补代表一人。

7 月　台盟华北总支部、台盟华东总支部相继成立。

9 月　台盟天津市分支部成立，隶属华北总支部。

9 月 3 日　台盟总部负责人谢雪红发表《反对美帝侵我台湾阴谋》的声明，强调台湾人民将与全国人民一起，为建设人民民主的新台湾和新中国而努力。

9 月 21 日至 30 日　中国人民政治协商会议第一届全体会议在北平举行，台盟代表谢雪红、杨克煌、李伟光、王天强、田富达和候补代表林铿生出席会议，参加制定共同纲领、选举中央人民政府等工作。9 月 23 日，台盟总部电贺中国人民政治协商会议开幕。

9 月 23 日　台盟首席代表谢雪红在中国人民政治协商会议第一届全体会议上发言表示，“全台湾人民完全拥护这个全国人民民主统一战线组织的中国人民政治协商会议，完全支持行将产生的由工人阶级领导的、以工农联盟为基础的、人民民主专政的中华人民共和国中央人民政府，并完全同意这个中国人民政治协商会议的共同纲领”。

9 月 30 日　中国人民政治协商会议第一届全体会议选举产生政协第一届全国委员会。台盟谢雪红当选委员。中央人民政府还任命谢雪红为政务院政法委员会委员，任命田富达为民族事务委员会委员。

10 月 1 日　北京天安门广场 30 万人集会，隆重举行中华人民共和国开国大典。参加政协第一届全体会议的台盟代表与其他代表一起登上天安门城楼，出席了举世瞩目的盛大典礼。

10 月　台盟宣布撤销原有纲领，以《中国人民政治协商会议共同纲领》作为台盟纲领。同月，台盟总部决定以参加中国人民政治协商会议第一届全体会议的代表为总部理事成立理事会，谢雪红当选主席。

11 月　为配合解放台湾工作，台盟将总部由北京迁到上海。在北京另设驻京办事处开展工作。

1950 年

1 月　台盟华南总支部成立。

1 月 6 日　台盟总部主席谢雪红发表谈话，抗议美蒋秘密协议及美帝国主义企图控制台湾的阴谋。

2 月 28 日　纪念台湾人民二二八起义三周年大会在台盟总部驻京办事处举办。中央人民政府副主席、中国人民解放军总司令朱德出席大会并发表讲话。各民主党派有关负责人李济深、沈钧儒、黄炎培、彭泽民、司徒美堂、许德珩，无党派民主人士郭沫若等出席会议并讲话。台盟总部与台湾旅沪同乡会在上海也举办了纪念活动。

4 月 2 日　台盟旅大特别支部成立。

6 月 12 日　台盟总部发表《告台湾同胞书》，坚决拥护中共中央抗美援朝、保家卫国决策，号召全体盟员发扬爱国主义与国际主义精神，自觉履行抗美援朝的各项义务并开展宣传。

6 月 29 日　台盟总部主席谢雪红发表谈话，呼吁全国同胞奋起制止美帝侵略台湾，以人民的力量保证“台湾属于中国”这个“永远不能改变”的事实。

7 月 10 日　台盟发表声明，拥护政务院总理兼外交部部长周恩来 7 月 6 日就美国海军侵入我台湾沿海的严正立场。声明说：台湾人民坚决反对美国武装侵略行为，并将继续加强团结和斗志，击败美国的挑衅，解放台湾。

11 月 4 日　台盟与其他民主党派签署《各民主党派联合宣言》，一致拥护全国人民的正义要求，以实际行动，以一切力量支援朝鲜人民的正义战争。

12 月 4 日　台盟发表宣言，坚决拥护我国特别代表伍修权在联合国安理会上控诉美国武装侵略台湾的发言。宣言认为，台湾在法律上和事实上都是中国的领土，这是铁一般的事实。

1951 年

4 月 21 日　台盟盟员周明参加首届中国人民赴朝慰问团到朝鲜前线慰问志愿军和朝鲜军民。次年，台盟总部驻京办事处林云代表台盟赴朝慰问。

7 月 1 日　台盟与其他民主党派及无党派民主人士发表联合宣言，祝贺中国共产党成立 30 周年。

7 月　北京、上海、广州等地盟员、台胞积极参加抗美援朝爱国捐献运动。

10 月 30 日　台盟总部主席谢雪红在全国政协一届三次会议上发言表示，“台湾的解放一定要实现是毫无疑义的”。

1952 年

8 月　台盟开始对部分组织进行整顿和调整。

1953 年

12 月 10 日　各民主党派负责人发表谈话，热烈拥护发行国家经济建设公债。台盟驻京发言人说：国家经济建设需要从各方面筹集资金才有保障，台盟盟员将与全国人民一道为努力完成这个任务而奋斗。

1954 年

1 月 20 日　台盟总部做出《关于今后工作方针与紧缩机关的决定》，决定继续开展政治号召工作，紧缩各级组织机构，提高盟员政治觉悟，在各自岗位上做好业务工作。

7 月 26 日　台盟总部发言人发表谈话提出，联合国日内瓦会议，讨论和平解决朝鲜问题，并就恢复印度支那和平问题达成协议，再一次向全世界昭示，任何争端只要相互有和解和诚意精神，是可以用和平协商的方法解决的。

8 月 22 日　台盟与其他民主党派、人民团体共同发表《解放台湾联合宣言》。宣言指出，台湾是中国领土，解放台湾是中国内政，不容外国干涉。

9 月 15 日　一届全国人大一次会议开幕。台盟谢雪红、李纯青、田富达当选全国人大代表并出席会议。

10 月 2 日　第一届中国人民政治协商会议代表、台盟第一届总部理事会理事、台盟华东总支部主委、台盟创建人之一李伟光在上海逝世，终年 58 岁。

12 月 21 日至 25 日　全国政协二届一次会议召开。台盟总部李纯青代表台盟发言，赞成《中国人民政治协商会议章程》，表达了台湾人民一定要解放台湾的决心。

1955 年

2 月　台盟总部由上海迁到北京，与台盟华北总支部合署办公。

3 月至 4 月　台盟总部根据国家撤销行政大区的决定，撤销华东总支部，改称台盟上海市支部；撤销台盟华北总支部，改称台盟北京市支部；撤销台盟华南总支部筹委会，改称台盟广州市支部筹委会；撤销台盟旅大特别支部，改称台盟旅大市支部。

7 月 5 日至 30 日　一届全国人大二次会议召开。台盟李纯青在大会上发言说，台湾是中国的领土。美国侵占台湾不但破坏了中国的主权和领土完整，而且已经造成远东地区的紧张局势。

10 月 23 日　台盟总部举行纪念台湾光复十周年座谈会。与会者痛斥企图分离中国主权的罪恶行径，一致表示要积极参加祖国的社会主义革命和建设，为拯救在台湾的同胞而奋斗到底。

1956 年

春节期间　台盟总部田富达致信中共中央，建议有关部门选送高山族干部到中央民族学院进修。建议得到邓小平批示。

2 月 29 日　台盟总部致电旅日华侨纪念二二八起义九周年大会。电报说，台湾同胞是热爱祖国的。中国人民包括台湾人民坚决反对美国制造的台湾“独立”阴谋，坚决反对“托管”台湾、“公民投票”等谬论。

5 月 2 日　毛泽东在最高国务会议上作《论十大关系》的报告，论述了中国共产党和各民主党派“长期共存、互相监督”的方针。台盟总部李纯青应邀参加会议。

9 月 16 日　中国共产党第八次全国代表大会在北京召开，台盟谢雪红、李纯青列席会议。毛泽东高度评价民主党派的贡献，指出“他们是和我们一道工作的亲密朋友，他们给了我们很多的帮助，我们对他们表示热烈的欢迎”。

9 月 17 日　台盟与其他民主党派及无党派民主人士向中国共产党第八次全国代表大会致贺词。

10 月　台盟总部湖北省直属小组成立。

1957 年

3 月　全国政协二届二次会议期间，毛泽东接见了参加会议的台盟政协委员和列席代表。

5 月 27 日　台盟总部主席谢雪红在中央人民广播电台发表谈话，声援台湾人民五二四爱国反美大示威，并慰问遇害者家属。

7 月　台盟总部作出关于今后工作的若干决定，加强对散居在大陆的台湾省籍中上层人士工作，在解放台湾斗争中积极进行宣传。

8 月 10 日　台盟总部发布《在盟内进行整风的决定》，成立整风领导小组。

10 月 13 日　台盟负责人出席由毛泽东召集的最高国务会议，讨论整风问题和全国农业发展纲要。

11 月 10 日至 12 月 8 日　台盟总部主席谢雪红遭到错误批判。次年 1 月，盟员代表会议撤销了谢雪红台盟总部主席职务。

1958 年

9 月 13 日至 16 日　台盟广州市支部成立。

10 月 6 日　国防部部长彭德怀发表《告台湾同胞书》，提出举行和平谈判，和平解决台湾问题。10 月 9 日，在京台盟盟员集会，热烈拥护《告台湾同胞书》。

10 月 20 日　台盟总部发言人发表谈话表示，台湾当局大肆叫嚣“反攻大陆”，并引进美军护航是极其严重的挑衅事件，坚决反对美国利用台湾当局进行任何侵犯我国主权的勾当。

10 月 25 日　国防部部长彭德怀发表《再告台湾同胞书》，指出“中国的事只能由中国人自己解决”。翌日，台盟发言人发表书面谈话，拥护《再告台湾同胞书》。号召台、澎、金、马同胞与祖国人民团结一心，共同彻底粉碎美帝国主义者阴谋，早日回到祖国怀抱。

1959 年

2 月 28 日　台盟在北京集会，纪念台湾人民二二八起义 12 周年，一致反对美帝国主义制造“两个中国”的阴谋。

3 月 29 日　台盟总部发言人发表谈话，拥护我国政府平定西藏叛乱，维护祖国统一。

5 月 3 日至 5 日　台盟总部举行全盟工作会议，提出台盟当前的任务是：在中国共产党的领导下，引导和帮助盟员及所联系的群众做好岗位工作，积极为建设社会主义服务。

5 月 23 日　台盟总部和北京市支部集会纪念台湾人民五二四爱国反美大示威两周年。会议指出，台湾的前途决定于六亿五千万中国人民一定要解放台湾这一不可摇撼的坚决意志。美国制造“两个中国”和一切企图永久霸占台湾的阴谋一定失败。

1960 年

2 月 27 日　台盟总部和北京市支部联合举行集会，纪念台湾人民二二八起义 13 周年，反对美蒋达成“协议”，将我国大批珍贵文物运往美国。

4 月 9 日　《光明日报》发表台盟盟员田富达等在二届全国人大二次会议和全国政协三届二次会议上作的题为《台湾一定要回到祖国怀抱》的联合发言，揭露美国侵略者在台湾海峡进行军事演习，武装挑衅及制造“两个中国”的阴谋。

5 月 23 日　台盟总部和北京市支部及各地支部举行集会，纪念台湾人民五二四爱国反美大示威三周年，谴责美帝国主义加紧利用台湾的军事基地对我国大陆和亚洲其他地区进行威胁。

6 月 18 日　各民主党派领导人和无党派民主人士举行集会，谴责美国总统艾森豪威尔访问台湾。28 日，上海、广州、旅大、北京等地的台盟组织和当地台胞举行集会，愤怒谴责美国制造“两个中国”、妄图长期霸占我国台湾的阴谋。

1961 年

5 月 23 日　台盟总部举行集会，纪念台湾人民五二四爱国反美大示威四周年，纪念民族英雄郑成功收复台湾 300 周年。在京台胞在会上表示，远在 300 年前，近在当前，不管侵略者暂时多么猖狂，玩弄任何阴谋诡计，中国人民终归要将他们从我国领土台湾赶出去。

6 月 30 日　台盟与其他民主党派、全国工商联及无党派民主人士联合发表“庆祝中国共产党成立40周年”献词。

1962年

1月19日 各民主党派、全国工商联、无党派民主人士举行集会，谴责肯尼迪政府迫害美国共产党，台盟苏子蘅在会上发言。

4月20日至23日 台盟全盟工作会议在京召开，会议确定推动盟员和所联系的台胞积极为社会主义服务是开展各项活动的出发点和重要的指导思想。

10月26日 台盟与其他民主党派、全国工商联发表联合声明，拥护我国政府关于古巴反对美国战争挑衅的声明。

1963年

7月18日 台盟总部、台盟北京市支部举行座谈会，欢迎国民党空军徐廷泽驾机起义归来。

12月5日至9日 台盟全盟工作会议在京举行，与会者一致表示拥护中共中央和中央政府的对内对外政策，积极参加“五反”和增产节约运动，推动所联系的成员在各条战线上积极服务。调动一切积极因素，加强对台宣传工作。

1964年

11月28日 台盟总部负责人发表声明，坚决拥护我国政府声明，支持刚果（利）人民反抗美、比帝国主义的斗争。

12月20日至1965年1月5日 三届全国人大一次会议和全国政协四届一次会议在北京举行。田富达、苏子蘅等出席会议。

1965年

1月6日至10日 台盟全盟工作会议在京举行。会议号召全体盟员积极投入三大革命运动，加强自我教育和自我改造，树立跟着中国共产党走社会主义道路、把革命进行到底的思想。会议坚决反对美帝国主义霸占台湾、制造“两个中国”阴谋。

2月11日　台盟总部发言人发表谈话，拥护我国政府的声明，誓与全国人民一道，在中国共产党的领导下，坚决支持越南人民反抗美国侵略、保卫世界和平的正义斗争。

1966年

7月24日　各民主党派负责人和无党派民主人士集会，支持越南民主共和国主席胡志明发表的《告全国同胞书》。翌日，台盟发表声明，声援越南人民，谴责美帝国主义的阴谋。

8月25日　受到“文化大革命”的冲击，台盟与其他民主党派被迫停止活动。许多盟员和台胞遭受迫害。

1967年

5月24日　台盟总部和北京市支部联合召开座谈会，纪念台湾人民五二四反美爱国大示威十周年，谴责美帝国主义侵略台湾的罪行，支持日益高涨的台湾同胞反美爱国斗争。

1970年

11月1日　台盟总部机关与各民主党派中央机关一同迁入全国工商联大楼，开始联合办公。主要任务是共同组织各民主党派、全国工商联负责人和在京中央委员开展学习。

11月5日　台湾省人民二二八起义台中地区起义领袖、第一届中国人民政治协商会议代表、第一届全国政协委员、第一届全国人大代表、台盟创建人之一、台盟第一届总部理事会主席谢雪红，因病在北京逝世，终年69岁。

1971年

12月29日至31日　中共中央召开各民主党派和无党派民主人士座谈

会，传达中共中央关于揭批林彪、陈伯达罪行的一系列文件精神，询问民主人士的身体和生活情况，肯定他们所作的贡献，勉励他们不断学习，做中国共产党的诤友。台盟有关负责人出席会议。

1972 年

8 月　台盟有关负责人和台胞代表受邀就人民大会堂设立台湾厅的筹备方案提出意见并参与筹备工作。

10 月 9 日起　各民主党派中央和全国工商联机关撤销军代表，成立临时领导小组，下设联合办事机构。同时以全国政协名义成立学习领导小组，正式恢复经常性学习活动。

1973 年

2 月 28 日　经台盟总部建议，台湾省人民二二八起义纪念活动恢复举办并首次由全国政协在人民大会堂新落成的台湾厅举行座谈会。翌日，《人民日报》头版作了报道，在海内外和台湾岛内引起较大的反响。

4 月 17 日　周恩来在京接见曾任二二八事件处理委员会主任的台湾爱国民主人士陈逸松。全国政协常委、台盟盟员苏子蘅陪同会见。

6 月　台盟总部协助有关单位在京召开中国共产党全国台湾省籍党员代表会议，以协商选举方式，酝酿产生了出席中共第十次全国代表大会的两名台湾省代表：蔡啸、林丽韫。

9 月 9 日　台盟总部协助组织在京台胞联谊活动，与回国参加亚非拉乒乓球友好邀请赛的旅日、旅美、旅西德台胞共聚一堂。

10 月　受中共中央委托，叶剑英、邓颖超等邀集包括台盟在内的各民主党派和无党派民主人士，协商第四届全国人大代表候选人名单。

1974 年

2 月 28 日　全国政协在人民大会堂台湾厅举行座谈会，纪念台湾省人民二二八起义 27 周年，首都各界人士和在京的台湾同胞 100 多人参加。

台盟与会盟员发言强调，国际上一小撮顽固派还在妄想染指台湾，这是中国人民绝对不能容许的。

9月　台盟总部协助有关单位在京召开台湾省出席第四届全国人大代表协商选举会议，来自祖国大陆各地的100多名台胞代表，以协商选举的方式，酝酿产生了全国人民代表大会首次设立的台湾省代表团组成人员。

1975年

1月13日至17日　四届全国人大一次会议在北京举行。本届全国人大首次设立台湾省代表团，台盟盟员田富达、李丽、李辰、蔡子民当选台湾团代表出席会议。

2月28日　纪念台湾省人民二二八起义28周年座谈会上，廖承志发表讲话指出，参加四届全国人大的台湾省籍同胞代表有12人，体现了中国共产党和祖国大陆人民对台湾省同胞的关怀，反映了生活在祖国大陆的台湾同胞同大陆人民一样都是国家的主人。

9月12日至28日　第三届全国运动会在北京举行。台盟总部协助组织，由定居祖国大陆和旅居海外的台胞体育工作者、专业和业余运动员336人组成了新中国第一个台湾省体育代表团。中共中央委员、台胞蔡啸任团长。

1976年

2月28日　全国政协举行会议纪念台湾省人民二二八起义29周年。参加二二八起义的台盟盟员叶纪东等先后在会上发言强调，策划所谓“两个中国”“一个中国，两个政府”“台湾独立”等分裂阴谋，是绝对不能得逞的。同日，台盟各地组织负责人与各界人士和广大台胞参加了当地纪念活动。数百名旅居美国的台胞和华侨也在当地集会并发表声明，决心为实现解放台湾、统一祖国而斗争。

10月23日　百余名在京台胞在全国政协礼堂集会，庆祝粉碎“四人帮”的伟大胜利。台盟盟员和在京台胞，汇入天安门广场的群众队伍中欢呼人民胜利。

1977 年

2 月 28 日　全国政协在人民大会堂举行台湾省人民二二八起义 30 周年纪念会。党和国家领导人叶剑英、徐向前、乌兰夫、邓颖超出席纪念会。廖承志发表讲话。台盟田富达、蔡子民等先后在会上发言。中国人民邮政于当日发行第一套台湾题材邮票《台湾省人民“二·二八”起义三十周年》；翌日晚，首都举行纪念台湾省人民二二八起义 30 周年专场文艺晚会。同日，祖国大陆各地台胞及旅居海外的台胞、侨胞也分别举行纪念集会。

8 月 21 日　全国政协举行集会欢庆中共十一大召开。田富达代表台盟总部发言表示，广大台胞决心团结在中国共产党的周围，为把我国建设成为伟大的社会主义现代化强国，为解放台湾、统一祖国贡献力量。

10 月　各民主党派中央逐步开始恢复和开展组织活动。台盟总部临时领导小组成立，李纯青任组长。

11 月 22 日　受中共中央委托，中共中央统战部邀请各民主党派中央负责人、无党派人士代表，协商出席五届全国人大的 100 名民主人士代表候选人名单。台盟总部李纯青、田富达、徐萌山出席会议。

12 月　台盟总部协助组织召开台湾省出席第五届全国人大代表协商选举会议，酝酿产生第五届全国人大台湾省代表团组成人员。会议期间，中共和国家领导人华国锋、叶剑英、李先念等在人民大会堂接见全体台胞代表。田富达、江水生等台盟盟员出席会议并参加接见。

1978 年

2 月　中共中央委员、台胞蔡啸加入台盟，调入台盟总部临时领导小组并担任组长。

2 月 24 日至 3 月 8 日　全国政协五届一次会议在北京召开。台盟蔡啸当选为第五届全国政协委员，兼任全国政协副秘书长。

2月26日至3月5日　五届全国人大一次会议在北京召开。台盟田富达入选大会主席团。

2月28日　全国政协举行座谈会，纪念台湾省人民二二八起义31周年。廖承志发表讲话指出，寄希望于台湾人民，充分相信台湾人民是热爱祖国的；解放台湾是我国的内政，绝不允许任何外国干涉。台盟盟员蔡啸等先后在会上发言。

3月18日至31日　全国科学大会召开。台盟总部协助组建全国科学大会台湾省代表团，台盟盟员钱福星、许文思分别担任代表团副团长、秘书长。

12月18日至22日　中共十一届三中全会在北京召开，开启了改革开放和社会主义现代化建设的历史新时期，统一战线工作和多党合作事业也进入全面发展的历史新阶段。台盟总部临时领导小组组长蔡啸出席会议。

12月27日　蔡啸代表台盟总部在全国政协常委会召开的座谈会上发言，欢迎台湾同胞本着爱国一家的精神，共同为祖国统一和祖国建设的事业继续作出贡献。

1979年

1月1日　全国人大常委会发表《告台湾同胞书》，郑重宣示了争取祖国和平统一的大政方针。同日，全国政协举行座谈会。蔡啸代表台盟总部发言，指出《告台湾同胞书》完全符合台湾人民的根本利益，台湾人民将从祖国的伟大号召中获得希望、信心和力量。

2月28日　全国政协举行座谈会，纪念台湾省人民二二八起义32周年。廖承志发表讲话强调，实现祖国统一，寄希望于台湾人民，同时也寄希望于台湾当局。台盟盟员蔡啸等先后在会上发言。

3月22日　台盟福建支部成立。

5月18日　台盟上海市支部召开座谈会，谴责台湾当局对爱国民主人士余登发的迫害，声援台湾岛内乡亲要求台湾归回祖国的爱国斗争。

6月15日至7月2日　全国政协五届二次会议、五届全国人大二次会议在北京召开。蔡啸、田富达等出席会议。其间，中共中央在人民大会堂举行民主协商会，就全国两会调整人选等问题，征求各民主党派中央负责人和无党派民主人士的意见建议。蔡啸代表台盟总部发言。

9 月 14 日至 21 日　全国政协召开民主协商座谈会，就调整部分农副产品的购销价格、提高职工工资、加速农业发展等问题，征求各民主党派中央负责人和无党派民主人士的意见建议。蔡啸代表台盟总部发言。

9 月 30 日　全国政协有关部门和台盟总部联合举行联欢会，邀请第四届全国运动会台湾省体育代表团全体人员，与在京台胞代表以及海外归国工作的台湾省籍学者欢聚一堂，庆祝中华人民共和国成立 30 周年。

10 月 11 日至 22 日　台盟第二次全盟代表大会在北京召开。中共中央和国家领导人叶剑英、邓小平、李先念等在人民大会堂会见出席各民主党派和工商联全国代表大会的全体代表，并表示祝贺。会议审议通过蔡啸作的题为《团结起来，为祖国统一和祖国建设的伟大事业贡献力量》的工作报告，审议通过《台湾民主自治同盟章程》，选举产生台盟第二届总部理事会。台盟第二届总部理事会选举蔡啸为台盟第二届总部理事会主席。

12 月 24 日至 28 日　台盟天津支部成立。

1980 年

2 月 13 日　归国台籍学者林盛中、吴国祯等欢聚台盟总部，共迎新春佳节，决心为祖国“四化”建设和争取台湾回归祖国、完成祖国统一大业贡献力量。

4 月 20 日　京沪台盟盟员集会抗议台湾当局制造“高雄事件”（即 1979 年 12 月 10 日“美丽岛事件”）迫害台胞，要求台湾当局取消无理判决，释放被捕人员，取消戒严，保护台湾同胞的民主权利和爱国统一的权利。

7 月　台盟总部筹组大陆台胞代表团赴日参加旅日台胞恳谈会并拜会旅日台胞。这是“文化大革命”结束后台盟总部恢复活动以来第一次组团出访。

8月5日　台盟总部与中国作协联合举行纪念会，纪念台湾著名爱国作家钟理和先生逝世20周年。

9月29日　台盟总部副主席苏子蘅作为最高人民法院特别法庭审判员参加审判林彪、江青反革命集团案。

1981年

2月4日　台盟总部主席蔡啸接受《人民日报》记者采访时说，随着各项政策的落实，台籍同胞不论是解放前离开家乡到大陆的，还是解放后从海外归来的，都得到了中国共产党和人民政府的信任。

4月21日至27日　全盟工作会议强调，进一步发挥台盟的桥梁作用，调动盟员和所联系台胞积极为“四化”建设和祖国统一大业献计献策。

7月23日　台盟举行茶话会，欢迎旅美台湾青少年棒球队。台湾青少年棒球队领队黄于燕表示，希望通过这次访问和比赛，进一步增进了解，为祖国统一发挥桥梁作用。

9月8日　在京台湾同胞举行茶话会，热烈欢迎黄植诚驾机起义，光荣回归祖国大陆。

9月28日　中共中央出台《关于落实居住在祖国大陆台湾同胞政策的指示》，台盟总部立即开展相关调研工作。

10月1日　台盟常务理事会扩大会议一致拥护五届全国人大常委会委员长叶剑英提出的关于台湾回归祖国、实现和平统一的方针和政策。会议认为九项方针政策代表了整个国家民族的根本利益，完全符合1800万台湾同胞的愿望。10月3日，台盟总部副主席李纯青在《人民日报》就此发表文章，希望国共和谈早日实现。

11月3日　第五届全国政协委员、台盟第二届总部理事会常务理事、台盟创建人之一苏新在京逝世，终年74岁。

12月19日至22日　台盟为“四化”建设和统一祖国服务经验交流会在京举行。来自全国11个省市的49名劳动模范和先进工作者代表参加会议。

全年　台盟吉林支部、台盟云南支部相继成立。

1982 年

2 月 9 日至 3 月 4 日　台盟总部南、北片会议分别在广州、大连举行。会议交流落实台胞政策情况，并形成总结报送中央有关部门。

5 月 7 日　台盟总部号召全体盟员以国家主人翁的姿态，积极参加宪法修改草案的讨论，提出意见建议，为制定一部完善的宪法作出贡献。

7 月 26 日　台盟总部就廖承志致信蒋经国举行座谈。一致认为，台湾只有依靠祖国才有前途和希望。呼吁蒋经国早下决心，同中国共产党谈判，为国家的统一，为民族的团结，为海峡两岸亲人早日团聚，作出抉择。

9 月 3 日　各民主党派负责人和知名人士座谈讨论中共十二大政治报告。台盟总部副主席苏子蘅发言指出，实现祖国统一大业，是大陆与台湾人民的共同心愿，是不可抗拒的历史潮流。

12 月 15 日至 18 日　台盟二届二次总部理事会举行。会议决定今后工作的主要任务是：加强同台湾各界人士的联系，进一步做好对台宣传。调动盟员和所联系台胞积极为“四化”建设贡献力量。

全年　台盟广东省海南行政区分支部、台盟广东省海南黎族苗族自治州分支部、台盟福建省泉州分支部、台盟南京支部、台盟福州分支部、台盟沈阳支部相继成立。

1983 年

2 月 2 日　台盟总部主席蔡啸发表致台湾同胞的春节贺词，希望台湾的父老乡亲兄弟姊妹和大陆同胞携起手来，积极促进两地民间交流。

6 月 4 日至 22 日　六届全国人大一次会议、全国政协六届一次会议在京召开。台盟盟员田富达等当选为六届全国人大代表，台盟盟员蔡啸等当选六届全国政协委员。

11 月 24 日至 12 月 5 日　台盟第三次全盟代表大会在北京举行。中共中央书记处书记胡启立代表中共中央向大会致贺词。会议通过台盟第二届总部理事会题为《振兴中华，统一祖国，开创台盟工作新局面》的工作报告；通过《台湾民主自治同盟章程（修正案）》；根据《章程》台盟各地方组织名称由“支部”改为“分部”。会议还通过了《关于反对美国国会干涉中国内政制造“两个中国”的决议》。大会选举产生台盟第三届总部理事会。

12 月 6 日　台盟第三届总部理事会选举苏子蘅为台盟第三届总部理事会主席。

全年　台盟福建省漳州市分支部、台盟广东省海南行政区分支部、台盟广东省海南黎族苗族自治州分支部、台盟福建省福州市分支部、台盟广州市分支部、台盟福建省厦门市分支部、台盟广东省支部相继成立。

1984 年

4 月 14 日　台盟总部与全国台联、中国作协、中国社科院联合举行“纪念台湾著名作家赖和诞辰 90 周年”座谈会。赖和先生被台湾文坛公认为“台湾新文学之父”“台湾的鲁迅”。

5 月 10 日　应中共中央邀请，台盟总部负责人与其他民主党派、全国工商联负责人和无党派民主人士，共同协商增补全国政协副主席和常务委员人选事宜。

10 月 12 日至 19 日　中共中央邀请各民主党派、全国工商联负责人及无党派民主人士举行座谈会，就关于经济体制改革的决定（草案）征求意见。台盟总部主席苏子蘅代表台盟发言。

12 月 25 日至 29 日　台盟第三届总部理事会第二次全体会议召开。会议讨论了台盟为经济体制改革服务等议题。会议对中英签署关于香港问题的联合声明表示热烈拥护，认为“一国两制”的构想必将对台湾回归祖国、实现祖国统一大业发挥积极的促进作用。

本年　台盟福建省南平市分部成立。

1985 年

3 月 16 日　台盟总部致电哀悼台湾新文学运动先驱杨逵先生逝世。

5 月 12 日　台盟总部举行联欢会欢迎大陆老一代高山族参观学习团。该团由全国各地约 200 名高山族同胞组成。

10 月 2 日至 6 日　各民主党派、工商联为“四化”服务先进集体和先进个人代表表彰大会在京召开。陈仲颐等 27 名台盟盟员被评为先进个人，台盟吉林省分部“智力支边”培训组获先进集体荣誉称号。

10 月 25 日　首都各界集会隆重纪念台湾光复 40 周年。党和国家领导人乌兰夫、杨尚昆等出席大会，习仲勋主持会议。台盟总部副主席李纯青发言表示，台湾只有回到祖国怀抱，才能长治久安。

台盟总部负责人在中共中央举行的党外人士座谈会上，就中共中央领导机构新老交替的人事安排等议题认真参加讨论，并发表意见建议。

1986 年

1 月 19 日　由台盟云南省分部和中华职教社云南分社联合开办的“云南省日本语翻译与教学研修中心”成立，该中心旨在推广日语教学，为“四化”服务。

7 月 11 日至 12 日　台盟总部负责人参加纪念“长期共存、互相监督”方针提出 30 周年座谈会。

9 月 15 日　台盟总部第一任主席谢雪红骨灰移放仪式在北京举行。对谢雪红的错误结论已在 1980 年予以平反纠正。

9 月 29 日　台盟总部召开常务理事会，学习中共十二届六中全会作出的《中共中央关于社会主义精神文明建设指导方针的决议》，号召盟员积极投入精神文明建设，为统一祖国、振兴中华作出贡献。

11 月 15 日　台盟总部致电慰问台湾花莲地震灾民。

12 月 21 日至 23 日　台盟第三届总部理事会第四次扩大会议在京举行。会议关注台湾岛内局势和台湾民主运动的发展，重申台盟反对“两个中国”“一中一台”“台湾独立”，反对外国干涉中国内政，主张台湾人民应享有民主自治权利的一贯立场。

本年　台盟总部在设立组织部、宣传部、办公厅等职能部门的基础上，设立联络部，负责帮助盟员和大陆台胞同岛内亲友取得联系，接待来大陆探亲、访友、观光、贸易和学术交流的台胞。台盟一些分部也设置了联络机构。

1987 年

2 月 27 日　台盟总部举行纪念台湾人民二二八起义 40 周年座谈会。党和国家领导人胡启立、陈丕显、彭冲等参加座谈会。会议指出台湾的前途在于祖国统一。此前，台盟总部还委派吴克泰、周明、郭水烟等亲历二二八起义的老同志赴美参加纪念活动。

3 月 1 日　台盟天津分部开办的台盟天津市文化进修学院正式开学，面向社会培养人才。学院共设有八个专业，学员达 2400 多人。

9 月 5 日　台盟总部发言人发表谈话，对台湾当局允许部分台胞来大陆探亲表示欢迎，并呼吁台湾当局进一步放宽限制，允许在大陆的台胞返乡省亲。

10 月 17 日　台盟总部发言人发表谈话，期待两岸亲人骨肉团聚。建议两岸以平等、互相尊重的原则，采取适当方式进行商议。

10 月 23 日　台盟总部电贺中共十三大召开。贺电表示，“一国两制”方针一定能够解决台湾问题，祖国统一大业一定会实现。台盟将同全国人民一道，为振兴中华、统一祖国贡献一切力量。

11 月 23 日至 30 日　台盟第四次全盟代表大会暨台盟成立 40 周年大会在北京人民大会堂举行。习仲勋代表中共中央致贺词。大会审议通过台盟第三届理事会工作报告和《台湾民主自治同盟章程（修正案）》，选举产生了第四届中央委员会和第一届中央评议委员会。将主席、副主席、秘书长制改为主席团制。根据大会通过的章程，将台盟总部理事会改为台盟中央委员会，将台盟各省市分部名称改为台盟各省市委员会。

12 月 1 日　台盟四届一中全会选举林盛中为中央主席团主席，蔡子民、吴克泰、陈仲颐、吴国祯为主席团委员。台盟第一届中央评议委员会第一次全体会议选举李纯青为主席。

本年　台盟总部负责人在中共中央举行的党外人士座谈会上，就全国人大常委会委员、全国政协常委人事事项、中共十二届中央委员会工作报告（征求意见稿）、中共中央和国家当前工作等议题认真参加讨论，并发表了意见建议。

1988 年

2 月 1 日至 5 日　台盟中央联络工作会议在广州举行。会议交流了台盟各级组织开展海外联络工作的情况，特别是台湾当局部分开放民众回大陆探亲以来，接待岛内外台胞和开展经济咨询服务的情况，并总结了经验。

4 月 12 日　七届全国人大一次会议、全国政协七届一次会议在北京召开。田富达等当选七届全国人大代表。叶庆耀等担任七届全国政协委员。

9 月 13 日至 17 日　中共中央举行民主协商会，征求各民主党派和有关方面人士对价格、工资改革的意见。苏子蘅、李纯青等代表台盟出席了会议。

9 月 22 日　由各界人士组成的促进中国和平统一的民间团体——“中国和平统一促进会”在北京成立。台盟吴国祯当选第一届理事会会长。

11 月 2 日　台盟中央主席团、台盟中央评议委员会致电台湾黄信介先生，祝贺其当选台湾民进党主席，希望民进党为家乡的民主、进步与祖国统一作出贡献。

12 月 12 日至 16 日　台盟四届二中全会在北京召开。会议将台盟今后工作重点放在做台湾岛内各界人士工作和引进台资上。会议通过了《台湾民主自治同盟关于组织发展的若干规定》，选举蔡子民为主席团主席。会议期间，台盟中央成立妇女工作委员会、高山族联络委员会，作为非职能机构配合台盟中心工作。

全年　台盟成都小组、汕头支部、重庆小组、陕西支部相继成立。

1989 年

1 月 12 日　台盟中央、台盟北京市委会、北京市台联联合举办的闽南语第一期学习班结业。近百名学员参加学习。

3 月 17 日　台盟中央、全国台联联合召开台湾共产党创建者之一翁泽生烈士逝世 50 周年纪念会。

5 月 12 日　台盟中央妇委会召开茶话会，首次在大陆庆祝母亲节，会上宣读了《致台湾妇女姐妹们的公开信》，呼吁海峡两岸尽早“三通”。

6 月 28 日　台盟中央主席团主席蔡子民在党外人士情况通报会上代表台盟发言表示，台盟要通过各种途径，做好岛内外乡亲的释疑解惑工作，协助台胞继续到大陆探亲旅游、投资经商，促进海峡两岸交流。

11 月　台盟成都小组升格为台盟成都支部。

12 月 11 日至 16 日　台盟四届三中全会在北京举行。会议通过了台盟中央关于加强思想和组织建设的决议。蔡子民连任台盟中央主席团主席。

12 月 30 日　《中共中央关于坚持和完善中国共产党领导的多党合作和政治协商制度的意见》正式发布实施。当日，中共中央总书记江泽民就当前国内国际形势和坚持与完善中国共产党领导的多党合作和政治协商制度，同党外人士座谈。台盟中央主席团主席蔡子民与其他民主党派中央、全国工商联主要负责人一致认为，不管国际风云如何变幻，我国都要坚持社会主义方向，坚持中国共产党的领导，坚持社会主义现代化建设事业，坚持改革开放政策。

1990 年

1 月 11 日　中共第十届、十一届中央委员，五届全国政协常委、副秘书长，六届全国政协常委，台盟第二届总部理事会主席蔡啸在北京逝世，终年 71 岁。

2 月 11 日　蔡子民代表台盟中央发表文章，拥护和响应《中共中央关于坚持和完善中国共产党领导的多党合作和政治协商制度的意见》。

3 月 28 日　在全国政协七届三次会议上，汪慕恒代表台盟中央作了题为《改善投资环境，扩大引进台资》的大会发言。

6 月 21 日至 23 日　台盟四届十三次常委扩大会议强调，台盟将加强同岛内各党派团体和各界人士及广大民众的接触与联系，为促进两党对等商谈的实现，为尽快实现两岸“三通”、扩大双向交流，推动祖国统一竭尽全力。

10 月 27 日　台盟中央、全国台联联合召开台湾高山族同胞“雾社起义 60 周年纪念会”，会议高度评价雾社起义是台湾人民抗日斗争史上写下的光辉一页。

10 月 30 日至 11 月 2 日　台盟四届十四次中常会扩大会议在北京举行。会议决定加强台盟领导班子的建设，以适应时代所赋予的任务。本年，就加强自身建设、发挥参政党作用全盟进行了广泛深入的研讨。

12 月 17 日至 28 日　台盟四届四中全会在北京召开。会议审议通过了蔡子民代表四届中央常委会所作的工作报告；选举蔡子民为台盟中央主席团主席。台盟中央评议委员会召开第四次全体会议，补选李辰为评委会主席。

12 月 22 日　台盟中央政策研究委员会正式成立，其任务是就祖国“四化”建设与和平统一问题进行调查研究，提出意见和建议。

全年　台盟中央负责人参加中共中央举行的党外人士座谈会，就对外宣传和祖国统一、经济社会发展议题进行了认真讨论，并发表意见建议。

全年　台盟中央接待多批台湾政经人士和统派团体并座谈交流。

1991 年

2 月 27 日　台盟中央、全国台联举行纪念台湾人民二二八起义 44 周年座谈会，对台湾当局宣布将“抚平‘二二八’伤痕”表示欢迎，希望同岛内同胞一起，要求台湾当局公布史料，平反冤屈。

4月3日　在全国政协七届四次会议上，吴克泰代表台盟中央作了题为《寄希望于台湾人民，促进祖国和平统一》的大会发言。

4月5日至6日　台盟四届十六次中常会扩大会议一致拥护《关于国民经济和社会发展十年规划和第八个五年计划纲要的报告》，要求全盟加强调查研究，提高参政议政水平。会议强调，台盟要为发展两岸交流、促进国共两党商谈作出贡献。

6月30日　台盟与其他民主党派中央、全国工商联联合向中共中央发出贺信，祝贺中国共产党成立70周年。台盟中央和各地组织开展各种形式的活动，庆祝中国共产党成立70周年。

7月18日　台盟中央就6月以来我国南方大部分省市发生百年不遇洪涝灾害发出紧急通知，号召各地组织和广大盟员积极行动起来，同全国人民一道，为战胜这场自然灾害献计献策、贡献力量。

10月15日　台盟中央主席团主席蔡子民发表谈话，严厉批评台湾民进党把建立“台湾共和国”纳入党纲条文。随后，台盟中央、全国台联联合举行座谈会，强烈谴责民进党“台独”分子公然分裂祖国的行为。

12月11日至16日　台盟四届五中全会召开。会议强调要进一步把台盟建设成为自觉接受中国共产党领导，与中国共产党亲密合作，为建设有中国特色的社会主义现代化强国和实现祖国和平统一而奋斗的参政党。

12月16日　海峡两岸关系协会在北京成立，聘请台盟蔡子民、张克辉为顾问。在成立大会上，蔡子民代表有关党派团体致贺词。

全年　台盟中央参加中共中央举行的党外人士座谈会，就全国人大和全国政协大会有关人事事项，以及进一步搞好国营大中型企业等议题发表意见建议。

全年　王晓波等台湾知名人士先后访问台盟中央，并就相关议题进行座谈。

全年　台盟海南省委会、重庆支部、陕西省委会相继成立。

1992 年

1 月 17 日　台盟深圳支部成立。

2 月 27 日　台盟中央、全国台联联合举行首都台胞纪念台湾人民二二八起义 45 周年座谈会。台盟中央主席团主席蔡子民发言指出，国共两党代表应尽快接触、商谈，正式结束两岸敌对状态，早日实现两岸直接“三通”和双向交流。

3 月 26 日　在全国政协七届五次会议上，吴克泰代表台盟中央作了题为《做好台商工作，促进祖国统一》的大会发言。

4 月 21 日　台盟中央、全国台联在京集会，纪念台湾爱国抗日将领李友邦逝世 40 周年。

5 月 21 日　台湾劳动党主席罗美文访问台盟中央并座谈。

10 月 6 日　蔡子民陪同李鹏会见巴基斯坦总理谢里夫。这是中共中央决定邀请民主党派负责人参加重要国事和外事活动以来，台盟中央领导人第一次参加重要外事活动。

11 月 17 日　李瑞环与各民主党派、全国工商联负责人座谈，台盟中央主席蔡子民就更好地发挥民主党派在改革开放和经济建设中的作用等议题，发表了意见建议。

11 月 23 日至 28 日　台盟第五次全盟代表大会在北京举行。中共中央政治局委员邹家华到会代表中共中央致贺词。会议通过蔡子民代表台盟四届中央主席团作的题为《为建设有中国特色社会主义，促进祖国和平统一贡献力量》的工作报告。大会通过《章程（修正案）》，选举产生台盟五届中央委员会。

11 月 29 日　台盟五届一中全会选举蔡子民为五届中央委员会主席。会议推举苏子蘅为名誉主席。根据新修订盟章，台盟中央取消主席团制，恢复主席制。同日台盟第二届中央评议委员会第一次会议选举李辰为主席。

全年　台盟中央参加中共中央举行的党外人士座谈会，就中共十四大报告等议题发表意见建议。

1993 年

3 月 1 日　台盟中央主席蔡子民在纪念台湾人民二二八起义 46 周年座谈会上呼吁，要把握当前发展两岸关系的重要时期，大力推进两岸经贸和文化交流，推动两岸授权团体以理性务实的态度进行事务性商谈，进一步发展两岸关系、实现直接“三通”，促进祖国的和平统一。

3 月 14 日至 31 日　全国政协八届一次会议、八届全国人大一次会议相继召开。台盟 20 位盟员担任全国政协委员，13 位盟员当选全国人大台湾省代表。

5 月 6 日　“汪辜会谈”之后，台盟中央主席蔡子民发表谈话表示，会谈的圆满成功将成为海峡两岸关系发展的一个重要里程碑。

6 月 22 日　台盟中央主席蔡子民在台盟宣传工作会议上强调，台盟的宣传工作既要充分认识祖国统一的复杂性和长期性，也必须具有紧迫感。

9 月 4 日　台盟中央、全国台联在京举行《台湾问题与中国的统一》白皮书座谈会。会议认为，白皮书全面系统阐述了台湾问题的由来、现状和症结，阐明了中国政府对中国统一的原则立场和基本方针，是统一祖国的纲领性文献。会后，台盟中央主席蔡子民接受了台湾“华视”“中视”记者的采访。

12 月中旬　台盟中央举行纪念毛泽东同志诞辰 100 周年座谈会。台盟中央主席蔡子民回顾了以毛泽东为代表的中共第一代领导人对台湾人民的关怀和为解决台湾问题，维护祖国统一不懈努力的奋斗历程。

全年　台盟中央负责人参加中共中央举办的党外人士座谈会，就《政府工作报告（征求意见稿）》，八届全国人大、全国政协的人事安排等事项发表意见建议。

1994 年

3 月 22 日　台盟五届六次中常会号召台盟各级组织和盟员积极促进两岸实现直接双向“三通”，推动台商到大陆投资设厂，保护台商合法权益，加强同台湾各界人士的联系，增进相互了解，促进祖国和平统一。

4 月 25 日　台盟中央和中国作家协会、全国台联在京举行“纪念台湾著名作家赖和先生诞辰 100 周年”座谈会，两岸作家、学者和乡亲近百人参加。

10 月 11 日至 18 日　台盟五届七次中常会暨全盟组织工作会议召开。会议强调，要坚持巩固与发展相结合，在注重质量的前提下，坚持有计划地稳步发展的方针，加强组织建设。会议要求建立参政党机关工作机制。

1995 年

2 月 2 日　台盟召开座谈会，学习讨论江泽民发表的题为《为促进祖国统一大业的完成而继续奋斗》的重要讲话并提出了新形势下尊重台湾同胞愿望，保护台湾同胞利益的建议。

3 月 12 日　台盟召开五届九次中常会。会议坚决拥护江泽民关于推进祖国和平统一进程的八项主张，强调实现祖国和平统一，促进中华民族的全面振兴，是台盟的一贯宗旨。

6 月 11 日　台盟中央、全国台联联合举行座谈会，强烈抨击李登辉访美。

9 月 19 日　各民主党派学习邓小平建设有中国特色社会主义理论座谈会在京举行。台盟中央主席蔡子民发言表示，要通过深入学习领会邓小平建设有中国特色社会主义理论，进一步加强民主党派自身建设。

10 月 23 日　“在京台胞纪念台湾光复 50 周年”座谈会在京举行。台盟中央主席蔡子民在讲话中说，台湾与大陆地缘相连，两岸文化的根本未变，台湾人民的爱国传统必将继续发扬光大。

11 月 25 日　台盟浙江省委会成立。

12 月 12 日　台盟五届四中全会在北京举行。会议指出，当前海峡两岸关系正处于重要关头。实现祖国统一，促进中华民族的全面振兴，是中国人民的神圣使命和崇高目标，也是台盟全体盟员的责任。

1996 年

2 月 28 日　台盟中央、全国台联和海峡两岸关系协会在北京举行纪念座谈会，会议认为二二八起义是台湾人民为追求民主自治，反抗国民党腐败专制统治的伟大斗争，表现了台湾人民的爱国主义精神。纪念二二八起义，就是要弘扬爱国主义精神，坚持一个中国，反对分裂。

5 月 31 日　第三、八届全国政协委员，第四、五、六、七届全国政协常委，台盟第三届总部理事会主席，著名台籍爱国政治活动家苏子蘅在北京逝世，终年 91 岁。

11 月 4 日　台盟五届十五次中常会召开。会议坚决反对“台独”分裂活动和台湾当局“两个中国”“一中一台”图谋，提出努力发展两岸人员往来和各项交流，促进直接“三通”和展开政治性谈判，把“更寄希望于台湾人民的工作”落到实处。

12 月中旬　台盟五届五中全会在北京召开。会议指出，台盟必须保持政治上的清醒和坚定，积极开展与岛内外台胞的联谊交往工作，促进两岸人员往来和各项交流，推进两岸直接“三通”，为促进祖国统一大业的完成而共同奋斗。

1997 年

2 月 26 日　国务院台办、台盟中央、全国台联等在人民大会堂共同举办首都各界纪念台湾省人民二二八起义 50 周年座谈会。

2 月 27 日至 3 月 12 日　全国政协八届五次会议在北京举行。会议期间，林东海代表台盟中央作了题为《进一步做好台湾人民工作》的大会发言。

6 月 23 日　在台盟中央、台盟北京市委会迎香港回归座谈会上，台盟中央主席蔡子民作了题为《庆香港回归，思台湾统一》的发言。

11 月 12 日　纪念台盟成立 50 周年暨第六次全盟代表大会在北京人民大会堂开幕。会前，江泽民等中共和国家领导人为台盟成立 50 周年题词。中共中央政治局委员、国务院副总理钱其琛代表中共中央致贺词。会议审议通过张克辉代表五届中央委员会作的工作报告；通过《台湾民主自治同盟章程（修正案）》；选举产生台盟第六届中央委员会。

11月17日　台盟六届一中全会选举张克辉为台盟六届中央委员会主席。推举蔡子民为名誉主席。

1998年

2月26日　中共中央在中南海召开民主协商会，向党外人士通报国务院机构改革方案，就拟向九届全国人大一次会议推荐的领导人员名单听取意见，台盟中央主席张克辉出席并作发言。

3月12日　全国政协九届一次会议上，曾重郎代表台盟中央、全国台联作了题为《“一国两制”是台湾同胞希望维持现状的最好办法》的大会发言。本次大会上，台盟中央主席张克辉当选第九届全国政协副主席。

4月12日至26日　台盟中央调研组赴福建，就亚洲金融危机对台商的影响、闽台农业合作状况、在闽台生情况以及进一步做好台湾人民工作等开展调研。其间，考察了海峡两岸农业示范区并协助引进台资农业项目。

9月22日　台盟中央主席张克辉在“各民主党派响应中共‘五一’口号为建立新中国而奋斗50周年纪念座谈会”上，作了题为《为振兴中华、统一祖国继续努力奋斗》的发言。

9月25日　台盟六届四次中常会通过了《台盟中央关于贯彻中共中央对台工作会议精神的若干意见》。会议要求台盟各级组织和广大盟员深刻理解做好台湾人民工作的重大意义，积极主动做好对台工作。

12月7日至10日　台盟六届二中全会在北京举行。会议期间举行了纪念中国共产党十一届三中全会20周年座谈会和台盟中央对台工作研讨会。全会强调进一步加强自身建设，以政治交接为主线，努力建设面向新世纪的参政党，把台盟工作全面推向21世纪。

1999年

1月28日　台盟中央参与主办首都各界纪念江泽民《为促进祖国统

一大业的完成而继续奋斗》重要讲话发表四周年和全国人大常委会《告台湾同胞书》发表20周年座谈会，共同回顾20年来两岸关系发展历程，展望祖国和平统一的光明前景。台盟中央副主席刘亦铭在座谈会上发言。

2月3日　国务院总理朱镕基在中南海主持会议，听取各民主党派中央、全国工商联负责人和无党派人士代表对《政府工作报告（征求意见稿）》的意见，台盟中央主席张克辉在会上就坚持“一国两制”方针、推动祖国统一大业提出意见建议。

3月3日　全国政协九届二次会议期间，郑励志代表台盟中央、全国台联以《和为贵，合最佳》为题作大会发言。

4月12日至25日　台盟中央主席张克辉带队赴福建、浙江、上海，参加各民主党派中央、全国工商联负责人和无党派人士代表响应江泽民推进祖国和平统一进程的八项主张，推动海峡两岸谈判、经济合作和“三通”考察活动。

5月10日　国务院副总理钱其琛主持考察座谈会，张克辉代表台盟中央发言。

7月15日　台盟中央、全国台联联合召开座谈会，批判李登辉分裂祖国言论。台盟中央主席张克辉在会上作题为《坚持一个中国原则，做好台湾人民工作》的讲话。

9月21日　台盟中央、全国台联联合致电台湾中国统一联盟，对在大地震中死难的同胞表示哀悼，对遭受重大生命财产损失的岛内乡亲表示慰问。

12月5日至8日　台盟六届三中全会在北京召开。全会提出建设面向新世纪的高素质参政党。会议期间，举行了纪念《中共中央关于坚持和完善中国共产党领导的多党合作和政治协商制度的意见》印发十周年座谈会和批判李登辉“两国论”座谈会。

12月19日　澳门政权交接仪式举行。台盟中央主席张克辉参加中央代表团出席澳门特别行政区成立暨特别行政区政府宣誓就职仪式等活动。

2000 年

3 月 4 日　全国政协九届三次会议期间，中共和国家领导人江泽民、李瑞环等来到政协民革、台盟、台联联组会看望委员并座谈。本次大会上，台盟中央和全国台联的大会发言《“一国两制”符合台湾同胞的根本利益》反响热烈。

3 月 8 日　台盟六届十次中常会在北京举行。会议完全赞同《一个中国的原则与台湾问题》白皮书所阐述的原则和政策，表示将继续坚定不移地贯彻“和平统一、一国两制”的基本方针，坚持一个中国的原则，坚决反对任何损害中国主权和领土完整、鼓吹“两国论”、搞“台湾独立”的分裂活动。

5 月 9 日　来自海峡两岸的百余名专家、学者和知名人士聚集厦门，举行主题为反“台独”、保和平、促统一的两岸关系研讨会。台盟中央主席张克辉出席开幕会并讲话。

5 月 24 日　台盟中央、全国台联举行在京台胞座谈会，对中共中央台办、国务院台办受权就两岸关系问题发表的声明表示坚决拥护，并强烈表达思念家乡，期盼统一的迫切愿望。

2001 年

2 月 8 日　台盟中央、全国台联、台盟北京市委会、北京市台联举行在京台胞声讨“法轮功”，揭批邪教本质座谈会。

3 月 3 日至 12 日　全国政协九届四次会议在北京举行。林东海代表台盟中央和全国台联作了题为《弘扬中华文化反对“文化台独”》的大会发言。

3 月 7 日　台盟中央、全国台联举行在京台胞谴责《台湾论》座谈会，严厉批判日本右翼分子炮制的漫画《台湾论》。两岸媒体报道了座谈会情况。

4 月　台盟中央调研组分别赴福建、上海、南京、广东、辽宁、吉林等地，就社情民意、民主监督议题开展民主党派大调研，听取意见建议。

7月1日　“统一战线各界学习江泽民总书记‘七一’重要讲话、纪念中国共产党成立80周年座谈会”在人民大会堂举行，台盟中央主席张克辉在会上发言。

7月26日至8月6日　台盟中央主席张克辉率队赴福建省福州、莆田、泉州、漳州、厦门、南平等地就“三农”问题进行考察。

12月15日　“台盟网”正式开通，为台盟对台宣传开辟了一条新渠道。

全年　台盟中央多次参加中共中央召开的党外人士座谈会，并就《关于国民经济和社会发展第十个五年计划纲要的报告（征求意见稿）》《国务院关于推进基础教育改革和发展决定（征求意见稿）》《中共中央关于加强和改进党的作风建设的决定（征求意见稿）》以及农业问题等议题发表意见。

全年　台盟中央先后接待了台湾共产党访问团、台湾民意代表访问团等各界交流团组及苏庆黎等台胞知名人士并开展了深入交流。

2002年

2月19日至2月28日　台盟代表团参加在澳大利亚召开的“中国和平统一与世界和平——全球反独促统大会”，林盛中在大会上发言。会后，代表团拜会了当地侨团、侨领，并就华人社会的反独促统运动与中国驻澳使馆的同志交换了意见。

2月25日　“反‘台独’、反分裂，纪念‘二二八’起义55周年座谈会”在台盟中央举行。会后，应岛内统派人士、进步作家陈映真邀请，台盟盟员吴克泰赴台湾出席二二八起义纪念活动。

3月3日至12日　全国政协九届五次会议在北京举行。台盟中央提交题为《海峡两岸“入世”后的农业合作问题》大会发言及党派提案1件。

4月10日至19日　以台盟中央名誉主席蔡子民为团长的台盟中央代表团赴日本拜会当地的华侨和台胞组织，与广大旅日华侨和台胞深入交流。

5 月 11 日　台盟中央主席张克辉会见台湾地区政治受难人互助会母亲团一行。该团部分成员系台湾白色恐怖时期政治受难人遗孀。

7 月 8 日至 15 日　台盟中央就农业可持续发展、生态环境保护、琼台农业合作的前景等方面问题赴海南考察调研。

8 月 7 日　台盟中央召开“坚持‘一个中国原则’，反对‘一边一国’台独言论”座谈会。9 日，台盟中央副主席刘亦铭代表台盟中央在各民主党派中央、全国工商联负责人和无党派人士代表座谈会上发言，强烈谴责台湾当局领导人陈水扁分裂祖国的“台独”言论。

11 月 8 日　中共十六大召开，台盟中央主席张克辉等应邀出席开幕式。会前，台盟中央向中共中央致贺信。

11 月 28 日至 12 月 3 日　台盟第七次全盟代表大会在北京召开。中共中央政治局委员刘云山代表中共中央向大会致贺词。会议审议通过了台盟第六届中央委员会报告，讨论并通过了《台湾民主自治同盟章程（修正案）》。大会指出，完成祖国统一大业，是海峡两岸人民和全体中华儿女最深切的希望，也是台盟义不容辞的历史责任。会议选举产生台盟第七届中央委员会。

12 月 2 日　台盟七届一中全会选举张克辉为台盟七届中央委员会主席。

12 月 24 日　中共中央总书记胡锦涛一行走访看望台盟中央机关工作人员，同台盟中央领导班子亲切座谈。

全年　台盟中央多次参加中共中央召开的党外人士座谈会，就《政府工作报告（征求意见稿）》、中共十六大工作报告等议题发表意见建议。

2003 年

2 月 14 日、17 日　台盟中央主席张克辉先后会见了台湾地区政治受难事件处理协会理事长林丽锋，以及台湾中国统一联盟主席王津平一行。

3 月 3 日至 13 日　全国政协十届一次会议期间，台盟组共提交大会发言四份，提案六件。中共中央政治局常委吴邦国参加了民革、台盟组联组会。刘亦铭代表台盟中央和全国台联在大会上作了题为《推动直接“三通”，开创两岸经济合作新局面》的大会发言。

4月11日　第六、七、八届全国人大常委会委员，第九届全国政协常委，台盟中央名誉主席蔡子民在北京逝世，终年83岁。

4月22日　台盟中央以“在祖国大陆投资台商的现状、特点及在实现祖国完全统一中的作用”为主题先后赴辽宁、浙江、上海、湖北、四川、江苏、天津等地开展民主党派大调研。

4月30日　台盟中央主席张克辉在党外人士防治“非典”工作座谈会上发言表示，台盟要为夺取抗击“非典”斗争的胜利献计出力。

5月23日　台盟中央向台湾中国统一联盟发出慰问信，就“非典”疫情在台湾蔓延表示关切和慰问。翌日，台盟中央主席张克辉发表讲话，希望两岸加强合作，最终战胜疫情。

7月12日　台盟中央举行“台盟抗‘非典’先进表彰会”。李力等八位盟员被评为台盟抗“非典”先进盟员。

7月15日至18日　台盟七届三次中常会就进一步坚持和完善中国共产党领导的多党合作和政治协商制度，发扬台盟优良传统，推动自身建设进行讨论。其间，台盟中央和全国台联隆重举行“台湾爱国先烈翁泽生诞辰100周年纪念大会”。

7月22日至31日　台盟中央主席张克辉带队就台资企业发展课题赴广东调研。

10月17日　台盟重庆市工委成立。

全年　台盟中央多次参加党外人士座谈会，就《政府工作报告（征求意见稿)》、经济形势和非典型肺炎防治工作、做好经济工作和加强公共卫生建设、中共十六届三中全会文件，贯彻中共十六大和十六届三中全会精神，做好当前我国经济和社会发展工作等议题，发表意见和建议。

2004年

1月14日　台湾农盟协会应邀访问台盟中央，就“台湾中南部民众的心态和利益需求”“如何开展两岸的农业交流与合作”“进一步做好台湾人民的工作”等议题深入交流。

1 月 18 日　台盟中央主席张克辉与来访的国台办主任陈云林一行交流对台工作情况。

3 月 3 日至 12 日　全国政协十届二次会议期间，台盟中央提交大会发言 4 份，党派提案 13 件。中纪委采纳了《关于建立党政领导干部和国企厂长经理直系亲属出国留学、定居报备案制度的建议》并组织试点，多家媒体在显要位置报道，引起较大社会反响。

3 月 20 日　台盟中央主席张克辉原著电影文学剧本改编的电影《台湾往事》新闻发布会举行。张克辉在发布会上说，《台湾往事》能在海峡两岸同时上映值得庆贺。希望影片能增进两岸同胞的了解，“让回家的路不再遥远”。6 月 13 日，《台湾往事》荣获 2003 年度“上海影评人奖”评选出的国产十佳影片第一名。

5 月 18 日　台盟中央常务副主席林文漪就中台办、国台办“5·17 授权声明”接受中央电视台记者采访并发表谈话。谈话表示台盟坚决拥护“5·17 声明”，反对陈水扁公然抛出“一边一国”谬论。

5 月 24 日　台盟中央主席张克辉会见台湾中国统一联盟访问团。双方就台湾当前局势及两岸关系交换了意见。

5 月至 6 月　以“台商在振兴东北老工业基地中的作用”为题，台盟中央调研组分赴辽宁、吉林、黑龙江等地开展民主党派大调研。

5 月 26 日、6 月 9 日　中国和平统一促进会分别与美国、澳门访问团召开座谈会，台盟中央主席张克辉发言指出，祖国的统一是包括台湾同胞和海外侨胞在内的全体中国人民的共同愿望。坚决制止旨在分裂中国的“台独”活动，维护台海和平稳定，是两岸同胞最紧迫的任务。

7 月 11 日　台盟中央召开在京台商座谈会，就国家宏观调控政策及相关问题与台商座谈。

11 月 17 日至 18 日　台盟中央召开司法体制座谈会，听取特约人员对我国司法体制改革的意见建议，就两岸司法协助及台商、台生的法律问题交流看法。

全年　台盟中央多次参加中共中央召开的党外人士座谈会，就《政府工作报告（征求意见稿）》、经济形势和经济工作、《中共中央关于加强党的执政能力建设的决定（征求意见稿）》、司法体制和工作机制等议题，发表意见和建议。

2005 年

1 月 18 日　由台盟中央主管、主办单位台海出版社出版的《台湾民众抗日史》一书荣获第十四届中国图书奖。该书是第一部论述台湾民众抗日的史书，填补了海峡两岸的学术空白。

1 月 31 日　台盟中央主席张克辉一行慰问富士康、中芯国际等在京投资的台资企业。

2 月 17 日　台盟中央致电哀悼台湾日据时期“农民组合”成员简娥女士。

3 月 4 日　全国政协十届三次会议期间，中共和国家领导人胡锦涛、贾庆林看望了民革、台盟、台联委员，并参加联组会。台盟中央提交大会发言 5 篇，提案 24 件，提案数量和办复、采纳率创新高。其中，《赠送大熊猫可赢得台湾青少年的心》的提案引起高度关注。会议期间，吴国祯代表台盟中央、全国台联作了题为《反对分裂，努力维护和平、发展、和谐的两岸关系》的大会发言。

3 月 5 日　十届全国人大三次会议通过《反分裂国家法》。9 日，台盟七届十次中常会讨论学习贯彻《反分裂国家法》的具体建议。

3 月 11 日　全国政协十届三次会议以“民主党派、工商联毕节试验区智力支边结硕果”为主题，举办记者集体采访活动。台盟中央副主席刘亦铭出席并回答记者提问。

3 月 23 日　《中共中央关于进一步加强中国共产党领导的多党合作和政治协商制度建设的意见》座谈会召开。张克辉代表台盟中央发言。

4 月 29 日　《人民日报》“议政建言”专版报道了台盟在推动两岸农

业合作取得的成果。同时刊发台盟中央主席张克辉署名文章《加强海峡两岸农业合作，符合两岸同胞共同利益》。

5 月至 6 月　台盟中央赴山东、辽宁、天津等地，就“实施海洋经济发展战略，促进两岸经贸合作”课题进行民主党派大调研。

9 月 3 日　“纪念中国人民抗日战争暨世界反法西斯战争胜利 60 周年大会”在人民大会堂举行，张克辉等台盟中央负责同志出席大会。

10 月 24 日　台盟中央、全国台联、全国台湾研究会、海峡两岸关系研究中心联合举办“纪念台湾光复 60 周年学术研讨会”。台盟中央主席张克辉作了题为《纪念台湾光复　共谋统一大业》的主题发言。同日，台盟中央与中共中央宣传部、中共中央台办等单位联合举办的“台湾同胞抗日斗争图片展”在中国国家博物馆开幕。

11 月 7 日至 15 日　台盟中央访问团应邀赴阿根廷参加中南美洲中国和平统一促进会 2004 年布宜诺斯艾利斯年会并在会上发言。

12 月 12 日　台盟七届四中全会接受张克辉辞去台盟中央主席的请求，选举林文漪为台盟中央主席；会议推举张克辉为台盟中央名誉主席。

全年　台盟中央多次参加中共中央召开的党外人士座谈会，就《政府工作报告（征求意见稿）》、经济形势和经济工作、《中共中央关于制定国民经济和社会发展第十一个五年规划（建议稿）》等议题发表意见建议。

2006 年

1 月 17 日　台盟中央与《海峡评论》杂志社大陆访问团举行座谈会，主要就后陈水扁时期及 2008 年选前两岸关系等议题交流看法。

2 月 27 日　台盟中央、全国台联在京纪念台湾省人民二二八起义 59 周年。台盟中央主席林文漪指出，民主爱国是二二八起义事件的核心精神，两岸唯有共谋发展、共议统一、共促振兴，台湾同胞才能真正抚平历史的伤痕。翌日，《人民日报·海外版》等媒体上刊登了题为《澄清历史真相，共创两岸明天》的讲话全文。

3月1日　针对台湾当局领导人终止“国统会”运作和“国统纲领”适用，台盟中央发表声明，表达反对分裂、维护统一的鲜明立场。

3月2日　两岸台胞民间交流促进会成立大会暨第一次理事会举行。台盟中央名誉主席张克辉当选首任会长，台盟中央主席林文漪主席当选常务副会长。

3月3日至13日　全国政协十届四次会议期间，中共中央政治局常委、全国政协主席贾庆林参加民革、台盟、台联联组会。台盟中央提交题为《贯彻落实胡锦涛总书记四点意见，切实把寄希望于台湾人民的工作落到实处》的大会发言，以及党派提案13件。

4月10日至19日　台盟中央就“推动粤台农业合作、促进新农村建设”赴广东省开展民主党派大调研。在粤期间走访了农业组织、台资企业，听取当地政府的情况介绍，并与有关人士进行座谈。

4月13日至26日　台盟中央与贵州省毕节地区赫章县签订了包括海雀村项目在内的帮扶协议，并会同水利部长江水利委员会，首期援助资金30万元。

5月18日至31日　台盟中央参访团赴智利参加中南美洲中国和平统一促进会2006年智利大会，并访问巴西。

9月20日　“各民主党派、工商联和无党派人士代表为全面建设小康社会作贡献经验交流暨表彰大会”在人民大会堂举行。台盟南京市委会等6个地方组织和孙南雄等20位盟员获得先进集体和先进个人称号。

9月26日至28日　台盟中央名誉主席张克辉、主席林文漪应邀出席在福建省莆田市湄州岛举行的“台湾妈祖联谊大型进香团来莆谒祖进香”活动。本次活动是截至当时两岸之间规模最大、人数最多的“直航谒祖”之旅。

10月18日　台盟中央召开座谈会，纪念台湾省政府第一批公费生升学大陆高校60周年。会议发表了《致台湾青年的公开信》，呼吁青年同胞共同努力，造福两岸。

11月10日　台盟中央名誉主席张克辉会见来京参加中国作家协会第

七次代表大会的知名台湾作家黄春明等。

11 月 11 日　台盟中央与全国政协港澳台侨委员会、安徽省人民政府联合举办“2006 海峡两岸暨港澳经贸合作与商品交易会”。在此次交易会上寻求的合作、代理项目总意向合同额达 3.5 亿元。

11 月 16 日至 19 日　台盟中央与重庆市人民政府共同举办“海峡两岸农村合作经济（重庆）论坛暨农民专业合作经济组织研习班”。

11 月 27 日　在胡锦涛、贾庆林等中共中央领导人的亲切关心和支持下，由台盟中央名誉主席张克辉原著改编的电影《云水谣》顺利拍摄完成，并在京举行首映式。该片在海峡两岸获得一致好评，荣获华表奖、中宣部“五个一工程”奖等众多奖项。

全年　台盟中央多次参加中共中央召开的党外人士座谈会。就《政府工作报告（征求意见稿）》、经济形势和经济工作、改革公务员工资制度和规范公务员收入分配秩序工作、中共十六届六中全会有关文件发表意见和建议。

2007 年

2 月 26 日　台盟中央名誉主席张克辉创作的电影文学剧本《啊！谢雪红》新书首发式在北京举行。台湾著名导演侯孝贤、台湾著名作家蓝博洲于当年应邀来访，磋商该剧本合作拍摄意向。2009 年 9 月，该书（繁体字版）由台湾九歌出版社出版，并在台湾台北举行新书发布会。

3 月 3 日　全国政协十届五次会议召开。台盟中央提交大会发言 1 篇，党派提案 21 件。陈正统代表台盟中央、全国台联作了题为《挖掘闽南文化资源，推动闽台文化交流》的大会发言。

3 月、7 月、11 月　台盟中央多次邀请在京台商，对《中华人民共和国企业所得税法》《中华人民共和国物权法》，以及两岸经贸关系的发展情况、台资企业在经营过程中遇到的困难等问题进行座谈，为对台经济工作提供信息参考和对策建议。

4 月 25 日至 26 日　在前期充分调研基础上，台盟中央和福建省人民政府共同主办“2007 海峡西岸文化遗产保护论坛”，并就海西文化遗产的保护利用问题形成专题报告，得到中央有关部门高度重视。

6 月 11 日至 18 日　台盟中央围绕“台资高新技术企业在大陆发展状况及其对大陆科技创新的影响”课题，赴江苏昆山、苏州、无锡、南京等地市开展民主党派大调研。

8 月 7 日至 16 日　应“全球华侨华人共建和谐世界，促进中国和平统一（布达佩斯 2007）大会”邀请，台盟中央参访团赴匈牙利出席大会并发言。

8 月 28 日至 30 日　台盟中央召开农民专业合作经济组织发展研讨会。对当前农民专业合作经济组织运作、发展中遇到的问题进行分析研讨。

9 月 11 日至 12 日　由台盟中央、科技部、北京市政府有关部门以及台湾多家社会组织共同主办的“第十届京台科技论坛暨京台科技合作研讨洽谈会”在北京人民大会堂开幕，600 余名来自京台两地商界、科技界和学术界的知名企业家、专家和学者汇聚一堂，共同探讨京台科技经贸合作与发展前景。

10 月 26 日至 28 日　两岸台胞民间交流促进会参与主办的“两岸和合，共生共祥”文化交流之旅在江苏无锡举行。台湾佛教界知名人士星云大师率岛内千余名信徒参加大会。

11 月 12 日至 14 日　台盟中央与重庆市人民政府主办“战时陪都重庆与台湾光复”学术论坛。海峡两岸专家学者等百余人参加会议。

11 月 28 日至 12 月 3 日　台盟第八次全盟代表大会暨纪念台盟成立 60 周年大会召开。中共中央政治局常委李长春到会祝贺并代表中共中央致贺词。大会审议通过林文漪代表第七届中央委员会向大会作的题为《坚持中国特色社会主义政治发展道路，努力开创台盟工作新局面》的报告。会议通过《台湾民主自治同盟章程（修正案）》。选举产生台盟第八届中央委员会。

12 月 2 日　台盟八届一中全会选举林文漪为台盟八届中央委员会主席。

12 月 4 日　中共中央政治局常委、全国政协主席贾庆林会见台盟新老领导班子成员。

全年　台盟中央多次参加中共中央召开的党外人士座谈会。就《政府工作报告（征求意见稿）》、经济形势和经济工作等议题发表意见和建议。

2008 年

2 月 14 日　台盟中央举行“向冰雪灾害地区人民献爱心”捐款仪式。26 日，台盟中央通过中国红十字会总会向贵州省毕节地区赫章县定向捐赠防寒用品。

3 月 3 日　全国政协十一届一次会议召开。会议期间，提交大会发言 2 篇，党派提案 17 件。黄志贤代表台盟中央、全国台联作了题为《实施两岸企业合作创新，促进高新产业共同发展》的大会发言。本次大会上，台盟中央主席林文漪当选十一届全国政协副主席，并出席记者会，与其他民主党派负责人分别回答了国内外媒体的提问。

4 月 29 日　纪念中共中央发布“五一口号”60 周年座谈会在人民大会堂举行。台盟中央主席林文漪在会上作了题为“弘扬‘五一口号’精神促进祖国和平统一”的发言。此前，台盟中央举办了纪念座谈会，曾作为台盟代表参加中国人民政治协商会议第一次全体会议的原台盟总部副主席田富达在会上发言。

5 月 8 日至 18 日　台盟中央主席林文漪率调研组一行，赴福建省厦门、漳州、泉州、福州开展以“推进海峡西岸经济区建设，密切两岸交流合作”为主题的民主党派大调研活动。

5 月 29 日　中共中央政治局常委、全国政协主席贾庆林率各民主党派中央、全国工商联负责人，专程奔赴四川地震灾区，指导抗震救灾工作。台盟中央主席林文漪随同前往，并看望在蓉盟员。汶川大地震发生第二天，台盟中央立即发出通知，号召全盟积极捐款捐物，以实际行动支持四川灾区人民抗震救灾斗争。

6 月 23 日　台盟八届三次中常会审议通过《台盟中央关于建立内部

监督机制的若干意见》。

8月6日　台盟中央主办、台盟福建省委会承办的“2008台南大学生海西乡土文化研习营”在福建省厦门市举行开营式。来自台湾台南大学和致远管理学院的38名师生参加。研习营截至2020年已举办12届，共计邀请两岸大中学生800余人次。

8月8日　第29届北京奥林匹克运动会开幕式在国家体育场隆重举行。台盟中央原主席张克辉、主席林文漪等出席开幕式。当日，台盟中央原副主席李敏宽作为火炬手参加了开幕式前奥运火炬在京接力。

11月21日　台盟中央、北京航空航天大学、《科技日报》、北京市科委和北京循环经济促进会联合主办的“2008年京台经济科学发展论坛”在北京人民大会堂举行开幕式。台盟中央主席林文漪出席开幕式并会见台湾与会访京团。

12月11日　台盟中央、台盟北京市委会召开“纪念改革开放30周年座谈会”。《纪念改革开放30周年台盟历史图片展暨书画作品展》同期展出。

12月14日　台盟中央、中共重庆市委会主办的“国共合作历史学术研讨会”在重庆市举行。中国国民党荣誉主席连战向会议发来题为“团结奋斗，和平发展”的贺词。

12月29日至次年1月7日　应台湾中华医疗科技协会邀请，台盟中央医学交流团搭乘两岸直航班机赴台，在岛内进行了为期十天的参访，这是台盟中央首次组团入岛开展交流。

12月31日　“纪念《告台湾同胞书》发表30周年座谈会”在北京人民大会堂隆重举行。中共中央总书记胡锦涛发表重要讲话。台盟中央主席林文漪出席并发言。会后，台盟各级组织相继召开纪念座谈会，围绕学习贯彻胡锦涛总书记重要讲话精神，以及两岸关系30年来的发展深入交流座谈。

全年　台盟中央多次参加中共中央召开的党外人士座谈会。就《政府工作报告（征求意见稿）》、经济形势和经济工作、司法体制改革等议题发表意见建议。

2009 年

2 月 20 日　台盟中央举行“台湾义勇队成立 70 周年座谈会”。部分在京二二八起义亲历者及在京台胞参加会议。

3 月 3 日　全国政协十一届二次会议开幕。会议期间，提交大会发言 1 篇，党派提案 20 件。杨健代表台盟中央、全国台联作了题为《构建“海峡经济区”，探索建立具有两岸特色的经济合作机制》的大会发言。

4 月 16 日至 19 日　台盟中央主席林文漪一行赴重庆围绕推进“台资西进，IT 先行”战略进行专题调研。

4 月 20 日至 24 日　台盟中央主席林文漪一行赴湖北就“在鄂台资企业发展状况”开展民主党派大调研。

5 月 15 日至 22 日　由台盟中央等民主党派中央与国务院台办等 25 个国家部委、福建省人民政府及 28 家台湾民间机构共同主办的“海峡论坛”在福建举行。截至 2020 年，台盟中央连续参与主办“海峡论坛”，为两岸民间交流搭建桥梁。

5 月 18 日　作为首届“海峡论坛”的重要组成部分之一，由台盟中央、福建省政协、国务院发展研究中心、经济日报社共同主办的“海峡经济区高层研讨会”在福州召开。新党主席郁慕明，工党主席郑昭明以及来自海峡两岸的知名专家学者、港澳知名企业家等 250 多位来宾参加研讨会。

5 月 30 日　台盟中央主席林文漪会见应邀来大陆参访的台南市医师公会医疗访问团。

7 月 11 日　两岸台胞民间交流促进会第二次会员大会暨二届一次理事会在吉林省长春市举行。林文漪当选会长。台盟中央原主席、两岸台胞民间交流促进会第一届理事会会长张克辉受聘任名誉会长。

8 月 19 日　台盟中央通过中国红十字总会向台湾红十字会捐款 10 万元人民币，表达对台湾中南部灾民的亲切慰问。

9月20日　庆祝人民政协成立60周年大会在全国政协礼堂举行，胡锦涛出席并发表重要讲话。台盟中央主席林文漪参加大会。

10月24日　台盟中央与贵州省赫章县人民政府联合举办“赫章县项目招商洽谈会”。会议邀请来自北京、天津的近50位台商参会，双方就房地产开发、农作物种植开发等项目进行了深入洽谈。

10月1日　中华人民共和国成立60周年庆祝活动在天安门广场举行。台盟在京中央委员出席庆祝大会。9月28日，台盟中央、全国台联在京共同举办2009国庆参访团欢迎晚宴，迎接参加国庆观礼的海内外台湾同胞。

全年　台盟中央多次参加中共中央召开的党外人士座谈会。就《政府工作报告（征求意见稿）》、经济形势和经济工作、中共十七届四中全会文件等议题发表意见和建议。

2010年

2月27日至3月1日　由台盟中央、泉州市政府、中国闽台缘博物馆、台湾成功大学、中华闽南文化研究会共同主办的“首届海峡两岸闽南文化节”在泉州举行。该活动在2013年更名为“世界闽南文化节”，截至2020年已连续举办十届，以闽南文化交流促进两岸文化融合发展。

3月3日至15日　全国政协十一届三次会议期间，吴邦国等参加了政协民革、台盟、台联联组会。会议期间，台盟中央共提交大会发言3篇、党派提案21件。

3月18日　由台盟中央与海南省人民政府共同主办的“海峡两岸观光休闲农业（海南）论坛”在海口开幕。截至2020年，台盟中央已连续10年参与主办该活动，致力于不断深化两岸观光休闲农业交流合作。

5月7日　具有百年历史的台湾会馆重张揭幕仪式在北京市崇文区大江胡同隆重举行。台盟中央主席林文漪出席揭幕仪式。中国国民党荣誉主席连战等岛内嘉宾应邀出席。

5月20日至26日　台盟中央主席林文漪一行赴重庆市就“引导台湾产业和资本向西部拓展，助推西部产业结构优化升级”开展民主党派大调研活动。中共中央统战部、国务院台办、国家发改委、工业和信息化部、农业部等部门的相关负责同志参加了调研活动。

6月22日　由台盟中央、台盟福建省委会、贵州省毕节地区行署主办的“贵州毕节试验区招商引资推介会”在福州召开。来自贵州省毕节地区的九个县、市、区有关负责人，海峡两岸60多位企业家参加了推介会。

8月18日至19日　由农业部、台盟中央和重庆市人民政府共同主办的“台湾农民创业园实践与发展”研讨会在重庆举行。台盟中央主席林文漪致辞。

9月25日　由台盟中央和上海市政协共同主办的“2010年沪台城市发展与合作论坛”在上海举行。来自岛内环保领域的官员、专家学者和企业界人士近300人出席论坛。

10月25日　台盟中央、全国台联、中国社会科学院和海研中心在北京共同举办“纪念台湾光复65周年学术研讨会”。海峡两岸的专家学者王晓波、戚嘉林等先后在研讨会上发言。同日，由台盟中央、重庆市人民政府修建的台湾光复纪念碑举行揭碑仪式。

10月25日　由台盟中央指导，台盟福建省委会与有关单位共同主办的“福州船政文化与近代中国海军史研讨会”隆重召开。沈葆桢、丁日昌等船政精英后代以及两岸专家学者等250余人参加了研讨会。该活动是“海峡论坛”的重要分项活动，截至2020年已连续举办十次，持续深化两岸船政文化交流发展。

12月2日　由台盟中央科教医药交流委员会和中华口腔医学会共同主办的“两岸医务交流论坛”在福建省厦门市举行。海峡两岸暨港澳的200多位口腔医学界人士围绕着行业发展和合作开展探讨。

全年　台盟中央多次参加中共中央召开的党外人士座谈会。就《政府工作报告（征求意见稿）》、经济形势和经济工作、中共十七届五中全会有关文件等议题发表意见建议。

2011 年

3 月 3 日至 13 日　全国政协十一届四次会议期间，中共中央政治局常委、全国政协主席贾庆林参加政协民革、台盟、台联联组会。会议期间，台盟中央共提交大会发言 2 篇、党派提案 21 件。张泽熙代表台盟中央、全国台联作了题为《加快发展海洋经济，构建海峡经济区港口群》的大会发言。

5 月 24 日至 28 日　林文漪率领台盟中央调研组一行，赴辽宁省就"加快推进辽宁沿海经济带开发开放，促进东北老工业基地振兴"开展了民主党派大调研活动。中共中央统战部、国家发改委、商务部、交通部、海关总署等部门的相关负责同志，部分台盟地方组织负责人和相关专委会负责人等参加了调研活动。

5 月 31 日　由台盟中央和重庆市人民政府主办的"海峡两岸同心助推重庆万州残疾人万元增收"活动启动仪式举行。岛内企业家应邀出席。

6 月 22 日　台盟中央、台盟北京市委会召开"纪念中国共产党成立 90 周年座谈会"。台盟中央主席林文漪出席并讲话。

9 月 22 日　在台盟中央帮助支持下，贵州盛华职业学院校园落成暨首届开学典礼在黔南州举行。贵州盛华职业学院是由 2011 年台湾首富王雪红投资创办的全日制普通高等职业学院，致力于帮助优秀贫困学生"零成本"完成学业。

9 月 28 日　由台盟中央、全国台联、台盟北京市委会、北京市台联共同主办的"台湾同胞纪念辛亥革命 100 周年座谈会暨图片展开幕式"在北京举行。来自海峡两岸、港澳及海外的台湾同胞及相关人士 200 余人参加了活动。

10 月 18 日　台盟中央与国台办、农业部共同召开专题座谈会，就进一步促进台湾农民创业园健康发展进行研讨。

全年　台盟中央多次参加中共中央召开的党外人士座谈会。就《政府工作报告（征求意见稿）》、经济形势和经济工作、中共十七届六中全会有关文件等议题发表意见建议。

2012 年

3 月 3 日至 13 日　全国政协十一届五次会议期间，台盟中央共提交大会发言 3 篇、党派提案 26 件。骆沙鸣代表台盟中央、全国台联作了《加强两岸文化交流合作，共同塑造中华文化时代形象》的大会发言。

4 月 13 日　台盟中央赴黔考察团捐赠仪式在贵阳市举行，向修文县、锦屏县捐赠计算机 200 台，向赫章县捐款人民币 100 万元，并在赫章县江南村援建“同心 · 连捷旅游饭店”。

5 月 3 日至 9 日　林文漪率台盟中央调研组，赴江西南昌、吉安、井冈山、赣州等地，围绕“深化赣台经贸文化交流，促进原中央苏区振兴”主题开展民主党派大调研。

5 月 12 日　受台南市医师公会邀请，台盟中央医疗卫生考察团赴台考察，参加“台南县、市医师公会合并庆祝大会”，并与岛内医界人士进行交流。

5 月 12 日至 13 日　由台盟中央主办，福建省等离子体与磁共振研究重点实验室和台盟厦门市委协办的“两岸等离子体科学与技术及应用研讨会”在厦门召开。这是台盟中央首次主办两岸高科技领域专门会议。

8 月至 9 月　台盟中央组织农业考察团和文化教育考察团赴台考察，就建立两岸农业交流合作平台和台湾文化产业发展状况等议题进行调研。

10 月 9 日　台盟中央、全国台联联合举办“纪念张我军先生诞辰 110 周年座谈会”。

12 月 11 日至 15 日　台盟第九次全盟代表大会在北京开幕。中共中央政治局常委、中央纪委书记王岐山会见全体与会代表，并代表中共中央致贺词。大会通过林文漪代表八届中央委员会作的工作报告，审议通过了《台湾民主自治同盟章程（修正案）》，选举产生台盟第九届中央委员会。

12 月 14 日　台盟九届一中全会选举林文漪为台盟九届中央委员会

主席。

12 月 24 日　中共中央总书记习近平走访台盟中央，看望机关干部并与台盟中央新一届领导班子成员座谈交流时作了重要讲话。

全年　台盟中央先后多次参加中共中央召开的党外人士座谈会。就《政府工作报告（征求意见稿)》、经济形势和经济工作等议题发表意见和建议。

2013 年

3 月 3 日至 12 日　全国政协十二届一次会议期间，中共中央政治局常委张德江看望了民革、台盟、台联界别委员，并参加联组会。台盟中央共提交大会发言 3 件、党派提案 30 件。连介德代表台盟中央、全国台联作了题为《关于商签两岸文化交流框架协议，推动两岸文化交流合作机制化》的大会发言。

3 月 9 日　台盟九届二次中常会通过了台盟中央专门委员会通则和台盟中央参事室规则。本届中央委员会设参事室和九个专委会。

4 月 21 日至 26 日　台盟中央调研组赴福建省，开展以“发挥海峡西岸经济区先行先试作用，进一步深化两岸经贸文化交流与合作”为主题的民主党派大调研活动。

5 月 16 日　由台盟中央、商务部、国务院三峡办、中国贸促会和重庆市人民政府共同主办的第十六届中国（重庆）国际投资暨全球采购会（简称“渝洽会”）在重庆开幕。

6 月至 7 月　台盟中央先后组织台南市医师公会和京沪两地知名医疗专家赴云南省昆明市石林县、贵州省毕节市赫章县为基层群众开展医疗咨询和义诊服务，为近 400 名当地居民提供了诊疗服务。此后，台盟中央每年都邀请台湾医师与盟员医务工作者前往大陆贫困地区开展医疗咨询和义诊活动。

8 月 10 日至 16 日　由台盟中央和国台办共同举办的首届两岸农业产业项目交流对接会在大连、长春和哈尔滨连续举办。来自两岸的 400 余位农业专家学者及农业企业负责人就关心的重点项目进行对接交流。

9 月 3 日至 6 日　台盟中央主席林文漪一行在贵州省毕节市赫章县考察调研，总结和部署台盟帮扶工作。台盟中央和地方组织共同向赫章县捐赠“两岸同心”助学基金以及教学、医疗设备。

10 月 22 日　台海出版社出版的《台湾通史：影印本》出版座谈会在北京举行。中国国民党荣誉主席连战题词：“翰墨书香 文化桥梁 两岸共赏 互和融合。”

10 月 24 日　由台盟中央、全国台联、中国人民抗日战争纪念馆及台湾抗日志士亲属协进会联合举办的“台胞抗日文物捐赠仪式暨纪念台湾光复 68 周年座谈会”在北京中国人民抗日战争纪念馆举行。

12 月 3 日　台盟九届二中全会动员部署全盟开展坚持和发展中国特色社会主义学习实践活动。

全年　台盟中央多次参加中共中央召开的党外人士座谈会。就《政府工作报告（征求意见稿）》、经济形势和经济工作、中共十八届三中全会有关文件等议题发表意见建议。

2014 年

2 月 26 日　台盟中央主席林文漪在北京会见中国国民党荣誉主席连战及夫人连方瑀女士，双方畅叙乡情，共同展望两岸关系的前景。海峡两岸关系协会、国务院有关部门负责人参加会见。

3 月 3 日至 12 日　全国政协十二届二次会议期间，台盟中央共提交大会发言 3 篇、党派提案 27 件。郑建闽代表台盟中央、全国台联作了题为《关于构建“闽台共同文化区”的建议》的大会发言。

3 月 26 日　“台盟中央闽南文化交流研究基地”在福建省泉州师范学院揭牌。

3 月至 9 月　台盟中央考察团先后赴台开展中医药、国学教育、社会组织、社区养老发展等交流，与岛内相关团体广泛接触，进一步拉近两岸民众感情。

4月下旬　台盟中央主席林文漪率调研组赴北京市围绕北京市水资源、城市精细化管理、科技创新主题开展民主党派大调研。

5月5日　台盟中央举办首届“大江论坛”——两岸关系和平发展精英论坛。截至2020年论坛已连续举办七年，广泛邀请两岸政治、经济、文化、科技等领域的精英人士、行业协会和社会组织的代表性人士，论时局、叙乡谊、谋善举、献良策，凝聚两岸关系和平发展的力量和共识。

5月25日至28日　两岸台胞民间交流促进会会长林文漪率团访问丹麦，拜会中国驻丹麦大使馆，与丹麦华侨华人代表就促进中国和平统一、海峡两岸共同发展及中丹合作交流等进行座谈。

7月20日　由台盟中央主办，台盟北京市会委承办的“中华文化研习营——2014年京台文化研习营”开营仪式在北京举行，包括部分聋哑学生在内的近80名台湾师生参加活动。此后，京台文化研习营作为台盟中央中华文化研习营分营，每年举办一次。

7月24日　台盟中央与全国政协社会和法制委员会共同举办了“更好地发挥社会组织在社会治理中的作用”双周协商座谈会。中共中央政治局常委、全国政协主席俞正声主持会议并讲话。五位台盟界别的全国政协委员在会上发言。

9月15日至18日　台盟盟史与自身建设及口述历史工作会议在重庆召开，旨在传承老一辈盟员坚定信念和优良传统，推动坚持和发展中国特色社会主义学习实践活动深入开展。

12月4日　两岸台胞民间交流促进会第三次会员大会暨三届一次理事会在京召开。台盟中央主席林文漪当选会长。

全年　台盟中央先后多次参加中共中央召开的党外人士座谈会。就《政府工作报告（征求意见稿）》、经济形势和经济工作和中共十八届四中全会有关文件等议题发表意见建议。

2015年

1月5日　中共中央政治局委员、中央统战部部长孙春兰一行来到台盟中央机关，看望机关工作人员并与台盟中央领导班子座谈。

3月3日至13日　全国政协十二届三次会议期间，习近平总书记看望民革、台盟、台联组委员，并参加联组会，听取委员们的意见和建议。中共中央政治局常委、全国政协主席俞正声参加看望和讨论。大会期间，台盟中央提交大会发言3篇、党派提案34件。王天戈代表台盟中央、全国台联作了题为《进一步加强海峡两岸青少年交流交往，不断增进“两岸一家亲”感情认同》的大会发言。

4月8日至12日　台盟中央主席林文漪率调研组赴广东省围绕台湾农民创业园的发展情况开展民主党派大调研。同期，台盟中央派出调研组赴浙江慈溪，福建福清、泉州、漳州，江苏淮阴、南京江宁、安徽和县，云南石林等地全面深入调研台湾农民创业园建设。

5月、9月　台盟中央“文化出版和社会经济”“反对‘台独’与促进融合”专题考察团，分赴台湾考察调研。

6月4日至13日　台盟中央主席林文漪率团出访波兰、奥地利、法国，在中国驻当地使馆与波兰、奥地利、法国华侨华人代表举行座谈。

7月17日　台盟中央与全国政协港澳台侨委共同主办“台资企业融入大陆转型升级”双周协商座谈会。中共中央政治局常委、全国政协主席俞正声主持会议并讲话。国台办、商务部等单位负责同志出席会议并与委员们互动交流。

8月25日　台盟中央召开“纪念抗日志士林正亨诞辰100周年暨《林正亨画传》出版座谈会”。

9月3日　纪念中国人民抗日战争暨世界反法西斯战争胜利70周年大会在北京天安门广场隆重举行。台盟中央主席林文漪以及台盟中央邀请的部分岛内嘉宾参加大会。

9月11日　由台盟中央与海峡两岸暨港澳青年发起成立的“两岸青年观点论坛”在京举办“台湾世代对话沙龙”，围绕“台湾抗战五十年与青年未来愿景”主题进行深入探讨和对话。

9月　台盟中央妇委会与台盟中央联络部、台盟成都支部共同举办

“2015两岸早期教育学术论坛”。

10月25日　由台盟中央、全国台联、中国社会科学院、中山大学联合主办的纪念抗战胜利与台湾光复70周年学术研讨会在广州开幕。来自海峡两岸、海外的105位专家学者围绕纪念抗战胜利与台湾光复进行交流。此前，台盟中央还邀请部分台湾嘉宾参加在人民大会堂举行的纪念台湾光复70周年大会。

12月2日至3日　台盟九届四中全会期间，台盟中央帮扶毕节市赫章县十周年纪念会在北京召开。

12月19日　由台盟中央等单位联合主办的第七届海峡两岸闽南语歌星选拔赛总决赛在泉州举行，来自大陆赛区和台湾赛区的前五强选手齐聚一堂，共同弘扬中华文化。

全年　台盟中央先后多次参加中共中央召开的党外人士座谈会。就《政府工作报告（征求意见稿）》、经济形势和经济工作、中共中央关于制定国民经济和社会发展第十三个五年规划的建议等议题发表意见建议。

2016年

1月24日至30日　台盟中央在中央社会主义学院首次举办“台湾青年企业家国情区情培训班”，台湾“雁博青年创业家协会”39名台湾青年企业家参加培训。此后国情培训延办至今。

2月24日　台盟中央召开坚持和发展中国特色社会主义学习实践活动经验交流暨中期推动会，对全盟继续深入开展坚持和发展中国特色社会主义学习实践活动作出部署。

3月3日至14日　在全国政协十二届四次会议上，台盟中央提交大会发言3件、党派提案29件。王松代表台盟中央、全国台联作了题为《进一步深化两岸农业合作，助推两岸关系和平发展》的大会发言。

3月17日至18日　台盟中央在京召开台情信息座谈会，围绕当前岛内政局动态及进一步做好台湾人民工作开展研讨交流。

4月25日至28日　台盟中央主席林文漪率调研组赴重庆市围绕“台

资参与中西部地区创新发展、开放发展，创造性供给”主题开展民主党派大调研。

5 月　台盟中央举办首届协商议政论坛。此后，台盟中央协商议政论坛每年举办两次，成为全盟发现和培养参政议政人才的重要窗口。

7 月 7 日　台盟中央与全国政协提案委员会共同主办了“加强农作物秸秆综合利用”双周协商座谈会。中共中央政治局常委、全国政协主席俞正声主持会议并讲话。

7 月至 8 月　台盟中央与台盟北京市委会、辽宁省委会，以及北京青年政治学院、沈阳师范大学开展培训班、送教等活动，培训赫章县、黔西南州骨干教师。

8 月 11 日至 15 日　台盟中央调研组赴甘肃陇南市康县、甘南州舟曲县、天水市秦州区、定西市陇西县开展脱贫攻坚民主监督调研。

11 月 18 日　台盟中央两岸书画院成立仪式暨首届“翰墨传承”海峡两岸书画名家交流展在北京举办。

全年　台盟中央先后多次参加中共中央召开的党外人士座谈会。就《政府工作报告（征求意见稿）》、经济形势和经济工作、修订《中国共产党党内监督条例（试行）》等议题发表意见建议。

2017 年

1 月 10 日　台盟中央主席林文漪慰问在京台生，与来自北大、清华等十所高校的在京台生亲切交流。

2 月 8 日　台盟中央在永春县“余光中文学馆”、泉州南少林寺和安溪善坛妈祖文化研究会等地正式设立“两岸文化交流基地”。

2 月 23 日　纪念台湾人民二二八起义 70 周年座谈会在北京举行。有关专家学者、台湾嘉宾及部分在京台胞 100 余人出席了座谈会。

3 月 3 日至 13 日　全国政协十二届五次会议上，台盟中央提交大会发言 3 篇、党派提案 27 件。江利平代表台盟中央、全国台联作了题为《团结两岸青年，共同反对“台独”，携手开创美好未来》的大会发言。

4 月 17 日至 22 日　台盟中央主席林文漪率调研组赴浙江围绕“构建开放合作平台，打造 21 世纪海上丝绸之路战略支点”主题开展民主党派大调研。

5 月 18 日　台盟中央两岸关系政策研究委员会邀请在京台商，围绕当前两岸关系对台商在大陆经营发展的影响、企业经营存在的问题以及意见建议交流看法。

5 月 25 日　台湾两岸出版交流协会理事长沈荣裕一行在京参加 2017 海峡两岸中华传统文化与现代化研讨会，并与台海出版社进行交流。

7 月 4 日　台盟九届十九次中常会通过了《关于成立生态与环境资源保护工作委员会的决定》。本届中央专委会增至十个。

7 月 13 日　台盟中央首次举办台湾青年大陆协商民主培训交流活动，台湾中华两岸交流促进会，以及来自台湾虎尾科技大学、嘉义大学、真理大学、亚洲大学、南华大学、德明财经科技大学的在校学生参加。

7 月 18 日至 19 日　台盟中央主席林文漪带队赴甘肃开展脱贫攻坚民主监督调研。此前，台盟中央调研组赴定西市临洮县、陇西县等地入户走访调查建档立卡贫困户，并就电商扶贫和金融扶贫的应用情况赴陇南市开展了走访调研。

8 月 24 日至 30 日　台盟中央“筑梦医者”乡镇医师培训班在安徽省合肥市举办。贵州赫章县、黔西南州和安徽蒙城县的乡镇卫生院基层医师参加培训。此后，台盟中央主办的“筑梦乡村”行政管理干部培训班在浙江省义乌市举办。

12 月 5 日　台盟第十次全盟代表大会暨纪念台盟成立 70 周年大会在京开幕。中共中央政治局常委韩正会见与会代表，并代表中共中央致贺词。大会通过九届中央委员会工作报告，通过了《台湾民主自治同盟章程（修正案）》，选举产生了第十届中央委员会。

12 月 8 日　台盟十届一中全会选举苏辉为台盟十届中央委员会主席。

全年　台盟中央先后多次参加中共中央召开的党外人士座谈会。就《政府工作报告（征求意见稿）》、经济形势和经济工作等议题发表意见和建议。

2018 年

3月3日至15日　全国政协十三届一次会议期间，台盟中央提交了大会发言3篇、党派提案27件。杨健代表台盟中央作题为《加强两岸人才交流，推动两岸融合发展》的大会发言。在本次大会上，台盟中央主席苏辉当选第十三届全国政协副主席，并出席记者会，与其他党派负责人分别回答了国内外媒体的提问。

4月8日至12日　台盟中央主席苏辉率调研组一行，以“深化农村集体产权制度改革，助力乡村振兴战略”为主题，赴安徽省开展党派大调研。

5月11日　台盟中央与全国政协社会和法制委员会共同主办了“《未成年人网络保护条例》制定”双周协商座谈会。中共中央政治局常委、全国政协主席汪洋主持会议并讲话。

6月20日至21日　台盟中央主席苏辉率调研组深入全国深度贫困地区“三区三州”之一的甘肃省临夏州东乡县布楞沟村、李家沟以及天水市麦积区花牛镇白家河村实地调研，看望易地搬迁安置点家庭，实地察看当地畜牧养殖农民合作社和菌类种植合作社的产业脱贫情况。

7月5日　统一战线参与毕节试验区建设30周年之际，台盟十届三次中常会在贵州省毕节市召开。会议就如何在打好脱贫攻坚战中发挥作用进行了研讨交流。其间，全体台盟中央常委赴赫章调研并参加助力赫章脱贫攻坚工作推进会。台盟中央此次捐资100万元助力赫章脱贫攻坚。

10月10日至11日　台盟十届四次中常会暨纪念改革开放40周年大会召开，系统总结回顾了改革开放40年来台盟参政议政、对台联络、社会服务、思想建设、组织建设、机关建设等工作发展历程。

10月11日　台盟中央主办的第五届“大江论坛”——两岸关系和平发展精英论坛在深圳市举行。论坛首次由地方组织承办主论坛，由台湾青年团体参与分论坛活动策划。近年来，台盟中央整合“大江论坛”、中华文化研习营、国情区情培训班、两岸同心义诊等系列主题交流活动资源，形成“两岸同心大中国”系列专项交流活动品牌。

10 月 16 日至 18 日　台盟中央联合九个台盟省市组织、义乌工商职业技术学院和新希望集团，赴甘肃省定西市陇西县开展县级监测点专项调研，并开展了电商从业人员培训。

11 月 20 日　在广泛调研基础上，台盟中央优秀骨干队伍建设工作会议开幕式暨台盟中央优秀骨干盟员培训班开班式在北京举行。台盟中央主席苏辉出席并讲话。

12 月 5 日　台盟十届五次中常会首次听取台盟中央专职副主席的述职。

12 月 5 日　台盟十届二中全会在京召开。会议期间，举办台盟中央纪念改革开放 40 周年表彰大会。31 个先进盟组织、115 名优秀盟员和 30 名优秀盟务工作者受表彰。

全年　台盟中央多次参加中共中央召开的党外人士座谈会，就《政府工作报告（征求意见稿）》、《深化党和国家机构改革方案》、国家机构领导人员及全国政协领导人员人选，以及经济工作情况等议题发表意见建议。

全年　台盟中央机关中心组先后以习近平新时代中国特色社会主义思想、习近平总书记关于对台工作的重要论述等为主题开展学习。中心组学习制度逐步健全完善，每双月学习形成常态。

2019 年

1 月 2 日　台盟中央主席苏辉代表各民主党派中央在纪念《告台湾同胞书》发表 40 周年纪念会上发言。4 日，台盟中央召开座谈会纪念《告台湾同胞书》发表 40 周年。

1 月　台盟江西省委员会正式成立，成为台盟第 14 个省级组织。

3 月 3 日至 13 日　全国政协十三届二次会议期间，中共中央政治局常委、全国人大常委会委员长栗战书参加了民革、台盟、台联界委员联组会。台盟中央提交了党派提案23件，两篇大会口头发言材料首次同时入选。张泽熙代表台盟中央作了题为《深化新时代两岸民间交流，助力祖国和平统一》的大会发言，孔令智作了题为《新风徐来，委员履职踏上新征程》的大会发言。

4月15日至18日　台盟中央主席苏辉率调研组一行，以“从台资企业发展看营商环境优化的现状与对策”为主题，赴江苏省开展民主党派大调研。此外，六位台盟中央副主席分赴上海、江西、浙江、海南、广东、福建开展分调研，十个地方组织在当地开展自主调研。

6月17日至20日　台盟中央第一期“筑梦医者”乡村医师培训班在贵州省赫章县举办。着眼智力、医疗、产业扶贫，台盟中央先后举办“筑梦”系列培训，分别针对骨干教师、乡镇全科医师，以及县、乡两级行政管理干部开展培训。

7月3日至5日　台盟十届七次中常会期间，全体台盟中央常委赴西柏坡、李家庄、正定考察，深入开展“不忘合作初心，继续携手前进”主题教育活动。会后举行“我和我的祖国”两岸青年主题分享会。

7月16日　台盟中央对口甘肃省脱贫攻坚民主监督座谈暨工作推进会在兰州召开。会后，台盟中央主席苏辉率调研组一行赴甘肃省甘南藏族自治州夏河县、白银市会宁县、白银区等地开展脱贫攻坚民主监督调研。

8月16日　以“拓展基层交流交往、助推两岸社会融合”为主题的第六届“大江论坛”在北京举行。台湾中国统一联盟主席纪欣代表台湾嘉宾致辞。此后，辽宁、天津、福建等地方组织相继承办了养老健康、医学、青年成长创业分论坛，邀请台湾统派代表、中小政党、社会团体及两岸相关领域约360人参加研讨。

9月12日　台盟中央与全国政协人口资源环境委员会共同主办了“加大白色污染防治力度”网络议政远程协商会。中共中央政治局常委、全国政协主席汪洋主持会议并讲话。座谈会上，台盟组委员参加主会场协商并发言。

9月16日　台盟中央庆祝中华人民共和国成立70周年、人民政协成立70周年暨多党合作制度确立70周年座谈会在京召开。台盟中央主席苏辉出席并讲话。

10月9日至11日　台盟十届八次中常会在浙江省杭州市召开。会议期间，举行台盟首个爱国主义教育基地——金华台湾义勇队旧址揭牌仪式。会后召开“传家国初心，走复兴之路”台盟中央两岸青年座谈会。

11月7日　全国政协表彰成立70年来100件有影响力重要提案，台盟中央《关于建立党政领导干部和国企厂长经理直系亲属留学、定居申报备案制度的建议》《关于进一步促进台湾农民创业园健康发展的建议》《关于大力推行现代学徒制，培育“大国工匠”的建议》等三件党派提案在全国政协14.4万件提案中脱颖而出、光荣入选。

11月12日　纪念台盟成立72周年暨蔡啸同志诞辰100周年座谈会在北京召开。

12月30日　台盟中央2019年度领导班子民主生活会在京召开。台盟中央领导班子民主生活会制度逐步健全。

12月30日　台盟视频会议系统启动仪式在台盟中央机关举行。台盟中央主席苏辉出席并致辞。11个台盟地方组织第一期接入视频会议系统。此前，台盟中央机关办公管理信息系统已正式上线运行，实现无纸化办公。

全年　台盟中央多次参加中共中央召开的党外人士座谈会，就政府工作报告、经济工作情况、中共中央关于坚持和完善中国特色社会主义制度、推进国家治理体系和治理能力现代化若干重大问题的决定等议题发表意见建议。

全年　由台盟中央统筹谋划，十个地方组织结合地域特色举办中华文化研习营，邀请台湾青年参加。同时，围绕“一带一路”建设、东北全面振兴、粤港澳大湾区建设等国家重大战略举办的国情区情培训班，吸引了台湾企业界人士和青年创业家参加。

2020年

1月26日　台盟中央成立应对新冠肺炎疫情工作领导小组，台盟中央主席苏辉任领导小组组长。28 日，向全盟发出抗击新冠肺炎疫情倡议书，号召各地组织贯彻中共中央决策部署，坚定战胜疫情信心，认真筑牢健康防线，广泛弘扬正能量，凝聚战胜疫情合力、切实履行参政党职责。

2 月 18 日　各民主党派中央脱贫攻坚民主监督工作座谈会在北京召开，中共中央政治局常委、全国政协主席汪洋出席会议并讲话。台盟中央主席苏辉在会上发言。

2 月 27 日　台盟中央机关举行抗疫必胜爱心捐款仪式。台盟中央主席苏辉出席捐赠仪式并带头捐款。台南市两岸养生健康交流协会、新北市医师公会等岛内友好团体也捐款表达爱心。

2 月至 3 月　台盟中央先后复函岛内心系同胞安危，积极协助疫情防控的相关团体，表达感谢并希望深化交流交往，继续推动两岸关系和平发展。同时，台盟中央积极协调，联系落实台湾有关团体向湖北捐款捐物。

3 月 2 日　台盟中央应对新冠肺炎疫情工作领导小组召开会议，号召广大盟员和盟务工作者积极参与社区疫情防控工作。随后，台盟中央机关第一批青年干部下沉社区参与疫情防控。

3 月 16 日　台盟中央组建“中国参政党丛书”之《台湾民主自治同盟史》和《台盟大事记》编写工作机构，台盟中央主席苏辉担任编委会主任。

3 月 31 日　台盟中央召开首个网络远程研讨会，推进“制定国民经济和社会发展‘十四五’规划”重点课题。通过“云端深研讨 + 线下再推进”的“两步并联”方式，创新课题推进机制。

4 月 1 日　台盟中央 2020 年脱贫攻坚工作推进会以视频会议的形式对全盟助力脱贫攻坚工作进行线上动员部署。

4 月 24 日　台盟十届十次中常会以视频会议形式召开。

5 月 8 日　中共中央总书记习近平主持召开党外人士座谈会，就新冠肺炎疫情防控工作听取意见建议。台盟中央主席苏辉参加并发言。

5 月 21 日至 27 日　全国政协十三届三次会议期间，中共中央政治局常委、全国政协主席汪洋参加了民革、台盟、台联界委员联组会。台盟中央提交大会发言 2 篇、党派提案 24 件。25 日，大会举行首次视频发言，连介德代表台盟中央作了题为《支持台资企业健康成长，促进两岸经济社会融合发展》的大会发言。

6 月 19 日　台盟中央与全国政协提案委共同主办了“外卖食品安全监管”双周协商会。中共中央政治局常委、全国政协主席汪洋主持会议并讲话。

6 月底　经统计，台盟盟员总数为 3311 人。

8 月 21 日　台盟中央分别致电哀悼台湾中国统一联盟党前主席毛铸伦、前副主席王晓波逝世。

8 月 3 日至 6 日　台盟中央主席苏辉率调研组赴闽围绕“破除制约农村要素集聚的体制机制障碍，提升乡村治理效能”主题开展党派大调研。

9 月 7 日　台盟中央纪念中国人民抗日战争暨世界反法西斯战争胜利 75 周年座谈会在京召开。苏辉出席并讲话。

9 月 15 日至 16 日　台盟中央主席苏辉率调研组赴甘肃省定西市开展脱贫攻坚民主监督调研。调研组一行通过现场查看、听取介绍、询问交流等方式，详细了解当地脱贫攻坚工作进展情况。

10 月 22 日　台盟中央、全国台联、中国社科院共同主办的纪念台湾光复 75 周年学术研讨会在钓鱼台国宾馆举行。中共中央政治局常委、全国政协主席汪洋出席并讲话。台盟中央主席苏辉作了题为“弘扬爱国爱乡精神，推进祖国统一大业”的发言。

10 月 25 日　由台盟中央协办的“金瓯无缺——纪念台湾光复 75 周年主题展”在中国国家博物馆开幕。新党荣誉主席郁慕明等两岸各界人士 100 多人出席开幕式。此后，台盟中央组织各地盟员和所联系的台湾青年参观展览。

10 月 26 日　台盟中央帮扶赫章县 15 周年座谈会在赫章召开。台盟中央主席苏辉出席并讲话。会后举办台盟中央捐建赫章县金银山少儿活动中心启用仪式及捐赠救护车交付仪式。台盟全体中央常委参加会议和活动。

10 月 28 日　由台盟中央、台盟广东省委会、台盟北京市委会、北京市台联联合主办的“唱响统一——海峡两岸青年歌会”在京举办。作为第七届“大江论坛”分项活动，旨在用两岸青年喜爱的歌会形式，传递两岸同胞盼望祖国早日统一的心声。

11 月 3 日　台盟中央学习贯彻中共十九届五中全会精神座谈会在京召开。台盟中央主席苏辉出席并讲话。

11 月 12 日　纪念台盟成立 73 周年暨蔡子民同志诞辰 100 周年座谈会在京召开。

11 月 23 日至 26 日　台盟中央对口甘肃脱贫攻坚民主监督情况反馈会在甘肃召开。台盟中央联络协调向甘肃省捐赠价值 7600 万元医疗设备项目顺利落地。

12 月 3 日　台盟抗击新冠肺炎疫情表彰大会在京召开。台盟湖北省委会等 15 个地方组织、许可慰等 120 位盟员、盟务工作者获先进集体、先进个人荣誉称号。

12 月 6 日　台盟中央专项民主监督理论研讨会在北京召开。

全年　台盟中央多次参加中共中央召开的党外人士座谈会，就政府工作报告（征求意见稿）、疫情防控工作、经济工作、“十四五”规划纲要（草案）等发表意见建议。

后　记

中国共产党领导的多党合作和政治协商制度作为新型政党制度，具有无可比拟的独特优势，是对人类政治文明的重大贡献，也是中国智慧和中国方案的重要组成部分。2021 年是中国共产党成立 100 周年，中国共产党将带领中国人民开启全面建设社会主义现代化国家新征程。在这一重要的时间节点，编写“中国参政党丛书”，讲好多党合作的中国故事，具有极其重要的意义。

在中央统战部一局召开丛书编写启动会后，台盟中央专职主席会议就具体任务安排及时进行研究部署，成立了由台盟中央主席苏辉任主任，副主席杨健、张泽熙、连介德、吴国华、郑建闽和秘书长潘新洋任副主任的编委会，并邀请张克辉、林文漪、田富达、汪毅夫、吴国祯、刘亦铭、李敏宽、陈蔚文、张华军等老同志担任编写顾问。台盟各省级及直属组织主要负责人、台盟中央盟史工作委员会负责人、台盟中央机关各部门负责人为编委会委员。本书在编委会指导下，由台盟中央宣传部组织编写。本书在撰写过程中得到张宁、袁廷华、郑世凯、吴艺煤、褚静涛、宋军占、胡有清、安宗国、林锋辉、徐康、穆学锋、王若锟、吴雅铭、李咏丰、古雯、毕磊、刘中威、曹玮鸿、陈雅琼、郭海南、郭婷、李凌、李军鸽、郑润东、王福海等同志的帮助，谨致诚挚感谢！

“中国参政党丛书”之《台湾民主自治同盟史》分八章并附大事记，着重展示台盟从响应“五一口号”，特别是中华人民共和国成立以来，在社会主义革命、建设、改革开放和进入新时代各时期，与中国共产党团结合作、风雨同舟，认真履行职责，切实发挥作用的光荣历程，展示台盟在多党合作大局中不断发展，成为不断适应时代要求的、与时俱进的中国特色社会主义参政党的发展历程。力求以确凿的史实、严谨的论述，为宣传多党合作、教育广大盟员、展示参政党形象奉献一部力作。但我们深知，要将台盟 70 余载的历史梳理浓缩在一部 30 余万字的书稿中，是一件很不容易的事。尽管多方征求意见，数易其稿，但由于编写时间紧、历史资料不足和我们水平有限，本书难免有疏漏与欠妥之处，恳请广大读者朋友批评指正。

《台湾民主自治同盟史》编写组

2021 年 5 月